北京市哲学社会科学"十一五"规划重点项目
北京市社会科学院重大课题

北 京 专 史 集 成

主 编 王 岗

北京著述史

本书主编 赵雅丽

人 民 出 版 社

《北京专史集成》课题组成员

总顾问：刘牧雨

总策划：戚本超

主　编：王　岗

特聘学术顾问（以姓氏笔划为序）：王钟翰、陈高华、林甘泉、赵其昌、徐苹芳、曹子西、龚书铎、蔡美彪、戴逸

名誉顾问：陈之昌

执行策划：王　岗、李宝臣、刘仲华、章永俊

编委会主任：李宝臣

编　委：王　玲、尹钧科、阎崇年、王灿炽、吴建雍、于德源、李宝臣、孙冬虎、袁　熹、王　岗、吴文涛、郑永华

分卷主编：（见各卷）

课题组成员：王　岗、尹钧科、吴建雍、于德源、李宝臣、袁　熹、邓亦兵、孙冬虎、吴文涛、何　力、郑永华、刘仲华、张雅晶、赵雅丽、章永俊、何岩巍、许　辉、张艳丽、董　焱、王建伟

课题组特邀成员：张　泉、齐大芝、赵志强、徐丹俍、李建平、韩　朴、谭烈飞、马建农、姚　安、邓瑞全、郗志群、宋卫忠等

本书主编：赵雅丽

本书撰稿人员（以姓氏笔划排序）：王　岗、董　焱、何岩巍、刘仲华、王建伟、章永俊、张艳丽、郑永华、赵雅丽

序

　　北京的历史文化，源远流长，博大精深，是中华民族优秀传统文化的结晶。北京市社会科学院历史研究所自成立以来，就一直从事北京历史文化的研究工作，30年来，在全所科研人员的共同努力之下，取得了一些北京历史文化研究成果，其中，又以曹子西先生主编的《北京通史》为代表，在学术界和社会上都产生了较好的影响。而《北京通史》的问世，又为进一步深入研究北京历史文化奠定了一个较为坚实的基础。

　　2006年，北京市社会科学院的领导对北京历史文化的研究工作加大扶持力度，提出把《北京专史集成》列入院科研重大课题，使得我院的北京历史文化研究从整体上进入了一个新的阶段。在此之前，历史研究所的科研人员已经开始对北京专史进行研究，如王玲女士撰写有《北京与周围城市关系史》，尹钧科先生撰写有《北京郊区村落发展史》，于德源先生撰写有《北京农业经济史》，吴建雍等人合写有《北京城市生活史》、《北京城市发展史》，等等，这些专史的问世把北京历史文化的研究逐步引向深入。但是，要想形成一套体系完备的专史研究系列，显然仅仅依靠个人的研究力量是不够的，必须组成一支力量相对强大的科研队伍，才能够完成系列专史研究的繁重工作。

　　正是在这种情况下，北京市社会科学院领导组织历史研究所的全体科研人员对《北京专史集成》课题进行了认真的论证。特别是课题总顾问刘牧雨院长和课题总策划戚本超副院长对课题中研究项目的编写原则和立项次序都给予了精心指导。经过论证，初步确定了《北京专史集成》课题的第一批研究项目，即：

1

1. 北京政治史；

2. 北京经济史；

3. 北京农业史；

4. 北京手工业史；

5. 北京商业史；

6. 北京军事史；

7. 北京文化史；

8. 北京文学史；

9. 北京美术史；

10. 北京学术史；

11. 北京著述史；

12. 北京戏剧史；

13. 北京风俗史；

14. 北京考古史；

15. 北京民族史；

16. 北京宗教史；

17. 北京佛教史；

18. 北京道教史；

19. 北京伊斯兰教史；

20. 北京基督教史；

21. 北京教育史；

22. 北京城市发展史；

23. 北京建筑史

24. 北京园林史；

25. 北京陵寝史；

26. 北京地理学史；

27. 北京交通史；

28. 北京城市生活史；

29. 北京建置沿革史；

30. 北京对外交流史：

31. 北京水利史；

32. 北京饮食史；

33. 北京服饰史；

34. 北京环境变迁史；

35. 北京音乐史；

36. 北京名胜史。

这些研究项目，只是北京专史庞大体系中的一小部分，今后随着科研工作的不断深入，专史的项目也会不断增加。《北京专史集成》经过历史研究所论证之后，院领导又组织全院的专家学者对这个重大课题进一步加以论证，并且提出了很好的意见，对专史的撰写工作有很大帮助。

《北京专史集成》中的每部专史的容量，视其内容的多少，大致在30万字左右，有些内容较多的，字数可以多一些，反之，则会少一些。各部专史的时间跨度，一般始于远古，迄于新中国建立。有些部专史在撰写过程中，时间会有所下延。如《北京建置沿革史》，必须延续到新中国建立之后，才能够对今天北京政区的沿革状况有全面的叙述。各部专史的地域范围，也不是严格局限在今天的北京政区，而是根据不同朝代政区划分的变化而随之变化，如汉唐时期的幽州，辽代的南京析津府，金代的中都大兴府，元代的大都路，明清时期的北京顺天府，等等。政区范围的大小虽然会不断变化，但是其核心地区仍然是今天的北京。

《北京专史集成》的撰写，有很多难以处理的地方。例如，"专"和"史"的关系。"专"是指专门、专业，如在《北京宗教史》中，"专"是指宗教或是宗教学，而"史"则是指在北京历史上曾经发生或是出现过的、与宗教有关系的事件或人物，当然也包括相关的典制。如在《北京宗教史》中，我们所研究的佛教史，主要的着眼点不仅仅是在北京地区的禅宗、律宗、净土宗等佛教流派的发展、变化，更重要的，是着眼于这些佛教流派所产生的社会影响、其代表人物的社会活动、历代统治者和社会各界对这些宗教派别的态度，以及由此而产生的重要宗教事件，等等。我们认为，要想处理好"专"与"史"的关系，一方面，要掌握相关专业的基础知识；另一方面，又要对当时的历史状况有准确的认识，掌握宗教之外的政治、经济、文化等各方面的历史资料。只有这样，我们才能够正确认识不同历史时期宗教产生、发展和兴衰的变化历程。其他专史的撰写工作也是如此。

再如，"全国"和"地方"的关系，换言之，即"全局"和"区域"的关系。在北京成为全国的政治和文化中心之前，所有的北京史都是"地方史"，其所产生的历史影响也有着明显的"区域"性质。但是，当北京成为全国首都之后，在北京发生的许多史事除了具有"地方"和"区域"的性质之外，又具有了"全国"或是"全局"影响的特质。如"戊戌变法"、"五四运动"等，其影响范围之广，影响力之持久，显然不是局限在北京地区的。此外，由于北京的统治中心地位，有些发生在其他区域（甚至国外）的重大历史事件，也会对北京产生巨大的影响。如近代史上的"鸦片战争"、"太平天国运动"、"辛亥革命"，这些重大事件的始发地虽都不在北京，但其对北京的巨大影响甚至超过了在北京地区发生的一些事件。因此，如何处理好"全局"与"局部"的关系，在北京历史文化研究中确实是一个难度很大的问题。

《北京专史集成》课题立项后，得到了学术界和相关领导的大力支持。首先，是有一批德高望重的著名史学前辈在年事很高、工作繁忙的情况下，热情支持本课题的研究工作，慨然担任特聘学术顾问，并且对北京专史的撰写工作提出了珍贵的指导意见；有些史学前辈还在百忙之中审阅了部分书稿的内容。其次，是北京市哲学社会科学规划办公室的陈之昌主任和李建平副主任对本课题的重视，使《北京专史集成》得以被列为市社科规划重点课题。再次，本课题的出版工作得到了人民出版社领导的大力支持，在出版经费较少的情况下，得以立项出版。特别是资深历史学编审张秀平女士和诸多编辑人员，认真审阅全部书稿，并且提出了许多宝贵的修改意见，为各部专史的出版付出了辛勤的劳动。

北京市社会科学院历史研究所的一批批老专家学者们为北京历史文化的研究奠定了较好的基础，他们的退休对北京文史研究带来了一些影响。但是，许多已经退休的老专家仍然坚持工作在科研第一线，笔耕不辍。《北京专史集成》中的一些项目就是以他们作为骨干带领年轻同志完成的。一批批青年学子陆续来到所里，他们在科研能力上尚需锻炼，在学术见识上亟待积累，但是，他们有朝气，有吃苦耐劳的干劲，有新的更加开阔的视野，假以时日，他们在《北京专史集成》研究中的成果将会越来越多。我相信，在院领导的大力支持下，在社会各界的热心帮助下，在历史研究所全体新、老科研人员的共同努力下，持之以恒，《北京专史集成》将会为北京历史文化研究不断增添新的科研成果，为首都的社会发展和文化建设不断做出新贡献。

值此北京市社会科学院建院 30 周年、《北京专史集成》开始出版之际，是为之序。

王岗

2008 年 10 月

前　言

　　在中国古代，人们对著述之事是非常重视的。古人曾云："大上立德，其次立功，其次立言。"（见《春秋左氏传》）"立言"者，即是著述之事。在有些古人看来，立德最高，立功次之，立言又次之，是有着高下之分的。但是笔者认为，三者皆是不朽的事情，并无高下之分。立德是根本，当然重要，但是，如果仅仅立德，而没有立功和立言的实践，立德是没有意义的。换言之，一个人的德行再高，如果不能够为社会做出贡献，又有什么用呢？其实，立德、立功、立言三者是分不开的。如果一个人的德行不纯厚，他是不可能立功和立言的，即使有些立功、立言的行为，也不能传之久远，而成为不朽之事。

　　立功、立言也是分不开的，立言本身就是一项很伟大的功业，孔子作《论语》，编《诗经》，皆为立言之事，其功业千秋标柄。汉代司马迁撰写一部《史记》，也是一项不朽的功业。不论是《诗经》、《论语》还是《史记》，都是立德的重要载体。无功、无言，德何以立？因此，三者之间是不能简单的分出高下的。随着时代变迁，人们对"德"的认识和理解在不断发生变化，立功和立言的内容也会随之而不断变化。

　　在中国古代，人们对擅长著述者是十分推崇的，故而不乏以一篇文章而名扬天下者，如唐代的王勃，即以一篇《滕王阁序》受到时人称赏而位居"初唐四杰"（指王勃、杨炯、卢照邻及骆宾王）之首。其实，细细读来，这样的文章仅以辞藻华丽见长，在此前的两汉魏晋南北朝时期并不少见。因此，同为四杰的杨炯就不服气，曾对人说："吾愧在卢前，耻居王后。"（见《旧唐书·杨炯传》）同是唐代诗人的陈子昂，一篇《登幽州台歌》，未见华丽的辞藻，寥寥数语，却道出了

1

千古浩叹，其意境远胜于王勃。而同样以一篇文章名扬天下的宋人范仲淹，他的《岳阳楼记》，以"先天下之忧而忧，后天下之乐而乐"的博大襟怀表述出的崇高精神境界，与王勃的《滕王阁序》相比，更是高下立见。

古人对著述十分重视，同时对传世著述的整理也很重视。在中国古代人们的观念中，还没有现在的科学分类方法，只是依据当时人们的传统观念来分类，经过数千年的传承，最终形成了经、史、子、集的四部分类法，在这四大类之下，再分为若干细类。其中，史部著述与今天历史类的著述基本一致，而经部则包括了政治、哲学、思想文化、文字学等诸多门类的内容。子部和集部比较混杂，如佛教与道教等著述，属于宗教类，却被归入诸子之中，而诗文、戏剧等文学艺术创作，则被归入子部小说类与集部之中。对于各种著述分类方法的研究，目前被称为"目录学"，许多著名学者甚至认为这是人们治学的最基础途径。

对各种著述的分类，不同的人会有不同的标准，这种标准的确定，表现出分类者的学术观念，有着很深奥的理论见解。大致而言，类目划分得越细，对著述的定位也就越准确。但是，中国古代人们的著述，并没有明确的学术范围界定，一部著述中，往往会包括许多门类的学科内容，因此，过细的分类反而会造成人为的不准确因素。所以，如何处理好分类与反映著述内容之间的关系，成为体现人们学术水准的重要坐标。目前人们通行的分类方法，主要有两种，一种是传统的四部分类法，另一种是现代的学科种类划分法。实际上，这两种方法各有优劣，我们认为，四部分类法更适用于古籍的分类，而学科种类划分法更适用于当代的著述。有鉴于此，我们这部《北京著述史》的撰写采取了两种分类方法并用的体例。

北京是一个比较特殊的城市，它的特殊性是从其成为全国都城之后逐渐体现出来的，也就是从它成为全国文化中心之后才逐渐体现出来的。这种特殊性，就是它越来越多地受到全国、乃至域外众多人士的关注。这种对北京的关注，在很大程度上表现在人们的著述之中。因此，以往人们在研究北京著述史的时候，往往采用两个范围内的著述作为研究对象，一个范围是北京人的著述，另一个范围是描写北京的著述。我们认为，到目前为止，这两个范围内的所有著述，都应该在我们的研究范围内。

另一个必须确定的东西就是对北京著述史阶段的划分，我们也采用了人们通常研究历史的阶段划分法，即以朝代的变更作为阶段划分的标志，而参考的另一个依据，就是目前存世著述的数量多少。在北京地区，辽代以前的时间跨度虽然很长，但是相关著述的数量却比较少，故而被合并为一章。辽宋金时期，北京开始从少教民族政权的陪都向首都转变，与宋朝的文化交流也比较多，故而合为一章。从元代开始，此后又历经明清两代，这里已经成为全国的文化中心，所以各为一章。而到了民国时期，西方的学科分类方法传入中国，在中国的学术界产生越来越大的影响，不仅这种著述分类方法得到了更多人们的认同，而且许多人的著述内容也受到很大影响，自觉或不自觉地运用不同学科的方法去思考问题、研究问题，从而使这一时期的各种著述比较容易采用学科分类方法加以整理研究。因此，这个时期的时间跨度虽然不长，我们却把它与传统著述区别对待，采用新的学科分类方法进行研究。

就著述内容而言，两个不同范围的着眼点是不一样的。北京人的著述，内容不一定就是描写北京的，而其他人（非北京人）的著述，则必是与描写北京有关才能够被收入本书之中。北京在作为全国文化中心之后，一批又一批的文化精英从全国各地汇聚到这里。他们中的许多人因此而长期生活在北京，甚至在北京的生活成为他们一生中最重要的一个组成部分。这些人虽然不是出生在北京，实际上却已经成为不同时代的北京人。因此，在他们的有些著述中，对北京的描写内容甚至超过了对故乡的描写，乃至于超过了北京人对自己故乡的描写。例如，清代朱彝尊编纂的《日下旧闻》一书，成为当时描写北京最为详细的巨著，而与之同时代的北京学者，包括著名的朱筠兄弟、黄叔琳兄弟等，皆没有可以与之相媲美的著述。

在北京几千年的文明发展历程中，存留下来了浩如烟海的著述，通过这些著述，我们又可以了解到许多已经散佚的重要著述的一些基本情况。大致言之，明代以前的许多著述，往往散佚了，今天能够见到的只是一些辑佚本，如赵万里辑本《元一统志》、北京图书馆善本部的《析津志辑佚》等，有些则连辑佚本都见不到了，如元代的《经世大典》即是如此。而明代以后的著述今天虽然也有残损，如《永乐大典》等，但是，存留下来的著述相对而言还是比较多的，这一点，通过我们这部《北京著述史》是可以反映出来的。对于已经散佚的著述加以研究，难度是比较大的。而这部著述史毕竟不同于学术史，因此，在对相关著述进行研究时，只能就著述本身和著述者加以简要介绍，而不能展开更深入的研究。

这部《北京著述史》由于受到篇幅的限制，对于浩如烟海的著述只能是择其重点加以研究，对于许多重要的著述，也不得不略去了。例如传统著述中的集部内容，应该是十分重要的，但是，从元代开始，就有几百部重要的文人专集存世，明清以后的诗文集就更多了，在这些重要的文人专集中保存着大量对北京政治、经济、军事、文化等各方面情况的描述，但是，要想把这些重要著述逐一加以研究，显然是这部著作无法承担的，结果只能是挂一漏万，留下或多或少的遗憾。今后如果有机会，我们将组织研究所的同志们一起撰写一部多卷本的《北京著述史》，进一步加大学术研究的力度。

我们在研究著述的同时，自己也在从事著述，希望我们的著述能够给今后的研究者们提供一些有益的帮助。

王岗

2011 年 11 月

目　录

第二编　民国时期北京地区的著述

概　　述

北京有着三千余年的建城史和八百五十余年的建都史。作为历史悠久的文化名城，作为浸透数百年中华传统文化影响的帝国古都、全国的政治中心和文化中心，人文荟萃，积淀了厚重博大的文化。北京著述作为记录北京历史、政治、军事、文化、经济、地理、社会、风俗的文字载体，是北京特有的文化内涵的缩影与标志，最能展现北京历史发展的基本脉络和各个时期的历史特色，表现北京所具有的深厚的文化底蕴和文化品位，以及北京的特殊历史地位。

第一节　北京著述既往历史

北京著述的既往历史，悠长而久远。从周武王灭商封燕、蓟，建立燕国开始，直至民国时期，北京地区的文人学者，千百年趾踵相接，著述作品浩如烟海，内容宏富广博。从《汉书·艺文志》、《隋书·经籍志》、《旧唐书·经籍志》、《新唐书·艺文志》、《宋史·艺文志》、《明史·艺文志》、《清史稿·艺文志》、《四库全书总目提要》、《续修四库全书总目提要》、《光绪顺天府志》中，我们可以粗略梳理其概貌。伴随着北京在中国历史上的地位和作用由低到高、从小到大的演进过程，北京的著述史也表现出渐变的特点。概而言之，五代以前是北京著述史的产生和初步发展阶段，辽宋金时期是北京著述史进一步发展阶段，元代的北京著述在数量、质量、种类上都臻于成熟，明代的北京著述进入兴盛时期，宫廷图书、官修、私撰的著述大量涌现。清代是北京著述史的鼎盛时期，数量多、门类全、质量高，精品倍出，无不引领全国风骚。

唐五代以前，是北京从燕国到帝京的重要演进过程，也是北京著述逐渐兴起和初步发展阶段。虽然与其后各代的著述相较，略显逊色，但却呈现一个持续不断的发展态势。先秦至五代时期，北京地区政权频更，经历了夏、商、西周、春秋、战国、秦、西汉、东汉、曹魏、西晋、后赵、前燕、前秦、北魏、东魏、北齐、北周、隋唐、五代等历史时期，军事和战争占据了重要地位。伴随着以中原政权为代表的中央政权力量的强弱和治乱，幽蓟或是北方的经济、贸易中心和北方的军事重镇，或是军事割据势力的中心，或是北方游牧民族南下中原的军事前哨基地，总体而言，"历史上的北京地区，在金明以前始终没有平静过，从燕国建立之日起，其内部的争权夺利，就已经使这一地区陷入不稳定状态，尽管有黄金台，有伐齐的胜利，但从燕国开始，变得很难稳定下来，三国、南北朝、隋唐、五代十国，历代的统治者都把这里看作是一个重要的地理位置，但哪怕是像唐代这样强有力的朝廷，也没有把这里变成鸟语花香的人间桃园。"[1]

在北京地区各政权处于更迭频繁，战乱频仍的历史背景下，唐五代以前北京著述的特点之一，是散佚众多。秦统一以后，秦始皇"下焚书之令"，原六国的史籍均遭损毁。其后，东汉末年、西晋永嘉之乱、隋末几次大规模的战乱，也导致书籍发生巨大的散乱。二是五代以前北京的史部著述多散在《史记》、《汉书》、《后汉书》、《三国志》、《晋书》、《魏书》、《北齐书》、《新唐书》、《旧唐书》等正史中，其本纪、列传、志都有北京地区人物、事迹的记载。三是记载北京的书籍多，而北京人著述则相对少。《燕春秋》一书，是迄今为止见于记载的最早的北京历史文献。北齐阳休之的《幽州人物志》是迄今所知的第一部北京历史人物传记，《幽州图经》与《幽都记》则是北京现存最早的地方志著述。四是"自汉魏以来，蓟城一带文化教育事业就比较发达，中原先进文化从这里向北方草原地区推广传播，历代都曾出现不少文化名人，这些为京师文化的形成奠定了基础。"[2]儒家经典《尚书》、《诗经》、《春秋》、《左传》、《孟子》等皆有燕国始祖召公德政的记载，战国时期的燕国有纵横家苏秦、阴阳家邹衍等人活动并传播学说；西汉有燕人韩婴在燕赵一带传授《诗经》，被称为"韩诗"。西晋时范阳人张华，隋唐时期的张说、贾岛等都是闻名天下的文学家和诗人。东汉的高诱则是注疏经子之大家。五是五代前北京著述具有家族传承的特点。卢氏家族作为北方大族，儒学渊源深厚，族中人才辈出，直至唐代，卢氏一族在北京著述史上都占有重要地位。如东汉经学家卢植名著天下，北齐卢景裕注《周易》10卷，并有《尚书注》、《孝经注》、《论语注》、《老子注》、《毛诗注》、《春秋左氏注》行于世。隋唐时期的卢思道、卢照邻等亦闻名全国。

五代以前，因为佛教、道教、天主教、基督教及伊斯兰教等制度化宗教传入北京的时间差别很大，传播与发展的情况亦不相同，因而各时期的宗教著述参差不齐。总体而言，唐以前相对较少。最早有幽州僧人昙无竭即释法勇的译书及所撰《外国传》5卷，燕籍僧人释宝儒、智梵、靖嵩等有南下洛阳等地求佛学者，其著述均称于一时。渔阳人灵询的《成实论删要》与《维摩疏记》亦颇盛行。唐代，幽州名僧增多，南下求佛者有幽玄、常遇、道鹰，北上弘法者有智嘉、华严、真性、宝积、道宗、晓方诸僧。义净译有107部佛经，著有《大唐西域求法高僧传》等5部著述，最为著称。名僧道辩、可止的佛教著述亦颇珍贵。东汉末，张角创立的太平道曾在幽、冀等8州发动起事，其后，蜀地"三张"的天师道也逐渐传播到北京地区，但五代以前的北京道教著述较为罕见，仅有南北朝时期寇谦之《云中音诵新科之诫》诸书流传于世。

辽宋金是北京著述史上的重要发展时期。后晋天福三年（938年）十一月，后晋石敬瑭遣使向契丹献燕云十六州图籍，同年，辽太宗耶律德光下诏以幽州为南京（又称燕京），幽州从此提升为辽朝的陪都，成为少数民族政权的文化和经济中心，政治地位迅速上升。宋宣和四年（1122年），金军攻占燕京。经宋、金双方交涉，宋以岁币等赎回燕京，并改称燕山府。宣和七年（1125年），燕山府再归于金。公元1153年，金海陵王完颜亮迁都燕京，改称中都，燕京成为北半个中国的政治、经济和文化中心。其后，金灭北宋，与南宋长期对峙，燕京仍是双方争夺的焦点。政治上的分裂和军事上的对峙，对北京地区的文化与著述发展影响很大。从数量上来看，辽南京并非契丹政权的政治中心，且由于占有的中原地域范围相对较小，汇聚到此的中原文人学者亦相对较少。金代，中都城已成为整个北方地区的政治和文化中心，汇聚到此的文人学者数量显增，著述亦比辽朝显增。从著述类别上看，辽宋金时期，北京的儒学发展与两宋相比差异明显，直到金朝后期，理学才开始传播到北方地区，因此，北京地区的学者对儒学的研究较少，经部著述亦少，金代北京地区作者尚无经部著述传世。

辽宋金时期，燕地史部著述相对较多。其一为前朝和当朝国史的编纂。金熙宗、金章宗时曾两次纂成《辽史》，但皆未刊印。金朝并任用参纂《辽史》之文人学士纂修当朝国史。其二为纪行之书，这是北京著述史上重要且有特色的组成部分。辽宋、金宋对峙时期，互派信使，宋朝出使辽金的使臣归国后，需将出使过程中的应对酬答、行径路线及见闻等情况，笔录成书，上奏朝廷，称"行程录"、"奉使录"、"使北记"、"使北录"或"语录"。宋人奉使纪行之书达 45 种，是宋人了解辽、金政治、经济和文化状况的第一手资料，其中有大量有关北京的内容，史料价值颇高。宋人著述注重描述辽史、燕京地区政治、经济和文化状况，如叶隆礼《契丹国志》及《契丹国志》中《四京本末》。宋人亦关注金朝的崛起，如燕山史愿《金人亡辽录》、陈准《北风扬沙录》以及佚名《大金吊伐录》等。《平燕录》、《入燕录》等记录了宋军从金朝取回燕京之事。宋人著述亦多有记录金朝攻占燕京，攻取汴京，俘获徽钦二帝押送回燕京的历史。金与南宋对峙期间，一些降宋的金朝文人将所知金朝历史著录成书，以张汇、张棣、宇文懋昭的著述影响最大。

辽宋金时期，燕京地区的子部著述相对较少。金代子部著述比辽代略多，内容以医学类、宗教类、术数类为主。金代以前，北京道教著述较为罕见。辽代统治者推崇佛教，人称"菩萨国王"的辽道宗好佛法，撰有《大方广佛华严经随品赞》与《发菩提心戒本》。辽南京华严、密宗、律宗、净土、法相等诸宗并荣，著述以净土宗高僧非浊、法相宗悯忠寺高僧诠明、崇仁寺希麟、永安寺道殿为著。燕京僧人行均之《龙龛手鉴》对当时及后世影响很大。至金代，采取一定的抑制佛教政策，不再举行大规模的抄写佛经活动，金中都的佛教著述总体较少，以禅宗著述传世为多。但金代的佛经刻造与刊印却十分兴盛，如房山石经的刻造，许多贵族与官员戚属皆曾捐资刻经。

辽宋金时期，燕地集部著述比经、史、子部多，但多已散佚。宋人集部著述中，以扈蒙、刘载、赵矅、赵良嗣为最。辽代，辽道宗以及萧孝穆、萧柳、萧韩家奴、耶律履、耶律庶成、徒单镒等契丹贵族的文学修养较为深厚，其诗文在当时文坛影响较大。金代，女真贵族受中原传统文化熏陶较深，但著述较少，《金史》仅载完颜永成及完颜璹二人。活跃在燕京的文人学者如宇文虚中、高士谈、吴激、蔡松年父子、施宜生、马定国、曹望之、赵可、路铎、党怀英、赵沨、张行简、李晏、王庭筠、王寂、赵秉文、元好问等皆有著述。

元代，北京历史的发展经历了蒙古国和元朝两个阶段。蒙古国时期，燕京已成为江淮以北地区的政治和文化中心。活跃在燕京文坛上的，主要是北方地区的文人学者，著述数量相对较少。随着元世祖统一全国，元大都开始转变为统一的多民族的封建王朝的政治中心，同时也成为全国的文化中心，活跃在大都文坛上的，则是全国的文人学者，著述数量显增。元代，中央政府开始组织一些规模宏大的文化工程。元世祖时纂修《大元大一统志》1300 卷，是中国古代史上篇幅最大的一部官修地理志书。元代编修的方志多达 160 种，数量超过宋代。元代政书修纂数量众多，世祖时有《至元新格》、成宗时有《大德典章》及《大德律令》、仁宗时有《大元圣政国朝典章》（简称《元典章》）、英宗时有《大元通制》、文宗时有《皇朝经世大典》（简称《经世大典》）。其他官修史书如《大都路图册》、《太常集礼》亦颇重要。元代，重视农业科技的总结和普及，鲁明善、王祯等人的农政著述最为有名。

元代经学，上承两宋辽金，下启明清，是中国儒学发展的关键时期。两宋儒学代表中原及江南的正统学派，而辽金儒学则显示出北方儒学的特色。金元之际，从南宋掠回的儒学家赵复在燕京太极书院传播程朱理学，受到大批北方学者尊崇，理学影响越来越大。元代一统天下后，将南、北儒学融合在一起，元大都地区成为儒学发展的中心之一。元代前期北方儒学代表为许衡，曾受元世祖之命主持文衡。元代，一些少数民族士人经学兴趣浓厚，如元武宗时保八专研《周易》，撰有《易源奥义》及《周易原旨》。元代，许多文人开始研习蒙古文字，朱宗文的《蒙古字韵》即是其一。

元大都地区的史学著述有自己的特点。其一，是对前朝正史的纂修。辽宋金三代统治者皆曾命文臣纂修"国史"，金朝还曾续修《辽史》，然皆未刊印。元世祖、元仁宗、元文宗时皆曾议修辽、金、宋三代历史。至正三年（1343 年）三月，元顺帝令中书省右丞相脱脱为都总裁官，分撰《辽史》、《宋史》、《金史》。三史纂修过程中，争议最多的是"正统"问题，它涉及统治者自身地位的合法性。如何处理与宋朝汉族帝王间的关系？以两宋为"正统"，还是以辽金为"正统"？对于以少数民族入主中原的元代统治者而言，"正统"之争，已从史学观点变成了重要的政治问题。最终，都总裁官脱脱"独断"地确立了"三国各与正统，各系其年号"原则，采取了在一朝官修三朝正史办法，平等看待三史，第一次以中央政府的名义肯定了各民族政权的合法地位，此举符合元代多民族国家的客观实际，符合辽、金、宋三朝互不相属的历史状况。其二，是对诸帝《实录》及当朝国史的纂修。蒙古统治者进入中原后，出现一部用蒙古语言描述蒙古族祖先历史的著述《脱卜赤颜》（后译为《元朝秘史》），元朝中后期，又在虞集主持下对其进行增补。《实录》的纂修则由大都的翰林国史院负责，纂修完的诸帝《实录》亦放置在翰林国史院内，严禁外人阅看，后来成为明修《元史》的主要资料。其三，是记载元朝事迹的杂史众多，如记载蒙古国崛起的《圣武亲征录》、记载元顺帝时期宫廷生活的《庚申外史》。其四，是私人撰述颇丰。地方志书如耶律楚材的《燕山志》、熊自得的《析津志》，政书如王士点的《禁扁》及与商企翁合纂的《秘书监志》，潘迪的《宪台通纪》，揭傒斯的《奎章政要》，李好文的《成均志》、《大都图册》及《大元海运记》，乃贤的《河朔访古记》，佚名的《圣朝混一方舆胜览》、《皇元建都记》、《元内府宫殿制作》，元何中的《蓟邱述游录》，陶宗仪的《元氏掖庭记》，周之朝的《朝仪备录》和《朝仪纪原》，任杶的《太常沿革》等，传记如夏庭芝的《青楼集》、钟嗣成的《录鬼簿》，影响较大。

元大都地区的子部著述数量较少。从种类上看，天文历算类和术数类著述相对较多。元朝统一全国后，江南地区学者不断北上，与中原学者相互交流，从事历法的重新修订，最终修订完成《授时历》，其中，郭守敬研究与实践的中心即在元大都的观象台。天文历算类著述以耶律楚材《西征庚午元历》与《五星秘语》，数学类以朱世杰《四元玉鉴》及《算学启蒙》，艺术类以李衎《竹谱》，杂家类以鲜于枢《困学斋杂录》及《相学斋杂钞》为代表。元代统治者平等对待各种宗教派别，佛教、道教、伊斯兰教与基督宗教，都在大都展开各种传教活动，大都城逐渐成为一个世界性的宗教中心。元代，藏传佛教受到统治者尊奉，其领袖被尊称为帝师，政治地位很高。藏传佛教著述丰富者首推曹洞宗名僧万松行秀、天台宗性澄及庆寿寺海云印简。元代，北方道教太一教、真大道教与全真教3个教派相继创立，江南正一教亦在大都迅速发展，北京道教勃兴一时，道教著述大量涌现，全真诸祖王处一、丘处机、尹志平、李志常诸人以及正一教的张留孙及门下吴全节诸人著述，颇有影响。元朝初年，佛教与道教冲突激烈，元朝统治者出面干涉，佛教胜利，道教损失惨重，两部道教典籍《大金玄都宝藏》及《元玄都宝藏》被付之一炬。

元代北京地区的集部著述数量明显增加，总集类以苏天爵《国朝文类》，别集类以耶律楚材、耶律希亮、鲜于枢、高克恭、卢挚、梁曾等人著述为代表，元代中后期，宋本和宋褧兄弟、曹鉴、李士瞻和李继本父子、何失、孟昉等人的著述亦颇受时人关注。元代，大都文坛日趋兴盛，外地学者在京城的活动愈加频繁，刘秉忠、胡祇遹、王恽、陈孚、刘敏中、程钜夫、赵孟頫、袁桷、吴澄、揭傒斯、虞集、黄溍、欧阳玄、许有壬等人的诗文作品影响广泛，大都城的少数民族士人著述则以马祖常、萨都剌及乃贤为代表。元代，元曲（散曲和杂剧）的创作最具代表性，后人将其与楚辞、汉赋、唐诗、宋词并列。元代，中外交往空前加强，波斯、英国、法国、意大利、亚美尼亚、阿塞拜疆、阿富汗等国的旅行家、商人、传教士、政府使节和工匠，由陆路、海路来到大都城，一些人归国后，把在大都的见闻记录下来，以马可·波罗、鄂多立克、伊本·白图泰等人的"游记"最为著称。

明代，自成祖迁都北京，北京成为政治文化中心。明代官修大型图书颇多，以《元史》、《明实录》、《大明会典》、《永乐大典》等最为切要。永乐年间，明成祖谕令网罗天下古今图书，于永乐元年（1403年）解缙主持，永乐三年（1405年）太子少师姚广孝、礼部尚书郑赐监修，编纂了史上最大的类书《永乐大典》两万两千余卷，保存了大量佚失的北京历史文献。明代方志撰述兴盛，出现了《寰宇通志》、《大明一统志》两部全国性总志。洪武年间，明太祖两次下旨令天下郡县纂修图志，各府、州、县纷纷修志。北平按察司副使刘裕主持编纂的《北平八府图经志书》凡一百三十余种，二百七十余册，总名《（洪武）北平图经志书》，其中的《（洪武）北平府图经志书》囊括当时北平府所领州县共 27 部志书。永乐年间，颁布了《修志凡例》，编纂了《顺天府志》，依次著录顺天府所属各州县志书，正统、天顺、景泰、成化、弘治、嘉靖、隆庆、万历等年间，皆曾纂修府、州、县志或专志。明代私撰的志书以萧洵、贺仲轼、刘若愚、吕毖、孙国籹、张爵为著。

明代北京经部著述在规模或质量上略显薄弱，以李贽、黄润玉、刘效祖、米万钟、纪克杨为著，总体上，明人解经，考订有欠翔实，于名物训诂关注较少。

明代史部著述数量最多。金幼孜、袁彬、郭造卿、陈济生、杨士聪、钱士馨、钱邦芑、刘尚友、吴邦策、刘佶、赵时春、李实诸人著述多记蒙古与明代北京历史上的诸多重大事件。明代北京经济类史著述丰富，涉及治河、漕运、水利、农政等多个方面，以徐贞明、吴仲著述为最。晚明史学成就突出，嘉靖、万历之际及其后八九十年间，先后出现了王世贞、李贽、王圻、焦竑等著名史家。而沈榜、史玄、姚士粦、冯梦龙、徐昌祚、刘侗、于奕正、蒋一葵、谢肇淛、宋彦、宋启明、张瀚、徐应芬、陆容、陈僖、朱国祯、刘若愚、沈德符诸家著述，叙述明代朝野故实、北京史地风物颇详。

明洪武年间，北京的佛教相对衰微，明成祖迁都北京后，佛教再度兴盛。朱元璋少时曾入寺为行童，与佛教有特殊因缘，即位后御制有《护法集》，又作《拔儒僧文》、《拔儒僧入仕论》等。明成祖登基后，尊崇佛教，多次敕封西域番僧，又组织了永乐南、北两藏的编纂与刊印。朱棣并御撰《神僧传》，收录自东汉迦叶摩腾起，至元代胆巴止，历代 208 名僧人传略。明代，社会各界尤其是宦官、后宫对佛教的热情超过前代，从而将明北京的佛教推向新的繁盛局面。道衍禅师姚广孝博通释、儒、道，著有《诸上善人咏》与《净土简要录》。明代中后期，北京高僧以著述传于后世者，以笑岩德宝、德清等为著。明初汉僧智光译有《四众弟子菩萨戒》，曾 3 次出使西域宣化、抚谕，对汉藏政治、宗教、文化交流贡献颇大。正统年间，房山云居寺入藏《圣胜慧到彼岸功德宝集偈》、《藏文音译梵文经咒》、《菩提发心愿》、《诸品经咒》、《诸晶积咒经》5 种藏文佛经一千余卷。明代，敕封正一真人为道教领袖，正一派占据北京道教主导地位，全真教进入漫长的相对衰隐期。明代北京道教著述以《正统道藏》及《万历续道藏》的编纂与刊刻最为重要，在教内教外影响巨大。

明代北京别集类著述颇丰，主要有朱棉、宋濂、姚广孝、李绅、李东阳、杨世扬、顾大章、贾斌、杨秦、杨沦、陈尧、张重、苏志皋、李贽、王嘉谟、米万钟、王乐善、李本纬、杨惟治、刘廷谏、张国说、纪克扬、张维苍、徐兆任、杨三聘、金铉诸家。诗文评类以邹缉、于燕芳、李东阳、徐本、释真空等人著述为最。词曲类以贾仲明、刘君锡、汤舜民、邱濬诸家及无名氏的《八仙过海》与《闹钟馗》最为突出。明代西人来华者多是天主教传教士，学识丰富，著述颇丰，利马窦的《中国札记》即是代表。

清代是北京著述的巅峰时期，数量多，质量高，层次高。清代，几乎所有由朝廷组织的大型图书和重要学术活动都完成于北京。清初每修一书即设一馆，官办书局名目繁多，如圣训馆、大训馆、语命房、教习堂、通鉴馆、孝经馆、实录馆、方略馆、国史馆、玉碟馆、文颖馆、朱批谕旨馆、八旗上谕馆、八旗志书馆、一统志馆、明史馆、八旗满洲氏族通谱馆、明史纲目馆、医书馆、农书馆、漕运馆、增修时宪算书馆、律例馆，以及吏、户、礼、兵、刑、工各部则例馆等。清代类书、丛书最为鸿博。康熙年间，陈梦雷编纂的《古今图书集成》，是仅次于明代的《永乐大典》、现存的最大的一部综合性类书。康熙、雍正、乾隆时期，官修史书频繁，乾隆时官修的《四库全书》几乎囊括了清初以前的重要古籍，是历史上最大的一部丛书。朱彝尊的《日下旧闻》专述上起远古，下至明末的北京历史掌故，史料珍贵。乾隆三十八年（1773 年），命于敏中等对《日下旧闻》进行增补考订，四十七年（1782 年）成《日下旧闻考》160 卷，乾隆帝亲自审阅定稿，并赋诗为序，该书有武英殿、内府刻印本，足见其规格之高。据不完全统计，清前期在北京完成的官修图书有二百多种，平均一年编成2种书，卷帙繁多者为数众多。这些官修史书，多被冠以御制或钦定字样。《清稗类钞·著述类·列圣钦定诸书目录》记录经部有《易经通注》、《日讲易经解义》、《御纂周易折中》、《御纂周易述义》、《日讲书经解义》、《钦定书经传说汇纂》、《钦定诗经传说汇纂》、《御纂诗义折中》、《钦定周官义疏》、《钦定仪礼义疏》、《钦定礼记义疏》、《钦定春秋传说汇纂》、《御纂春秋直解》、《御注孝经》、《御纂孝经集注》、《御纂律吕正义》、《御纂律吕正义后编》、《御定康熙字典》、《钦定西域同文志》、《御定音韵阐微》、《钦定同文统韵》、《钦定叶韵汇辑》、《钦定音韵述微》。史部有《钦定明史》，《御批通鉴辑览》，《御定通鉴纲目》三编，《开国方略》，《御定三逆方略》，《亲征平定朔漠方略》，《平定金川方略》，《平定准噶尔方略》前编、正编、续编，《平定两金川方略》，《临清犯略》，《石峰堡纪略》，《台湾纪略》，《平定廓尔喀纪略》，《平苗纪略》，《平定三省教匪纪略》，《太祖高皇帝圣训》，《太宗文皇帝圣训》，《世祖章皇帝圣训》，《圣祖仁皇帝圣训》，《世宗宪皇帝圣训》，《高宗纯皇帝圣训》，《钦定明臣奏议》，《钦定宗室王公功绩表传》，《钦定蒙古回部王公表传》，《钦定八旗满洲氏族通谱》，《钦定胜朝殉节诸臣录》，《钦定月令辑要》，《大清一统志》，《钦定热河志》，《钦定满洲源流考》，《钦定皇舆西域图志》，《钦定盛京通志》，《钦定历代职官表》，《钦定大清会典》，《新定大清会典》，《大清会典则例》，《钦定大清会典则例》，《钦定续文献通考》，《钦定皇朝文献通考》，《钦定续通志》，《钦定皇朝通志》，《钦定皇朝通典》，《钦定大清通礼》，《国朝宫史》，《续国朝宫史》，《钦定满洲祭神祭天典礼》，《八旗通志》初集、二集，《大清律例》，《钦定天禄琳琅》，《御制详鉴阐要》等。子部有《御撰资政要览》、《后序》、《圣谕广训》、《庭训格言》、《御制人臣儆心录》、《御制日知荟要》、《御定孝经衍义》、《御定内则衍义》、《御纂性理精义》、《御纂朱子全书》、《御定执法成宪》、《钦定授时通考》、《钦定医宗金鉴》、《御定历象考成》、《御定历象考成》后编、《御定仪象考成》、《御制数理精蕴》、《御定星历考源》、《钦定协纪辨方》、《钦定佩文斋书画谱》、《钦定西清古鉴》、《钦定西清砚谱》、《御定古今图书集成》、《钦定渊鉴类函》、《御定骈字类编》、《御定分类字锦》、《御定子史精华》、《御定佩文韵府》、《御定韵府拾遗》、《御注道德经》等。集部有《圣祖仁皇帝》初集、二集、三集、四集，《世宗宪皇帝文集》，《高宗纯皇帝乐善堂全集》，《御制文》初集、二集、余集，《御制诗》初集、二集、三集、四集、五集、余集，《仁宗睿皇帝味余书室集》，《御制文初集》，《御制诗》初集、二集，《御定全唐文》，《御定古今渊鉴》，《御定全唐诗》，《御定赋汇》外集、补遗，《御选四朝诗》，《御定佩文斋咏物诗选》，《御定历代题画诗类》，《御定全金诗》，《御选唐诗》，《御选唐宋文醇》，《御选唐宋诗醇》，《皇清文颖》，《续皇清文颖》，《钦定四书文》，《钦定历代诗余》，《御定词谱》，《御定曲谱》等，这些钦定或御制诸书，卷帙浩繁，带有权威性，成为北京著述史的一大特色。

清前期，北京地区的经学著述主要代表人物有清初孙承泽、张烈、张能鳞、王源等。康熙、雍正两朝，随着朴学兴起，北京地区的经学著述进入转折阶段，其学术特点是从探讨心性之学开始转向了训诂考据，主要代表人物有黄叔琳、黄叔璥。乾隆、嘉庆时期，考据学繁盛，北京地区经学著述进入了鼎盛时期，以翁方纲的经学著述最有代表性。清代崇尚理学，圣祖更是笃信程朱，御撰《几暇余编》，并钦定《性理大全》、《朱子全书》诸书。

清代的史部著述表现之一是存前朝之史，以志沧桑。明清易代，对许多士大夫而言犹如"天崩地解"、"鱼烂河决"，纷纷以修史来寄托亡国之恨，私家修史繁盛，以孙承泽、张烈、翁方纲、黄叔琳、黄叔璥诸家著述为最。嘉道时期雷学淇著有《考订竹书纪年》、《竹书纪年义证》等。嘉道年间，国势日衰，内忧外患接踵而至，边疆危机四伏，部分学人开始将视野投向边疆地区，纷纷考究疆域形胜，探索治边良策，以徐松为代表的西北边疆史地研究兴起，成为京师显学，徐松、魏源、何子贞等人著述影响极大。历史地理学家、金石文字学家杨守敬的《历代地理沿革图》、《隋书地理志考证》等83种著述，驰名中外。

清代诸子学研究深入，以顾炎武、洪亮吉、梁履绳、毛奇龄、钱坫、刘台拱、焦循、刘宝楠、戴震、邵晋涵、郝懿行、王念孙、惠栋诸家著述为最。清代，宗教著述丰富，以达天、智朴等人称于一时。清代北京佛寺志书编纂较多，以湛祐、智朴、达闻、神穆德、义庵的著述最为著名。清代是以少数民族入主中原，注重翻译与整理满、藏等民族文字的佛教经典，汉、满、蒙、藏四体文《大藏金刚般若波罗蜜多经》、康熙至雍正年间的《藏文大藏经》、乾隆年间琢漾洛赞等校刊的《药师七佛供养仪轨经》汉藏互译本，以及三世章嘉·若必多吉国师主持的《甘珠尔》满文翻译等，皆是代表。乾隆帝抄写的《大白伞盖经》和《药师经》成为雍和宫历代珍藏。清代，北京全真教复兴，全真龙门派复兴的关键人物王常月开创"律宗"，并著有《龙门心法》、《初真戒》等。清代中期，道教日衰，北京道教著述甚少，以完颜崇实与孟豁、白云观住持高仁峒、京西北桃源观千峰派道士赵避尘和其胞兄赵魁一及其师刘名瑞等人的道书为要。"辛亥革命"后，白云观第二十一代传戒律师陈明霖筹备成立"道教会"，拟定《宣言书》、《大纲》与《请求国民政府承认条件》，呈请立案，获准，在白云观设立了中央道教总会。

清代满文著述有太宗朝达海所译《刑部会典》、《素书》、《三略》、《万宝全书》，未竟者有《通鉴》、《六韬》、《孟子》、《三国志》、《大乘经》等。清代朴学大兴，辑佚方面成果遍及经史子集，周广业、严可均、马国翰、王仁俊、黄奭5人辑佚的魏晋诸子著述达98种。孙承泽、黄叔琳、翁方纲等人的金石著述，最为重要。

清代北京学人众多，集部著述颇丰。以顺康时期王崇简、王源，康乾时期黄叔琳、朱筠、朱珪、翁方纲等，嘉道时期舒位诸人的诗文集为最。清代小说盛行，以纪昀的《滦阳消夏录》、《续录桐阴杂记》、《如是我闻》、《姑妄听之》、《阅微草堂笔记》，袁枚的《子不语》，蒲松龄的《聊斋志异》，曹雪芹的《红楼梦》，吴敬梓的《儒林外史》，东亚病夫的《孽海花》最为著名。

清代北京地方志著述高度成熟。在3次敕修《大清一统志》的极大推动下，北京地方志专著相继问世，种类多，数量众多，体例完备，地域特色明显，如《通州志》、《密云县志》。府志有（康熙）《顺天府志》、《畿辅通志》、（光绪）《顺天府志》等，顺天府所属州县也普遍修纂志书。清代，专述一个门类的专志颇多，如志寺庙的《弘慈广济寺新志》与《潭柘山岫云寺志》、志名山的（康熙）《盘山志》、志水道的《永定河志》、志学校的（道光）《钦定国子监志》等，私撰地方志书有顾炎武的《昌平山水记》等。清代跻身修志者多为著名学者，如《光绪顺天府志》总纂官缪荃孙为著名的目录、历史、金石学家，编写疆域、乡贤、艺文、金石等卷，并审校全书，鲍恩绶、廖廷相、汪凤藻等名儒担任各门分纂。他们在编纂过程中，广征博引，态度严谨，注重实地调查，著述可靠性较高。

明清时期北京众多的官私刻印、藏书机构与图书经营行业促进了北京历史著述的编纂、刊行与流传。北京的文渊阁、国子监、皇史宬、昭仁殿、翰林院等收藏了种类繁多的图书，其中包括大量的善本、珍本与孤本。兴旺发达的书肆为北京历史著述贡献极大，特别是琉璃厂书肆，因乾隆三十八年（1773年）四库开馆而大获发展，不仅是书籍交易的场所，清中叶后亦刻印图书，如荣禄堂刊书《都门纪略》等。

明清鼎革易代，对汉族文人士大夫的冲击非常大，由此导致清代北京著述的一个重大特点，即游记、杂记、笔记资料的大量出现，介绍北京的历史掌故、衙署旧闻、名人轶事、街巷琐闻、名人故居、园林寺观、名胜古迹、民风民俗，如高士奇、励宗万、查慎行、潘荣陛、戴璐、汪启淑、震钧、吴长元、富察敦崇、让廉、王养廉、李开泰、杨静亭、李虹若、吴振棫、赵翼、姚元之等人的风物类著述，是清代北京著述的重要内容之一。道光以后，北京地区涌现出大量富有生活气息的竹枝词，生动、真实地描述北京的风土民情、生活时尚和社会风貌等，以杨米人、孔尚任、杨静亭等人著述为最。

清代中前期法国耶稣会士是来华西人的主力，后期英国人和美国人在西人北京著述中成为主角，如斯当东的《英使谒见乾隆纪实》。从清代中后期开始，北京在西方人著述中的形象逐渐转向负面，1840 年后的西人北京著述中，北京已是停滞、衰败的象征。19 世纪后期到 20 世纪前期，长期居留北京的西人撰述的一批有关北京的著述中，对北京各类景点、典故、文物以及与西方人生活有关的教堂、医院、银行等的描述，渐趋科学。

民国时期，北京历史经历了两个重要阶段。一是从 1911 年 10 月辛亥革命后成立的湖北军政府时起，直至清王朝瓦解，封建制度终结。二是 1927 年国民政府南迁以后。1928 年，南京国民政府改北京为北平，设北平特别市，北京在政治上逐渐失去往昔地位，但文化教育仍保持着极高水平，即使在日伪时期，一直是全国文化发展的中心之一，北京的著述也进入了一个全新的发展阶段，出现了大量政治法律、文化教育、社会经济、地方风俗、历史、地理、文学、艺术、宗教研究著述，报纸期刊的编辑出版也达到了高潮。

民国各政权存在期间，制定颁布了大量法律、法规和其他规范性文件，此外，亦有不少政治法律著述。各种笔记资料记载了清末民初及民国时期北京政治的方方面面，如许指严、古脩孙等人著述。此外，关于庚子时期的北京，关于民国时期逊清小朝廷史事，民国初年主要政党团体的兴起与分化，北洋军阀统治时期北洋各派系的形成，各派军阀间的矛盾和斗争，诸如辛亥革命、袁世凯称帝、直皖、直奉战争等重大事件，民国初年政界人物及政治活动，民国初年官场腐败情状，南下与留京两派议员间论争、观点及其与各系军阀之间关系、议会政治问题，五四运动，解放战争前夕国都建设等问题，皆有大量著述。民国时期，国外学者关于民国政治问题如议会、民国初年北洋军阀政府的机构设置等著述亦颇丰。

　　民国时期，北京是近代教育的发源地，有 2 个国立研究院，3 个国立大学。燕京大学、辅仁大学等私立大学，全国最大的图书馆，为数众多的专科大学、独立学院，专门的文化机关，众多名流学者云集，高质量的著述丰富，如唐家帧的《复兴北京文化刍议》等。北京教育著述中，分量最大者当属对各校情况的介绍，此外，也有许多综合介绍北京教育情况的著述，并有许多学校的纪念刊、纪念册等保留下来。有关北京社会经济的著述数量众多，涵盖了金融、商业、税务、货币、木业、粮食、自来水、纺织、印刷诸多领域，以王槐荫、池泽汇、娄学熙、王季点、薛正清、王宜昌等、雷辑辉、陶孟和、严景耀、于恩德、张铁铮的著述为代表，其中甘博（S·D·Gamble）的《北京社会调查》、步济时的《北京的行会》、李景汉的《北平郊外之乡村家庭》等反映了民国时期北平学者对社会调查的重视。

　　民国时期，记述京华风土、掌故成为风会所趋，相关著作多如牛毛，体裁各异，内容各有侧重，皆饱蘸对故都北京的深厚情感。瞿宣颖、邓之诚、夏仁虎、张次溪、李家瑞等皆是北京风俗掌故的著述大家，其他著述亦不胜枚举。

　　民国时期，有关北京竹枝词的著述十分丰富，或刊印清代北京竹枝词，或新有著述，如吕博文、马钟琇、廉泉、灵峰补梅翁、薛献廷、李萨雪如、张国璘、周贞亮、张则之、黎承福、靳仲云、袁藻楼、严辰、陈宗藩等人著述，为了解、探究北京地区的社会、政治、文化、风俗变迁提供了丰富、详实的资料。

　　民国时期出版的许多笔记资料如黄濬的《花随人圣庵摭忆》，涉及北京之事如军国大政、宫廷秘史、财政金融、人际交往、旅游山水、生产环保乃至社会万象，史料价值珍贵。而瞿宣颖的《北平史表长编》与《北京建置谈荟》、金梁的《光宣小记》、陈宗蕃的《燕都丛考》、余启昌的《故都变迁纪略》等，作者多为京华名人，熟悉北京，所记多为耳闻目睹，对了解民国时期的北平有重要的参考价值。

　　民国时期北京的地理著述丰富，以林传甲、叶良辅、张恩祐、田树藩、朱偰、〔日〕小柳司氣太与多田贞一、金禅雨、奉宽、老鹤、松寿等人的著述为最。

　　民国年间，北京文学戏曲著述颇丰。张次溪的《清代燕都梨园史料》，计收《燕兰小谱》等 38 种，《清代燕都梨园史料续编》收录《云郎小史》等 13 种。此外，王芷章、周明泰、周明泰、刘半农、周明泰、齐如山等人皆有力作。

　　民国时期，报纸期刊的编辑出版亦达高潮。北京作为帝都，是传统报业的中心，既有以邸报为代表的朝廷官报，也有《京报》等民间报刊。晚清，内忧外患交迫，洋务自强运动开展起来。甲午战败及《马关条约》的签订，民族危机日深，京师，因为政治精英和知识精英麇集，引领思潮之先。1895 年；康有为、梁启超等创办《万国公报》，又成立第一个学会组织"强学会"，后《万国公报》改名《中外纪闻》，成为强学会机关报，是中国传统报纸向近代政治家办报和政党报刊转变的开端。《辛丑条约》之后，清廷举办"新政"，北京新闻报馆林立，放言朝政，敦促立宪，以开民智、开女智、宣传西政、西学为宗旨的白话报兴起。1901 年，彭翼仲首创《白话学报》，同年 10 月，日人创办《顺天时报》。1902 年，彭翼仲创办《启蒙画报》。1904 年创办《京话日报》。1907 年，清廷发行《政治官报》。1910 年，《国民公报》等立宪派报纸相继创刊。辛亥革命时期，资产阶级革命派在京出版了《国风日报》、《国光新闻》。1912 年 3 月，南京临时政府颁布了《中华民国临时约法》，规定人民有言论、著作、刊行、集会、结社自由，成立政党和办报形成高潮，当时全国多达 500 家，北京独占五分之一。1913 年"二次革命"后，袁世凯颁布《报纸条例》、《出版法》。1916 年，梁启超、汤化龙创办《晨钟报》。1917 年 1 月，陈独秀应聘来北京大学任教，《新青年》亦迁往北京。1920 年 11 月北京共产主义小组创办《劳动者》，宣传马克思主义，推动工人运动。1922 年 10 月，中共中央机关报《向导》迁往北京。1924 年 4 月中国共产党《政治生活》在京创刊。1917 年前后，北京出现了众多通讯社，.至 1924 年已发展到 54 家。北伐战争开始后，南方报刊言论活跃，北方舆论界沉闷。1927 年后，沪宁成为全国报刊中心。抗战开始后，大批报刊迁往后方，重庆成为战时报刊中心。1935 年"一二·九"运动中，北京出现许多学生创办救亡刊物。1937 年至 1945 年，北平沦陷时期，日伪报刊占据北京报界主位，有 30 多种。1945 年 9 月 2 日，抗战胜利，许多报刊纷纷迁回北平复刊，《华北晚报》、《国民新报》、《北平时报》等相继创刊。1946 年 1 月 13 日，新华社北平分社成立，北平《政治向导》创刊。1948 年 12 月 1 日，华北人民政府秘书厅在北平创办《华北政报》。1949 年 1 月 31 日，人民解放军接管北平《华北日报》、《北平日报》、北平广播电台、中央社北平分社。2 月 2 日，共产党北平市委创办《人民日报》北平版。3 月中旬，中共中央华北《人民日报》社迁入北平。6 月 16 日，民主同盟在北平创办《光明日报》。7 月 31 日，北平《解放报》并入《人民日报》。8 月 1 日，北平《人民日报》改组为共产党中央机关报。

民国时期，各级行政机构都极为重视方志的价值，从 1914 年开始，各地形成了修志热潮。1929 年，南京国民政府颁布了《修志事例概要》。翌年 9 月 9 日，国立北平研究院正式成立。11 月，于院内设史学研究会，确定编纂《北平志》，编纂工作因 1937 年"七七事变"爆发、北平沦陷而被迫停顿。1938 年秋，日伪"北平特别市"设"北平市修志处"，邀集原清史馆总纂吴廷燮、民初国务院秘书长夏仁虎、原清会典馆编纂处总纂夏孙桐、民国国史编纂处处长瞿宣颖等一批方志学专家学者，由吴廷燮任总纂，1939 年秋告成，但未能刊印，大部分稿件保存在夏仁虎手中。1953 年，夏仁虎把旧作《北京志》初稿捐给北京市。经整理，1996 年由燕山出版社出版。民国期间，还先后修撰了《密云县志》、《良乡县志》等。

民国年间，北京佛教界出现了一批有社会影响的居士和高僧，四大高僧弘一、虚云、太虚、印光在南方弘法，其中虚云、印光两人曾涉足北京。1921 年，韩清净与朱芾煌等发起组织"法相研究会"，后又到云居寺闭关潜研六经十一论，著有《唯识三十颂诠句》等，所刻佛教经典以校勘精细著称，影印 120 册《宋藏遗珍》，深受教界称道。诗僧敬安著有《八指头陀诗集》10 卷与《续集》8 卷、《文集》2 卷、《语录》2 卷。朱芾煌著有《法相辞典》、周叔迦著有《牟子丛残》等。佛教研究大家以熊十力、陈垣、汤用彤等为最，北京寺志以溥儒、王树枏为代表。翁独健、许道龄、陈垣、许地山、傅勤家、王明、陈国符诸人的道教研究堪称北京道教著述的主流。

第二节　研究概况

既往北京著述方面的研究，首先体现在文献资料的收录、搜集和整理上。《国朝宫史·书籍》一门，汇集清代官修重要书籍的名称、编书缘起、内容梗概和御制诗文等，其"编目提要，皆穷理致治之作"，对研究清代的官修图书概况及学术流变具有重要的参考价值。清末，出现了对北京历史文献的系统性记录，光绪十二年（1886 年）刊刻的《光绪顺天府志·艺文志》中有"顺天人著述" 4 卷，著录西周至清代记录顺天之书约二百二十种，著录顺天人著述约 945 种。《光绪顺天府志·金石志》列御制碑文约八百二十通，又记历代金石存于京师国子监等金石碑刻约五百八十七余通。朱彝尊的《日下旧闻抄撮群书目录》，共抄撮书 1315 种，朱昆田《日下旧闻续采书目》322 种，合计

1637 种。1938 年吴廷燮等纂修的《北京市志稿·艺文志》，1996 年北京燕山出版社出版，书中记述了清光绪年间到民国 20 年的各种数据资料，收录北京历史文献 132 种。

20 世纪 80 年代以来，北京社科院曹子西先生主编的《北京通史》，是一部全面、系统而又科学地展现北京历史面貌的大型学术专著。为了编纂此书，专家们做了大量的准备工作，其中之一就是资料准备工作。先搜集大量资料，然后搞史料长编，写大事记，再作专题研究，在此基础上，确定框架，列出大纲，征求专家意见，最后才进入书稿的写作。研究人员历时十余年，从浩繁的古籍、文献、实录、档案、碑刻及地下发掘等资料中，搜集、整理出北京历史的各阶段的资料集，为后来者研究北京史提供了很大的参考与指引。

由北京社科院王灿炽编著的《北京史地风物书录》，系北京市哲学社会科学"六五"研究项目。全书分为历史、地理、风物 3 大类，收录包括历史专著、资料汇编、私人笔记、文物考古、人物传记、政治经济文化教育史、地方志、城垣宫殿、园林山水、坛庙寺观、风景名胜、地理方志、风俗人情、宗教信仰、社会调查、历史地图等北京文献六千三百余种。为读者使用方便，作者将每本书都标明了书名、著者、出版年月、版本、册数、提要和收藏单位。1985 年由北京出版社出版发行。该书内容丰富，是研究北京地方志以及研究辽金元明清各代历史的重要工具书。王灿炽先生另撰有《燕都古籍考》，共考证评介北京古籍 151 种。

北京古籍出版社组织专人对北京现存的一批古籍进行标点、校对，出版发行了北京地方文献系列丛书《北京古籍丛书》，收录了《帝京景物略》、《日下旧闻考》、《光绪顺天府志》、《天咫偶闻》、《帝京岁时纪胜·燕京岁时记·人海记·京都风俗志》、《宸垣识略》、《琉璃厂小志》、《京师五城坊巷胡同集·京师坊巷志稿》、《析津志辑佚》、《酌中志》、《长安客话》、《宛署杂记》等七十余种。它们都是历史悠久、博大精深的北京文化典籍中的精华，饱含古代先哲的心血与智慧，是研究北京历史地理、典章制度、掌故轶闻、名胜古迹、诗词杂咏、人物传略、物产风俗的宝贵文献。

首都图书馆韩朴先生承担的北京市社科规划项目《北京历史文献书目索引集成》，包括《北京历史文献要籍解题》、《北京史料报刊资料类编》、《北京文献工具书辞典》3 个子课题。《北京历史文献要籍解题》是对历代以来记述北京历史的重要文献进行准确著录，并在解题部分考证作者简况、成书经过、主要内容、著述体例，并对文献进行整体评价；《北京史料报刊资料类编》以全文形式收录 20 世纪前半叶报纸、期刊所载北京史料，按专题分类编排；《北京文献工具书辞典》收录反映北京文献的工具书千余种，因而其本身也是一部研究北京历史必备的案头工具。其中，《北京历史文献要籍解题》（上下册）由中国书店于 2010 年 9 月出版，该书重点选择收录了 2004 年年底以前问世的各领域具有代表性或具有重要学术价值的文献专著和学术论文集 1498 种（其中包括外文文献 40 种）以及少量的重要学术刊物和检索工具书，并考证了作者简况、成书经过、主要内容、著述体例、版本情况，并对其文献价值进行整体评价。所收文献按其内容分为通论，笔记、杂著及资料类编，政治史，宫廷史，经济史，文化史，教育史，文物考古，人物传记，社会生活，历史地理，舆图及外文文献等 13 类，反映了重要的北京史研究成果以及新中国成立前的北京历史资料。

北京历史源远流长，历史文献资料汗牛充栋、浩如烟海，数量众多，宏富广博，但由于年代久远，改朝换代，有些历史文献在流传过程中散失、亡佚，未能保存下来。首都师范车萍萍的研究成果《北京历史文献的辑佚学研究》，将散见于现存图书文献中的北京历史文献的残篇散句摘录出来，进行整理研究。作者尽可能全面地搜集有关北京历史文献的散佚资料，共辑录北京历史文献佚书 83 种，提要并佚文十三万余字。作者概括性地探讨北京历史文献的发展演变过程并对佚书进行综合性的论述，重点探讨了北京历史文献散佚原因和佚书的价值。作者还对佚书的个案如徐梦莘《三朝北盟会编》中征引的《燕云奉使录》、《平燕录》、《入燕录》、《陷燕录》、《燕云录》五部北京历史文献等进行了分析与论述。此项研究为了解北京著述的概貌提供了许多线索。

目前学界尚无从著述史角度对北京既往著述的概况、源流、学术价值、地位、特点、影响等进行研究的专著。

第三节　研究范围

"著述"，或称著作，或单称撰、著、作，皆含有创作之意。从狭义上而言，专指北京的传统古典文献。从广义上而言，包括记述北京历史的所有文字记录。凡是记载、传递和储存历史信息的载体，如图书、甲骨、青铜器、玉版、石碑、简牍、帛书、笔记、杂著及资料类编、政治史、宫廷史、经济史、文化史、教育史、文物考古、人物传记、社会生活、历史地理、舆图及外文文献、西人著述以及报纸与期刊杂志，皆涵盖在内。

从著述者角度而言，本书所指北京著述，既包括京籍撰著者，亦包括在北京生活过、到北京游览过的非京籍著者。换言之，著者或不完全属于北京地区，而是带有全国性。因此，本书的收录，仿《光绪顺天府志》著录"各代纪录顺天之书"及"顺天人著录之书"的体例，凡北京人的著述，或者记述北京历史、政治、经济、文化、哲学、文学、军事、天文、礼法、典章、艺术、人物、风俗、自然、地理、战争等风貌或事像的著述，都是研究的对象。

就北京的历史发展进程而言，古代北京，经历了从燕国到帝京的演变过程。作为一种地域概念，从先秦到两汉、到魏晋南北朝、到隋唐、到辽金宋，直至元明清，各代的辖境范围有所差异。例如，战国时期燕国辖境地处北方，辖境辽阔，包括今天的北京市、天津市大部及河北省北部、辽宁省西北部地区，故先秦至隋唐时期燕人概念不同于今日的北京人。秦汉以后，是北京历史地位演变的重要时期，从地方封国，到汉代大一统的抵御北部少数民族侵扰的屏障，到魏晋南北朝时期少数民族政权政治中心，到隋唐时期幽州军事重镇，燕国地位上升，逐渐成为区域政权的争夺中心。因此，从著述史角度而言，本书的研究范围不是以今北京行政区划范围为限，而是基本以历史上曾经属于北京建置的地区为限，虽然有些今日已经不属于北京行政区划范围，但从先秦以来，直至唐五代末，却一直属于北京建置区域内。比如，范阳，在历史上所辖区域多有变动。范阳春秋时期为燕国之涿邑。秦王政二十一年（前226年）初设范阳县。至新朝时更名为顺阴，东汉又改称范阳侯国。三国魏黄初五年（224年）置范阳国，黄初七年（226年）又将涿郡改为范阳郡，治所仍在涿县，辖今北京昌平区、房山区及河北涿州一带。西晋泰始元年（265年），封司马绥为范阳王，都涿，范阳郡改称范阳国。北魏时期又复称范阳郡。隋开皇元年（581年），析涿县西境原道县（今河北涞水）地置范阳县。开皇二年（582年）撤范阳郡，设幽州行政区，治所从涿县迁至今北京之广安门一带。唐武德七年（624年）改涿县为范阳县。开元二十一年（733年），范阳县属河北道幽州。天宝元年（742年）幽州改称范阳郡，更幽州节度使为范阳节度使，治所在今北京境内，辖范阳县（今涿州），安禄山即在此发动了安史之乱。宝应元年（762年），李怀仙降唐，范阳郡又改称幽州。直至大历四年（769年），分幽州南部范阳、归义、固安3县置涿州，州治在范阳县（今河北涿州）。因此，属于本书唐五代以前北京著述的介绍范畴。这样的界定，是建立在尊重北京历史发展、行政区划变迁的基础之上的，从中可以看出北京著述史的学术源流变迁，也可以看出北京从诸侯封国到大一统政权下的郡县、到军事重镇、再到少数民族政权的政治中心、再到全国政治中心的地位上升曲线的形成脉络，突出体现北京作为一座中外名城的悠久历史，同时体现出元明清以来作为全国政治中心和文化中心的特点。

从纵向的时间跨度而言，北京著述史的研究，上起先秦，下迄民国这一长时段的关于北京的著述以及北京人的著述概况，分为先秦至隋唐五代北京地区的著述、宋辽金时期北京地区的著述、元代北京地区的著述、明代北京地区的著述、清代北京地区的著述、民国时期北京地区的著述 6 部分。

第四节　种类划分

《北京著述史》分为两编。第一编是传统著述，内容按照传统历史文献惯用的经、史、子、集四部分类法划分。这种分类法一直延续到清代，《四库全书总目提要》最为完备。据此，本书将北京著述大致分为以下几类。

"经部"，下分易、书、诗、礼、春秋、孝经、五经总义、四书、乐、小学 10 类儒家经典。这方面，有韩婴、卢植的著述，也有阳承庆的《字统》，高诱的《礼记注》、《孝经解》、《正孟子章句》，晋人崔豹的《论语集义》，清人孙承泽的《尚书集解》等。

"史部"，包括正史、编年、纪事本末、别史杂史、诏令奏议、传记、史钞、载记、时令、地理、职官、政书、目录、史评 15 类历史著述。有二十四史，《战国策》，北魏郦道元的《水经注》，《燕春秋》、《燕十事》，唐平致美的《蓟门纪乱》等。也有《契丹志》、《燕云奉使录》等奉使纪行著述，还有《平燕录》、《入燕录》、《陷燕录》、《燕云录》等记述辽、宋、金时期围绕燕京所发生的历史事件。传记类有北齐阳休之《幽州人物志》，地理类有隋代的《幽州图经》、《幽都记》，元代官修的《大都路图册》，熊梦祥的《析津志》，明洪武初年北平按察司副使刘裕主持编纂的《北平八府图经志书》，光绪《顺天府志》等，杂记有元代的《皇元建都记》、明代刘裕的《北平事迹》，游记有元代何中的《蓟邱述游录》、明代姚士粦的《日畿访胜录》等撰作，在北京著述史上占有很重要的位置。

"子部"包括儒家、兵家、法家、农家、医家、天文算法、术数、艺术、谱录、杂家、类书、小说家、释家、道家 14 类诸子百家及释道宗教著述，多为一家之言，内容包罗万象。高诱的《吕氏春秋解诂》、《淮南鸿烈解诂》，东晋卢谌的《庄子注》，北齐卢景裕的《老子注》等皆属此类。

"集部"包括楚词类、别集类（一人作品集）、总集类（多人作品合编的集子）、诗文评类、词曲类（词集、词选、词话、词谱、词韵、南北曲）5类，收录散文、骈文、诗、词、散曲集子、文学评论、戏曲等著作。燕人集类著述中，以元代最为传世，元曲四大家中，有3人为北京人，关汉卿的《窦娥冤》、马致远的《汉宫秋》、王实甫的《西厢记》都是集部著述精品。

除经史子集外，本书另设"其他著述"一节，主要收录金石类包括碑文、墓志、钟鼎文、西人关于北京的著述。

元明清三代的北京著述，则增设宫廷图书或官修史书、大型图书或类书一节，这是与北京成为全国政治文化中心地位相适应的一种设计，由此可以展现北京著述的独特性和高规格性，展现北京著述的特点、影响和学术价值。

第二编是民国时期北京地区的著述。从1911年10月辛亥革命后成立的湖北军政府时起至1949年10月中华人民共和国成立的38年间，北京曾先后出现过多个性质迥异、对峙并存的政权，政局混乱，但著述依然十分繁盛。本编著述分政治法律、文化教育、社会经济、地方风俗、历史、地理、文学、艺术、报纸期刊的编辑出版、其他著述的编纂与出版（主要是西人著述）10个方面。这样的划分方法，旨在从不同角度反映当时的政治、经济、军事、外交、文化诸多方面的历史风貌，展示当时北京社会变迁的方方面面。

注释：

（1）元尚：《燕人著述遍四部》，《京报网—北京日报》2007年6月3日。
（2）李淑兰：《北京史稿》，学苑出版社，1994年版，第195页。

第一编　传统著述

第一章　先秦至隋唐五代
北京地区的著述

北京历史相当久远。西周时期，周武王封召公于燕，封黄帝之后于蓟，后燕灭蓟，迁都于蓟城，北京地区成为屏藩西周政权、维护西周北部安危的一道屏障。经春秋诸侯争霸，公元前325年，燕侯称王，燕国成为战国七雄之一。虽然在七国中力量最为弱小，但地理位置却十分重要，可谓有燕则重，无燕则轻。这一时期，燕都蓟城一带是各民族混居地区，东、北部是孤竹、局镇、山戎等民族，燕桓公迫于山戎威胁而南迁临易；其后，又从临易迁回蓟城。公元前316年，燕王哙"禅位"相国子之，引发一场政治动乱。公元前312年，齐军撤出燕国，燕昭王即位，他悉心图治，燕国达到鼎盛，蓟城成为天下名都与南北交通枢纽。公元前228年，秦军攻占赵都邯郸后，燕太子丹遣荆轲刺秦王。公元前226年，秦派王翦攻燕，攻占蓟城。公元前222年燕国亡。

秦始皇二十六年（前221年），秦始皇灭六国，建立第一个统一的多民族的中央集权的封建国家，废除分封制度，实行郡县制，在原燕地置广阳郡，治所蓟城。又在广阳郡以北原燕国位置沿长城一线自西而东置上谷、渔阳、右北平、辽西、辽东五郡，今北京地区分属于上谷、渔阳、右北平、广阳四郡，又修建以咸阳为中心的交通网。蓟城从过去燕国的领地中心转变为秦王朝的北方军事重镇和交通枢纽，仍是北方地区的政治、军事和经济中心。[1]

公元前209年，陈胜、吴广拉开了秦末农民起义的序幕，各地反秦武装继兴。同年，陈胜令武臣为将军率张耳、陈余北上攻取赵地，8月，武臣攻克邯郸，自称赵王，又派遣上谷郡卒史韩广率军北上，9月

1

占据燕地蓟城，韩广自立为燕王，国号燕，都蓟城。

公元前 206 年，项羽、刘邦攻占咸阳，推翻了秦朝统治。项羽自号西楚霸王，封臧荼为燕王，徙燕王韩广为辽东王。韩广拒不就封，臧荼杀韩广，尽据蓟城。公元前 202 年，刘邦即帝位，同年 7 月，燕王臧荼举兵反汉，9 月，刘邦率大军伐燕，俘臧荼，封长安侯卢绾为燕王。(2) 西汉在燕地实行郡、国并行的制度，燕地成为北部边镇与诸侯王的都邑，又是抵御匈奴等对北部边地威胁侵扰的重地，地理位置更为重要。十二年（前 195 年），刘邦因陈豨谋反事而怀疑卢绾同谋，派猛将樊哙将兵讨卢绾，迫其出逃匈奴，匈奴单于封卢绾为东胡卢王，一年后死胡中。刘邦封皇子刘建为燕王，都蓟城。刘建病卒，无后国除，燕王国改为燕郡，治蓟城。高后八年（前 180 年），吕雉封其侄孙吕通为燕王，都蓟城。不久，吕雉病死，诸吕被诛，吕通被杀。文帝元年（前 179 年），琅琊王刘泽以助诛诸吕有功，徙封为燕王。刘泽徙燕 2 年后病卒，子刘嘉嗣燕王位。景帝六年（前 151 年），刘嘉子刘定国嗣位。武帝元朔二年（前 127 年），刘定国因罪自杀，国除，复改为燕郡，蓟城为郡治首府。元狩五年（前 118 年）汉武帝复置燕国。次年四月，封皇子刘旦为燕王。昭帝元凤元年（前 80 年），燕王刘旦谋反，事败自杀，国除，燕郡改置广阳郡，治蓟城。宣帝本始元年（前 73 年），宣帝改广阳郡为广阳国，诏立刘旦子刘建为广阳王，仍都蓟城。此后，穆王舜、思王璜和齐嘉相继嗣位。

公元 9 年，王莽建立新朝，废齐嘉，改广阳国为广有郡，治蓟城。新莽政权灭亡以后，更始帝刘玄迁都洛阳，遣刘秀抚定河北。刘秀北上进驻蓟城遭王郎的攻击后，借助上谷、渔阳两郡突骑兵力量攻占邯郸，占据河北，与更始政权分裂。更始二年（24 年）刘秀杀更始政权幽州牧苗曾，改任朱浮为幽州牧，驻蓟城。更始三年（25 年）六月，刘秀即皇帝位，国号仍称汉，史称东汉，改元建武。东汉初年，渔阳太守彭宠反汉，建武三年（27 年），彭宠据蓟城，自称燕王。建武五年（29 年），彭宠被家奴所杀。

东汉末年，黄巾起义爆发。献帝初平二年（191 年），蓟城为公孙瓒受封侯国，后为袁绍所灭。建安十二年（207 年），曹操统一北方。220 年，曹丕废掉汉献帝，自立为帝，国号魏，年号黄初，史称曹魏，存国 46 年间，宗室庶出子弟多封于幽州，以蓟城为治所。黄初五年（224 年），曾封曹敏为范阳王。明帝太和六年（232 年），改封诸侯王以郡为国，遂改燕郡为燕国，封曹宇为燕王。曹魏初期，幽州郡县多有变动，辖域东达辽东和今朝鲜半岛，有燕、范阳、渔阳、上谷 4 郡国，成为曹魏政权抵御北方鲜卑、乌丸等族边患的屏障，曹魏设护乌丸、鲜卑校尉，控制防范鲜卑、乌丸各部。幽蓟又是曹魏进军、经营辽东的基地。237 年，魏明帝派大将毋丘俭征讨割据辽东的公孙渊，244 年，毋丘俭征伐高句丽，均以幽蓟为基地[3]。

西晋时期，燕地又是北方少数民族和中原政权交往的平台，是北方少数民族南下中原的必经之路。西晋末年发生"八王之乱"，中郎将王浚据有幽州，驻蓟城。晋愍帝建兴二年（314 年），羯族首领石勒突袭蓟城，擒王浚，焚其宫殿。317 年，司马睿在今南京称帝建立东晋。随着中原政权的统治日益薄弱，以鲜卑、匈奴、羯、氐、羌为首的北方少数民族纷纷建立割据政权，立国称王，燕地成为北方少数民族争夺和建立政权的基地之一。337 年，鲜卑慕容皝立国称王，国号为燕，定都棘城，是为前燕。342 年，迁至龙城。352 年，慕容儁将都城迁至蓟城。357 年迁都邺城，蓟城作为前燕国都共 5 年，第一次成为北方少数民族政权的政治中心。370 年，前燕为前秦苻坚所灭。

北周大定元年（581 年），隋国公杨坚废北周静帝宇文衍，自称皇帝，建元开皇，改国号为隋，杨坚即隋文帝。隋初，蓟城是幽州和涿郡治所首府，是抵御突厥侵扰的军事屏障，隋文帝曾任用有边防经验的亲信将领主持燕蓟的军政事务。文帝开皇三年（583 年），罢除诸郡，原幽州下辖的燕、范阳、渔阳 3 郡被废。隋炀帝大业三年（607年），复罢州改郡，幽州改称涿郡，治蓟城，辖蓟、良乡、安次、涿、固安、雍奴、昌平、潞、怀戎 9 县。[4]

唐代北京地区称幽州，为军事重镇。据《旧唐书·地理志》，唐高祖武德元年（618 年），在幽州设总管府，任罗艺为总管，辖幽、易、平、檀、燕、北燕、营、辽 8 州。六年（623 年），改总管为大总管，管 39 州，辖区北到长城，东至山海关，包括关外辽宁省南部地区，形成一条大致与长城平行的带状防御区。随着东突厥威胁的加重，总管府的等级与管辖范围亦不断提升与扩大。七年（624 年），改称幽州大都督府。武德八年，东突厥大军南犯深入到幽州西南面的定州（今河北定县），唐高祖命太子李建成往幽州，秦王李世民往并州，坐镇御敌。九年（626 年），为不使地方权力过重，在确保幽州地区防御能力前提下，改大都督府为都督府，督管幽、易、景、瀛、东盐、沧、蒲、蠡、北义、燕、营、辽、平、檀、玄、北燕等 17 州。唐太宗贞观八年（634 年），幽州都督府仅都督幽、易、燕、北燕、平、檀 6 州。高宗末年，东突厥再度兴起，幽州及河北其他地区时受侵扰。永淳元年（682 年），突厥骑兵南犯妫州（今北京延庆），垂拱元年（685 年），又进至昌平（今北京昌平）。与此同时，居住在东北地区南部的奚、契丹亦伺机发难，万岁通天元年（696年），契丹攻陷营州（今辽宁朝阳），攻陷了幽州、冀州诸多城邑。唐相继派狄仁杰等重臣担任幽州都督，加强该地区防务，同时扩大了幽州都督府的辖区和权限。玄宗先天二年（713年），设幽州节度使，负责防御奚与契丹，治幽州（范阳郡，今北京），辖幽州、蓟州、妫州、檀州、易州、定州、恒州、莫州、沧州9州。玄宗开元十三年（725年），恢复为"大都督府"。天宝元年（742年），改为范阳节度使。十四年（755年）安禄山据范阳、河东、平卢叛乱，建立大燕，史称"安史之乱"。叛乱结束后，改为幽州节度使，因领卢龙军，又称卢龙节度使。代宗广德元年（763年），李怀仙降唐，被任命为幽州、卢龙节度使。德宗建中年间四镇之乱时，幽州朱滔自称冀王。宪宗元和十四年（819年），卢龙节度使刘总臣服。两年后，张弘靖被任命为幽州、卢龙节度使。

907年，唐宣武军节度使朱温，废唐哀宗，建立后梁，之后，后唐、后晋、后汉、后周相继建立政权，其他各地的军阀集团也纷纷割据一方，先后建立10个割据政权，史称"五代十国"。后梁政权建立之初，卢龙军节度使刘仁恭占据燕地，驻镇幽州。后其子刘守光兵夺幽州，囚父杀兄，于乾化元年（911年）八月，即皇帝位，自称大燕国皇帝，国号大燕，改元应天，以幽州为都城，史称"中燕"，仅存3年，被李存勖所灭。后晋建立前夕，石敬瑭将卢龙节度全境和河东节度北部蔚州、应州、寰州、朔州、云州5州割让给契丹国，此即燕云16州。[5]

由上可见，古代北京地区政权更迭频繁，战乱时有发生。在此历史背景下，早期北京历史著述亡佚散失严重，多仅存篇目。秦统一以后，秦始皇"下焚书之令"，原六国的历史古籍均被销毁。其后东汉末年、西晋永嘉之乱、隋末几次大规模的战乱，亦使书籍散乱巨大。此间北京地区人物、风俗、政治、经济、社会、文化的著述，多分散在正史、经书、子书、文集中。《史记》、《汉书》、《后汉书》、《三国志》、《晋书》、《魏书》、《北齐书》、《新唐书》、《旧唐书》等，本纪、列传、志书中都有北京地区人物、事迹的记载。这一时期，专写北京的著述数量不多，而北京人著述亦相对较少。五代以前，北京地区的经部、子部著述虽然缺乏专著，但是注疏经子者却不乏其人。如东汉的高诱、西晋以后的范阳卢氏家族等，并带有家族传承的特点。此间的集部著述，亦如此。由此，阐述这一长时段的北京地区著述，是件十分困难的事，不免出现资料难以查询、论述难以周全、文词凸显枯涩的现象。

总体而言，与北京地区政治经济军事地位的演变相互关联，唐五代以前，是北京著述的逐渐兴起的阶段，其规模与水平与中原地区比较仍有较大差距，相较于其后的辽金宋元明清各代，显得十分逊色，但却是一个持续不断的状态，水平也呈现不断提高的发展态势。

第一节　经部著述

最早记载燕国始封者召公奭事迹与德政思想的是《尚书》诸篇。《尚书》，原称《书》、《书经》，汉代始称《尚书》，意为"上古之书"，是我国现存最早的历史文献汇编，所记上起传说的尧舜，下讫春秋中叶的秦穆公，相传由孔子编选而成。内容分为虞书、夏书、商书、周书，体裁分为典（指典章制度）、谟（指君臣谋略）、训（指训诫之语）、诰（指劝勉文告）、誓（指誓师词）、命（指君主册命）。遗憾的是，经秦代焚书，至汉初，《尚书》仅存济南伏胜（又作伏生）传授的 28 篇，因用汉代通行的隶书抄写，故称《今文尚书》;[6]汉武帝末年，鲁恭王刘余为扩建公室，拆孔子旧宅，于墙壁中得到一批古书，其中有《尚书》计 45 篇。[7]孔子第十一世孙孔安国将其献给朝廷，因用先秦时期的大篆抄写，故称《古文尚书》;西晋末年永嘉之乱，书籍焚毁惨重，《尚书》今文、古文散佚。到东晋时，豫章内史梅赜向朝廷献书，自称是孔安国的《古文尚书》，计 58 篇。其中 33 篇与《今文尚书》相同，[8]又新增 25 篇，[9]各篇均有孔安国所作之传与序。梅赜进献的《古文尚书》被朝廷认可，立为官书，后唐代孔颖达作《尚书正义》，成为官方定本，确立为"五经"之一，包括晚出的 25 篇经传。宋代又被编入《十三经注疏》，流传至今。[10]

《尚书》诸篇中，与北京地区最有关联的是关于燕国始祖召公奭的记述。召公奭，姬姓，名奭。因最初采邑在召（今陕西岐山西南），故称召公或召伯。周武王灭商后，建立周朝，封周王宗室、古圣王后人和功臣谋士为诸侯，召公奭受封于北燕，建燕国，即今天的北京，是燕国的始祖。但召公并未就封，而是以长子就封。西周王朝建立两年后，周武王劳病而逝，其子周成王年幼，用周武王之弟周公旦和上卿召公奭辅政，以召公奭为太保。其时，西周政权极不稳定，周公旦和召公奭二人决定分陕而治。周公旦防备殷商遗民反叛，稳定东部;召公奭则巩固后方，解除后顾之忧。《尚书》之《召诰》、《君奭》、《顾命》、《洛诰》、《旅獒》诸篇即记载了召公相关的史事。《召诰》是召公告诫成王之辞，也有学者认为是召公告诫周公之辞，清儒崔东璧《崔东璧遗书·丰镐考信录》卷八即肯定召公有向周公进言之事。《洛诰》篇记载了召公是营建洛邑的主要策划和实施者之一。《尚书·旅獒》记载，[11]武王克商不久，九夷八蛮来贡，有西方旅国进贡獒犬，高四尺有余，通晓人性，威武凶猛，善与人搏，时人视其为珍禽奇兽。时任太保的召公奭，担心武王会因喜好此犬而荒废政事，于是写了《旅獒》，劝武王不可接受，慎重德行，重视贤能，安定国家，保护百姓。[12]召公说："圣明的君王谨慎德行，安抚远邦，所以四周的民族都来归顺。不论远近，都贡献些物产，但也只是些衣服、饮食、器用之物。圣明的君王昭示这些贡物给异姓封国，使其不荒废职事；分赐宝玉给同姓的封国，以展示重视亲族之情。既然分物赐人，说明贵不在物，而在人。有德者赐，则物贵，无德者赐，则物贱，一切以德为尊。德盛的人常自敬爱，不轻易侮慢。君子（官员）被侮慢，就不肯尽心。小人（百姓）被侮慢，就不肯尽力。圣明的君王不被歌舞女色所役使，不沉溺偏好的事物中，百事的处理就会适当。玩弄人者，则丧其品德，玩弄物者，则丧其心志。要依靠道安定自己的意志，依靠道接受别人的言论。不做无益的事来妨害有益的事，事就能成；不喜好奇珍异物，百姓的日用之物就能充足。犬马非土生土长的不养，珍禽奇兽不收养于国。不珍爱远方的物品，远人就会来；所重的是贤才，近人就安定了。"召公告诫武王，早起晚睡还怕不能勤勉修德。若不注意细微之行，终会有损德行。好比堆九仞高山，只缺一筐土而不能完成。必须谨慎细微之行，慎终如始，方能成功。召公强调，为政者不要"玩人丧德，玩物丧志"，要慎重德行，不事奢华，修德不可狎侮，不可纵恣，勤于修德，注重细行。从《尚书》诸篇记载，我们大体上可以了解到燕国的始封者召公是一个什么样的人物：从职责上而言，他保安天子于德义；从思想上而言，他强调慎修道德、重贤爱民、敬德保民、谨慎天命、不玩物丧志；从个人修身而言，他是一位知人之明、谨慎德行、年长而有德的贤者。召公作为一个思想家，具有深邃智慧；作为一个政治家，具有远见卓识；同时又是一个遵守礼教、熟悉礼仪的礼者。这样的品行功业，对于燕国政治、文化影响颇深，对于儒家思想也影响颇深。

唐五代以前，为《尚书》做注的燕地学人主要有东汉末年的卢植。卢植，字子干，涿郡涿人。政治家、军事家、经学家，著有《尚书章句》，并有《三礼解诂》等，今皆失佚。此外，北齐时，卢景裕著有《尚书注》。卢景裕，字仲儒，小字白头，北朝北魏范阳涿人。专务经学注解，为国子博士。除注《尚书》外，卢景裕还注《周易》、《孝经》、《论语》等，尝为高澄讲《易》。

《诗经》中也记载了召公德政爱民及百姓的思念。《诗经》，又称《诗三百》，是我国第一部诗歌总集。相传由孔子整理，计305篇，内容分《风》、《雅》、《颂》3部分。《风》是不同地区的民间乐歌，有周南、召南、邶、墉、卫、王、郑、桧、齐、魏、唐、秦、幽、陈、曹15国风，160篇。《雅》是宫廷宴享或朝会时的贵族乐歌，有《大雅》31篇和《小雅》74篇，计105篇。《颂》是宗庙祭祀时的颂歌，分《周颂》、《鲁颂》、《商颂》，共40篇。

《诗经·国风·召南·甘棠》篇，记载了百姓对燕国始祖召公德政爱民事迹的怀念和歌颂。召公辅助周文王教化百姓，协助周武王完成灭商大业，辅佐周成王巩固周初政局，尤其在周公旦去世后，更是长期主国政，成王临终时命其为"顾命大臣"，扶助康王稳固政局，其政治地位、功德不逊于周公。相传，召公巡行南国，推行文王之政，因爱民而不忍心扰民，就住在甘棠树下；召公给老百姓断案，就背靠甘棠树席地而坐。百姓思念召公之仁德，感怀召公之仁政，为此而爱惜甘棠树，不忍攀附、折弯、砍伐。(13) 召公的事迹，被百姓编成歌谣传唱，被孔子记录在《诗经·国风·召南·甘棠》篇中。(14) 诗的大意是：枝繁叶茂的梨棠树啊，不要砍伐它，因为召伯曾在那里居住过。枝繁叶茂的梨棠树啊，不要弄断它，因为召伯曾在树下休憩过。枝繁叶茂的梨棠树啊，不要折弯它，因为召伯曾在树下停留过。

循着这首悠悠古韵，似乎还能寻访到梨棠树下那已经逝去的召伯身影。召公的爱民行为，深得百姓之尊敬，百姓感受到召公之德化，由思念其人而敬其树，这是一种亲身感受而生的思念之情、敬爱之意。召公保民爱民，百姓对其也是深切的思念和敬爱。召公廉洁爱民，仁政深得民心，在漫长的岁月中，凝炼为"甘棠遗爱"，流传至今，后人歌咏传承不辍。(15)

孔子对《甘棠》推崇有加，把它作为传授弟子的内容，宣扬教化，总结并发挥其诗义。在上海博物馆中收藏的大量战国竹简《诗论》10、16、13、15、24号简分别载有孔子关于《甘棠》一诗的评析，孔子并以一个字来总结其主旨即"爱"，突出召公之爱民形象。今将上博简《诗论》简文移录如下："《甘棠》之保（报）……害（曷）？曰：童（终）而皆臤（贤）於其初者也。[《甘棠》之保（报），敬] 召公也。《甘[棠]》思及其人，敬爱其树，亓（其）保（报）厚矣。《甘棠》之爱，以邵（召）公[所菳也]。吾以《甘棠》得宗庙之敬，民眘

（性）古（固）然。甚贵亓（其）人，必敬开（其）立（位）。悦亓（其）人，必好亓（其）所为，亚（恶）亓（其）人者亦然。"这段简文的意思是，孔子从《甘棠》诗看到人们对于宗庙的敬重。宗庙代表着祖先功业，代表着社稷，只有有德，宗庙才能永久得到祭祀。那么，由于召公的德政，由于召公的正直勤勉、不失职、能循法度、仁爱、不烦劳百姓、节俭、贤明，而获得百姓的敬爱，百姓敬爱召公其人而思之，这是由于召公之"保"所致，即召公能够保民所致。孔子以"保"、"爱"来阐明《甘棠》的主旨，突出百姓对召公之爱，反衬出召公对百姓之爱。一个"爱"字，是召公德行的最好注释。这是对于为政者爱民保民的一种强调。由此可见，孔子对召公精神、风范和品德的仰慕和推崇。

《孔子家语·庙制》篇也记载：子羔问曰："祭典云：'昔有虞氏祖颛顼而宗尧，夏后氏亦祖颛顼而宗禹，殷人祖契而宗汤，周人祖文王而宗武王。'此四祖四宗，或乃异代，或其考祖之有功德，其庙可也。若有虞宗尧，夏祖颛顼，皆异代之有功德者也，亦可以存其庙乎？"孔子曰："善，如汝所闻也。如殷周之祖宗，其庙可以不毁，其他祖宗者，功德不殊，虽在殊代，亦可以无疑矣。《诗》云：'蔽芾甘棠，勿翦勿伐，邵伯所憩。'周人之于邵公也，爱其人犹敬其所舍之树，况祖宗其功德而可以不尊奉其庙焉？"《孔子家语·好生》篇记载，孔子常自筮其卦，得贲焉，愀然有不平之状。子张进曰："师闻卜者得贲卦，吉也，而夫子之色有不平，何也？"孔子对曰："以其离耶！在周易，山下有火谓之贲，非正色之卦也。夫质也黑白宜正焉，今得贲，非吾兆也。吾闻丹漆不文，白玉不雕，何也？质有余不受饰故也。"孔子曰："吾于《甘棠》，见宗庙之敬甚矣，思其人必爱其树，尊其人必敬其位，道也。"

西汉时，有燕人韩婴治诗。《汉书·儒林传》谓韩婴"推诗人之意，而作内、外《传》数万言，其语颇与齐、鲁间殊，然归一也。淮南贲生受之。燕、赵间言《诗》者由韩生。韩生亦以《易》授人，推《易》意而为之传。燕、赵间好《诗》，故其《易》微，唯韩氏自传之。武帝时，婴尝与董仲舒论于上前，其人精悍，处事分明，仲舒不能难也。后其孙商为博士。孝宣时，涿郡韩生其后也，以《易》征，待诏殿中，曰：'所受《易》即先太傅所传也。尝受《韩诗》，不如韩氏《易》深，太傅故专传之'"。因韩婴在汉文帝时曾任博士，汉景帝时官至常山太傅，后人又称他韩太傅。韩婴是西汉"韩诗学"的创始人，燕、赵言《诗》皆本于韩婴，世称"韩诗"，与辕固生的"齐诗"、申培的"鲁诗"并称"三家诗"。韩婴著有《韩诗内传》4 卷，原书已佚。韩婴另有《韩诗外传》6 卷，《汉书·艺文志》著录 6 卷，《隋书·经籍志》、《新唐书·艺文志》、《宋史·艺文志》、《四库全书总目》皆著录 10 卷。韩婴又著有《韩说》，《汉书·艺文志》著录 41 卷，隋唐志未著录。韩婴又有《韩故》36 卷，《汉志》、《隋志》著录 22 卷，《新唐书·艺文志》著录 20 卷，已佚。南宋以后，仅存《韩诗外传》。《韩诗外传》卷一记载召公事迹曰："昔者，周道之盛，邵伯在朝，有司请营邵以居。邵伯曰：'嗟！以吾一身，而劳百姓，此非吾先君文王之志也。'于是，出而就蒸庶于阡陌陇亩之间，而听断焉。邵伯暴处远野，庐于树下，百姓大说（悦），耕桑者倍力以劝，于是岁大稔，民给家足。其后在位者骄奢，不恤元元，税赋繁数，百姓困乏，耕桑失时。于是诗人见召伯之所休息树下，美而歌之。诗曰：'蔽芾甘棠，勿剪勿伐，召伯所芨。'此之谓也。"北齐时，卢景裕著有《毛诗注》。

韩婴兼治《易》，著《易传》12 篇。《汉书·艺文志·易类》称："有《韩氏》二篇。"实际应为 12 篇，上下经并十翼，《汉志》脱十字。《唐会要》著录 12 卷，书久佚。北齐卢景裕有《周易注》。卢景裕自幼聪敏过人，专学《五经》。为求深入钻研，排除干扰，隐居拒马河，仅携一老婢为其做饭，"妻子不自随从"。《北齐书·儒林传》载"凡是经学诸生多出自魏末大儒徐遵明门下，河北讲郑康成所注《周易》，遵明以传卢景裕及清崔瑾。景裕传权会，权会传郭茂，……其后能言《易》者，多出郭茂之门"。据《北史·卢景裕传》，其易学源于郑易，且有师传，"景裕虽不聚徒教授，所注《易》，大行于世。"《隋书·经籍志》著录《周易》1 帙 10 卷，而唐志均有著录。马国翰据李鼎祚《周易集解》及孔颖达《周易正义》，辑《周易卢氏注》1 卷。

《春秋左传》、《春秋公羊传》、《春秋谷梁传》等都有燕国始祖召公事迹记载。如《谷梁传》庄公三十年传曰："燕，周之分子也。"又如《左传·隐公五年》记载："自陕而东者，周公主之；自陕而西者，召公主之。"北齐时，卢景裕作《春秋左氏注》。至唐代，卢藏用著《春秋后语》10 卷。卢藏用，字子潜，幽州范阳人。据《新唐书·卢藏用传》记载，"藏用能属文，举进士，不得调。与兄征明偕隐终南、少室二山，学练气，为辟谷，登衡、庐，彷徉岷、峨。与陈子昂、赵贞固友善。长安（701—704 年）中召授左拾遗，神龙中，为礼部侍郎，兼昭文馆学士。以托付太平公主，流放岭南。……能属文，工草隶、大小篆、八分。书则幼尚孙（过庭）草，晚师逸少（王羲之），八分有规矩之法。有文集三十卷，《全唐诗》录存其诗八首。"卢藏用与陈子昂关系友善，曾辑《陈伯玉文集》，称赞陈子昂"卓立千古，横制颓波，天下翕然，质文一变"。

关于《论语》的注疏有西晋崔豹的《论语集义》10卷，今佚。元人李治《敬斋古今黇》称，崔豹，字正熊，燕国人，晋惠帝时官至太傅。《论语集义》见于《通志·论语集解类》。崔豹又有《论语大义解》10卷，今佚。又有《古今注》3卷，今存。北齐时，卢景裕有《论语注》。

十三经之一《孟子》中记载了孟子对于燕齐之间战争及其看法。公元前316年，燕王哙让位给相国子之，国人不服，前314年，将军市被和太子平进攻子之，子之反攻，杀死了市被和太子平，国内一片混乱。其时，孟子正在齐国，他对燕王哙做法表示反对，并敦促齐国攻打燕国。《孟子·梁惠王下》载：齐人伐燕，胜之。宣王问曰："或谓寡人勿取，或谓寡人取之。以万乘之国伐万乘之国，五旬而举之，人力不至于此。不取，必有天殃。取之，何如？"孟子对曰："取之而燕民悦，则取之。古之人有行之者，武王是也。取之而燕民不悦，则勿取。古之人有行之者，文王是也。以万乘之国伐万乘之国，箪食壶浆，以迎王师。岂有他哉？避水火也。如水益深，如火益热，亦运而已矣。"

齐国占领燕国后，孟子曾向齐宣王提出，为燕立一君主而后撤离。《孟子·梁惠王下》载：齐人伐燕，取之。诸侯将谋救燕。宣王曰："诸侯多谋伐寡人者，何以待之？"孟子对曰："臣闻七十里为政于天下者，汤是也。未闻以千里畏人者也。书曰：'汤一征，自葛始。'天下信之。'东面而征，西夷怨；南面而征，北狄怨。曰，奚为后我？'民望之，若大旱之望云霓也。归市者不止，耕者不变。诛其君而吊其民，若时雨降，民大悦。书曰：'傒我后，后来其苏。'今燕虐其民，王往而征之。民以为将拯己于水火之中也，箪食壶浆，以迎王师。若杀其父兄，系累其子弟，毁其宗庙，迁其重器，如之何其可也？天下固畏齐之强也。今又倍地而不行仁政，是动天下之兵也。王速出令，反其旄倪，止其重器，谋于燕众，置君而后去之，则犹可及止也。"

但齐王不听。《孟子·公孙丑下》记载，公元前312年，"燕人畔"，（齐国大臣）沈同以其私问曰："燕可伐与？"孟子曰："可。子哙不得与人燕，子之不得受燕于子哙。有仕（士）于此，而子悦之，不告于王而私与之吾子之禄爵，夫士也，亦无王命而私受之于子，则可乎？何以异于是？"齐人伐燕。或问曰："劝齐伐燕，有诸？"曰：

"未也。沈同问'燕可伐与',吾应之曰,'可',彼然而伐之也。彼如曰:'孰可以伐之?'则将应之曰:'为天吏,则可以伐之。'今有杀人者,或问之曰:'人可杀与?'则将应之曰:'可。'彼如曰:'孰可以杀之?'则将应之曰:'为士师,则可以杀之。'今以燕伐燕,何为劝之哉?"秦、魏、韩、赵等诸侯国也反对齐吞并燕,出兵救燕,败齐于濮水之上。东汉高诱有《孟子章句》,今佚。

关于三礼的注疏,主要有高诱的《礼记注》,卷数无考,失佚,《艺文类聚》引其文字。又著有《明堂月令》4卷。东汉卢植有《礼记解诂》,《隋书·经籍志》著录10卷。卢植,字子干,涿郡涿人。南朝宋业遵作《礼记注》12卷,《经典释文》称:业遵,字长孺,燕人,奉朝请。北齐卢景裕作《礼记注》、北周卢辩作《大戴礼记注》。卢辨,字景宣,范阳涿县人。卢柔著有诗、颂、碑、铭、檄、表、启共数十篇,行于世。据《北史》卷三十《列传》第十八《卢玄、卢柔、卢观、卢同、卢诞》、《周书》卷三十二《列传》第二十四《卢柔传》,卢柔,字子刚,范阳涿人。孝闵帝时,拜内史大夫,进位开府,卒于位。

高诱又有《孝经解》,卷数无考,《隋书·经籍志》未著录,高氏《吕氏春秋训解序》自言尝著《孟子章句》及《孝经解》等,今佚。北齐卢景裕作《孝经注》。唐慕容宗本著有《五经类语》10卷。慕容宗本,字泰初,幽州人。

第二节 史部著述

先秦至唐五代以前,专门记述北京历史的史部著述为数不多,更多的是散见于正史中,这与北京历史地位的演变息息相关。

一、纪传类

最早的北京地方历史文献当属《燕春秋》。该书约成书于战国时期,作者、卷数均无考。该书记载了周武王封召公奭于燕,其后燕国吞并邻近小国蓟国,并迁都蓟城,直到秦嬴政二十三年(前224年)燕国的史事。清朱彝尊《日下旧闻》张鹏序写道:"三泠主人方假归,竹垞饮饯于郊,启箧读之作,而曰:'猗与伟与!纪述之备其蔑有遗憾也夫!'竹垞曰:'否否,燕之有《春秋》见于《墨子》,幽都之有《记》、有《图经》,见于《隋志》,幽州古今人物之有志,见于《唐书》,辽有《燕北会要》,金则疆域有图,元则建都有纪。其外著录有若熊自得之《燕京志》，刘崧之《北平志》、《北平事迹》，戚不磷、郭造卿之《燕史》，其少者或数卷，多或至数百卷，是皆燕志也，而未之见焉，乌得无憾？譬诸寻河者不得其源，而徒取夫穷渎细流也。'"[16]

专门记述战国时期燕国太子丹为质秦国，被释回到燕都蓟城，思谋报仇计划的是《燕丹子》。《隋书·经籍志》著录，该书 1 卷，撰人不详。《新唐书·艺文志》著录 3 卷，《宋史·艺文志》著录 3 卷，题燕太子丹撰。《四库全书》从《永乐大典》中辑出，列入小说家存目，3 卷。清嘉庆十一年（1806 年），阳湖（今武进）孙星衍从纪昀处传得钞本，先后刻入《岱南阁丛书》、《平津馆丛书》，其侄孙冯翼有《问经堂丛书》本，现存的几种版本都是孙氏辑校之刻本。关于该书的成书时间有诸多说法，孙星衍在《燕丹子》叙中说："《燕丹子》之著录，始自隋经籍志，然裴骃注史记引刘向《别录》云：督亢，膏腴之地。司马贞索引引刘向云：丹，燕王喜之太子。则刘向《七略》有此书，不可以艺文志不载而疑其晚出。古之爱士者，率有传书，由身没之后，宾客记录遗事，报其知遇，如管、晏、吕氏春秋，皆不必其人自著，则此书题燕太子丹撰者，旧唐书之诬，亦不得以此疑其伪也。其书长于叙事，娴于辞令，审是先秦古书，亦略与《左传》、《国策》相似。学在纵横、小说两家之间，且多古字古义。云太子剑袂，以剑为敛也。毕事于前，国策作毕使，……又足证此书作在史迁、刘向之前，或以为后人割裂诸书杂缀成之，未必然矣。"《文献通考·经籍考》引《周氏涉笔》说："燕丹、荆轲，事既卓然，传记所载亦堪崛奇，今观《燕丹子》与《史记》所载相和，似是《史记》的事本也。"则此书似成书于秦汉之间；明代胡应麟在《少室山房笔丛》卷三十二《四部正伪》中认为"《燕丹子》三卷，当是古今小说杂记之祖"，此书成作于唐之前，而"出于应劭、王充之后"。无论该书成于何时，书中对"荆轲刺秦王"的精彩描述，尤其是荆轲启程赴秦之日，太子丹及宾客送至易水，荆轲高歌"风萧萧兮易水寒，壮士一去兮不复还"的悲壮气概，对燕国尚武之风的形成起到重要作用。

司马迁《史记》，作为我国第一部纪传体通史，记载了上自上古传说中的黄帝时代，下至汉武帝元狩元年间共 3000 多年的历史，其中关于燕国历史记载颇为详细。《史记·周本纪》记载武王克商次日祭祀场景、过程及召公奭受封史事曰："其明日，除道，修社及商纣宫。及期，百夫荷罕旗以先驱。武王弟叔振铎奉陈常车，周公旦把大钺，毕公把小钺，以夹武王。散宜生、太颠、闳夭皆执剑以卫武王。既入，立于社南大卒之左，［左］右毕从。毛叔郑奉明水，卫康叔封布兹，召公奭赞采，……封商纣子禄父殷之余民。武王为殷初定未集，乃使其弟管叔鲜、蔡叔度相禄父治殷。已而命召公释箕子之囚，命毕公释百姓之囚。……封召公奭于燕。"《史记·齐世家》记载春秋战国时期燕齐之间史实，如"二十三年，山戎伐燕，燕告急于齐。齐桓公救燕"。《史记·燕召公世家》记载燕国历史最为详尽。《太史公自序》中，司马迁自明作《燕召公世家》的宗旨，其文云："武王克纣，天下未协而崩，成王既幼，管、蔡疑之，淮、夷叛之，于是召公率德安集王室，以宁东土……作《燕世家》第四。"该篇记载召公的姓氏、身世："召公奭与周同姓，姓姬氏。"记载召公受封的问题："周武王之灭纣，封召公於北燕。"按照司马迁记载，即武王灭商后，召公受封，建立燕国。作为周之同姓，召公之所以受封，其封国地理位置十分重要，藩屏周的北方，与齐国、鲁国由北向东沿海成合围之势，完全是因为其功绩所致，这一点在《史记·周本纪》中记载十分明确。召公的事迹是贯穿于整个周初历史的，太史公对此记载曰："古公亶父复修后稷、公刘之业，积德行义，国人皆戴之……太颠、闳夭、散宜生、鬻子、辛甲大夫之徒皆往归之。"《史记集解》引《刘向别录》云："鬻子名熊，封于楚。辛甲，故殷之臣，事纣。盖七十五谏而不听，去至周，召公与语，贤之，告文王，文王亲自迎之，以为公卿，封长子。"召公受封后，以长子就封，次子留守周室。召公留守周室后，在成王时期起到了至关重要的作用，其中之一便是营建洛阳东都过程中，所做的前期勘察选址及营建工作，即"成王在丰，使召公复营洛邑，如武王之意"。此外，在《史记·周本纪》中，司马迁记载："武王克殷后二年，病而崩，太子诵代立，是为成王。成王少，周初定天下，周公恐诸侯畔周，公乃摄行政当国。管叔、蔡叔诸弟疑周公，与武庚作乱，畔周。周公奉成王命，伐诛武庚、管叔，放蔡叔。以微子开代殷后，国于宋。晋唐叔得嘉谷，献之成王，成王以归周公于兵所。周公受禾东土，鲁天子之命。初，管、蔡畔周，周公讨之，三年而毕定。周公行政七年，成王长，周公反政成王，北面就诸臣之位……召公为保，周公为师，东伐淮夷，残奄，迁其君薄姑。成王自奄归，在宗周，伐奄归镐京，作周官。成王将崩，惧太子钊之不任，临终将去时，命召公、毕公率诸侯以相太子而立之。成王既崩，二公率诸侯，以太子钊见于先王庙，申告以文王、武王之所以为王业之不易，务在节俭，毋多欲，以笃信临之，作顾命。太子钊遂立，是为康王……成康之际，天下安宁，刑错四十余年不用。"关于召公的职位，司马迁曰："其在成王时，召公为三公。自陕以西，召公主之；自陕以东，周公主之。"

司马迁对召公德政的突出以及记载百姓对于召公的爱戴之语，都是相一致地表达了召公仁者、有德者的政治家形象，其文曰："召公之治西方，甚得兆民和。"司马迁在《史记·燕召公世家》倾注了他对召公的赞赏："召公之治西方，甚得兆民和。召公巡行乡邑，有棠树，决狱政事其下，自侯伯至庶人各得其所，无失职者。召公卒，而民人思召公之政，怀棠树不敢伐，歌咏之，作《甘棠》之诗。"司马迁由衷称赞说："召公奭可谓仁矣！甘棠且思之，况其人乎？"春秋时期，燕国稳健地捍卫周王室并开拓北方边疆，一直存绪到战国时期成为七雄之一，故司马迁感叹说："燕，（北）外迫蛮貊，内措齐晋，崎岖于强国之间，最为弱小，几灭者数矣。然社稷血食者八九百岁，于姬姓独后亡，岂非召公之烈邪！"在《燕召公世家》中，司马迁明确记载了燕侯世序，从第九世惠侯以下至春秋末期，燕侯历有厘侯、顷侯、哀侯、郑侯、缪侯、宣侯、桓侯、庄公、襄公、桓公、宣公、昭公、武公、文公、懿公、惠公、悼公、共公、平公、简公、献公计 21 世。

春秋战国时期，燕国西、南面临强大的中原诸侯国，燕昭王向东、北方向开拓疆土，而北方也不断遭受东胡、山戎等族的侵扰。据《史记·匈奴列传》记载，"燕北有东胡、山戎，各分散居溪谷，自有君长，往往而聚者，百有余戎，然莫能相一。"山戎以游牧为生，民风剽悍，"宽则随畜，因射猎禽兽为生业，急则人习战攻以侵伐，其天性也……利则进，不利则退，不羞遁走。苟利所在，不知礼义。"山戎经常侵燕，如宣侯五年，山戎越燕伐齐，齐釐公与之战于齐郊。在山戎强势下，燕桓侯被迫将都邑自蓟城南徙临易以避戎祸。此后，直至春秋中叶，山戎一直是燕国的劲敌，燕国无力屏藩周室，反而需要借助齐国力量来解除山戎诸族的侵凌之患。据《史记·齐太公世家》，燕庄公二十七年（前 664 年），山戎侵燕，"山戎伐燕，燕告急于齐。齐桓公救燕，遂伐山戎，至于孤竹而还。燕庄公遂送桓公入齐境。桓公曰：'非天子，诸侯相送不出境，吾不可以无礼于燕。'于是分沟割燕君所至地于燕，命燕君复修召公之政，纳贡于周，如成康之时。"燕庄公为示谢意，优礼相待，亲送桓公出境，至齐境 50 里，有违诸侯礼法，故齐桓公割地 50 里相送，燕国筑城以纪，世称燕留城。齐桓公命燕君复修召公之政，表明召公德政思想在西周乃至燕文化中的重要地位。而齐桓公"越千里之险，北伐山戎，为燕辟地"，燕国北部疆域得到巩固，与戎狄文化的碰撞与融合亦加强。

燕国不得已派遣贤将秦开"为质于胡"。燕昭王时期，燕国疆域空前扩大，长期为质于胡的秦开深得胡人信任，"归而袭破走东胡，东胡却千余里……燕亦筑长城，自造阳至襄平，置上谷、渔阳、右北平、辽西、辽东郡以拒胡。"秦开却胡的成功使燕国东部边境向前推进了一千多里，修筑北长城，并设五郡，奏响了开拓东北疆土的华彩乐章。《史记·朝鲜列传》称其为"全燕"，"自始全燕时尝略属真番、朝鲜，为置吏，筑鄣塞。"《索隐》谓"始全燕时，谓六国燕方全盛之时"。

　　战国时，燕国虽然弱小，然其地理位置天独厚，地处北边，与赵、齐成犄角之势，是合纵连横的对象，《史记·苏秦列传》即云："凡天下战国七，燕处弱焉。独战则不能，有所附则无不重。南附楚，楚重；西附秦，秦重；中附韩、魏，韩、魏重。"秦欲攻赵，楚欲抗齐、秦，韩、魏欲自救，皆需倚重燕国，燕亦利用此优势在诸侯中制造各种均势局面，游刃于诸侯之间。此间，纵横家苏秦、军事家乐毅等人活动和功业，以及"深观阴阳消息"、提出"五德终始"说的阴阳家邹衍的思想，使燕国文化在百家争鸣中占有一席之地。邹衍（约前 324—前250 年），齐国人，与孟子、公孙龙、鲁仲连同时代。齐宣王时，邹衍于稷下学宫学习儒术，后攻阴阳五行学说，终以儒术为其旨归，《盐铁论·论儒》第十一谓："邹衍以儒术干世主，不用，即以变化始终之论，卒以显名。……邹子之作 变化之术，亦归于仁义。"该书《论邹》第五十三又谓："邹子疾晚世之儒墨不知天地之弘，昭旷之道，将一曲而欲道九折；守一隅 而欲知万方，犹无准平而欲知高下，无规矩而欲知方圆也。于是，推大圣终始之运，以喻王公列士……。"《史记·孟子荀卿列传》记载，"邹衍睹有国者益淫侈，不能尚德，……乃深观阴阳消息而作怪迂之变，《终始》、《大圣》之篇十余万言。……然要其归，必止乎仁义节俭，君臣上下六亲，始也滥耳。王公大人初见其术，惧然顾化，其后不断行之。……邹衍其言虽不轨，傥亦有牛鼎之意乎？"《史记·封禅书》亦谓："邹衍以阴阳主运显于诸侯，而燕齐海上之方士传其术不能通，然则怪迂阿谀苟合之徒自此兴，不可胜数也。"《史记·孟子荀卿列传》记载，邹衍学说受到齐宣王和齐闵王的高度重视，"是以邹子重于齐"，被赐为上大夫。《史记·田敬仲完世家》亦谓："宣王喜文学游说之士，自如邹衍、淳于髡、田骈、接子、慎到、环渊之徒七十六人，皆赐列第为上大夫，不治而议论。"燕昭王招贤纳士，为郭隗修筑宫殿以师礼待之，以为尊贤榜样。一时间，各国人才争相趋燕，《说苑·君道》载："燕王曰：'寡人愿学而无师。'郭隗曰：'王诚欲兴道，隗请为天下之士开路。'于是燕王常置郭隗上坐南面。居三年，苏子闻之，从周归燕；邹衍闻之，从齐归燕；乐毅闻之，从赵归燕；屈景闻之，从楚归燕，四子毕至，果以弱燕并强齐。"邹衍初到燕国，受到燕昭王无上礼遇，燕昭王亲自手执扫帚，为他在前面清道，《论衡·别通》即云："燕昭为邹衍拥彗。"后又拜邹衍为师。《史记·孟子荀卿列传》记载："（邹衍）如燕，昭王拥彗先驱，请列弟子之座而受业，筑碣石宫，身亲往师之。"燕昭王死后，由惠王继位，听信谗言，将邹衍逮捕下狱。《后汉书·刘瑜传》引《淮南子》说："邹衍事燕惠王，尽忠。左右谮之，王系之，（衍）仰天而哭，五月为之下霜。"邹衍善于谈天，《史记集解》引刘向《别录》说："邹衍之所言……尽言天事，故曰'谈天'。"《史记·孟子荀卿列传》说，"邹衍之术，迂大而宏辩；奭也文具难施……故齐人颂曰：'谈天衍，雕龙奭。'"《文心雕龙·诸子》说："邹子养政于天文。"《时序》又说："邹子以谈天飞誉。"可见，邹衍学说的核心是"五德终始说"，即把春秋战国时期流行的五行说附会到社会的变动和王朝的兴替上，提出"五德始终"的历史观。他认为整个物质世界是由金、木、水、火、土构成的，事物的发展变化是通过五行相克和五行相生来实现的，五行相克即土克水、木克土、金克木、火克金、水克火。人类社会的历史变化同自然界一样，也是受土、木、金、火、水五种物质元素支配的，开天辟地以来的人类社会都是按照五德转移的次序进行循环的，每一朝代都主一德，每一德都有盛有衰。自盛时，它对应的那个朝代就兴旺发达；衰时，这个朝代就要灭亡。人类社会的历史变化遵循着五行相生相克的规律进行循环。邹衍五德终始说认为帝王将兴，天必显现祥瑞，即迎合了燕昭王承受天命、雪耻兴燕的心理。《淮南子·齐俗训》篇高诱注引《邹子》说："五德之次，从所不胜，故虞土、夏木。"《文选·魏都赋》李善注引《七略》曰："邹子有终始五德，从所不胜，木德继之，金德次之，火德次之，水德次之。"《史记·封禅书》说："邹子之徒论著终始五德之运，及秦帝而齐人奏之，故始皇采用之。"邹衍还创立了"大九州"学说。邹衍一生著述甚丰。《汉书·艺文志》在阴阳家类著录《邹子》49篇、《邹子终始》56篇。《史记·孟子荀卿列传》说他著有"《终始》、《大圣》之篇十余万言"，并另作有《主运》。《光绪顺天府志·地理志·祠祀》记载，北京密云有邹大夫祠，纪念邹衍。

燕地山高气寒，水冽土薄，危峰雄峙，形成了民风强悍、勇武难制、好气任侠、孤介独行、重信义的文化，《史记·游侠列传》谓游侠"其行虽不规于正义，然其言必信，其行必果，已诺必诚，不爱其躯，赴士之厄困，既已存亡死生矣，而不矜其能，羞伐其德，盖亦有足多者焉"。

　　燕国地处周王朝东北边地，紧邻戎、狄等北方少数民族，戎、狄少数民族的剽悍民风，影响着燕国百姓崇尚勇武的风俗，形成燕地慷慨悲歌、好气任侠等独特的精神风貌。《史记·货殖列传》谓燕国"南通齐、赵，东北边胡。上谷至辽东，地踔远，人民希，数被寇，大与赵、代俗相类，而民雕捍少虑"。《史记·刺客列传》记载，"荆轲嗜酒，日与狗屠及高渐离饮于燕市，酒酣以往，高渐离击筑，荆轲和而歌于市中，相乐也，已而相泣，旁若无人者。荆轲虽游于酒人乎，然其好人深沉好书；其所游诸侯，尽与其贤豪者相结。"临行时，"至易水之上，既祖，取道，高渐离击筑，荆轲和而歌，为变微之声，士皆垂泪涕泣。又前而为歌曰：'风萧萧兮易水寒，壮士一去兮不复还！'复为羽声慷慨，士皆瞋目，发尽上指冠。于是荆轲就车而去，终已不顾。"荆轲好读书击剑，寄居燕国，勇武无人能敌。他受燕太子丹指使至秦国刺杀秦始皇，虽未遂，然表现出的英雄气概却为燕人推崇，并对燕国尚武之风的形成起到重要作用，《汉书·地理志下》谓："其俗愚悍少虑，轻薄无威，亦有所长，敢于急人，燕丹遗风也。"

　　此外，《史记·赵世家》第十三记载了赵、秦、韩、魏、燕攻齐及燕赵战争史事。《史记·魏世家》第十四记载了哀王七年与秦伐燕、昭王十二年与秦、赵、韩、燕共伐齐，败之济西，湣王出亡，燕独入临淄等史事。《田敬仲完世家》第十六记载了苏代入齐、燕将乐毅遂入临淄，尽取齐之宝藏器、田单以即墨攻破燕军。《史记·荆燕世家》第二十一记载燕王刘泽史事。《绛侯周勃世家》第二十七记载了燕王卢绾反，周勃以相国代樊哙将，击下蓟，破绾军、"立旦为燕王"之右燕王策、燕王封袭之史事。而其他诸篇如司马穰苴列传、白起王翦列传、樗里子甘茂列传、乐毅列传、田单列传、鲁仲连邹阳列传、刺客列传、张耳陈余列传、韩信卢绾列传、樊郦滕灌列传、张丞相列传、季布栾布列传、淮阴侯列传、韩长孺列传、李将军列传、朝鲜列传、孟子荀卿列传、蒙恬列传、儒林列传、封禅书等，皆有关于燕地地理、政治、经济、人物、文化、风俗、民族的记载，如苏秦、燕王哙让位子之、燕国政乱、齐湣王破燕、燕昭王卑身厚币以招贤者、以乐毅为上将军、与秦、楚、三晋合谋以伐齐、齐田单以即墨击败燕军、秦赵大战、太子丹袭刺秦王及燕国灭亡经过等。

　　南朝宋裴骃的《史记集解》、唐司马贞的《史记索隐》与张守节的《史记正义》，是疏证《史记》最有代表性的3家，皆有召公及其封燕的记载。《史记集解》引马融之语疏证周公与召公关系："召公以周公既摄政致太平，功配文、武，不宜复列在臣位，故不说，以为周公苟贪宠也。"周公、召公以受封采邑而得周、召称号，裴骃《史记集解》云："谯周曰：周之支族，食邑于召，谓之召公。召者，畿内菜地，奭，始食邑于召，故曰召公。或说者以为文王受命，取岐周故墟周、召地，分爵二公，故《诗》有周召二南。皆在岐山之阳，故言南也。后武王封之北燕，在今幽州蓟县故城是也。亦以元子就封，而次子留周室，代为召公。"《史记索隐述赞》曰："召伯作相，分陕而治。人惠其德，甘棠是思。"蓟是周初封国之一，蓟城的方位在今北京市区的西南隅，张守节的《史记正义》以寥寥数语，推断燕国灭掉蓟国之后，将都城迁移到了蓟城："封帝尧之后于蓟，封召公奭于燕，观其文稍似重也。《水经注》云蓟城内西北隅有蓟丘，因取名焉。《括地志》云：'燕山在幽州渔阳县东南六十里。徐才《宗国都城记》云周文王封召公奭于燕，地在燕山之野，故国取名焉。'按：周封以五等之爵，蓟、燕二国俱武王立，因燕山、蓟丘为名，其地足自立国。蓟微燕盛，乃并蓟居之，蓟名遂绝焉。今幽州蓟县，古燕国也。"《史记·燕召公世家》并未记载燕国史上迁都临易的重要事件，但《史记集解》转引《世本》保存了此资料。《史记集解》在燕桓侯（前697—前691年在位）条下称："《世本》曰：'桓侯徙临易'。宋忠曰：'河间易县是也'"。宋忠，当为东汉人宋衷，所言河间易县治在今雄州市（现属与雄州市相邻的河北容城县），可见东汉时临易故城遗址在当时的易县境内。《齐太公世家》燕庄公求齐救燕之事。燕桓侯子燕庄公执政33年，这一时期正值山戎强盛，燕国成为山戎侵扰的主要目标。燕庄公二十七年（前664年），山戎大规模进攻燕国，燕庄公向齐国求援。齐桓公接受了燕国请求，以"尊王攘夷"为号召，向山戎大举反攻。"遂北伐山戎，令支，斩孤竹而南归。"齐桓公北伐山戎，进兵令支、孤竹，挽救了燕国的危亡，燕庄公感激，优礼相待，"山戎伐燕，燕告急于齐。齐桓公救燕，遂伐山戎，至于孤竹而还。燕庄公遂送桓公入齐境。桓公曰：'非天子，诸侯相送不出境，吾不可以无礼于燕'。于是分沟割燕君所至与燕，命燕君复修召公之政，纳贡于周，如成康之时。"对齐桓公所割之地，燕国曾经筑城以示纪念，后世称为"燕留城"。《史记正义》引唐《括地志》称"燕留故城在沧州长芦县（在今沧州市）东北十七里，即齐桓公分沟割燕君所至地与燕，故名燕留"。

　　载于正史的第一部北京历史文献是《燕十事》。《汉书·艺文志·法家类》著录该书10篇。据清代周家楣、缪荃孙等《光绪顺天府志·纪录顺天事之书》记载："纪录顺天事，见于史书者，以《燕十事》为始。《燕十事》十篇，佚。见《汉志》法家类，不著撰人。沈钦韩

《汉书疏证》云《燕十事》疑是燕王定国狱事。"后从《永乐大典》中辑出。《汉书·艺文志》并著录《燕传说》3卷。

东汉末年，军阀割据，混战纷争，王粲所撰《汉末英雄记》中有关于刘虞等幽州刺史的记载，是《后汉书》、《三国志》等史籍的重要资料来源。

东汉班固所著《汉书》，又名《前汉书》，是中国第一部纪传体断代史。全书包括纪12篇，表8篇，志10篇，传70篇，共100篇，记事始于汉高祖元年（前206年），终于王莽地皇四年（23年）共230年史事。该书武帝纪、昭帝纪、张耳陈余传、荆燕吴传、季布栾布田叔传、燕王韩广、樊哙、燕王刘泽、燕灵王刘建、燕刺王刘旦、霍光、王莽、平当、循吏传、酷吏传、匈奴传等都有关于燕地史事记载。尤其是少数民族匈奴的记载，可以增强对燕地民族关系的了解。

西晋司马彪著有《九州春秋》，依司隶、冀州、徐州、兖州、青州、荆州、扬州、凉州、益州、幽州而分9卷。《隋书·经籍志》录该书10卷，《旧唐书·经籍志》作9卷。其书久佚。有元代陶宗仪辑本和清黄奭辑本，黄氏辑本较完整，仅1卷，收入《汉学堂丛书》。该书专记东汉末年历史，中有关于幽州刺史刘虞、公孙瓒的记载。

西晋陈寿所著纪传体国别史《三国志》，详细记载了从魏文帝黄初元年（220年）到晋武帝太康元年（280年）60年的历史。全书分《魏书》30卷，《蜀书》15卷，《吴书》20卷，共65卷。《魏书》中武帝纪、明帝纪、卢玄传附卢溥传、杜恕传、崔林传、燕王宇传、二公孙（公孙瓒、公孙度）陶谦四张（张杨、张燕、张绣、张鲁）传、袁涣张范凉茂国渊田畴王脩邴原管宁传、桓（阶）二陈（陈群、陈矫）徐（宣）卫（臻）、卢（毓）传、满宠田豫传、牵招郭淮传、王凌毌丘俭诸葛诞邓艾钟会传、乌丸鲜卑东夷传等，为研究燕地少数民族活动提供了重要资料。

南朝宋范晔所著《后汉书》，是一部记载东汉历史的纪传体史书，记载了从王莽起至汉献帝195年历史。北宋时，有人把晋司马彪《续汉书》8志30卷与之合刊成今天的《后汉书》。该书光武帝纪、章帝纪、献帝纪、吴盖陈臧列传、耿弇列传、铫期王霸祭遵列传、崔骃列传、刘虞公孙瓒陶谦列传、东夷列传、南匈奴列传、乌桓鲜卑列传、皇甫嵩、卢芳、彭宠、寇恂、祭肜、袁绍、卢植、郭伋、伏湛、张堪、虞诩、朱晖、窦融、王常、王梁、贾复、冯异、耿纯、王昌、任光、文苑列传、儒林列传等皆有关于燕地史事人物尤其是燕地少数民族的记载。

北齐魏收著有《魏书》130 卷，记载了北朝北魏及东魏（534—550 年）历史。其中显祖纪、太祖纪、世祖纪、太宗纪、世宗纪、高祖纪、孝庄纪、敬宗纪、出帝纪、肃宗纪、曲阳侯素延传、临淮王（拓跋）谭传、李崇传、寇猛传、祖莹传、卢同传、卢玄传附曾孙义僖传、契丹传、库莫奚传、郦道元传、卢景裕传、徐遵明传、裴延俊传、阳泥传、高闾传、平恒传、张衮传、穆罴传、刘灵助传、侯渊传、广阳王建传、常景传、平季传、成轨传、张赦提传、崔逞传、杨荐传、崔休传、尉古真传、孔伯恭传等、杨播传、良吏列传、冯跋传、公孙表传，诸志如地形志、食货志、地形志、灵徵志等，皆有记载燕地史事资料。

西晋末至东晋，随着中原政权的统治日益薄弱，以鲜卑、匈奴、羯、氐、羌为首的北方少数民族纷纷建立割据政权，此即"五胡十六国"。238 年，鲜卑慕容部首领慕容廆开始以棘城为根据地，经营辽西。333 年，慕容廆死。337 年，其第三子慕容皝立国称王，国号为燕，定都棘城，是为前燕。342 年，慕容皝将都城由棘城迁至龙城（今朝阳市）；后其子慕容儁又将都城迁至蓟城、邺城。370 年，前燕大军为前秦苻坚所败，慕容皝之孙慕容暐亲率文武百官出城投降，前燕遂告灭亡。前燕的这段历史，被后燕尚书范亨记载于《燕书》中。《燕书》20 卷，记载前燕后燕两朝史实。据《魏书·崔浩传》、《隋书·经籍志》，范亨在后燕时官至尚书，后燕灭亡后入北魏，曾参与国史编撰。书已佚。清初著名学者朱彝尊在《日下旧闻》中征引《燕书·罗腾传》曰："罗腾，字叔龙（或作寂龙），工围棋，究尽其妙，独步当时。俄而，右北平乐杪少僞出，与齐焉。"可见，北京历史上曾有罗腾、乐杪两位围棋高手。

唐李百药的《北齐书》是一部主要记述北朝高齐一代历史的纪传体史书，共 50 卷。该书文宣纪、武成帝纪、神武帝纪、后主纪、废帝纪、潘乐传、斛律金传附子羡传、平鉴传、阳裴卢潜卢叔武杨休之传、李元忠传、文宣四王传、文襄六王传、鲜于世荣传、卢文伟传、范阳王绍义传、高保宁传、尉长命传、渔阳王绍信传、独孤永业传、王怀传等，都有关于燕地史事、人物的记载。

唐初令狐德棻的《周书》50 卷中，武帝纪、宣帝纪、静帝纪、孝闵帝纪、杨纂传、刘雄传、寇洛传、于翼传、尉迟纲传、于翼传附李穆传、于谨传、崔猷传、卢光传、卢诞传、卢辩传、卢柔传等，都有关于燕地人物史事的记载。

唐房玄龄《晋书》130 卷，记载了从司马懿开始到晋恭帝元熙二年（420年）为止，包括西晋和东晋的历史，并用《载记》的形式兼述了16国割据政权的兴亡。其中，《载记第三刘曜》、《第四石勒上》、《第五石勒下》、《第六石季龙上》、《第七石季龙下》、《第八慕容廆》、《第九慕容皝》、《第十慕容俊》、《第十一慕容恪》、《第十三苻坚上》、《第十四苻坚下》、《第二十三慕容垂》、《第二十四慕容宝》、《慕容盛》、《慕容熙》、《慕容云》、《第二十七慕容德》、《第二十八慕容超》诸篇，都有关于魏晋南北朝时期少数民族在燕地建立政权的记载。这种"载记"体例的创立，将少数民族政权建立者列入其中，与本纪并列，虽有区别，却也是对于少数民族政权的一种审视与正视，从中也可反映出燕地地位的上升进程。

唐魏征《隋书》，有本纪5卷，列传50卷，记载隋朝38年历史，另有10志30卷，记载南北朝时期典章制度史，又称《五代史志》，由长孙无忌等人修撰，成于高宗显庆年间。其中高祖纪、元弘嗣传、贺若谊传、卢贲传、卢恺传、卢思道传、地理志、食货志、经籍志等，记载了燕地的人物史事与经济物产。

唐李延寿有《北史》100卷，记述北朝魏、齐（包括东魏）、周（包括西魏）、隋4个封建政权历史。其中，齐郡王传、刘库仁传、崔逞传、循吏列传、文成武王列传、裴延儁传、高允传附卢曹传、卢诞传、契丹传、房谟传、徒何段就六眷传、高丽传等，对燕地史事人物民族活动记载颇详。

五代后晋刘昫等著《旧唐书》200卷，包括木纪20卷，志30卷，列传150卷，记录唐代历史，原名《唐书》，宋代欧阳修、宋祁等编《新唐书》问世后，改此称。其中高祖纪、高开道传、地理志等记载了燕地人物与史事。如高开道传，记载了隋炀帝大业九年（613年）格谦起义自称燕王后，高开道投奔义军，率余部转战渤海北部一带，并于唐武德元年（618年）攻下北平、渔阳郡，继承燕王，建都渔阳，年号始兴。三年（620年），唐将罗艺守幽州（今北京），被窦建德义军围困，高驰往救援立功，罗艺遣使劝高降唐，赐姓李，受蔚州总管，封北平王。时逢幽州大饥，高明许以粮贩济幽州灾民，暗置歼罗之计。罗艺先遣老幼前往就食，高恭迎招待，罗艺信其诚，乃发兵3千，车马数百辆，驴马千余匹，去往运粮，高告绝于罗艺，将车马全部扣留。遂北连突厥，南和刘黑闼，共同反唐，连续攻克恒、定幽、易诸州，复称燕王。六年（623年），部将张金树内外夹击高开道，迫其自杀。这些记载为研究唐代幽州地区军事提供了重要资料。

唐代经历唐太宗"贞观之治"、唐高宗"永徽之治"、武则天的

"武周之治"及唐玄宗的"开元之治"后，国势大增。唐太宗、唐高宗等在位期间屡次开疆拓土，先后讨平了东、西突厥、吐谷浑等，建立了辽阔的疆域。唐玄宗开元十年（722 年），于边地设 10 个兵镇，由 9 个节度使和一个经略使管理，以便加强中央对边疆的控制、巩固边防和统理异族。以数州为一镇的节度使管理军事，兼领按察使、安抚使、支度使等职，兼管辖区内的行政、财政、人民户口、土地等大权，因而雄踞一方，成为唐室隐忧。其中，范阳节度使的职责是控制奚、契丹部落，统领经略军、威武军、清夷军、静塞军（今天津蓟县）、恒阳军、北平军、高阳军、唐兴军、横海军等 9 军。治所在幽州。天宝年间，安禄山一人兼任平卢、范阳、河东三镇节度使，兵力最强。天宝十四年（755 年）十一月，安禄山联合同罗、奚、契丹、室韦、突厥等民族组成共 15 万士兵，号称 20 万，以"忧国之危"、奉密诏讨伐杨国忠之名在范阳举兵叛唐。唐玄宗任命安西节度使封常清兼任范阳、平卢节度使，准备防守。天宝十五年（756 年）正月初一，安禄山在洛阳称大燕皇帝，改元圣武。据唐姚汝能《安禄山事迹》，安史之乱后，"以范阳（幽州）为燕京，……置田华等门，署衙门楼为听政楼，节度厅为紫微殿"。唐玄宗又任命哥舒翰为统帅，镇守潼关，迫使哥舒翰率 20 万大军出战，惨败，潼关失守，唐玄宗逃离长安，后入蜀。太子李亨自行登基，是为唐肃宗，封郭子仪为朔方节度使，讨伐并击败安禄山部将史思明，收复河北。唐肃宗至德二年（757 年）正月，安庆绪杀父安禄山，自立为帝，年号载初，命史思明回守范阳。同年，长安为唐军收复，安庆绪败逃退至邺（今河北临漳），部将李归仁率精锐及胡兵数万人溃归史思明，引起安庆绪不满，欲伺机除掉史思明。史思明欲将范阳占为己有，遂向唐廷奉上归降书，愿以所领 13 郡及兵 8 万降唐。唐肃宗封他为归义王，兼范阳节度使。后又策划消灭史思明，谋泄，史思明复叛，杀安庆绪，接收其部队，兵返范阳，称"大燕皇帝"。安史之乱历时 7 年又 2 个月，至唐代宗广德元年（763 年）春被平定。这场叛乱肇端于幽州蓟城，唐人平致美的《蓟门纪乱》记载了"安史之乱"的史实。平致美，生平不详。该书已佚，卷数亦无考。《日下旧闻》卷一、卷十七均引之，所引皆纪安史之事，北宋司马光《资治通鉴考异》曾征引该书数条文字。宋人尤袤《遂初堂书目·杂史类》著录。该书是研究"安史之乱"和幽州地区政治军事的重要史料。

　　记载安禄山生平和"安史之乱"始末之著述尚有唐姚汝能所撰之《安禄山事迹》。姚氏曾官至华阴县尉，生平无考。该书分为上、中、下 3 卷。上卷记述安禄山出生至唐玄宗宠遇的经过；中卷记述安禄山在唐幽州城起兵发动叛乱，起于天宝十三年（754 年），迄于天宝十四年（755 年）；下卷记述安禄山僭号、被杀，及安庆绪、史思明、史朝义等人的史实资料，止于宝应元年（762 年）。

北京人关于北京的史部著述数量有限。南朝梁张缅有《晋书钞》30 卷。张缅，字符长，范阳方城人，他少好勤学，手不辍卷。曾任豫章内史，大通年间，升任侍中，未就任而卒。张缅另有《后汉略》27 卷。至北齐，阳休之撰有《幽州人物志》30 卷，又名《幽州古今人物志》，是迄今所知的第一部燕、蓟地区历史人物传记，书佚。据《北齐书·阳休之传》和《北史·阳尼传附阳休之传》，阳休之（508—582 年），字子烈，右北平无终人，阳固之子。其人"隽爽有风概。少勤学，爱文藻。弱冠即有声誉"，时人称"能赋能诗阳休之"。曾在幽州长期任职，先后任北齐幽州主簿，北魏加轻车将军，寻进征虏将军、中散大夫，东魏中山太守，北齐领中书监等职，后封燕郡王，熟悉幽州风土人情。《幽州人物志》以"人物志"为名，当是记载幽州地区人物掌故之书。王灿炽先生评价《幽州人物志》"是迄今所知的第一部北京历史人物传记。阳休之在幽州长期任职，所记资料是很珍贵的，但至今未见此书流传的刻本"。[17]隋代，卢思道著有《知己传》1 卷。唐代，李景略有《南燕染翰》20 卷。据《旧唐书》卷一百五十二记载，李景略，幽州良乡人也。祖父楷固，父承悦，檀州刺史、密云军使。李景略以门荫补幽州功曹。大历末年，寓居河中，阖门读书。李怀光为朔方节度时，招在幕府。

二、编年体

先秦至唐五代期间，北京人著述的编年体史书主要有北魏高闾所撰的《燕志》10 卷。高闾，字阎士，本名驴，渔阳雍奴人。生年不详，卒于魏宣武帝景明三年（502 年）。早孤，好学，文才俊伟，下笔成章。司徒崔浩见而奇之，乃改名闾。初为中书博士，迁中书侍郎。"文明太后称制（476 年），高闾与高允并入禁内，参决大政。后进爵为侯。前后共历官六朝，凡国家诏令颂赞之类，皆出其手"。其文章与高允相上下，时称"二高"。官终太常卿。高闾所作军国书、檄、诏、令、碑、颂、铭、赞凡百有余篇，集为 30 卷。《魏书》卷五十四《列传》第四十二《游雅》有传。

北齐卢怀仁著有《中表实录》20 卷。卢怀仁，字子友，范阳涿郡人。卢道将之子。有文辞，性恬静，《北齐书·卢潜传》称其人"萧然有闲放之致"，善与人交。

隋代，卢彦卿有《后魏纪》20 卷。卢彦卿，范阳人，东汉卢植第 12 世孙。卢思道有《西征记》1 卷。荣建绪有《齐纪》30 卷。荣建绪，北平无终人，性甚亮直，兼有学业。仕周为载师下大夫、仪同三司。及平齐之始，留镇邺城，因著《齐纪》30 卷。据《资治通鉴》卷一百七十五记载：隋主与周载下大夫北平荣建绪有旧，隋主将受禅，建绪为息州刺史；将之官，隋主谓曰："且踌躇，当共取富贵。"建绪正色曰："明公此旨，非仆所闻。"及即位，来朝，帝谓之曰："卿亦悔不？"建绪稽首曰："臣位非除广，情类杨彪。"帝怒曰："朕虽不晓书语，亦知卿此言不逊！"

三、国别体

《战国策》，原称《国策》、《国事》、《短长》、《事语》、《长书》、《修书》等名称。西汉末年，刘向编为 33 篇，并定书名。全书依东周、西周、秦国、齐国、楚国、赵国、魏国、韩国、燕国、宋国、卫国、中山国次序编写，分 12 策，33 卷，计 497 篇，记载了战国时期的历史。此间，战争绵延，政权更迭，合纵连横，皆与谋士献策、智士论辩相关，因此，这部书记载了当时纵横家的政治主张与策略，最能展现战国时代的历史特点和社会风貌。1973 年，在长沙马王堆 3 号汉墓出土了一批帛书，其中一部类似于今本《战国策》，整理后定名为《战国纵横家书》。该书记述战国史事，共 27 篇，其中 11 篇内容和文字与今本《战国策》和《史记》大体相同。《战国策·齐策》有燕地少数民族的记载："胡人袭燕楼烦数县，取其牛马。"《战国策·燕策》记载战国时期燕国从弱到强、再到灭亡的过程。其中，《燕策一》记载了这一时期的燕国"东有朝鲜、辽东，北有林胡、楼烦，西有云中、九原，南有呼陀，易水"。燕昭王即位，卑身厚币，筑黄金台礼贤下士，"乐毅自魏往，邹衍自齐往，剧辛自赵往，士争凑燕"，一时间，燕国成为"人才高地"，乐毅并被委为亚卿，受以国政。燕昭王又"吊死问生，与百姓同其甘苦，二十八年，燕国殷富，士卒乐佚轻战。"遂以乐毅为上将军，与秦、楚、三晋合谋以伐齐，"齐兵败，闵王出走于外。燕兵独追北，入至临淄，尽取齐宝，烧其宫室宗庙。齐城之不下者，唯独莒，即墨。"

《燕策二》记载了苏代自齐献书于燕王、苏代为燕说齐、燕饥、昌国君乐毅为燕昭王合五国之兵而攻齐，"下七十余城，尽郡县之以属燕。三城未下，而燕昭王死。惠王即位，用齐人反间，疑乐毅，而使骑劫代之将。乐毅奔赵，赵封以为望诸君。齐田单欺诈骑劫，卒败燕军，复收七十城以复齐。燕王悔，惧赵用乐毅乘燕之弊以伐燕"、燕王乃使人让乐毅、乐毅使人献书报燕王、赵将伐燕，苏代以鹬蚌相争、渔翁得利典故为燕游说赵惠王停止伐燕史事，反映了战国后期纵横家活跃的独特风貌。

《燕策三》记载燕太子丹为质于秦，"亡归。见秦且灭六国，兵以临易水，恐其祸至，患之"、荆轲刺秦王、"秦大怒燕，益发兵诣赵，诏王翦军以伐燕。十月而拔燕蓟城"、燕王喜与太子丹等率精兵东保于辽东、秦将李信追击燕王，"王急，杀太子丹，欲献之秦。秦复进兵攻之。五岁而卒灭燕国"，燕王喜被虏，秦兼并天下的史事。

四、地理类

我国第一部富于神话传说的最古老的地理书《山海经·北山经》卷三"北次三经"称圣水为"燕水"。又曰："北百二十里，曰燕山，多婴石。燕水出焉，东流注于河。"此处所指的"河"，即《禹贡》的黄河，其水道在今白洋淀大清河一线。而注入黄河的燕水，是永定河与拒马河之间的一个小水系。相传东汉末桑钦著《水经》，是我国第一部记述河道水系的专著。全书共记水道137条，有"圣水出上谷"的记载，这是最早见于书中的"圣水"之名。

北魏地理学家郦道元有《水经注》40卷。郦道元（？—527年）字善长，范阳人，永宁侯郦范之了。自幼博览奇书，曾随父亲到山东访求水道，后又游历秦岭、淮河以北和长城以南广大地区，考察河道沟渠，搜集有关的风土民情、历史故事、神话传说，撰《水经注》。《魏书》卷八十九记载："道元好学，历览奇书。撰注《水经》四十卷，《本志》十三篇，又为《七聘》及诸文，皆行于世。"今除《水经注》外，其余亡佚。《四库全书总目提要》著录曰："《水经注》四十卷（永乐大典本），后魏郦道元撰。道元字善长，范阳人。官至御史中尉，事迹具《魏书·酷吏传》。自晋以来，注《水经》者凡二家；郭璞注三卷，杜佑作《通典》时犹见之。今唯道元所注存。"《水经注》全书约30万字，所记水道1389条，逐一说明各水的源头、支脉、流向、流经路线、交汇概况，并对每一流域内的水文、地形、气候、土壤、植物、矿藏、特产、农业、水利以及山陵、城邑、名胜古迹、地理沿革、历史故事、神话传说、风俗习惯等，都有具体的记述。所记当时北京城的城址、近郊的历史遗迹、河流以及湖泊的分布等，是研究北京地区历史地理变迁的重要资料。《水经注》记述了北京地区河流如永定河、温榆河、拒马河等的变迁情况，如《灢水注》记载："灢水又东北迳蓟县故城南，……大城东门内道左，有魏征北将军建成乡景侯刘靖碑。"《水经注》还记载古圣水曰："广阳水出小广阳西山，东流经广阳故城北，又东富录水注焉。乱流至阳乡右注圣水。"战国时期，燕国地处北方，辖境辽阔，包括今天的北京市、天津市大部及河北省北部、辽宁省西北部地区。燕国的中都县在秦汉时期改为良乡县，其都城就是现在窦店"古城"遗址处。西汉时期，又置良乡、广阳、西乡县，今天房山区长阳镇有南广阳城和北广阳城村，广阳城古城遗址在广阳城村，《水经注》中所说的广阳在今广阳城一带。"富录水"为盐沟水，盐沟即良乡，良乡城西有一条河叫茨尾河，在城南注广阳水，而广阳水最终汇入圣水，即琉璃河。从北魏时期的水道看，广阳水是圣水（琉璃河）的一条重要支流。

隋代，关于北京地区的方志有《幽州图经》，《隋书·经籍志·地理类》著录该书 1 卷，撰人不详，已佚，约成书于隋文帝开皇元年（581 年）至隋炀帝大业三年（607 年）间，以图为主，附以简明文字，记载了幽州及其治所蓟城的土地、物产等概况。此外还有《幽都记》，《隋书·经籍志》不著录撰人，卷数与内容均无考。唐建中二年（781 年），析蓟县置幽都县，故以此取名。《幽都记》佚文首见北宋乐史的《太平寰宇记》。

第三节　子部著述

与其他类著述相比，先秦至隋唐五代时期，燕地学人关于子部的著述主要表现为对诸子的注疏阐释，同时，诸子中也有很多关于燕地的描述。

一、注疏诸子

东汉时期，注疏诸子大家当属高诱。高诱，涿郡涿县人。少受学于同县卢植。建安十年（205 年）任司空掾，旋任东郡濮阳令，后迁监河东。他著有《孟子章句》（今佚）、《战国策注》（今残）及《淮南子注》（今与许慎注相杂）、《吕氏春秋解诂》等。高诱又有《淮南鸿烈解诂》21 篇，今存 13 篇，有明正统道藏本、武进庄达吉校勘本、会稽陶方琦疏证本。又有《鸿烈音》2 卷，今佚。

东晋时，卢谌著有《杂祭法》，隋志著录 6 卷，已在佚书之列。《新唐书·艺文志》史部仪注类复以 6 卷著录。今《艺文类聚》、《北堂书钞》、《初学记》、《太平御览》等书引之，其记祭品以类诠次，可与周官笾人、醢人诸职参观古今之变，亦考典礼者所宜会通，今存玉函山房辑本。又有《庄子注》，已佚。晋书卷四十四《卢谌传》记载，燕地学人卢谌（284—350年），字子谅，范阳涿人，为燕地高门世族。尚书卢志之子，卢志，字子道，东汉大儒卢植曾孙。成都王司马颖的心腹，曾参与八王之乱，永嘉之乱后被汉赵军队捕掳，不久被杀。卢谌"清敏有才思，好老、庄之学，善属文。选尚武帝女荥阳公主，拜驸马都尉，未成礼而公主卒。后州举秀才，始任太尉掾。"洛阳失陷，随父北依刘琨，俱为刘粲所掳，留谌为参军。"琨收散卒，引猗卢骑还攻粲。粲败走，谌复归刘琨。"琨为司空，以谌为主簿，继转任从事中郎。琨妻即谌之从母，谌与琨交谊密切，屡有赠答。"后谌随琨投段匹磾。匹磾自领幽州，谌为幽州别驾。琨为匹磾所杀，朝廷不敢吊祭，谌上表申理，文旨甚切。匹磾寻亦败丧。谌往投辽西段末波。末波死，弟辽代立，谌流离世故近二十载。石季龙破辽西，复为季龙所得，以为中书侍郎、国子祭酒、侍中、中书监等职。"后冉闵诛石氏，灭掉后赵，卢谌在襄国遇害。卢谌才思敏捷，喜欢老庄之学，喜好做诗，留有《时兴诗》、《览古诗》、《答刘琨诗二首》、《赠刘琨诗二十首》等诗作。

北齐时，卢景裕著有《老子注》，已佚。《太平广记》卷二百零二《儒行》记载，"范阳卢景裕，太常静之子，司空同之犹子。少好闲默，驰骋经史。守道恭素，不以荣利居心，时号居士焉。初头生一丛白毛，数之四十九茎，故偏好老易。专务经学注解，尝注《周易》、《尚书》、《孝经》、《论语》等，尝为高澄讲《易》。又好佛，通大义"。至49岁卒，故小字白头。其人"性端谨，虽在暗室，必矜庄自持"。

北周时，卢光著有《道德经章句》2卷。卢光，字景仁，小字伯，范阳公辩之弟也。据《周书》卷四五《儒林·卢光传》记载，卢光性情温谨，博学多识，善阴阳，解钟律，又好玄言，尤精于《三礼》，"孝昌初年，释褐司空府参军事，稍迁明威将军、员外侍郎。及魏孝武西迁，光于山东立义，遥授大都督、晋州刺史、安西将军、银青光禄大夫。大统六年，携家西入。太祖深礼之，除丞相府记室参军，赐爵范阳县伯。俄拜行台郎中，专掌书记。十年，改封安息县伯，邑五百户。迁行台右丞，出为华州长史，寻征拜将作大匠。魏废帝元年，加车骑大将军、仪同三司，除京兆郡守，迁侍中。六官建，授小匠师下大夫，进授开府仪同三司、匠师中大夫，晋爵为侯，增邑五百户，转工部中大夫。大司马贺兰祥讨吐谷浑，以光为长史，晋爵燕郡公。武成二年，诏光监营宗庙，既成，增邑四百户。出为虞州刺史，寻治陕州总管府长史。重论讨浑之功，增邑并前一千九百户。天和二年卒，时年六十二。高祖少时，尝受业于光，故赠赙有加恒典。赠少傅。谥曰简。光性崇佛道，至诚信敬"。

北魏时，卢道虔著有《杂丧服集记》、卢观著有《庙制议》。据《魏书》卷八十五《列传·文苑》第七十三《卢观传》，卢观，"字伯举，范阳涿人也。少好学，有隽才，举秀才，射策甲科，除太学博士、著作佐郎。与太常少卿李神隽、光禄大夫王诵等在尚书上省撰定朝仪，拜尚书仪曹郎中。"

隋代，卢贲著有《乐书》。据《隋书》卷三十八《卢贲传》，卢贲，"字子徵，涿郡范阳人也。卢思道族弟。父光，周开府、燕郡公。周武帝时，袭父光爵燕郡公，邑一千九百户。后历鲁阳太守、太子小宫尹、仪同三司，转司武上士。平齐有功，增邑四百户，转司武上士。时高祖为大司武，贲知高祖为非常人，深自推结。宣帝嗣位，加开府。隋受禅，历散骑常侍、太子左庶子、左领军、右将军、检校太常卿，拜郢州刺史，转虢州刺史。后迁怀州刺史，转齐州刺史。及高祖初被顾托，群情未一，乃引贲置于左右。高祖将之东第，百官皆不知所去。高祖潜令贲部伍仗卫，因召公卿而谓曰：'欲求富贵者，当相随来。'往往偶语，欲有去就。贲严兵而至，众莫敢动。出崇阳门，至东宫，门者拒不内。贲谕之，不去，瞋目叱之，门者遂却。既而高祖得入。贲恒典宿卫，后承问，进说曰：'周历已尽，天人之望，实归明公，愿早应天顺民也。天与不取，反受其咎。'高祖甚然之。及受禅，命贲清宫，因典宿卫。贲于是奏改周代旗帜，更为嘉名。其青龙、驺虞、朱雀、玄武、千秋、万岁之旗，皆贲所创也。寻拜散骑常侍，兼太子左庶子、左领军、右将军。时高颎、苏威共掌朝政，贲甚不平之。柱国刘昉时被疏忌，贲因讽昉及上柱国元谐、李询、华州刺史张宾等，谋黜颎、威，五人相与辅政。又以晋王上之爱子，谋行废立。……谋泄，上穷治其事。昉等委罪于宾、贲，公卿奏二人坐当死。上以龙潜之旧，不忍加诛，并除名为民。……岁余，贲复爵位，检校太常卿"。《隋书》卷七十八《万宝常传》载："开皇之世，有郑译、何妥、卢贲、苏夔、萧吉，并讨论坟籍，撰著《乐书》，皆为当世所用。"

唐时，卢藏用著有《老子注》2卷。据《新唐书》卷一百二十三《卢藏用传》，卢藏用，字子潜，幽州范阳人，"父璥，魏州长史，号才吏。藏用能属文，举进士，不得调。与兄征明偕隐终南、少室二山，学练气，为辟谷，登衡、庐，彷徉岷、峨。与陈子昂、赵贞固友善。

长安中，召授左拾遗。……姚元崇持节灵武道，奏为管记。还应县令举，甲科，为济阳令。神龙中，累擢中书舍人，数纠驳伪官。历吏部、黄门侍郎、修文馆学士。坐亲累，降工部侍郎。进尚书右丞。附太平公主，主诛，玄宗欲捕斩藏用，顾未执政，意解，乃流新州。或告谋反，推无状，流驩州。会交趾叛，藏用有捍御劳，改昭州司户参军，迁黔州长史，判都督事，卒于始兴。藏用善著龟九宫术，工草隶、大小篆、八分，善琴、弈，思精远，士贵其多能。尝以俗徇阴阳拘畏，乖至理，泥变通，有国者所不宜专，谓：'天道从人者也。古为政者，刑狱不滥则人寿，赋敛省则人富，法令有常则邦宁，赏罚中则兵强。礼者士所归，赏者士所死，礼赏不倦，则士争先，否者，虽揆时行罚，涓日出号，无成功矣。故任贤使能，不时日而利；明法审令，不卜筮而吉；养劳贵功，不祷祠而福。'乃为《折滞论》以畅其方，世谓'知言'。子昂、贞固前死，藏用抚其孤有恩，人称能终始交。始隐山中时，有意当世，人目为'随驾隐士'。晚乃徇权利，务为骄纵，素节尽矣。司马承祯尝召至阙下，将还山，藏用指终南曰：'此中大有嘉处。'承祯徐曰：'以仆视之，仕宦之捷径耳。'藏用惭。"另有《注庄子内外篇》12 卷，《子书要略》1 卷。此外，卢重元著有《列子》8卷。帅夜光著有《三玄异义》30 卷。夜光，幽州人，"开元二十年上授校书郎，直国子监。"慕容宗本著有《五经类语》10 卷。慕容宗本，字泰初，幽州人。卢宏宣著有《家祭仪》。鲜于向著有《坤枢》10 卷。鲜于向，渔阳人，字仲通，以乡贡进士仕至京兆尹，书见颜真卿《鲜于公神道碑铭》。

二、诸子著北京

战国时期法家韩非子所著《韩非子》中，可见燕国历史地理位置重要的分析。韩非（？—前 233 年），韩国贵族，曾与李斯同学于荀况。其时，韩国国力衰弱，韩非多次上书韩王，提出富国强兵、修明法制的主张，不被采纳。退而著书，成十余万言。秦王嬴政读后十分钦佩，遂发兵攻韩，索要韩非。韩王派遣韩非入秦，秦王又听信李斯、姚贾之言，将其拘囚下狱，卒于狱中。《韩非子·有度》篇记载，"国无常强，无常弱。奉法者强，则国强；奉法者弱，则国弱。荆庄王并国二十六，开地三千里；庄王之氓社稷也，而荆以亡。齐桓公并国三十，启地三千里；桓公之氓社稷也，而齐以亡。燕襄王以河为境，以蓟为国，袭涿、方城，残齐，平中山，有燕者重，无燕者轻；襄王之氓社稷也，而燕以亡。魏安釐王攻燕救赵，取地河东；攻尽陶、魏之地；加兵于齐，私平陆之都；攻韩拔管，胜于淇下；睢阳之事，荆军老而走；蔡、召陵之事，荆军破；兵四布于天下，威行于冠带之国；安釐王死而魏以亡。故有荆庄、齐桓公，则荆、齐可以霸；有燕襄、魏安釐，则燕、魏可以强。今皆亡国者，其群臣官吏皆务所以乱而不务所以治也。其国乱弱矣，又皆释国法而私其外，则是负薪而救火也，乱弱甚矣！"《韩非子·外储说上》记载"郢书燕说"典故，文曰："郢人有遗燕相国书者，夜书，火不明，因谓持烛者曰：'举烛。'云而过书'举烛'，举烛，非书意也，燕相受书而说之，曰：'举烛者，尚明也，尚明也者，举贤而任之。'燕相白王，王大说，国以治，治则治矣，非书意也。今世举学者多似此类。"《韩非子·外储说左上》记"棘刺母猴"曰："燕王好微巧，卫人曰：'请以棘刺之端为母猴。'燕王说之，养之以五乘之奉。王曰：'吾试观客为棘刺之母猴。'客曰：'人主欲观之，必半岁不入宫，不饮酒食肉，雨霁日出，视之晏阴之间，而棘刺之母猴乃可见也。'燕王因养卫人，不能观其母猴。郑有台下之冶者谓燕王曰：'臣为削者也，诸微物必以削削之，而所削必大于削。今棘刺之端不容削锋，难以治棘刺之端，王试观客之削，能与不能可知也。'王曰：'善。'谓卫人曰：'客为棘刺之母猴，何以理之?'曰：'以削。'王曰：'吾欲观见之。'客曰：'臣请之舍取之。'因逃。"战国时期，燕国方士神仙文化和纵横、阴阳思想风行，很多方士出自燕人。《韩非子·外储说左上》记载燕王学道说："客有教燕王为不死之道者，王使人学之，所使学者未及学而客死。王大怒，诛之。"

尚武是燕文化的一大特色。《管子·水地》篇记载"燕之水萃下而弱，沉滞而杂，故其民愚戆而好贞，轻疾而易死"。

墨家代表作《墨子》中也有燕国历史的记载。墨子，战国时著名思想家、政治家，鲁国人。姓墨名翟。生卒年不详。他提出"兼爱"、"非攻"等，与杨朱之学齐驱，并属显学，《孟子·滕文公》篇即云："杨朱、墨翟之言盈天下，天下之言，不归于杨，即归墨。"《墨子》卷八《明鬼》下第三十一记载："墨子言曰：'逮至昔三代圣王既没，天下失义，诸侯力正。是以存夫为人君臣上下者之不惠忠也，父子弟兄之不慈孝弟长贞良也，正长之不强于听治，贱人之不强于从事也。民之为淫暴寇乱盗贼，以兵刃、毒药、水火，退无罪人乎道路率径，夺人车马、衣裘以自利者，并作，由此始，是以天下乱。此其故何以然也? 则皆以疑惑鬼神之有与无之别，不明乎鬼神之能赏贤而罚暴也。今若使天下之人，偕若信鬼神之能赏贤而罚暴也，则夫天下岂乱哉！'……非惟若书之说为然也。昔者，燕简公杀其臣庄子仪而不辜。庄子仪曰：

'吾君王杀我而不辜。死人毋知亦已，死人有知，不出三年，心使吾君知之。'期年，燕将驰祖。燕之有祖，当齐之社稷，宋之有桑林，楚之有云梦也，此男女之所属而观也。日中，燕简公方将驰于祖塗，庄子仪荷朱杖而击之，殪之车上。当是时，燕人从者莫不见，远者莫不闻，著在燕之《春秋》。诸侯传而语之曰：'凡杀不辜者，其得不祥，鬼神之诛，若此其憯速也！'以若书之说观之，则鬼神之有，岂可疑哉！"

西汉时期，黄老之学代表作《淮南子》，又名《淮南鸿烈》、《刘安子》，西汉初年淮南王刘安及门客共同编著。《汉书·艺文志》著录内 21 篇，外 33 篇，内篇论道，外篇杂说。今存内 21 篇。据该书有关燕地水系的记载，如《览冥篇》称："往古之时，四极废，九州裂；天不兼复，地不……燕水出焉，东流注于河。又北山行五百里，水行五百里，至于饶山。是无草木。"又《坠形训》谓："维濕北流出于燕。"高诱注："流于北燕北塞外也。"

西汉刘向《说苑》卷一《君道》记载燕昭王礼贤纳士十分详细。"燕昭王问于郭隗曰：'寡人地狭人寡，齐人削取八城，匈奴驱驰楼烦之下，以孤之不肖，得承宗庙，恐危社稷，存之有道乎？'郭隗曰：'有，然恐王之不能用也。'昭王避席请闻之，郭隗曰：'帝者之臣，其名，臣也，其实，师也；王者之臣，其名，臣也，其实，友也；霸者之臣，其名，臣也，其实，宾也；危国之臣，其名，臣也，其实，虏也。今王将东面，颐指气使以求臣，则厮役之材至矣；南面听朝，不失揖让之礼以求臣，则人臣之材至矣；西面等礼相亢，下之以色，不乘势以求臣，则朋友之材至矣；北面拘指，逡巡而退以求臣，则师傅之材至矣。如此则上可以王，下可以霸，唯王择焉。'燕王曰：'寡人愿学而无师。'郭隗曰：'王诚欲兴道，隗请为天下之士开路。'于是燕王常置郭隗上坐南面，居三年，苏子闻之，从周归燕；邹衍闻之，从齐归燕；乐毅闻之，从赵归燕；屈景闻之，从楚归燕。四子毕至，果以弱燕并强齐；夫燕齐非均权敌战之国也，所以然者，四子之力也。诗曰：'济济多士，文王以宁。'此之谓也。"《说苑》卷五《贵德》记载召公德政说："圣人之于天下百姓也，其犹赤子乎！饥者则食之，寒者则衣之；将之养之，育之长之；唯恐其不至于大也。诗曰：'蔽芾甘棠，勿剪勿伐，召伯所茇。'传曰：自陕以东者周公主之，自陕以西者召公主之。召公述职当桑蚕之时，不欲变民事，故不入邑中，舍于甘棠之下而听断焉，陕间之人皆得其所。是故后世思而歌诵之，善之，故言之；言之不足，故嗟叹之；嗟叹之不足，故歌咏之。夫诗思然后积，积然后满，满然后发，发由其道而致其位焉；百姓叹其美而致其敬，甘棠之不伐也，政教恶乎不行！孔子曰：'吾于甘棠，见宗庙之敬也。'甚尊其人，必敬其位，顺安万物，古圣之道几哉！仁人之德教也，诚恻隐于中，悃愊于内，不能已于其心；故其治天下也，如救溺人，见天下强陵弱，众暴寡；幼孤羸露，死伤系虏，不忍其然，是以孔子历七十二君，冀道之一行而得施其德，使民生于全育，烝庶安土，万物熙熙，各乐其终，卒不遇，故睹麟而泣，哀道不行，德泽不洽，于是退作春秋，明素王之道，以示后人，恩施其惠，未尝辍忘，是以百王尊之，志士法焉，诵其文章，传今不绝，德及之也。诗曰：'载驰载驱，周爰咨谋。'此之谓也。圣王布德施惠，非求报于百姓也；郊望禘尝，非求报于鬼神也。"该篇又谓："齐桓公北伐山戎氏，其道过燕，燕君逆而出境，桓公问管仲曰：'诸侯相逆固出境乎？'管仲曰：'非天子不出境。'桓公曰：'然则燕君畏而失礼也，寡人不道而使燕君失礼，乃割燕君所至之地以与燕君。'诸侯闻之，皆朝于齐。诗云：'靖恭尔位，好是正直，神之听之，介尔景福。'此之谓也。"

西汉桓宽根据汉昭帝时所召开的盐铁会议记录"推衍"整理而成《盐铁论》，记述当时对汉武帝时期的政治、经济、军事、外交、文化的一场大辩论。该书共 60 篇。其卷一《本议篇》描述燕地物产贸易谓："大夫曰：管子云：'国有沃野之饶而民不足于食者，器械不备也。有山海之货而民不足于财者，商工不备也。'陇、蜀之丹漆旄羽，荆、扬之皮革骨象，江南之楠梓竹箭，燕、齐之鱼盐旃裘，兖、豫之漆丝絺纻，养生送终之具也，待商而通，待工而成。故圣人作为舟楫之用，以通川谷，服牛驾马，以达陵陆；致远穷深，所以交庶物而便百姓。是以先帝建铁官以赡农用，开均输以足民财；盐、铁、均输，万民所载仰而取给者，罢之，不便也。"

燕昭王时期，燕国的都城形成了"三都"体制，即蓟城、中都和下都三都并存。蓟城是当时燕国的政治、经济、文化中心，为天下名都之一，《盐铁论》卷一《通有》篇追述说："大夫曰：燕之涿、蓟，赵之邯郸，魏之温轵，韩之荥阳，齐之临淄，楚之宛、陈，郑之阳翟，三川之二周，富冠海内，皆为天下名都，非有助之耕其野而田其地者也，居五诸之冲，跨街衢之路也。故物丰者民衍，宅近市者家富。富在术数，不在劳身；利在势居，不在力耕也。"

燕国作为北部边郡，备受匈奴的侵扰。这种状况在西汉时期最为严重，从《盐铁论》卷七《备胡》篇记载就可看出。该篇记述了士大夫与各地贤良文学之间对于如何应对匈奴侵扰的一场辩论："大夫曰：往者，四夷俱强，并为寇虐：朝鲜逾徼，劫燕之东地；东越东海，略浙江之南；南越内侵，滑服令；氐、僰、冄、駹、嶲唐、昆明之属，扰陇西、巴、蜀。今三垂已平，唯北边未定。夫一举则匈奴震惧，中外释备，而何寡也？"贤良曰："古者，君子立仁修义，以绥其民，故迩者习善，远者顺之。是以孔子仕于鲁，前仕三月及齐平，后仕三月及郑平，务以德安近而绥远。当此之时，鲁无敌国之难，邻境之患。强臣变节而忠顺，故季桓隳其都城。大国畏义而合好，齐人来归郓、谨、龟阴之田。故为政而以德，非独辟害折冲也，所欲不求而自得。今百姓所以嚣嚣，中外不宁者，咎在匈奴。内无室宇之守，外无田畴之积，随美草甘水而驱牧，匈奴不变业，而中国以骚动矣。风合而云解，就之则亡，击之则散，未可一世而举也。"

东汉王充《论衡》有关于燕国始祖召公奭的记载。王充（27—100年），字仲任，会稽上虞（今浙江上虞县）人。著有《政务》、《讥俗》、《论衡》、《养性》等书，今存《论衡》一书，30卷，二十余万言。该书卷一《气寿篇》记载："文王谓武王曰：'我百，尔九十。吾与尔三焉。'文王九十七而薨，武王九十三而崩。周公，武王之弟也，兄弟相差不过十年。武王崩，周公居摄七年，复政退老，出入百岁矣。邵公，周公之兄也，至康王之时，尚为太保，出入百有余岁矣。圣人禀和气，故年命得正数。气和为治平，故太平之世多长寿人。百岁之寿，盖人年之正数也，犹物至秋而死，物命之正期也。物先秋后秋，则亦如人死或增百岁或减百也。先秋后秋为期，增百减百为数。物或出地而死，犹人始生而夭也。物或逾秋不死，亦如人年多度百至于三百也。传称老子二百余岁，邵公百八十，高宗享国百年，周穆王享国百年。并未享国之时，皆出百三十四十岁矣。"

东汉章帝建初四年（79年），召开白虎观会议，由太常、将、大夫、博士、议郎、郎官及诸生、诸儒陈述见解，"讲议五经异同"，意图弥合今、古文经学异同，由章帝亲自裁断。班固整理编辑会议记录，写成《白虎通德论》，又称《白虎通义》，简称《白虎通》。该书卷六《王者不臣章》记召公身世谓："《礼·服传》曰：'子得为父臣者，不遗善之义也。'《诗》云：'文武受命，召公维翰。'召公，文王子也。则召公为文王子，汉人已明言之。皇甫谧《帝王世纪》以为文王庶子，盖本谷梁氏'燕，周之分子'，故云然，非无据也。司马迁云：'召公与周同姓。'按《史记》于毕公亦云'与周同姓'，亦可谓毕公非文王子哉？"

三、宗教著述

宗教是十分普遍的社会现象，广泛分布于世界各地，在政治、军事、文化、经济、民族等方面都产生过深远影响。北京的宗教也有着非常悠久的历史，原始的信仰现象甚至可以上溯到上古时期。但严格意义上的宗教著述的出现，则与制度化宗教的传入与发展密切相关。佛教、道教、天主教、基督教及伊斯兰教等制度化宗教，传入北京的时间差别很大，传播与发展的情况也各不相同，因而各时期的宗教著述参差不齐。如土生土长的道教起源很早，东汉时期的太平道曾传入北京。但由于诸多原因，发展长期受到制约，因而前期道教著述非常少见。

（一）佛教著述

产生于古印度的佛教传入中国后，逐步传播到北京地区。辽金时期，北京开始从中国的北方重镇发展成为全国的政治与文化中心，佛教的地位迅速上升，随即成为全国的佛教中心。一千多年来，在北京佛教初传、兴起、发展、颓衰各个历史阶段，不乏高僧大德留意著述，以弘扬佛法，保存文献。总体而言，晋唐五代之前相对较少。

在全国佛教得到巨大发展之际，晋唐时期的北京尚处于中国佛教传播的边缘区域，发展相对滞后。虽然早在两晋甚至更早，佛教就可能已经传入今北京地区，但其时燕地高僧人数远不及洛阳、平城、邺城等佛教都会，留下的佛教著述也少。其中可揭出者，最早有幽州（今北京）僧人昙无竭即释法勇，于北魏明元帝泰常五年（420年）与25人历尽艰辛，西行取经，行至罽宾国获梵文《观世音受记经》，复西游天竺诸国，再经海路回归广州。昙无竭回国后，将所获《观世音受记经》译为汉文1卷，流传于世。[19]昙无竭此译虽为该经第二译，在其时众多的佛教译经中未占重要地位，但昙无竭以中土人士西行求法之举，却具有划时代的意义，比唐代著名的玄奘西行取经要早200余年。昙无竭又根据其西行途中的经历与见闻，撰成《外国传》五卷，"述西域事"，因后来失传，详情难悉。

其时，燕籍僧人又有南下洛阳等地求佛学者，如释宝儒、智梵、靖嵩等，均称于一时，亦有所著述。其中以靖嵩最为杰出。靖嵩（537—614年），涿郡固安（今河北固安）人，北齐初年出家为僧，成年后南下求学，从融智、道猷、法诞等名僧遍习《涅槃》、《地论》、《杂心论》、《成实论》等佛教大小乘经典，由是佛法日精。他先后在北周、南陈广开法席，隋朝一统天下后再北归弘法，"自此领匠九州，垂章四海"，成为一代佛学大宗师。靖嵩留下的佛学著述，流传于世的有《摄论疏》6卷、《杂心疏》5卷，及《九识》、《三藏》、《三聚戒》、《二生死》等玄义多种。[20]其他僧人如渔阳（今北京密云境内）

人灵询，年幼即出家，后至邺京，又游化燕赵。灵询初学《成实论》及《涅槃经》，有所体悟，著《成实论删要》2卷，"注而释之，盛行于世"。[21]所著《维摩疏记》，亦行于世。

唐代幽州名僧增多，南下求佛者有幽玄、常遇、道膺，北上弘法者有智嘉、华严、真性、宝积、道宗、晓方诸僧。以著述称于世者，则为义净、道辩。义净（635—713年），祖籍范阳（今河北涿州），自幼出家，因仰慕前辈法显、玄奘之高行，唐高宗咸亨二年（671年）由番禺（今广州）出发，自海路西游佛国，"经二十五年，历三十余国"，获得大量梵本经、律、论等佛经回国。义净遂以译经为己任，陆续译出《华严经》、《金光明最胜王经》、《孔雀王经》、《一切庄严王经》等佛经107部，成为中国历史上最著名的译经名僧之一，与鸠摩罗什、真谛、玄奘、不空等齐名。义净的著述也很丰富，流行于世者有《大唐西域求法高僧传》、《南海寄归内法传》等五部著作。[22]《大唐西域求法高僧传》2卷，成于唐天授元年至二年（690—691年）间，撰述唐初以来前赴西域求法的60名僧人之行迹，以"嘉其美诚，冀传芳于来叶"。书中还记录了中国与印度往来的5条主要通道，以及中国僧人在印度留学的那烂陀寺、大觉寺、信者寺、新寺等著名寺院，书末附作者自传。《大唐西域求法高僧传》是关于唐初佛教史的重要文献，也是研究唐初政治、经济以及中印交通史的宝贵资料。《南海寄归内法传》4卷，是义净由印度返国途中停留南海室利佛逝（今印度尼西亚苏门答腊）时所撰，详细记述印度及其所历南亚诸国所行佛教仪轨40条，序言中又扼要介绍了印度古代佛教发展历史，以及各佛教部派现状与分布情况，成为后人研究印度佛教史的珍贵资料。

道辩亦为范阳人，俗家田姓，出家后在五台山、洛阳等佛教活动中心求学，传扬佛法。道辩用意著述，曾立志遍注佛经，"用通释典"，后因故未完成宏愿，"但注《维摩》、《胜鬘》、《金刚》、《般若》、《小乘义章》六卷、《大乘义》五十章，及《中玄照》等行世。"[23]

五代时期又有僧可止，范阳大房山人，12岁依悯忠寺法贞律师受教，后往真定习学经论，19岁抵五台山求戒。可止学识渊博，"百家子史经目无遗该博之外，尤所长者，近体声律诗也"，有《三山集诗》350篇"盛行于时"，其《赠樊川长老诗》尤流传一时，名闻僧俗两界。可止佛教著述，则有《顿渐教义钞》1卷。[24]

（二）道教著述

道教是中国土生土长的制度化宗教，其孕育与产生的历史悠久，并与北京早期的文化有密切联系。但道教的正式创立，一般认为始于东汉末期。先有张角创立的太平道在幽、冀等八州发动起事，此后蜀地"三张"的天师道逐渐传播到北方地区，成为道教主流。总体而言，金代之前的北京道教著述较为罕见。

道教于东汉末年创立之后，逐渐传播到今北京地区。但北京早期道教活动的情况，很少见于记载。入唐之后，北京道教得到稳步发展，始于开元二十九年（741 年）的天长观此后赓续相沿，对北京道教的传播与发展产生了很大影响。唐末五代又有幽州节度使刘仁恭佞幸道士王讷，在幽州大安山修建宫馆，烧炼丹药，轰动一时。但相对而言，一直到辽代，北京的道教活动还是比较沉寂的，道教著述更是罕见。流于后世者，有南北朝时期寇谦之所传《云中音诵新科之诫》诸书。

寇谦之（365—448 年），字辅真，冯翊万年人，自称上谷昌平著姓寇恂之第十三世孙，因而成为北京早期道教史上最重要的宗教人物。寇谦之"早好仙道，有绝俗之心。少修张鲁之术，服食饵药"，自幼与道教有着深厚的渊源。寇谦之于及冠之年正式出家学道，曾遇真人成兴公，后在中岳嵩山修炼，"精专不懈"。神瑞二年（415 年），"忽遇大神，……称太上老君"，授寇谦之以"天师"之位，并赐其《云中音诵新科之诫》一书，及服气、导引口诀。[25]《云中音诵新科之诫》亦名《老君音诵诫经》等，史籍记载原为 20 卷，但明代《道藏》中仅残存 1 卷，其余皆已亡佚。其主旨为寇谦之借太上老君的名义，以"除去三张伪法"，"清整"道教。书中指责早期蜀中三张道教政教合一的组织形式，说是"道官诸祭酒，愚闇相传，自署治箓符契，攻错经法，浊乱清真"。又说"板署男女道官"、"领化民户"等行为也带来诸多弊端，"愚民信之，诳诈万端，称官设号，蚁聚人众，坏乱土地"，"但言老君当治，李弘应出，天下纵横，返（叛）逆者众，称名李弘，岁岁有之。"至于"取人金银财帛"、"黄赤房中之术"，也极大地损辱了道教。因此寇谦之借老君传授之名，撰传《云中音诵新科之诫》，创立"新天师道"。

新天师道在北魏地区传播顺利，寇谦之的名望随之大增。泰常八年（423 年）十月，寇谦之称又有太上老君玄孙、牧土上师李谱文来临嵩岳，授其《天中三真太文录》，史籍载称"《文录》有五等，一曰阴阳太官，二曰正府真官，三曰正房真官，四曰宿宫散官，五曰并进录主"。又"坛位、礼拜、衣冠、仪式，各有差品，凡 60 余卷，号为《录图真经》"。李谱文嘱咐寇谦之："付汝奉持，辅佐北方泰平真君，出天宫静轮之法，能兴造克就，则起真仙矣。"[26]这亦如其八年前称"老君降临"授以《云中音诵新科之诫》之作法。不过此次李谱文授予寇谦之的任务，不再是"清整"之任，而是辅佐人主，"为帝王师"。因此次年寇谦之即携带其新造作的《录图真经》，赶往北魏都城，进献给即位不久的太武帝。此后，寇谦之得到北魏官方的承认与扶持，新天师道也成为北魏境内影响广大的"国教"，极大地促进了北方道教的传播与发展。《录图真经》也成为重要的道教典籍。《隋书》统计有史以来道经总数"三百七十七部，一千二百一十六卷"，以其"或言传之神人，篇卷非一"，提及书名者不到十部，而寇谦之所造《录图真经》，则成为重点介绍之道籍。[27]

第四节　集部著述

先秦至唐五代时期，北京地区集部著述主要包括别集、丛书、总集、词类等，最有代表性的是魏晋南北朝时期号称"北州冠族"的范阳卢姓。

东汉末年的政治家、军事家、经学家卢植，字子干，涿郡涿人，著有《礼记解诂》。又有《尚书章句》、《补续汉记》，《玉海》卷四十六称，卢植拜议郎，与马日磾、蔡邕、杨彪、韩说等并在东观，补续汉记。其人名著海内，学为儒宗，士为楷模，国之桢干，后从祀孔庙。又著《冀州风土记》。又有集，《隋书·经籍志》、《旧唐书·艺文志》录2卷。又有《植别传》，《太平御览》卷五百五十五引该书。今皆失佚。卢植之子卢毓，字子家，10岁而孤，遇本州乱，二兄死难。据《隋书》卷三十四《经籍志三》、《新唐书·志》第四十九《艺文三》、《旧唐书·志》第二十七《经籍下》，当袁绍、公孙瓒交兵，幽冀饥荒，卢毓"养寡嫂孤兄子，以学行见称。文帝为五官将，召毓署门下贼曹。崔琰举为冀州主簿。……魏国既建，为吏部郎。文帝践阼，徙黄门侍郎，出为济阴相，梁、谯二郡太守。帝以谯旧乡，故大徙民充之，以为屯田。而谯土地硗瘠，百姓穷困，毓愍之，上表徙民于梁国就沃衍，失帝意。虽听毓所表，心犹恨之，遂左迁毓，使将徙民为睢阳典农校尉。毓心在利民，躬自临视，择居美田，百姓赖之。迁安平、广平太守，所在有惠化。青龙二年，入为侍中。先是，散骑常寺刘劭受诏定律，未就。毓上论古今科律之意，以为法宜一正，不宜有两端，使奸吏得容情。及侍中高堂隆数以宫室事切谏，帝不悦。……在职三年，多所驳争。"著有《九州人士论》1卷，佚。

西晋时，卢钦著有《小道》。卢钦，字子若，范阳涿人也。《晋书》卷四十四《列传》第十四记载，卢钦"祖植，汉侍中。父毓，魏司空。世以儒业显。钦清淡有远识，笃志经史，举孝廉，不行，魏大将军曹爽辟为掾。爽弟尝有所属请，钦白爽子弟不宜干犯法度，爽深纳之，而罚其弟。除尚书郎。爽诛，免官。后为侍御史，袭父爵大利亭侯，累迁琅邪太守。宣帝为太傅，辟从事中郎，出为阳平太守，迁淮北都督、伏波将军，甚有称绩。征拜散骑常侍、大司农，迁吏部尚书，进封大梁侯。武帝受禅，以为都督沔北诸军事、平南将军、假节，给追锋辂卧车各一乘、第二驸马二乘、骑具刀器、御府人马铠等，及钱三十万。钦在镇宽猛得中，疆场无虞。入为尚书仆射，加侍中、奉车都尉，领吏部。以清贫，特赐绢百匹。钦举必以材，称为廉平。咸宁四年卒，诏曰：'钦履道清正，执德贞素。文武之称，著于方夏。入跻机衡，惟允庶事。肆勤内外，有匪躬之节。不幸薨没，朕甚悼之。……谥曰元。又以钦忠清高洁，不营产业，身没之后，家无所庇，特赐钱五十万，为立第舍。……钦历宰州郡，不尚功名，唯以平理为务。禄俸散之亲故，不营赀产。动循礼典，妻亡，制庐杖，终丧居外。所著诗赋论难数十篇，名曰《小道》"。卢钦之子卢浮，深受朝廷器重，以为国子监祭酒、秘书监，皆不就，著有《相风赋》。

东晋时，卢谌著有集，《旧唐书·艺文志》著录 10 卷。今存《感运赋》，见《艺文类聚》卷三。《朝霞赋》，见《太平御览》卷八百九十。《登邺台赋》，见《艺文类聚》卷六十二。《观猎赋》，见《书钞》卷一百五十八。《征银赋》，见《水经河水五注》。《菊花赋》，见《艺文类聚》卷八十一，又《初学记》卷二十七。《朝华赋》，见《艺文类聚》卷八十九，又见《初学记》卷二。《鹦鹉赋》，见《艺文类聚》卷九十一。《燕赋》，见《艺文类聚》卷五十四。《与司空刘琨书》，见《文选》。《尚书武强后卢府君诔》，见《艺文类聚》卷四十八。《太尉刘公诔》，见《艺文类聚》卷六十四。又有《谌别传》，今佚。

北魏时，青州刺史卢度世，字子迁，范阳涿人，卢玄子，与从兄遐俱以学行为时流所重。卢度世生有 4 子，即卢渊、卢敏、卢昶和卢尚之，人称"四房卢"。卢渊有 8 子，即卢道将、卢道亮、卢道裕、卢道虔、卢道侃、卢道和、卢道约和卢道舒，人称"八子卢"。其中卢道将著有文笔数十篇。《魏书》附卢元传称卢道将"涉猎经史，风气謇谔，颇有文才，为一家后来之冠"。卢道虔著有《难丧服集记》，今佚。《北史》卷三十《列传》第十八附卢元传称卢道虔"好礼学，难齐尚书王俭《丧服集记》七十余条"。卢元明有《史子新论》，《魏书》附卢元明传称，卢元明，"字幼章，范阳涿人。涉猎群书，兼有文义，少时，中山王熙见之，曰：'卢郎有如此风，惟须诵离骚，饮美酒，自为佳器。'累迁中书侍郎。永熙末，居洛东缑山，作幽居赋。天平初，拜尚书右丞，兼黄门郎，本州岛大宗正。元明凡三娶，次妻郑氏，与元明兄子士启淫污，元明不能绝。又好以世地自矜，时论因此轻之。元明善自标置，不妄交游，饮酒赋诗，遇兴忘返。性好玄理，作《史子新论》数十篇。"卢元明又著有集，《隋志》著录 17 卷，《两唐志》作 6 卷，今佚。《魏书》本传有《幽居赋》，亡。今存《剧鼠赋》，见《初学记》卷二十七。《嵩高山庙记》，见《隋书·崔廓传》。又有《嵩山记》，《隋志》未著录。《太平寰宇记·河南道》曾引卢元明的《嵩山记》。

北齐时，卢景裕著有《李广集》10 卷。范阳卢景裕，太常静之子，司空同之犹子。少好闲默，驰骋经史。守道恭素，不以荣利居心，时号居士焉。卢宗道著有《卢询祖集》10 卷、《魏书音义》1 卷。《北齐书》卷二十二《列传》第十四《卢宗道传》称，卢宗道，"卢怀道之弟，范阳涿人也。性粗率，重任侠。历尚书郎、通直散骑常侍，后行南营州刺史。尝于晋阳置酒，宾游满坐。中书舍人马士达目其弹箜篌女妓云：'手甚纤素'。宗道即以此婢遗士达，士达固辞，宗道便命家人将解其腕，士达不得已而受之。将赴营州，于督亢陂大集乡人，杀牛聚会。有一旧门生酒醉，言辞之间，微有疏失，宗道遂令沉之于水。后坐酷滥除名。"卢叔武著有《平西策》1 卷、《策》1 卷。《北齐书》卷四十二《列传》第三十四《卢叔武传》载，卢叔武，"范阳涿人，青州刺史卢文伟从子也。父光宗，有志尚。叔武两兄观、仲宣并以文章显于洛下。叔武少机悟，豪率轻侠，好奇策，慕诸葛亮之为人。为贺拔胜荆州开府长史。胜不用其计，弃城奔梁。叔武归本县，筑室临陂，优游自适。世宗降辟书，辞疾不到。天保初复征，不得已，布裘乘露车至邺。杨愔往候之，以为司徒谘议，称疾不受。肃宗即位，召为太子中庶子，加银青光禄大夫。"卢怀仁著有诗、赋、铭、颂 2 万余言。

北周时，卢柔著有《诗颂碑铭檄表启》数十篇，《周书·薛寘传》称，卢柔"学业优深，文藻华赡"，所作诗颂碑铭檄表启行于世者数十篇。今佚。

隋时，卢思道著有集 30 卷。卢思道，字子行，以才学重于当时，曾仕于北齐。

唐时，卢照邻作《幽夏子》3 卷，又有集 20 卷，今存 7 卷。卢照邻，字升之，自号幽忧子，幽州范阳人，与王勃、杨炯、骆宾王并称"四杰"。卢藏用著有集 20 卷。卢藏用，字子潜，幽州范阳人。少以文辞才学著称，举进士，不得调，与兄征明皆隐终南山。长安（701—704 年）中召授左拾遗，神龙中，为礼部侍郎，兼昭文馆学士。有文集 30 卷，《全唐诗》录存其诗 8 首。卢重元著有《梦书》4 卷。卢纶著有集 10 卷。卢景亮著有《三足记》。据《新唐书》卷一百六十四《卢景亮传》，卢景亮（？—806 年），"字长晦，幽州范阳人。少孤，有志义，书无不览。大历六年进士，又中博学宏词科，授校书郎，十一年为荆南节度使张延赏掌书记、枝江尉，建中元年入为右补阙，贞元四年贬朗州司马，量移为和州别驾，永贞元年召为尚书郎，元和元年迁中书舍人，卒。"卢宏正著有《昭义军别录》1 卷。（清）董诰等纂修《全唐文》卷七百三十记载，卢宏正，"字子强，户部郎中纶子，元和末进士，累拜工部侍郎。大中初转户部，充盐铁转运使，检校户部尚书。出为武宁节度使，徙宣武。卒赠尚书右仆射。"卢求著有《成都记》5 卷、《襄阳故事》10 卷、《湘中记》1 卷，见《新唐书·艺文志·地理类》。又有《金刚经报应记》3 卷，见《宋史·艺文志·释道类》，今不存。卢献卿著有《愍征赋》1 卷，见《新唐书·艺文志·别集类》。卢献卿，幽州范阳人，唐大中年间进士。诗文为同流所推举，所作《愍征赋》有几千字。卢若虚著有《南宫故事》30 卷。卢若虚，幽州范阳人。卢藏用之弟。官终起居郎、集贤院学士。卢光启著有《初学子》1 卷，见《新唐书·艺文志·小说类》。卢铤著有《武成王庙十哲赞》1 卷。卢僎著有《家范》1 卷。卢慎著有《卢公范》。卢慎，涿郡人，卢辩之子，卢植第十二世孙。《太平御览》卷二十五、三十三称，"卢公范者，卢慎家之法也，又作卢公家范"。

后蜀时，卢廷让著有诗集 1 卷，另有《唐才子传》。卢廷让，字子善，范阳人。天才卓绝，为诗师薛能，词意入僻，不尚织巧，多壮健语，为人所嗤。光化三年（900 年）进士。累迁给事中，终刑部侍郎。

除范阳卢氏外，西晋张华著述颇丰。张华，字茂先，范阳方城人。少时孤贫，曾以牧羊为生，但好学不倦，"图纬方伎之书莫不详览。"著有《博物志》10 篇，分类记载异境奇物、古代琐闻杂事及神仙方术等。《博物志》卷一记载燕地重要形势说："燕，却背沙漠，进临易水，西至君郡，东至于辽，长蛇带塞，险陆相乘也。"《光绪顺天府志》记载，"此书大略撮取载籍所为，故自来目录皆入之杂家，其体例之独创者，则随所撮取之书，分别部居，不相杂厕。如卷首括地象、毕方，继以考灵耀是也。以下虽不能条举所出，然《列子》、《山海经》、《逸周书》等皆类然可验。今本强立门类，割裂迁就，遂使荡析离居，失其指趣，致为巨谬矣。王嘉《拾遗记》称，张华好观秘异图纬之部，捃采天下遗逸，自书契之始，考验神怪及世间闾里所说，造《博物志》四百卷，奏于武帝。亦可为刺取群书之证。宋裴松之注《三国志》，多引《博物志》；而陈泰、钟会传注又引《博物记》。考其所引，与志皆合。梁刘昭注《后汉志》，亦採《博物记》，所云河东少有名人及糜畯事，具见志中，似为一书。后魏郦道元注《水经》，唐太子贤注《后汉书》，李善注《文选》，多述《博物志》，未有称为记者。宋《太平御览》摭拾群书至一千六百余种，引《博物志》最详，亦无引《博物记》者。宋周草窗称《博物记》秦汉古书，为唐蒙所造，茂先增改为志。又谓为记，未知何本。又有《杂记》1卷，佚。《杂记》11卷，佚。《感应类从志》，存。《列异传》，《隋志》未著录，《新唐书·艺文志·小说类》著录3卷，佚。《异物评》，隋唐志未著录，《宋史·艺文志·地理类》著录1卷，今佚。《神异经注》，《隋书·经籍志·地理家》著录1卷，东方朔撰，张华注，今存龙威秘书本。《师旷禽经注》，《隋志》未著录，《宋史·艺文志·小说类》著录1卷，今佚。《小象赋》一卷，《隋志》未著录，《宋史·艺文志·天文类》著录1卷，《通志》又有小象千字诗1卷，今佚。又有《乾象录》，《隋志》未著录，《宋史·艺文志·天文类》著录1卷，今佚。《三家星歌》，《隋志》未著录，《宋史·艺文志·天文类》著录1卷，今佚。《三鉴灵书》，《隋志》、《唐志》未著录，《宋史·艺文志·五行类》著录3卷，《光绪顺天府志》疑其伪托，今佚。又有《集》10卷，《录》1卷，《隋志》有著录，今佚。又有《唐志集》2卷，《宋志集》2卷，又《诗》1卷。"

南朝梁时，张缅著有《晋书钞》。张缅，字符长，范阳方城人。张缅钞《晋书》众家异同，为《晋钞》30卷。《北齐书·宋显传》称，后魏时，张缅《晋书》未入国史。《史通》杂说谓："臧氏《晋书》称苻坚之僭号也，虽疆宇狭于石虎，至于人物则过之。张缅钞撮《晋史》，不求异同，而备揭此言，不从沙汰。"又有《后汉略》25卷、集5卷，今佚。《钞江左集》，今佚。张缙著有集，《隋志》著录11卷，《唐志》著录10卷。今存《龙楼寺碑》，见《艺文类聚》卷七十六。张缅之弟张缵撰有《鸿宾》100卷，《梁书》本传记载，张缵好学，"兄缅有书万余卷，披读不辍。秘书郎有四员，宋、齐以来为甲族起家之选，待次入补，其居职，例数十日便迁。缵固求不从，欲遍观阁内图籍。尝执《四库书目》曰：'若读此毕，可言优仕矣。'如此三载方迁。"又有集20卷，《隋志》著录11卷，《唐志》著录10卷，《宋志》未著录。中有《南征赋》、《让尚书仆射表》、《诏湘东王书》，均见本传。《秋雨赋》，见《艺文类聚》卷二。《离别赋并序》，见《艺文类聚》三十，又《初学》十八。《怀音赋并序》，见《艺文类聚》三十一。《妒妇赋》，见《艺文类聚》三十五。《瓜赋》，见《艺文类聚》八十七。《拟若有人兮》，见《艺文类聚》六十五。《与陆云公、叔襄兄、晏子书》，见《陆云公传》。《故左民尚书忠子沈憎旻墓志铭》，见《艺文类聚》卷四十八。《中书令萧子显墓志铭》，见《艺文类聚》卷二十八。

北魏时，平恒著有《略注》百余篇。据《北史·列传》第六十九《儒林上》、《魏书·列传·儒林》第七十二《平恒传》，平恒（411—486年），字继叔，燕国蓟城人。出身儒宦世家，祖父平视和父亲平儒均辅佐燕郡慕容氏为通宦。《魏书·儒林传》称，平恒"耽勤读诵，多通博闻。自周以降，暨于魏世，帝王传代之由，贵臣升降之绪，皆撰录品第，商略是非，号曰《略注》，合百余篇。好事者览之，咸以为善焉。安贫乐道，不以屡空改操。征为中书博士。久之，出任幽州别驾，廉贞寡欲，不营资产，衣食至常不足，妻子不免饥寒。后拜著作佐郎，迁秘书丞。时高允为监，河间邢祐、北平阳嘏、河东裴定、广平程骏、金城赵元顺等为著作佐郎，虽才学互有短长，然俱为称职，并号长者。允每称博通经籍无过恒也。恒即刘彧将军王玄谟舅子"。北魏太武帝年间，征试为中书博士。太和十年（486年），孝文帝命平恒出任秘书令，未授而卒，享年76，赠为平东将军、幽州刺史、都昌侯，谥号康。

北魏时，梁祚有《魏国统》，《隋志》著录20卷。梁祚，北魏北地泥阳（今陕西耀县东南）人。父梁劢，归附北魏，拜吏部郎，出为济阳太守。至梁祚，居赵郡。笃志好学，历治诸经，尤善《公羊》及郑氏《易》。后侨居蓟。初官秘书中散，迁秘书令，所著《代都赋》，已佚。北魏高闾著有集30卷。阳固有集存世，《新唐书·艺文志》著录3卷。

北齐时，阳休之著有《韵略》1卷，今存玉函山房辑本。《圣寿堂御览》360卷，《隋志》著录。集30卷、《辨嫌音》1卷。其子阳俊之有文集10卷，《隋志》未著录。据《北史》，阳休之子俊，"位兼通直常侍，聘陈副尚书郎。当文襄时，多作六言，歌辞淫荡而拙，世俗流传，名为阳五伴侣，写而卖之，在市不绝。俊之尝过市，取而改之，言其字误。卖书者曰：阳五，古之贤人，作此伴侣，君何所知，轻敢议论，俊之大喜。后待诏文林馆，自言有《文集》十卷，家兄亦不知吾是才士也。"阳昭著有集10卷，《隋志》未著录，《北史》有附传。

唐代，张南史著有《卢全集》1卷、《啸旨》1卷。张南史，字季直，幽州人。好弈棋。其后折节读书，遂入诗境，以试参军。避乱，居扬州。再召，未赴而卒。贾岛著有《长江集》10 卷、《小集》3 卷。贾岛，字浪仙，范阳人。早年出家为僧，号无本。元和五年（810 年）冬，至长安，见张籍。次年春，至洛阳，始谒韩愈，以诗深得赏识。后还俗，屡举进士不第。文宗时，因诽谤，贬长江（今四川蓬溪）主簿。开成五年（840 年），迁普州司仓参军。武宗会昌三年（843 年），在普州去世。贾岛诗在晚唐形成流派，影响颇大，颇受晚唐李洞、五代孙晟等人尊崇。今北京房山石楼镇有贾公祠，纪念贾岛。贾岛从弟僧无可有集 1 卷。无可，范阳人，姓贾氏，居天仙寺。诗名与贾岛齐，《全唐诗》编为 2 卷。刘蕡著有策 1 卷，《新唐书·艺文志》传于世。据《旧唐书》卷一百九十下《文苑列传下·刘蕡传》，刘蕡，字去华，幽州昌平人。生年不详，约卒于唐文宗开成中。博学能文有大志。唐敬宗宝历二年（826 年）进士。其时，宦官专权，藩镇割据，蕡常痛疾。中唐大和二年（828 年），上《对贤良方正直言极谏策》五千余字，最为宏博，直言痛陈宦官祸国殃民，称"宫闱将变，社稷将危"，"阍寺持废立之权"，"四凶在朝，虽强必诛"。是年冯宿等为考策官，"见蕡对嗟服，以为汉之晁（错）董（仲舒）无以过。但中宦当途，畏之不敢取。正人傅读其文，有相对垂泣者。谏官御史为之扼腕愤发。执政反从而弭之。时被选者二十三人，所言皆宂靡常务，颇得优调。河南府参军李郃谓人曰：'刘蕡下第，我辈登科，实厚颜矣！'疏请以所授官让蕡，不纳。令狐楚、牛僧孺都征召他为幕府从事，后授秘书郎，以师礼待之。"据《重修刘贤良祠碑记》称，"刘蕡，昌平人，由贤良对策，指责宦竖，后谪于柳州（会昌元年，841 年），官任柳州司户。至则以德化民，以礼齐民。厥后，省耕，省敛，循行田亩间，竟坠马而卒，葬鹅山之侧。碑文并云：'方公之对策也，本忠义之心，而激以浩然之气，故能言人之所不敢言'"。诗人李商隐评刘蕡"平生风义"，二人互为师友，他有感于刘蕡的"煌煌策论名士埋名"，曾作诗 3 首。其一为《赠刘司户蕡》，诗曰："江风扬浪动云根，重碇危樯白日昏。已断燕鸿初起势，更惊骚客后归魂。汉廷急诏谁先入，楚路高歌自欲翻。万里相逢欢复泣，凤巢西隔九重门。"其二为《哭刘蕡》，诗曰："上帝深宫闭九阍，巫咸不下问衔冤。广陵别后春涛隔，湓浦书来秋雨翻。只有安仁能作诔，何曾宋玉解招魂。平生风义兼师友，不敢同君哭寝门。"其三为《哭刘司户蕡》，诗曰："路有论冤谪，言皆在中兴。空闻迁贾谊，不待相孙弘。江阔惟回首，天高但抚膺。去年相送地，春雪满黄陵。"唐昭宗赠为右谏议大夫，谥文节，封昌平侯，寻其子孙授予官职。元朝泰定元年（1324年），昌平驿官宫祺奏请在昌平县城为刘蕡建祠。高骈著有《性箴金液颂》1卷（见《宋史·艺文志·神仙类》）、集3卷、诗1卷。据《新唐书》卷二百二十四《叛臣列传下》，高骈，"字千里，南平郡王高崇文之孙，先世为渤海国人，迁居幽州。祖父高崇文，家世禁卫。幼颇修饬，折节为文学，初事朱叔明为司马，后历右神策军都虞候、秦州刺史。咸通中，拜安南都护，进检校刑部尚书，以都护府为静海军，授骈节度，兼诸道行营招讨使。唐僖宗乾符二年（875年），加同中书门下平章事，迁剑南西川节度使，进检校司徒，封燕国公，徙荆南节度，加诸道行营都统、盐铁转运等使，俄徙淮南节度副大使。广明初，进检校太尉、东面都统、京西京北神策军诸道兵马等使，封渤海郡王，为部将毕师铎所害。"

后周时，扈载著有集10卷。据《新五代史》卷三十一《周臣传》第十九《扈载传》载：扈载"字仲熙，北燕人也。少好学，善属文。广顺初，举进士高第，拜校书郎，直史馆。再迁监察御史。其为文章，以辞多自喜。常次历代有国废兴治乱之迹为《运源赋》，甚详。又因游相国寺，见庭竹可爱，作《碧鲜赋》，题其壁，世宗闻之，遣小黄门就壁录之，览而称善，因拜水部员外郎、知制诰。迁翰林学士，赐绯，而载已病，不能朝谢。居百余日，乃力疾入直学士院。世宗怜之，赐告还第，遣太医视疾。初，载以文知名一时，枢密使王朴尤重其才，荐于宰相李谷，久而不用，朴以问谷曰：'扈载不为舍人，何也？'谷曰：'非不知其才，然载命薄，恐不能胜。'朴曰：'公为宰相，以进贤退不肖为职，何言命邪？'已而召拜知制诰。及为学士，居岁中病卒，年三十六。议者以谷能知人而朴能荐士。是时，天子英武，乐延天下奇才，而尤礼文士，载与张昭、窦俨、陶谷、徐台符等俱被进用。"另据《宋史》卷二六二《列传》第二十一，"周显德中，扈载以文章驰名，枢密使王朴荐令知制诰。除书未下，朴诣中书言之。载遂知制诰，迁翰林学士，未几卒。"

南唐时，潘佑著有《荣阳集》20卷。《南唐书》卷十三《潘佑传》称，潘佑，幽州人，后徙居金陵，"少介僻，杜门读书，不交人事。及长，善于论议，尤喜老、庄家言。貌甚陋。韩熙载、徐铉荐于李景，授秘书省正字，值崇文馆。李煜嗣位，为虞部官员外郎，史馆修撰，知制诰，中书舍人。尝建议复井田，依周礼置牛籍。事行，百姓大反对，未几即罢。煜初甚重之，时呼以潘卿。因累疏极论时政，词激触怒，遣使收之。遂自杀。"潘佑从挽救危难时局出发，借鉴《周礼》实行变法，但很快失败。南唐后主李煜生活奢靡，潘佑7次上疏，遭到徐铉、张洎的排挤，李煜将其下狱，潘佑自杀。

第五节　其他著述

从先秦至五代，北京地区的墓志、碑文、铭文等资料十分丰富。商代，匽国与孤竹国、山戎等交错而居，是隶属于大邑商的方国，与商王朝来往密切，向商王纳贡，并有姻亲关系。甲骨文中卜辞中常出现"妇匽"，表明匽国常有女子嫁入商朝，二者之间联姻通婚，且常出现"匽来"，表明匽国人经常往来于商，或为进贡马匹、或为进献女子，甲骨文中"贞，匽乎取白马氏"卜辞，即是匽国将盛产的白马作为贡物献给商王朝的证明。

文献对商代五百余年间燕地记载空白。据殷墟甲骨文，燕国是商代北方一大方国，即燕亳，在琉璃河一带。战国中期铜器《陈璋壶》原为燕国铜器，齐宣王五年齐伐燕时为齐将陈璋所夺，并加刻"陈璋内伐匽亳邦隻"铭文，[28]证明匽亳即燕亳，即燕国，它似乎表明，召公当初的封国与都邑同名，皆为'燕'；而这个以燕邑为都的燕国，显然在召公被封以前的商代就已经存在多年，它应当就是《左传》昭公九年詹桓伯提起的那个"燕亳"。[29]

20世纪70年代以来，北京房山琉璃河遗址发掘取得重大进展。在其黄土坡墓葬区，发掘了三百余座古墓葬，有不少大型墓葬、陪葬墓和车马坑，出土了大批青铜礼器、陶器、兵器、车马器、漆器、原始青瓷、玉石器、骨角器、蚌器、贝币等。青铜器如鼎、毁、鬲、尊、罍、盾饰等上皆有"匽（燕）侯"铭文。其中，第1193号大墓出土的有较长铭文的克罍、克盉，上有周王"令克侯于匽"铭文，证明了召公奭被封于燕，"以元子就封，次子留在周室，代为召公"的史实，董家林古城是周初燕国的都城，琉璃河即是西周燕国始封地。[30]而"复尊"、"伯矩鬲"、"堇鼎"等青铜礼器上所铸铭文，记载了燕国与召公及西周宗主国之间封赏的史实。

西周后期"蓟微燕盛，乃并蓟居之，蓟名遂绝焉"，将都城迁徙到蓟。同时，向冀北、辽西扩张，原商朝的方国部族如孤竹、令支、无终，或臣服于燕，或为燕所灭，相继纳入燕国的封域。北京昌平白浮村西周墓、延庆西拨子村发现的遗存中出土了大量青铜礼器、兵器、车马器、陶器、玉器、象牙器及有字卜甲等，[31]显示出北方草原文化的影响。辽宁朝阳魏营子9座土炕木椁墓、凌源马厂沟、喀左北洞村、山湾村的窖藏铜器发现有西周燕国贵族墓葬和窖藏铜器。喀左铜器窖藏，是西周初年燕国祭祀山川时埋葬的青铜礼器，位于喀左县西南大凌河两岸丘陵地带的山冈上。同一窖藏往往共出多个（组）铭文且明确属于不同的族属，如"商文化传统"的铭文"其侯亚疑",[32]又如"偃侯"、"伯矩"、"圉"等周人的铭文，表明周初燕国是大凌河流域青铜器群直接而主要的来源，青铜器绝大多数特别是带铭器物的制造者应是燕国境内的周人或"殷遗"，与北京琉璃河燕国墓地关系密切。

公元前 323 年，燕国参加了由魏国发起的韩、赵、魏、燕、中山"五国相王"活动，燕君即于此年称王，易王成为燕国历史上第一个称王的君主。前 321 年，易王卒，子哙即位，是为燕王哙，重用相邦子之。前 316 年，燕王哙将燕王的君位"禅让"给了相国子之，并把 300石以上高官的玺印全部收回，交由子之任命。子之全面执掌了燕国军政大权，"南面而行王事"。燕王哙禅让王位一时震动列国，《战国策·齐策二》载："哙与子之国，百姓不戴，诸侯弗与。"燕王哙"禅让"子之，引发了一场大乱。齐宣王曾派人向太子平劝说："寡人闻太子之义，将废私而立公，饬君臣之义，明父子之位。寡人之国小，不足以为先后。虽然，则唯太子所以令之。"前 314 年，燕国"大乱，百姓恫恐。将军市被与太子平谋，将攻子之"。[33]太子平起兵，"围公宫、攻子之"，连攻数月不克，战局陷入胶着状态，叛军内部又发生分裂，"将军市被及百姓反攻太子平"，子之也趁机反攻，将军市被及百姓反攻太子平，将军市被死。燕国的内乱造成了人心的涣散和国力的严重削弱，也为外敌的入侵提供了机遇。还在内乱发生之初，齐国的群臣就向齐王建议"因而赴之，破燕必矣"；孟子也劝说齐王为了燕国百姓："今伐燕，此文、武之时，不可失也。"齐宣王接受群臣建议，"令章子将五都之兵，以因北地之众以伐燕"，向燕国发动了大规模的军事进攻。燕国"士卒不战，城门不闭"，齐军占领燕都蓟城，"毁其宗庙。迁其重器"，"燕君哙死，齐大胜。燕子之亡"。地处燕国南部的中山国亦乘机参与了齐国伐燕之役。中山王命国相司马赒"亲率三军之众，以征不义之邦"，得燕地"方数百里，列城数十，克敌大邦"。1977 年河北平山县三汲村发掘的战国时期中山国墓地一号墓出土了中山王䉣铜壶，其铭文记载："择燕吉金，铸为彝壶，节于禋口，可法可尚，以飨上帝，以祀先王。"这是当时中山国参加伐燕战争，并占领大片燕国疆土，此铜壶即是燕昭王即位后第三年，中山国王命令相邦（相国）司马赒选择从燕国掠夺的上等铜"吉金"精心铸造的一件酒器，用于祭祀上帝和祖先，并纪念司马赒与齐国联合伐燕的功绩。此铜壶铭文多处记载了燕王哙让位子之之事件，认为这是"臣宗易位"、"上逆于天，下不顺于人"之举，燕王哙"为人臣而反臣其宗，不详莫大焉"，燕王哙与子之"不用礼仪、不辨顺逆，故邦亡身死"。齐国和中山国侵占了燕国绝大部分领土，前后达 3 年之久。

唐代，幽州是北方重要的军事重镇和经济文化中心。史书对幽州城四至缺载，仅《太平寰宇记》引《郡国志》载唐代幽州城规模为"蓟城南北九里，东西七里，开十门"。而唐墓志和石经山出土的石经题记等就成为了解幽州城的宝贵资料。1953 年，永定门外安乐林出土唐建中二年（781 年）"棣州司马姚子昂墓志"，记载"葬于幽州城东南六里"。在东单御河桥发现唐代任紫宸夫妇合葬墓，称其"宅兆于幽州城东北原七里余"，因唐代幽州治所设在蓟城，志中所记幽州城即是蓟城。根据墓志出土地点，幽州城东墙应该在此线以西 6—7 里的一条南北直线上。20 年代在今西城区二龙路出土唐咸亨元年（670 年）"唐仵钦墓志"，记载"咸亨元年，迁柩于城东北五里之平原"。50 年代又在西城爱民街出土唐开成三年（838 年）唐卢龙节度使却押衙周元长墓志，称其"葬于蓟城东北七里龙道之古原"。这些资料记载的距离与方位，唐幽州城的北墙应该在今头发胡同一线，向西延伸到白云观以北一带。1959 年在海淀紫竹院南出土一合唐文德元年（888 年）"唐卢公夫人赵氏墓志"，称其"葬于府城西北十里"（府城即幽州城），说明墓地距幽州城 10 里。1974 年在宣武区甘石桥北，北京钢厂出土一合唐大中九年（855 年）"涿州范阳县主簿兰陵肖公夫人侯氏"墓志，称其"殡于幽州幽都县西三里仵原"，从墓地（今北京钢厂）向东 1.5 公里，就是幽州西城墙所在。1965 年右安门外出土唐元和六年（811 年）唐王郅墓志，记载："起坟于蓟县姚村南一里之原"。1981 年在丰台区大葆台博物馆南 500 米处出土唐永泰二年（766 年）"唐阳氏墓志"，称其"宅兆于蓟城西南二十里"。1985 年在丰台槐房乡发现唐会昌元年（846 年）"唐王邕墓"，墓志载："卜葬于蓟县南十三里"。由上述墓志记载推测今天陶然亭西边白纸坊东西街一带，即为唐代幽州南城墙所在。[34]

限于篇幅，对于先秦至五代的北京地区的墓志、碑文、铭文等资料，只能略述。其具体情况，据清代《光绪顺天府志》加以了解。该书卷八《金石志》，其一列御制碑文，其前序曰："《汉艺文志》载秦刻石名山文，此汇编金石文字之始。魏地形志载碑刻，此金石入地志之始。而舆地纪胜，别出碑记一目，后之地志善者均立此门，所以考证都邑、陵墓、河渠、关隘，古今兴废之迹，大有裨于政事，不独奇文翰墨足垂永久也。元天历间，幽州梁有九思奉敕历山东、河北，拓金石文字三万通汇进，类其副二百卷，题曰文翰英华，而此书不传。今志以御书墨宝纪于前，自周至元，分存、佚、未见三门。存者以打本据录，佚、未见者详注所出，若尽录全文，卷帙太钜，非志体也。"共志御碑八百二十余通。

该书又记宋以前存于京师国子监等地历代金石碑刻147通，其中周代有康侯鼎、牺尊、内言卣、牺首罍、雷纹壶、召仲簋、盟簋、雷纹瓿、子爵、素洗、石鼓文，计11通；汉代有冀州从事张纯碑、左冯翊韩延寿碑、全椒侯马成墓碑、张孝张里墓碑，计4通；晋代有番公砖、王密立征北将军建成乡景侯刘靖碑、刘靖戾陵堰碑、康王碑、高原碑，计5通；前燕铜马象铭赞1通；前秦铜虎符石函铭1通；北魏闫惠端为太皇太后造像记1通；东魏比丘僧旷造四面玉石像1通；北齐范阳义坊颂石幢1通；隋代范阳郡正阳瑾墓志、幽州智泉寺舍利塔下铭、智泉寺舍利感应记、白马寺经幢、石经堂观无量寿经碑、石经堂大方广法华经碑、石经洞妙法莲华经碑、石经洞维摩经碑、石经洞兜率陀天经碑、石经洞金刚般若经密多心经碑、石经洞贤劫千佛名经碑、石经洞五十三佛名经碑、石经洞天王观世音经碑、石经洞温室沐浴经碑、石经洞教戒经碑、石经洞八斋戒经并忏悔文碑、石经洞佛说法藏残碑、小西天舍利石函记、石柱佛像题字、杨君让墓碑，计20通；唐代燃灯佛塔题字、静琬碑记、尉迟敬德造观音铜像、临济县男任恭碑、淤泥寺经幢、北留寺残碑、孔子七十二子汉晋名儒像赞、庞德相造金刚经颂、武隆令闻人元相造像石幢、心经、石塔题字、王璬石浮图铭、田义起石浮图颂、云居寺山顶浮图铭、刘元望造石浮图铭、李文安石浮图铭、石浮图铭、房山汤记、游击将军薛彦碑、张说遗爱颂、大房山投龙壁记、金仙公主请译经施田记、昭圣寺经幢、陈令望心经、云麾将军李秀残碑、天宝瓦、李璿墓志、感怨文、王晋石经山中台造浮图记、安禄山题名、归德郡太守兼诸军事李时德政记、观音之阁四大字、心经、悯忠寺无垢净光宝塔颂、高士郑忠墓碑、心经、开元寺碑、恒王府典军王景秀墓志铭、云居上寺诗刻、云麾将军金吾卫大将军上柱国宋俨墓志铭、长丰令李丕墓志、范阳郡新置文宣王庙碑、御史大夫刘怦碑、于昌峤墓志、复舜庙碑、监察御史裹行王仲堪墓志铭、行涿州司马刘建墓志铭、濮阳卞氏墓志铭、靳英希墓志、巨鹿石侯墓志、涿鹿山石经堂记、石经山方迪刘可大题名、石经山范惟清题名、石经山孔雀洞刻佛本行经并题记、太子洗马崔载墓志、井阑刻字、盘山李从简题名、幽州大都督府兵曹参军陈立行墓志铭、闵忠寺重藏舍利记、朔州尚德府别将刘士弘墓志铭、再修归义寺碑、纪圣功铭、王公夫人张氏墓志、再修天长观碑、云居寺主真性神道碑、王公晟夫人张氏合祔墓志、石经堂姚可矩等题名、甘泉普济禅寺灵塔记、妫瀛莫三州刺史阎好问墓志、杨元宏造般若波罗密经、涿州蜀先主庙碑、幽州节度使押卫敬延祚墓志、国子祭酒张峒题诗、张公修金山寺碣、闵忠寺重藏舍利记、盘山上方道宗大师遗行碑、幽州延洪寺禅伯遵公遗行碑、涿州刺史常尚真修庙记、太尉朱怀珪碑、幽州宝集寺碑、草书千文、孙士林墓志、靳夫人墓志、千佛寺诗、涿鹿山云居寺新钟记、处士王君造浮图经、刘洛通刻经记、东丰石室大涅槃经碑、东丰石室正法念经碑、东丰石室大涅槃经碑、东丰石室大华严经碑、东丰石室大般若经碑、石经堂洹水流树经碑、石经堂陀罗尼集等经碑、石经堂今生欢喜名无垢等经碑、石经洞金刚般若等经碑、石经洞菩萨璎珞等经碑、石经洞摩诃般若等经碑、石经洞文殊师利普超三昧等经碑、石经洞观世音大悲心陀罗尼经碑、石经洞金刚般若经碑 2，计 102 通。[35]

民国官修地方志《北京市志稿》记录了很多金石、碑刻、墓志资料。该书《金石志序》谓："北京于隋、唐以上，已为雄镇，洎辽建都，中更五朝，绵历千祀，作京之久，过于镐、洛。然城邑宫禁，屡易其址，则碑碣文字之湮灭者亦多矣。期间巍然历七百余载不变者，厥维太学，周之十器、十鼓併归焉，金石志林，弁冕全国，宜以冠于篇；而故宫、苑囿所见者次之，虽多荒废改作，然未央堕瓦、太康残砖，并见西京之规，犹志东渡之迹，亦考古者所乐言也；百僚爰萃，官署斯繁，朝廷箴戒之额，令史题名之碑，石墨掀华，动关掌故，次以《廨署金石》；国家群祀，典礼所存，凡帝王寅畏之忱，士夫伟丽之制，咸于是具，次以《祠庙金石》；潭柘之作，先于幽州，泱泱大邦，寺刹之盛，过于南朝，自辽以降，建筑尤夥，丰碑短碣，林立棋布，即今所存，已不胜纪，次以《寺观金石》上中下。或谓兹志之作，以市为主，古昔陵墓多在郊坰，应为所略，然城址既移，区域屡易，昔之海王村，即今之都市也，就今市以寻古迹，亦所宜录，次以《陵墓碑碣》；京师人海，百流所汇，天下名迹，不胫自至，《李秀》残碑，《定武》旧刻，或归尹署，终耀学府，至于河渠道里之表志，忠臣义士之揭橥，园林胜迹之纪述，兹类实繁，综为一录，终之以《名迹金石》。"[36]

注释：

（1）《北方军事重镇——汉唐经略东北的基地——秦王朝北方的燕蓟重镇》，

《北京文博》网络版 2005 年 5 月 16 日。

（2）《北方军事重镇——汉唐经略东北的基地——西汉时期的燕蓟地区》，《北京文博》网络版 2005 年 5 月 16 日。

（3）《北方军事重镇——汉唐经略东北的基地——民族大融合的魏晋十六国北朝时期》，《北京文博》网络版 2005 年 9 月 1 日。

（4）《北方军事重镇——汉唐经略东北的基地——隋朝蓟城》，《北京文博》网络版 2005 年 9 月 1 日。

（5）《北方军事重镇——汉唐经略东北的基地——五代时期的北京》，《北京文博》网络版 2005 年 9 月 1 日。

（6）伏胜原是秦朝博士，秦始皇焚书时，把所存《尚书》藏在墙壁中，后因战乱逃亡。汉惠帝时，禁书令解除，伏胜搜寻藏书，原为 29 篇，后将《康王之诰》与《顾命》相合而为 28 篇，在齐鲁一带授学。汉文帝时，诏求能治《尚书》之人。时伏胜 90 岁，行动不便，文帝派晁错前往求学，《今文尚书》获朝廷认可。

（7）45 篇中，有 29 篇与《今文尚书》本同，另外多出 16 篇。

（8）将《今文尚书》28 篇分为 33 篇，多出的 5 篇是：将《尧典》后半部分为《舜典》，将《皋陶谟》后半部分为《益稷》，将《盘庚》为上、中、下 3 篇，将《顾命》后半部分为《康王之诰》。

（9）这 25 篇是：《大禹谟》、《五子之歌》、《胤征》、《仲虺之诰》、《汤诰》、《伊训》、《太甲》上中下、《咸有一德》、《说命》上中下、《泰誓》上中下、《武成》、《旅獒》、《微子之命》、《蔡仲之名》、《周官》、《君陈》、《毕命》、《君牙》、《冏命》。

（10）从史籍记载看，孔安国并未给《尚书》作传与序，所以，自宋代吴棫、朱熹等开始怀疑梅赜所献《尚书》中的 25 篇为伪，经清代阎若璩《古文尚书疏证》考证，终成定论。

（11）按学者考证，该篇系《伪古文尚书》，但它阐释的思想非常重要，故录之。

（12）原文是："呜呼！明王慎德，四夷咸宾。无有远迩，毕献方物，惟服食器用。王乃昭德之致于异姓之邦，无替厥服；分宝玉于伯叔之国，时庸展亲。人不易物，惟德其物。德盛不狎侮。狎侮君子，罔以尽人心。狎侮小人，罔以尽其力。不役耳目，百度惟贞。玩人丧德，玩物丧志。志以道宁，言以道接。不作无益害有益，功乃成。不贵异物贱用物，民乃足。犬马非其土性不畜；珍禽奇兽，不育于国。不宝远物，则远人格；所宝惟贤，则迩人安。呜呼！夙夜罔或不勤。不矜细行，终累大德。为山九仞，功亏一篑。"

（13）"听男女之讼，不重烦劳百姓，止舍小棠之下而听断焉。国人被其德，说其化，思其人，敬其树。"

（14）甘棠，即棠梨树，属落叶乔木，果实甜美。诗文曰："蔽芾甘棠，勿剪勿伐，召伯所茇。蔽芾甘棠，勿剪勿败，召伯所憩。蔽芾甘棠，勿剪勿拜，召伯所说。"

（15）唐代骆宾王《至分陕》云："陕西开胜壤，召南分沃畴。列树巢维鹊，平渚下睢鸠。憩棠疑勿剪，曳葛似攀樛。至今王化美，非独在隆周。"白居易《送陕府王大夫》云："金马门前回剑佩，铁牛城下拥旌旗。他时万一为交代，留取甘棠三两枝。"

（16）（清）于敏中等编纂：《日下旧闻考》"《日下旧闻》原序"。

（17）王灿炽：《燕都古籍考》，第14页。

（18）阎崇年：《北京方志探述》，《燕史集》，第268页。

（19）（释）慧皎：《高僧传》卷三《释昙无竭传》。

（20）（释）道宣：《续高僧传》卷十《释靖嵩传》。

（21）（释）道宣：《续高僧传》卷八《释灵询传》。

（22）（释）赞宁：《宋高僧传》卷一《释义净传》。

（23）（释）道宣：《续高僧传》卷六《释道辩传》。

（24）（释）赞宁：《宋高僧传》卷七《可止传》。

（25）《魏书》卷一百一十四《释老传》。

（26）《魏书》卷一百一十四《释老传》。

（27）《隋书》卷三十五《经籍志》。

（28）李学勤：《盱眙壶铭与齐破燕年代》，《文物春秋》1989年创刊号。

（29）陈平：《燕都兴废迁徙谈》，《北京社会科学》1998年第1期。

（30）琉璃河考古队：《北京附近发现的西周奴隶殉葬墓》，《考古》1979年第5期。

（31）北京市文物管理处：《昌平白浮西周木椁墓的新启示》，《考古》1976年第4期；北京市文物管理处：《北京市延庆县西拨子村窖藏铜器》，《考古》1979年第3期。

（32）李学勤先生认为喀左并非孤竹故地。《试论孤竹》，《北京、辽宁出土青铜器与周初的燕》，《新出青铜器研究》，文物出版社1990年版。

（33）《韩非子·说疑》云："燕君子哙，邵公之后也。地方数千里，持戟数十万，不安子女之乐，不听钟石之声，内不湮污池台榭，外不罼弋田猎，又亲操耒以修畎亩。子哙之苦身以忧民如此其甚也，虽古之所谓圣王明君者，其勤身而忧世不甚于此矣。然而子哙身死国亡，夺于子之，而天下笑之，此其何故也？不明乎所以任臣也。"《韩非子·内储说上》称子之任燕相时，曾"坐而佯言曰：'走出门者何白马也'？左右皆言不见。有一人走追之，报曰：'有'。子之以此知左右之不诚信"。他托言"白马"，实则在弄权。《韩非子·二柄篇》所说"子之托于贤以夺其君者也"。《淮南子·人间训》亦说："燕子哙行仁而亡。"即燕王哙一味"行仁"，不明君王驾驭臣下之术，而被子之夺位。《史记·燕召公世家》只说子之任燕王哙之相，"贵重，主断"。

（34）《北方军事重镇——汉唐经略东北的基地——唐朝统治下的幽州》，《北京文博》（网络版）2005年9月1日。

（35）《光绪顺天府志》卷八，第6663—6850页。

（36）吴延燮等纂：《北京市志稿·金石志》。

第二章　宋辽金时期北京地区的著述

辽宋金时期，是北京历史上一个重要发展时期。此前的唐代末年，幽州成为各方割据势力及契丹族政权争夺的一个战略要地。契丹统治者屡次出兵攻取幽州皆遭败绩，最后利用中原王朝内讧而从后晋石敬瑭手中得到燕云十六州，并把幽州提升为陪都辽南京（又称燕京）。此后，宋朝建立，几次试图收复燕云十六州，皆未成功，最后不得不承认辽朝对燕云十六州的占有权，北京地区脱离了中原王朝统治，成为少数民族政权的文化和经济中心。到了此后的金朝统治者更是把首都迁往这里，使之成为北半个中国的政治、经济和文化中心。政治上的分裂和军事上的对峙，对北京地区的文化发展产生了很大影响。一方面，是契丹、女真等少数民族文化在这里有了较大发展；而燕京地区的传统农耕文化由于与契丹等少数民族文化的相互融合，而产生了新的发展趋势。另一方面，由于与中原王朝的政治对立，故而在双方的文化交流方面产生了较大隔阂，也就使得辽文化与宋文化相比出现了较大的差异，金、宋对峙时期也出现了这种状况。

这个时期的文化发展，大致可以分为两个阶段，第一个阶段是辽、宋对峙阶段，第二个阶段则是宋、金对峙阶段。在第一个阶段，辽朝统治者熟悉的是北方草原地区的游牧文化，而对中原地区的农耕文化了解较少，只是出于政治统治的需要而加以提倡。因此，中原地区的农耕文化在这里的发展与南邻的北宋王朝相比，出现了变异现象。到了第二个阶段，金朝统治者虽然也是北方少数民族，但是，在崛起之后的很短时间内就熟悉了农耕文化的精髓，并且用之于政治实践。因此，与辽、宋对峙阶段相比，这里农耕文化的发展速度有所加快。我们如果把辽朝的契丹贵族与金朝的女真贵族加以比较，就可以看出，女真贵族们的"农耕化"（以往又被称之为"汉化"）程度要明显高于契丹贵族们。

这两个阶段的文化发展差异，对北京地区的著述产生了不同的影响，从数量上来看，金朝的著述比辽朝有了明显的增加。出现这种现象，一方面，是金朝的中都城已经成为整个北方地区的政治和文化中心，因此，汇聚到这里来的文人学者的数量有了明显的增加，当然也就会带来更多的著述作品。而辽南京只是契丹政权的文化中心，却不是政治中心，并且其政权所占有的中原地域范围与金朝相比也小了很多，故而汇聚到这里的中原文人学者也就少了一些。另一方面，是辽朝距今的时间要比金朝早一些，其著述作品在流传的历史过程中损毁的程度也就会大一些。与之相比，金朝的著述作品在改朝换代过程中的损毁虽然也很严重，但是，比起辽朝毕竟还要轻一些。

在辽宋与金宋对峙时期，双方的交往还是比较频繁的。辽朝和北宋之间、金朝和南宋之间的使节往来一直也没有长期中断过，就是在双方发生激烈的军事对抗时候，使节往来也是常见的。辽朝和金朝在派往宋朝的使节中，主要挑选的皆是文人学者，而宋朝派往辽、金两朝的使节中，也不乏著名的学者。因此，许多出使辽、金的宋朝使节往往把他们在出使过程中的所见所闻记录下来，成为后人了解辽、金两朝政治、经济和文化状况的重要参考文献。这些文献有着独特的历史文化价值，它们所记录的许多重要信息，皆是我们在辽、金现存文献中无法看到的。故而这些宋朝使节的相关出使记录也就变成了北京著述史中的一个重要组成部分。

就辽、宋、金时期存世的著述作品而言，其不同类别的作品数量有着较大差异，按照传统历史文献惯用的四部分类方法进行区分，经部与子部的著述作品数量很少，而史部与集部的著述作品数量相对要多一些。这种现象的出现，是与这个时期的文化发展状况相对应的。辽金时期的儒学发展与两宋相比，有着明显的差异，当宋儒理学的发展已经十分繁盛的时候，辽朝的学者还不大知道有宋儒理学，而直到金朝后期，理学才开始传播到北方地区。还有一个现象值得注意，就是这个时期的著述作品虽然留下了一些珍贵的信息，使我们对之有了初步的了解，但是，大多数著述今天都已经亡佚了，传世文献只是极小的一部分。因此，这种状况给我们的研究与评价带来很大困难。在这种情况下，我们只得依据有限的条件进行学术研究，并做出尽可能客观的评价。

第一节　经部著述

在辽宋金时期，北京地区的学者对儒学的研究较少，故而有关的经部著述也就很少，今日得知曾经传世的少量相关著述，往往是从其他文献的记载里面间接得知的，而其著述大多数也都亡佚了。依照前人的研究成例，这一时期的相关著述主要是北京本地人的著述。在《光绪顺天府志》的相关著录中，有宋人窦俨的《周正乐》与《义训》两部著作，均已亡佚。窦俨在五代时期就进入仕途，而且有着较为显赫的地位，但是，新、旧《五代史》及《宋史》中却均没有为其立传，因其兄窦仪史称为"渔阳人"，属当时的幽州（清属顺天府），故而窦俨也被列为本地作者。宋人章定撰有《名贤氏族言行类稿》，为窦俨作有小传。

窦俨著述的相关信息较为零散，据元朝人所纂修的《宋史》卷一百五十五《艺文志》记载，窦俨的著作有《大周正乐》88 卷，及《义训》10 卷。而宋人的记载却与此不同，"《大周正乐》一百二十卷，原释：周翰林学士窦俨撰。显德中，俨奉诏集缀，其书博而无次（见《文献通考》）。〔东垣按：《玉海》引《崇文目》同，《宋志》，八十八卷，俨作严，传写之误。〕"[1]史称："周显德五年冬，将立岁仗，有司以崇牙树羽，宿设于殿庭。世宗因亲临乐悬，试其声奏，见钟磬之类，有设而不击者，讯于工师，皆不能对。世宗恻然，乃命翰林学士、判太常寺事窦俨参详其制，又命枢密使王朴考正其声。朴乃用古累黍之法，以审其度，造成律准，其状如琴而巨，凡设十三弦，以定六律、六吕旋相为宫之义。世宗善之，申命百官议而行之。"[2]窦俨所撰写的《大周正乐》，正是这种倡行礼乐的文化实践的产物。在此后的宋代初年，朝廷所使用的礼乐，也是沿袭了窦俨等人所拟定的模式。

在撰写《大周正乐》的同时，窦俨还主持撰写了《大周通礼》。史称：显德四年（957 年），"九月，中书舍人窦俨上疏请令有司讨论古今礼仪，作《大周通礼》；考正钟律，作《大周正乐》。"[3]这两部书的完成，是在翌年十一月。而在后人的著录中，却只有《大周正乐》，而没有《大周通礼》了。其实礼乐是相辅相成的，不能割裂的。《大周通礼》及《大周正乐》这两部书均已亡佚，其内容如何，我们只能通过一些零星记载略知一二。史称：后周显德五年（958 年），"十一月，翰林学士窦俨上疏论礼乐刑政之源，其一曰：'请依《唐会要》所分门类，上自五帝，迄于圣朝，凡所施为，悉命编次，凡关礼乐，无有阙漏,名之曰《大周通礼》,俾礼院掌之。'其二曰:'伏请命博通之士,上自五帝,迄于圣朝,凡乐章沿革,总次编录,系于历代乐录之后,永为定式,名之曰《大周正乐》,俾乐寺掌之。依文教习,务在齐肃'。"[4]据此可知,窦俨主持编纂的这两部书,一部是历代礼仪典制的总集,另一部则是历代乐章的总集,难怪《大周正乐》多达120卷(又有文献称其书为120篇),而《大周通礼》的卷数虽然未见著录,当与《大周正乐》大致相同,甚至更多一些。

宋人王应麟等所撰《玉海》中转引《中兴书目》曰:"《大周正乐》八十八卷,周显德间中书舍人窦俨撰。俨承诏订论历代乐名、乐仪、乐议、乐音、乐图、乐章、乐器、乐曲,及夷乐之名,甚备。"[5]并指出,这部88卷的《大周正乐》只是一部残本。120卷本才是全本。由此可知,窦俨所编纂的这部中国音乐大百科全书,不仅有历代正统雅乐等宫廷音乐,也有当时的少数民族音乐。十分可惜的是,这部音乐巨著到南宋时已经残破不全了。

此外,窦俨还参加过当时许多重要著作的撰写工作。见于文献著录的有:"《开宝刑统》三十卷,窦俨与法官苏晓等撰。"[6]"《东汉文类》三十卷,右五代窦俨编。"[7]据此可知,窦俨还曾编纂有《开宝刑统》和《东汉文类》,他自己的著述,则被辑为《窦俨文集》50卷,见宋人王尧臣等所著《崇文总目》一书。这些著述与《大周通礼》、《大周正乐》一样,皆亡佚不存了。

到了辽代,燕京僧人行均编纂有《龙龛手鉴》一书,对当时及后世的影响皆很大。宋人沈括曾述其在宋朝流传的经过曰:"幽州僧行均集佛书中字为切韵训诂,凡十六万字,分四卷,号《龙龛手鉴》,燕僧智光为之序,甚有词辩。契丹重熙二年集。契丹书禁甚严,传入中国者法皆死。熙宁中有人自虏中得之,入傅钦之家。蒲传正帅浙西,取以镂板。其序末旧云:'重熙二年五月序。'蒲公削去之。观其字音韵次序,皆有理法,后世殆不以其为燕人也。"[8]僧人行均的事迹,今已不详,只是从僧人智光的序言中,知道他俗姓于,山东人,来到燕京的寺庙中修行,并且在这里编纂了《龙龛手鉴》。

宋朝人对辽朝僧人行均的这本著作十分关注,除了沈括之外,又有晁公武在《郡斋读书志》一书中著录了这本著作,曰:"《龙龛手镜》三卷。右契丹僧行均撰。凡二万六千四百三十字,注十六万三千一百余字。僧智光为之序,后题云'统和十五年,丁酉'。按《纪年通谱》:耶律隆绪尝改元统和,丁酉,至道三年也。沈存中言:'契丹书禁甚严,传入中国者法皆死。熙宁中,有人自契丹得此书,入傅钦之家。蒲传正帅浙西，取以刻板，其末题云重熙二年序，蒲公削去之.'今本乃云统和，非重熙，岂存中不见旧题，妄记之邪?"⁽⁹⁾晁公武订正了沈括记载中年代的错误，却又出现了卷数上的错误（许多宋人见到的皆是 3 卷本），而且将书名《龙龛手鉴》误录为《龙龛手镜》。

辽僧行均的这本著作一直流传到今天，在语言文字学方面产生过很大影响，清代学者即曾对其学术价值有所评论，如著名学者朱彝尊在论述古代字书的演变过程时曰："景定间，庐陵进士欧阳德隆辑《释疑》五卷，以便场屋之士。隋唐以来之分部，未尝紊也。契丹僧行均撰《龙龛手鉴》三卷，本之华严三十六字母。蒲传正帅浙西，首刊是书，而郑樵《六书略》以为：声经音纬，韵学始备。由是韩道昭之《五音集韵》、黄公绍之《韵会举要》，东冠以公，洽冠以夹。"（清人朱彝尊《曝书亭集》卷四十三《礼部韵略释疑跋》）认为行均的著作对此后金人韩道昭、元人黄公绍的文字学著述皆有影响。清人张之洞编纂有《书目答问》一书，也对其描述曰："《龙龛手鉴》四卷。辽僧行均。张丹鸣刻本，释藏本。多佛书俗字。"这里所说的"多佛书俗字"，正是它的珍贵之处。

清代学者厉鹗编纂有《辽史拾遗》一书，把他能够见到的相关辽代历史的文献收集到一起，该书卷十六有《补经籍志》，其中的"经类"，除了著录有《龙龛手鉴》之外，又著录有"耶律庶成、萧罕嘉努《礼书》、《辽朝杂礼》"，标明见之于清人黄虞稷的《千顷堂书目》。文中"萧罕嘉努"，在《辽史》中为"萧韩家奴"。史称：耶律庶成"时入禁中，参决疑议。偕林牙萧韩家奴等撰《实录》及《礼书》"。（《辽史》卷八十九《耶律庶成传》）黄虞稷《书目》当是据辽人相关信息而加以著录的。《辽朝杂礼》一书，到元代纂修《辽史》时尚存，《辽史》中的许多内容即取材于《辽朝杂礼》一书。

到了金代，诸多学者与"经部"相关的著述也有一些，如韩道昭的《五音集韵》（又称《五音篇海》）、《改并五音类聚四声篇》，李纯甫的《中庸集解》、《鸣道集解》等，但是，这些著述的作者皆非北京地区的人物，故而依照本书体例，不得收入其著述。就笔者目前收集到的相关历史文献而言，尚未见有金代北京地区作者有关经部著述的传世之作，或是目录类文献的介绍。

第二节 史部著述

在辽宋金时期，有关的史部著述比经部著述要多一些。其中，宋人著述多为宋辽、宋金之间的争战及使臣往来之事，清代学者曾指出：
"当时纪行之书，存于今者，王曾《上契丹事》，富弼《奉使录》，许亢宗《奉使行程录》，洪皓《松漠纪闻》，范成大《揽辔录》，周煇《北辕录》，仅寥寥数卷而已。其宫阙制度犹可借以考证。外如路振《乘轺录》，宋敏求《入蕃录》，范镇《使北录》，刘敞《使北语录》，江德藻《聘北道里记》，沈括《使辽图抄》，李罕《使辽见闻录》，寇瑊《奉使录》，王曙《戴斗奉使录》，王晋使、范连鹏举《宣和使金录》，何铸《奉使杂录》，雍尧佐《隆兴奉使审仪录》，张棣《讲和事迹》，韩元吉《金国生辰语录》，姚宪《乾道奉行录》，余嵘《使燕录》，楼钥《北行日录》，富轼《奉使语录》，多轶不传。"（《日下旧闻考》卷三十七《京城总记》）而辽朝及金朝文人的相关著述不仅数量很少，而且多已亡佚。

在宋初的北京地区著述人物中，以扈蒙的作品最多。在《宋史》中为他立有专传，称："扈蒙，字日用，幽州安次人。曾祖洋，涿州别驾。祖智周，卢龙军节度推官。"[10] 由此可见，其祖上即曾在北京地区任职。扈蒙的著述主要有《周世宗实录》，见《光绪顺天府志》著录，该书为扈蒙、张淡、王格、董淳等人在后周恭帝即位后一同纂修的，又见《宋史·王溥传》。这部"实录"一直到宋朝初年才纂修完成，宋太祖建隆二年（961年）八月"庚申，《周世宗实录》成，四十卷，赐监修国史王溥、修撰官扈蒙器币有差"。[11] 扈蒙又曾主持纂修《显德日历》1卷，系与董淳、贾黄中一同纂修的，见《宋史·艺文志》。"显德"为后周年号，该书当为编年大事记一类的史书。《光绪顺天府志》又著录他撰写有《周恭帝日历》1种，当即《显德日历》一书的别名。

扈蒙除了参加《周世宗实录》的纂修之外，在宋太祖时还参加了《五代史》的纂修工作。《宋史·扈蒙传》称："开宝中，受诏与李穆等同修《五代史》，详定《古今本草》。"这部宋代初年编写的《五代史》，因为薛居正时任宰相，负责监修，故而今天又被人们习惯称为"薛史"，而真正主持纂修工作的扈蒙却很少有人知道了。此后，宋朝名士欧阳修又重修《五代史》，为了区别这两部书，扈蒙等人纂修的被称为《旧五代史》。除此之外，扈蒙还参加了《宋太祖实录》的纂修工作，《宋史·李昉传》记载："太宗即位，加昉户部侍郎，受诏与扈蒙、李穆、郭贽、宋白同修《太祖实录》。"《宋史·沈伦传》亦记载："（太平兴国）五年，史官李昉、扈蒙撰《太祖实录》五十卷，伦为监修以献，赐袭衣、金带。"[12]

宋仁宗时，则有武珪著《燕北杂录》一书，颇受时人关注。宋人陈振孙曾著录其书曰："《燕北杂录》五卷，《西征寨地图》附。思仰武珪记。嘉祐六年，宫苑使知雄州赵（案：此处原本阙一字）进于朝。珪自契丹逃归事，见《国史传》。"[13] 宋人李焘亦曾记载其事曰：嘉祐六年（1061 年）三月"戊戌，契丹归明人武珪为下班殿侍、河北沿边安抚司指挥使。武珪，本镇州人，陷敌岁久，颇知敌事。至是，上所画《契丹广平淀受礼图》，特录之。"[14] 据此可知，武珪在嘉祐六年所进献于宋廷的，是《契丹广平淀受礼图》，或者当时又进献有《燕北杂录》一书。

宋人程大昌所著《演繁露》一书，对《燕北杂录》也有描述，曰："《燕北杂录》载契丹兴宗重熙年间衣制、仪卫、打围、射鹿、钓鱼事，于景祐五年十月撰进，不书撰人姓名。而著其所从闻曰：'昔乡人武珪在辽十余年，以善歌隶帐下，故能习辽事详悉，凡其所录皆珪语也'。"[15] 据此又可知，《燕北杂录》进献宋廷的最初时间是在景祐五年（1038 年）十月，而不是嘉祐六年。其作者也不是武珪，而是武珪的老乡记录了一些他的言论。因为武珪是一位歌唱家，又是一位画家，多才多艺，但是文化修养却不一定很高，颇似此后元代的意大利商人马可波罗，所述之事由他人记录而成。后人称《燕北杂录》为其著作，亦无可厚非。

还有一些类似的著作，在宋朝流传较为广泛，仅宋人马端临所著《文献通考·经籍考》中收录的著作即有：1. 宋人王曙所撰写的《戴斗奉使录》2 卷。2. 宋人寇瑊的《生辰国信语录》1 卷。3. 宋人张舜民的《使辽录》2 卷。4. 辽人赵志忠《北廷杂记》10 卷。5. 宋佚名《辽四京记》。6. 辽佚名《北辽遗事》2 卷（又称为燕人史愿所著《金人亡辽录》）等。《戴斗奉使录》2 卷。晁氏曰："皇朝王曙撰。景德三年为契丹主生辰使、祥符二年为吊慰使所录也。"《生辰国信语录》1 卷。晁氏曰："皇朝寇瑊与康德舆天圣六年使契丹，贺其主生辰，往返语录。并景德二年至天圣八年使、副姓名及《杂议》于后。"《张浮休使辽录》2 卷。晁氏曰："皇朝元祐甲戌春，张舜民被命为回谢大辽吊祭礼，郑介为副，录其往返地理及话言也。舜民字芸叟，自号浮休居士。"《北廷杂记》10 卷。晁氏曰："契丹降人赵志忠撰。记北廷杂事，始于安巴坚，迄邪律宗真。"李清臣云："志忠仕北，为中书舍人，得罪来归，上此书及《契丹地图》，言敌中甚详。"《辽四京记》。陈氏曰："亦无名氏，曰东京、中京、上京、燕京。"《北辽遗事》2 卷。晁氏曰："不题撰人，盖辽人也。记女真灭辽事。序云：……"陈氏曰：

"燕山史愿撰，一名《金人亡辽录》。"马端临书中所云"晁氏"，是宋代学者晁公武，曾著有《郡斋读书志》。

在宋朝出使诸人的著录中，路振的《乘轺录》应该是较早的一部书。路振，宋太宗淳化三年（992年）殿试第三名（一说为第二名），由此入仕途，曾在史馆任职，在宋真宗时参预太祖、太宗两朝国史的纂修工作。"大中祥符初，使契丹，撰《乘轺录》以献。"《宋史·文苑传》录其事迹。路振以文辞"温丽"著称，他的作品曾被辑为《诗文集》20卷，又曾撰有《九国志》51卷，他的诗文集及《九国志》皆与辽史无太大关系，且皆以散佚。此后叶隆礼纂修《契丹国志》，所录有《王沂公行程录》、《富郑公行程录》、《余尚书北语诗》、《刁奉使北语诗》、《胡峤陷北记》及《张舜民使北记》等书，却没有收录路振之书，大约该书这时已经散佚了，今日得见者只有节录本了。

宋人对辽朝历史进行较为全面著述的作品，当推叶隆礼的《契丹国志》。叶隆礼为南宋末年人，宋亡入元。关于他和所著《契丹国志》，在元代并没有引起人们的足够重视，仅见有元代苏天爵、清代徐乾学等少数人的评价。直到清代乾隆年间纂修《四库全书》，特别是清高宗对该书做出了"圣旨"之后，御用文人才开始对该书作了较为认真的研究。当代学者贾敬颜等人又对该书进行了仔细的点校，李锡厚又专门撰写有关论文。通过以往这些学者们的研究，我们对《契丹国志》已经有了大致的了解。现在由上海古籍出版社出版的贾敬颜等人点校本应该是目前能够见到的最好的版本，该书共27卷，又有附录3部分，几乎收录了所有与《契丹国志》相关的重要信息。

据此可知，第一，这部有关辽代的史书是由叶隆礼独自编纂的纪传体史书，比元代末年编纂的《辽史》要早近百年。第二，这部史书主要依据的是叶隆礼当时所能收集到的宋代文人关于辽史的相关文献，并且经过叶隆礼的整理加工。许多当时叶隆礼能够见到的文献，今天已经见不到了。第三，今天人们在整理相关辽宋金时期的历史文献时，往往使用《契丹国志》作为校勘的依据，以订正相关历史文献的讹误及遗漏。第四，人们通过把《契丹国志》与《辽史》等历史文献相互对比，可以了解到许多正史所没有记载的历史真相。以上所述诸点，可以说是《契丹国志》一书得以流传至今的珍贵价值所在。

辽朝文士记载辽史的著述今天已经很难见到了，我们只能从现存的后世文献中略见其一斑。清人厉鹗在其所著《辽史拾遗》中曾作有《补经籍志》1篇，把他所能见到的相关信息收集到一起，其所著录的辽人著作有：1.室昉《统和实录》20卷。2.耶律俨《皇朝实录》70

卷。3．萧罕嘉努、耶律庶成同撰《约尼氏汗至重熙以来事迹》20 卷。以上著作是厉鹗从清人黄虞稷的《千顷堂书目》中录入的。其中，室昉、耶律俨等人皆为辽代著名文士，他们的著述亦见于《辽史》，可见在当时还是有一定影响的。这些著作到元朝末年纂修《辽史》时或尚存于世，成为重要的参考资料，但是到了今天却全都见不到了。

在此值得一提的是耶律俨，他是汉人，本名李俨，由于其父李仲禧受到契丹统治者宠信，赐以国姓，李俨由此亦称耶律俨。据元人所撰《辽史》记载，他在辽道宗咸雍年间考取进士，进入仕途，屡官中外，多有善政，官至知枢密院事，所著有《皇朝实录》70 卷。如天祚帝时他曾奉命纂修《太祖诸帝实录》，当即所谓的《皇朝实录》。此外，通过《辽史》中的零星记载，可知他也曾撰写过一部《辽史》，其中，既有《后妃传》，也有《礼仪志》，一直到元代末年纂修《辽史》，耶律俨之书尚可得见，今皆已散佚。

此外，厉鹗的《辽史拾遗·补经籍志》中还著录有：1．《契丹官仪》。2．《契丹事迹》。3．《契丹疆宇图》（宋史艺文志二卷）。4．《契丹实录》。5．《契丹会要》，以上著作是从尤袤的《遂初堂书目》中录入的，皆未录撰写者姓名。6．《大辽登科记》1 卷。7．《大辽对境图》。8．《契丹地理图》（《宋史·艺文志》1 卷），以上著作则是从郑樵的《通志·艺文略》中录入的。9．《辽四京记》。10．王鼎《焚椒录》1 卷。11．《七贤传》。12．《辽三臣行事》，耶律孟简著，以上著作则出于王圻《续文献通考》一书。这些著作也大多亡佚了，只有辽人王鼎的《焚椒录》尚可得见，却被有些学者认为是伪作。

在宋朝和辽朝文人关于辽史及宋辽交往的著述中，有许多是描述燕京地区政治、经济和文化状况的。如《契丹国志》中《四京本末》记载的辽南京概貌，《王沂公行程录》中关于燕京城门及宫殿的描述，为后人了解辽代燕京的发展状况提供了重要的参考资料。又如辽臣耶律俨的《皇朝实录》，多达 70 卷，颇具规模，自然也会有一些关于燕京的描述，可惜已经见不到了。

金兴灭辽，又灭北宋，与南宋长期对峙，全国政局出现巨大变化，而宋、金之间，时战时和，使臣往来一直未断。在这个历史阶段，燕京仍然是宋、辽、金三方争夺的焦点，而宋人的相关著述很多，辽、金的著述则很少。在宋、金双方联手灭辽的战役中，燕京应该是由宋朝攻取的地方，但是，宋军在攻取燕京时遭到失败，随后金军攻占了燕京。宋朝经过交涉要回了燕京，并将其改称燕山府，命王安中为庆远军节度使、河北河东燕山府路宣抚使、知燕山府。不久又任命蔡靖为燕山府同知。此后，金朝军队卷土重来，很快又从宋朝手中将燕京夺走。

王安中与蔡靖虽然都在短暂的燕山府任职，命运却是不一样的。王安中因为当时发生了张觉叛金的事件，而被宋朝召回，此后官运虽然越来越差，却免去了被金军俘获的厄运。而蔡靖因为坚守在燕京，最后则变成了金军的俘虏。据宋人尤袤的《遂初堂书目》记载，王安中作有《入燕录》一书，今已佚失，仅在宋人徐梦莘的《三朝北盟会编》和清人所编《日下旧闻考》中载有一些片段。描述了宋朝军队从金朝手中要回燕京的情景。因系当事人描述当时事，具有十分珍贵的史料价值，可惜书中的大部分内容今日已经见不到了。王安中的其他著述又有《初寮寮集》10 卷（又有 76 卷、20 卷及 8 卷两种版本）、《内制》10 卷、《外制》8 卷等，今皆亡佚。

蔡靖被金朝俘虏后，得到优待和重用，并且金朝统治者还将其家属从宋朝要回，以使蔡靖能够安心为金朝效力。时有蔡靖妻兄许采（即蔡松年的舅舅），撰写有《陷燕记》（又称《陷燕录》）一书，记载了燕京在辽金之际的政局变化，因系当事人述当时事，故而十分珍贵。如在《三朝北盟会编》及《建炎以来系年要录》中转载的《陷燕录》中，就记载有辽朝将领郭药师向金朝统治者进献的《降表》。当时郭药师投降宋朝之后，曾与蔡靖一起驻守燕山府，后来又一同投降金朝。由于许采与蔡靖的关系极为亲密，故而所记载的郭药师《降表》应该是可信的。是时，又有蔡靖的门客贾子庄撰有《陷燕记》一书，与许采之书同名，内容亦应大致相同。

金朝再次攻占燕京之后，即在郭药师的引导下迅速攻向宋都汴京，并且把徽、钦二帝俘获，押送回燕京。这段历史，在许多宋人的著述中皆有涉及。见于文献记载的，有佚名《金人背盟录》7 卷、王养正《围城杂录》1 卷、石茂良《避戎夜话》1 卷、《金国行程》10 卷、沈琯《南归录》1 卷、佚名《靖康要录》5 卷、佚名《靖康蒙尘录》1 卷、李纲《靖康传信录》1 卷、郑望乏《靖康奉使录》1 卷、何烈《靖康拾遗录》1 卷、丁特起《孤臣泣血录》3 卷、草茅方冠《金人犯阙记》、曹勋《北狩闻见录》、蔡僖《北狩行录》，等等。在这些著述中的许多内容，皆与燕京有着密切联系。

早在金朝崛起之初，与辽朝对抗时，宋朝君臣就希望借助金朝的力量来攻灭辽朝，因此，在灭辽之前双方就有了"海上之盟"。随着金朝的不断发展壮大，政治影响也越来越大，人们对它的关注也就越来越多，从而陆续出现了一些相关的著述，较为流行的，有燕山史愿的

《金人亡辽录》2卷，宋人陈准的《北风扬沙录》1卷，及佚名的《大金吊伐录》，等等。《金人亡辽录》又称《北辽遗事》或《亡辽录》，记载了金朝起兵灭辽的过程，作者史愿为燕京人，以有学问著称，金初南归，曾受到宋高宗的接见，并上呈此书。《北风扬沙录》主要记载的是金朝崛起之前在东北地区的生活状况，虽然与燕京无直接关系，但是对于把握金朝整体发展历程而言，却是十分珍贵的资料。

《大金吊伐录》与前两书相比有很大不同。第一，它不是某人的著述，而是当时金朝与宋朝之间往来的国书汇编，也包括金朝扶立的伪政权的一些文件。第二，这些国书的来源是不清楚的，或者说是很难印证的。在当时金、宋之间的高层交往应该是很机密的事情，国书更是记录了许多重要的事情，如何会在社会上流传开来？关于这一点，以往学者皆未提出质疑。第三，这部书现存的版本差异较大。一种是4卷本，以《四库全书》为代表，另一种为2卷本，以墨海金壶本为代表，还有一种为当代学者金少英整理本，不分卷。该书早已散佚，清朝纂修《四库全书》，从《永乐大典》中辑出，纪昀等人在"四库提要"中已经指出，辑出该书时并无卷数，是辑录者分为4卷。因此，如果有人从《永乐大典》中辑出而分2卷，也不足为奇。这两种版本的内容应该大致相同。今后值得研究的，不是版本的异同，而是这些国书的来源真伪问题。

金朝攻灭北宋后，沿江淮一线与南宋对峙，有些金朝文人在归降南宋之后，把其所知金朝历史著述为书，流传于世间，其中，以张汇《金虏节要》3卷、张棣《金国志》2卷及宇文懋昭《大金国志》40卷的影响较大。张汇《金虏节要》一书著成于金熙宗时，宋人陈振孙《直斋书录解题》著录该书曰："右从事郎充人张汇东卿撰。宣和中，随父官保州，陷金十五年，至绍兴十年归朝。"该书主要记载的是金朝初期的历史，被《建炎以来系年要录》、《三朝北盟会编》、《中兴小记》等书转载，由此可见在当时的影响是较大的。

张棣所著《金国志》，又称《金图经》，成书略晚于《金虏节要》，当在金世宗即位后不久。该书有"京邑"、"宫室"两门，较为详细地记载了金海陵王完颜亮营建后的金中都概貌，具有十分珍贵的史料价值。如在"宫室"门中描述金中都各个城门上的门额时曰："外门即墨书粉地，内则金书朱地，皆故礼部尚书王竞书。"若非亲至其地，是不可能描述得如此准确的。张棣又著有《正隆事迹》1卷，专门描述金海陵王在位之事。书中所载金世宗即位后将完颜亮贬谥为炀王的诏书，在正史和其他相关文献中皆没有记载。

宇文懋昭所著《大金国志》一书，为现存宋人有关金朝历史记载最多的一部书，前人对这部书已经有了一些研究，如今人崔文印《大金国志校证》一书，做了大量的文献整理工作，堪称目前所能见到的最好版本。崔先生在该书"前言"中发表了许多研究心得，指出了书中的一些谬误及不足，确有见地。但是，也有一些值得探讨的问题。其一，崔先生认为书中较好的一部分为宇文懋昭所撰写，较差的一部分为后人增补的。笔者则认为，整部书都是由其他人撰写的，宇文懋昭只是做了一个简单的编辑工作，把他所能够见到的相关文献凑到一起，而编成这部书。他见到许亢宗的《奉使行程录》应该是在全书已经编辑完成之后，遂作为第四十卷放在该书的最后。书中各卷皆是如此，如卷三十之《楚国张邦昌录》中，载有秦桧论张邦昌之缴状，即是从《三朝北盟会编》所载《朝野佥言十》抄录的。又如卷三十一《齐国刘豫录》中，载有宋徽宗御批刘豫奏章，则是从《三朝北盟会编》所载杨尧弼所作《伪豫传》中抄录的。

其二，《大金国志》一书，因系通纪有金一代一百二十余年历史，采自不同时期的历史文献，由各种不同文士撰写，故而文笔也就各不相同，这一点在该书中表现尤为明显，更足以证明宇文懋昭没有对全书进行过文字整理加工，只是做了分门别类的事情。因此，这部书乃是金末元初的一个金朝史料汇钞，而采用了以往史书纪、传、志的体裁。清代学者王士祯甚至认为，宇文懋昭的《大金国志》就是仿照叶隆礼的《契丹国志》而纂修成的。该书中的许多描述，皆涉及金中都的情况，如卷三十三有"燕京制度"一条，描述颇为详细，其中一段曰："都城四围凡七十五里，城门十二，每一面分三门，其正门两旁又设两门。正东曰宣曜、阳春、施仁，正西曰灏华、丽泽、彰义，正南曰丰宜、景风、端礼，正北曰通玄、会城、崇智，此四城十二门也。"这段描述，与《金史·地理志》所载金中都 13 门的情况是不一致的，曾经在学者中引起争议。笔者认为，《金史》的记载是正确的，而《大金国志》的记载是错误的。

在南宋派往金朝的使臣之中，也有一些人留下了相关金朝的记载，其中，以许亢宗的《宣和乙巳奉使金国行程录》、洪皓的《松漠纪闻》、楼钥的《北行日录》、范成大的《揽辔录》及周辉的《北辕录》等影响较大。许亢宗是在宣和七年（1127 年）奉命出使金国，沿途所见所闻。该书始于从宋朝进入金朝境内，分为 39 程而达于金朝都城上京。然后记载了金朝统治者对宋朝使臣的接待过程，直至返程。其中，自第二程至涿州，到第八程至玉田县，皆在燕山府的范围内。他所描述的燕山府，军事防御设施十分完备，"城周围二十七里，楼壁共四十丈，楼计九百一十座，地堑三重，城开八门。"这时许亢宗所见到的，仍然是辽朝燕京的景象，而这时的燕山府则是在宋朝的掌控之下，"金人以朝廷尝遣使海上，约许增岁币，以城归我，迁徙者寻皆归业，户口安堵，人物繁庶，大康广陌皆有条理。"但是，许亢宗的描述也有自相矛盾之处，"是岁，燕山大饥，父母食其子，至有肩死尸插纸标于市，售以为食。钱粮金帛率以供常胜军，牙兵皆骨立，而戍兵饥死者十七八。上下相蒙，上弗闻知。"这种情景与上面所说的"户口安堵，人物繁庶"，显然差异太大了。在宋、金相互争斗的大环境左右之下，百姓是不可能得到安定的。

　　洪皓的《松漠纪闻》为 2 卷，为其长子洪适整理其父昔日羁留金朝时的往事为该书，而加以刊印的，其次子洪遵后又加入补遗，并传于世。洪皓是在建炎三年（1129 年）出使金朝的，到了金国以后就被扣押，此后在燕京生活了很长一段时间，一直到绍兴十三年（1143年）才回到南宋。在此期间，洪皓"深陷穷漠，耳目所接，随笔纂闻"[16]，是时尚未成书。及回归南宋时，这些记载皆被焚毁。此后洪适追忆往昔，又重新录出当时所记之事，即成《松漠纪闻》一书。因洪皓羁留金朝的大部分时间是在燕京度过的，故而书中的许多内容皆涉及了燕京的各方面状况。

　　如在该书卷一中，洪皓详细记载了回鹘商人在燕京经商和生活的情况，在当时即是十分珍贵的史料。又如记载燕京佛教发展的状况曰："燕京兰若相望，大者三十有六，然皆律院。自南僧至，始立四禅，曰：太平、招提、竹林、瑞像。"在该书卷二中，记载了燕京为金朝科举考试的主要场所，既为府试的场所，也为会试的场所。又如记载燕京茶馆经营的状况曰："燕京茶肆，设双陆局，或五或六，多至十，博者蹴局，如南人茶肆中置棋具也。"洪皓的这些描述，大多为其亲历亲闻，有着很大的可信性。此外，该书也记载了一些辽朝旧事，如辽朝对东北女真族民众的欺压，是导致金朝起兵反抗的原因。

　　楼钥的《北行日录》2 卷，是楼钥在宋孝宗时随其舅父汪大猷出使金朝所作，以乾道五年（1169 年）十月从南宋京城临安（今浙江杭州）出发，同年年底到达金中都城，翌年元日上朝金世宗贺岁，翌年三月回到临安，历时将近半年。该书在宋人陈振孙的《直斋书录解题》中虽著录为 1 卷，实为 2 卷。上卷始于从临安出发，到金中都为止，下卷始于金大定十年（1170 年）正月元日去皇宫向金世宗贺岁，到回归临安城为止。在宋朝人的出使记录中，楼钥的《北行日录》堪称最为详细的记录之一。该书今存于楼钥《攻媿集》中，清乾隆年间纂修《日下旧闻考》诸文臣未见此书，遂把它列入已经亡佚诸书之列。

在《北行日录》中，有大量关于金中都城的描述。如所记皇城中的殿名、楼名、门名即有：应天门、左（右）掖门、左（右）翔龙门、左（右）嘉会门、大安门、日华门、月华门、敷德门、集英门、集禧门、会通门、承明门、昭庆门、宣明门、广祐楼、弘福楼、大安殿、仁政殿、金殿等，这些门、楼、殿名，有些可以通过其他相关文献得到印证。又如楼钥所描述的大安殿的情景，最为详实："大安殿，十一殿，朵殿各五间，行廊各四间，东、西廊各六十间。中起二楼，各五间，左曰广祐，后对东宫门；右曰弘福，后有数殿，以黄琉璃瓦结盖，号为金殿，闻是中宫。"楼钥对其他大安殿内的陈设，描述也很详细。

范成大的《揽辔录》2卷，为宋孝宗乾道六年（1170年）受命出使金朝所作。今日得见《揽辔录》诸版本，未见分为2卷者，似非原书全貌。书中对金中都城及皇宫皆有较为详细的记载，特别是描述金世宗在仁政殿接见使臣的情景尤为精彩，"金主幞头，红袍玉带，坐七宝榻，背有龙水大屏风，四壁帘幕，皆红绣龙，拱斗皆有绣衣。两槛间各有焚香大金狮，藉地铺礼佛毯，满一殿，两旁玉带金鱼。有金带金鱼者各十四五人，相对列立。遥望前后大殿屋崛起处甚多，制度不经，工巧无遗力，所谓穷奢极侈者也。"这种对金世宗的描写，在宋朝文献中是极为罕见的，又是作者的亲见，就变得格外珍贵。

周辉的《北辕录》亦作于宋孝宗时，系随同待制敷文阁张子政等人出使金朝以所见所闻而撰写的。始于淳熙三年（1176年）十一月，命张子政为贺金国生辰使，迄于翌年四月十六日回到家。书中记载颇为详实。这时的燕京经过金海陵王的营建，已经变成了辉煌的金中都城，又适逢金世宗在位的全盛时期，故而描述的金中都十分壮丽。周辉在淳熙四年（1177年）二月二十八日进入金中都的皇城，描写道："若乃经从之处，宫殿门名兹不具载。北宫营缮之制，初虽取则东都，而竭民膏血，终殚土木之费，瓦悉覆以琉璃，日色辉映，楼观翼飞，图画莫克摹写。"这种对金中都皇城的描述在金代的文献中是很少见的，因此具有很高的参考价值。周辉又曾著有《清波杂志》一书，在当时的文化界影响也较大。

在金代，人们对前代辽朝的历史及国史的纂修更加重视，早在金熙宗时，就曾组织过一次纂修《辽史》的工作，并且在皇统八年（1148年）完成了这项工作。这次主持纂修工作的，是移剌固（又作耶律固），他在辽朝就曾任总知翰林院事，就曾奉诏编纂《辽史》，可见对辽朝掌故十分熟悉，因此到了金代仍然主持纂修工作。而移剌子敬也参加了这项工作，史称："《辽史》成，除同知辽州事。"[17]但是，不知何故，这次纂修完成的《辽史》并没有刊印颁行天下。

此外，耶律固的弟子萧永祺在纂修工作中也做出了较大贡献。史称："固作《辽史》未成，永祺继之，作纪三十卷、志五卷、传四十卷，上之。"[18]后官至翰林学士承旨。清代黄虞稷在《千顷堂书目》中著录了这部《辽史》，称"《辽纪》三十卷、《志》五卷、《传》四十卷"。由此可见，一直到清代，人们尚能够见到耶律固、萧永祺等人纂修的这部《辽史》，而今天我们已经见不到了。

到了金章宗的时候，参知政事移剌履（又作耶律履）再次受命纂修《辽史》。此后，金章宗又命翰林直学士陈大任专职从事纂修《辽史》的工作，并且在泰和七年（1207 年）再度完成《辽史》的纂修工作。但是，这次也仍然没有得到刊行。这次的纂修工作，除了移剌履、陈大任之外，党怀英、贾铉、萧贡等人也都参加了这项工作。陈大任最后纂修完成的《辽史》，据散见于历史文献中的信息可知，包括有《礼仪志》及《后妃传》等内容。这部《辽史》在黄虞稷的《千顷堂书目》中也有著录，却没有记载具体的卷数和其他内容。但是，这部《辽史》却是元代后期官修《辽史》的最重要依据。

金朝人在纂修《辽史》的同时，也在编写自己的国史。见于正史记载的，最早的启动工作始于金太宗时，"天会六年，诏书求访祖宗遗事，以备国史，命勖与耶律迪越掌之。勖等采摭遗言旧事，自始祖以下十帝，综为三卷。"[19]到了天会十五年（1137 年），金熙宗又专门下令编写国史，史称："命韩昉、耶律绍文等编修国史。"[20]此后，金朝政府又专门成立"国史院"，主持金朝历史的纂修工作。并且实行了由当朝宰相监修国史的典制。

在金朝纂修国史的，主要也是那些曾经参加纂修《辽史》的著名文士，如韩昉、党怀英等人，但是，当朝国史与前朝史相比，撰写工作要困难得多，不仅对以往统治者的评价十分麻烦，就是对大官员的评价也很难把握尺寸，稍有不慎，就会引来杀身之祸。因此，从金朝崛起之初，一直到金朝灭亡，百余年间，始终没有见到国史的纂修工作有实质性的进展，更没有阶段性的结果。

在政府纂修国史之外，也有一些私人撰写的相关史著。其中，以韩玉的《元勋传》，元好问的《野史》、《壬辰杂编》和刘祁的《归潜志》影响较大。韩玉字温甫，为渔阳人，一称燕人，金章宗时考中进士，史称："入翰林，为应奉，一日应制百篇，文不加点。又作《元勋传》，称旨，章宗叹曰：'勋臣何幸，得此人作传邪'？"[21]这部人物传究竟有多少卷，写了多少人物，今天都不得而知了。

元好问是金元之际的大文豪，不仅在文学创作方面硕果累累，在史学研究方面也颇有建树。《野史》（当即《金源君臣言行录》）和《壬辰杂编》就是他的重要史学成果。元好问在金哀宗时曾经作过行尚书省左司员外郎，金亡不仕。正史称其"晚年尤以著作自任，以金源氏有天下，典章法度几及汉、唐，国亡史作，己所当任。时金国实录在顺天张万户家，乃言于张，愿为撰述，既而为乐夔所沮而止。好问曰：'不可令一代之迹泯而不传。'乃构亭于家，著述其上，因名曰《野史》。凡金源君臣遗言往行，采摭所闻，有所得辄以寸纸细字为记录，至百余万言。"[22]据此可知，元好问曾经撰写有《野史》一部，多达百余万字，应该是有金一代规模最大的国史了，可惜今天已经见不到了。元好问所著又有《壬辰杂编》，后人称所记多为金朝末年之事，在元朝末年纂修《金史》时尚存，此后明代初年的《文渊阁书目》也有著录，可见明代前期该书仍然存世，但是到了清代乾隆年间编辑《四库全书》时已经亡佚了。

刘祁所著《归潜志》14卷，是他在饱经动乱，回到故里后所撰写的一部著作，主要叙述的是他在金末所遇见的各种人物和事件，因系亲历亲闻，故而史料价值很高。元朝末年纂修《金史》的学者把这部著作与元好问的《壬辰杂编》、杨奂的《天兴近鉴》以及王鹗的《汝南遗事》相提并论，认为是必须参考的重要文献。今人崔文印对这部书进行了认真的点校工作，应该是目前该书最好的版本。

第三节　子部著述

在辽宋金时期，燕京地区的子部著述与史部相比，要少一些，主要通过相关的文献记载而得知这些著述的存在，而那些至今尚存的子部著述就更少了。在这个时期，辽代的著述很少，而宋代只有很短暂的燕山府设置，因此没有相关的著述，而金代的相关著述比辽代要略多一些。在这些著述中，涉及的主要是医学和宗教学的内容，目前笔者见到的辽代子部著述，只有6部，属于术数类的有2部，一部是《百中歌》，另一部是《星命总括》；属于医学类的一部是《针灸脉诀书》；另有两部，是属于宗教类的《随愿往生集》和《三宝感应要略录》，还有一部则是介于医学类和宗教类之间的《还金丹篇》。而金代的子部著述则有属于医学类的《疮疡经验全书》、《针经指南》、《洁古云岐针法》、《济生拔萃》、《增注针经密语》、《王镜潭针灸全书》、《针经》、《伤寒纂类》、《改证活人书》、《伤寒论》，属于术数类的《百中歌》，属于宗教类的《重阳全真集》、《渐悟集》、《水云集》、《太古集》、《云光集》、《磻溪集》，以及属于小说家类的《续夷坚志》等二十余部。

一、术数类著述

辽代的《百中歌》为王白所作，史称："王白，冀州人，明天文，善卜筮，晋司天少监，太宗入汴得之。应历十九年，王子只没以事下狱，其母求卜，白曰：'此人当王，未能杀也，毋过忧！'景宗即位，释其罪，封宁王，竟如其言。凡决祸福多此类。保宁中，历彰武、兴国二军节度使。撰《百中歌》行于世。"[23]王白不仅精通术数，而且也精于天文历法，他曾在辽穆宗应历十一年（961年）将制订的《乙未元历》进上朝廷。对于他精通术数之事，就连宋朝人也都知晓。宋人称："即太宗征渔阳旋兵，雍熙丙戌岁，命曹武惠彬伐燕不利。是年终，虏报役，王师失势于河间，虏乘胜抵黄河而退。皆如王白之言。"[24]王白所作《百中歌》今已亡佚。

辽代又有精通术数的耶律纯，他曾作有《星命总括》3卷，今尚存。最初见于清人黄虞稷的《千顷堂书目》所著录，此后，又见于《四库全书总目提要》（以下简称《四库提要》）和《清史稿·艺文志》所著录，《四库提要》称辑自《永乐大典》。并且说明："旧本题辽耶律纯撰。有纯原序一篇，末署统和二年八月十三日。自称为翰林学士，奉使高丽议地界。因得彼国国师传授星躔之学云云。案：统和为辽圣宗年号，辽史本纪是年无遣使高丽事。其二国外纪。但称统和三年，诏东征高丽，以辽泽沮洳罢师。亦无遣使议地界之文。辽代贵仕，不出耶律氏、萧氏二族。而遍检列传，独无纯名。殆亦出于依托也。"认为在辽代并没有耶律纯这个人。

清代学者的论点是有一定道理的，在《辽史》中确实没有耶律纯的相关记载，但是，却又无法指出为何人依托所作。笔者认为，第一，这部著作应该是辽人所作，而耶律纯在辽代应该确有其人，只是正史无记载。第二，书中所述星命之术确实是从高丽国师处所学习到的。但是，高丽国师的这些星命之术又是从"海上异人"那里学到的，而"海上异人"肯定是从中国渡海而到高丽的，因为异人所传授的"秘术"，正是中国古代基本术数中常用的五行、七曜、二十八宿等观念的推衍。后人又著录有 1 种《耶律学士星命秘诀》5 卷，不知与《星命总括》是否为同书异名，还是另有著述，因该书今已见不到了。

二、医学类著述

辽代精通医学并有著述者为直鲁古，他作有《脉诀针灸书》1 卷。他和王白一样，在《辽史》中有专传。史称："直鲁古，吐谷浑人。初，太祖破吐谷浑，一骑士弃橐，反射不中而去。及追兵开橐视之，中得一婴儿，即直鲁古也。因所俘者问其故，乃知射橐者，婴之父也。世善医，虽马上视疾，亦知标本。意不欲子为人所得，欲杀之耳。由是进于太祖，淳钦皇后收养之。长亦能医，专事针灸。太宗时，以太医给侍。尝撰《脉诀针灸书》，行于世。年九十卒。"[25]在许多目录书中，这部书之被称之为《针灸脉诀书》，如《世善堂藏书目录》、《补三史艺文志》、《补辽史艺文志》、《辽史艺文志补正》及《辽史拾遗·补经籍志》等皆是。由此可见，在辽金时期，有些少数民族人士已经能够精通中医中的针灸之术，并且著书以总结其要点。

辽代又有刘海蟾著《还金丹篇》一书，关于刘海蟾的记载有许多种传说，其中，以《山西通志·仙释》所记较为详细，"刘铉英，号海蟾子，燕广陵人。明经擢第，仕燕为相，雅喜性命之学。一日，道士来谒，待以宾礼，问姓名，不对，自称正阳子。海蟾师事之，道士授《丹诀》，海蟾弃官易服从之，至秦州，陶真于泰华、终南之间……后隐代州之凤凰山，游历名山，所至多遗迹。丹成尸解，有白气自顶门出，化鹤去。元至正六年，诏赠明悟弘道真君。"据此可知，刘海蟾生活在唐末五代及辽代初年，成仙之事虽属无稽之谈，而在当时确有其人。他所作《还金丹篇》，系由修炼神仙之术的 16 首诗组成，今已不传。《宋史·艺文志》及《山西通志·经籍志》皆著录有《海蟾诗集》1 卷，似即为《还金丹篇》中的诸诗。

到了金代，北方医学有了很大发展，出现了一些著名的中医大师，如刘完素、张从正、李庆嗣、李杲、张元素、窦汉卿等，他们在为病人治疗的过程中积累了丰富的医疗经验，并且把这些经验记载下来，从而在社会上得到广泛流传。如刘完素所著《运气要旨论》、《精要宣明论》、《素问玄机原病式》，张从正所著《儒门事亲》，李庆嗣所著《伤寒纂类》、《改证活人书》、《伤寒论》、《针经》，李杲所著《内外伤辨惑论》、《脾胃论》、《兰室秘藏》、《医学发明》、《活法机要》、《伤寒会要》、《东垣先生试效方》等，这些著述在医学界的影响虽然很大，但是，著述者皆非中都地区人士，不在本书研究的范围之内，故而略去。只有张元素与窦汉卿二人的著述在研究范围之内。

张元素，字洁古，金中都路易州（今河北易县）人，《金史》有传。他的著作有：1.《病机气宜保命集》3 卷，"凡分三十二门。首原道原脉摄生阴阳诸论。次及处方用药次第加减君臣佐使之法。于医理精蕴。阐发极为深至。"(26)后世学者对这部书的评价很高。2.《洁古注叔和脉诀》10 卷，见于《千顷堂书目》、《绛云楼书目》、《元史艺文志》等中国目录书所著录，亦见于日本《图书寮汉籍善本书目》，称为元世祖至元年间刊本。3.《医学启源》3 卷，有元刻本及钞本等。4.《洁古云岐针法》1 卷。5.《洁古家珍》1 卷。6.《洁古珍珠囊》1 卷，《千顷堂书目》及《补辽金元艺文志》著录，又有明刻本存世。7.《洁古本草》2 卷，附《脏腑标本药式》，收录《周氏医学丛书》内。

窦汉卿，在医学界的影响没有张元素大，著作也没有张元素的多。据清朝人纂修《四库全书》，在《子部·医家类》中收录有《疮疡经验全书》13 卷，称"旧本题宋窦汉卿撰。卷首署燕山窦汉卿。而申时行序。乃称汉卿合肥人。以疡医行于宋庆历祥符间。曾治太子疾愈。封为太师。所著有《窦太师全书》。其裔孙梦麟。亦工是术。因增订付梓云云"。而清人黄虞稷《千顷堂书目·医家类》著录曰："窦汉卿《窦太史疮疡经验全书》十二卷。"认为是宋人著作。太师与太史，一字之差，可是身份就完全不同了。而《四库全书》著录为 13 卷。

各家文献中又著录有《针经指南》（或称《窦太师针经》）一书，认为是窦汉卿所著，而对于作者窦汉卿的事迹却有不同的记载。元朝人窦桂方首先提出在宋、金并立时期有两位窦汉卿，称："至元丙子以来，余挟父术游江淮，得遇至人，授以针法，且以《子午流注针经》、窦汉卿《针经指南》三书见遗，拜而受之，珍藏玩味，大进益。且喜其姓字、医术与先君同也，因是作而言曰：南北有二汉卿，同姓、同字，而为医亦同也。北之汉卿得行道针法，精于八穴以愈疾，名显于世，官至太师。南之汉卿隐居求志，惟以药与艾推而积活人济世之阴功。"(27)清人张金吾在《爱日精庐藏书志》中记载为："《针经指南》，金窦杰撰。杰字汉卿，肥乡人。宋金时有两窦汉卿，同时、同名、同字，而且同以医显。金之汉卿仕至太师，即撰《针经指南》者。宋之汉卿隐居不仕，即窦桂芳之父也。"显然，张金吾在这里犯了两个小错误，一个错误是宋、金虽然有两位窦汉卿，但是同姓、同字，而不同名。另一个错误是宋朝窦汉卿之子不是窦桂芳，而是窦桂方。

三、小说类著述

在金代，以小说家而享誉后世者，首推元好问的《续夷坚志》。后人称："有金元遗山先生。具班、马之才。阅沧桑之变。隐居不仕。著述自娱。凡四方碑版铭章。靡不奔走其门。初尝以国史为己任。不幸未与纂脩。乃筑野史亭于家。采掇故君臣遗言往行。以自论撰。为藏山传人计。又以其绪余作为此书。其名虽续洪氏。而所记皆中原陆沈时事。耳闻目见。纤细毕书。可使善者劝而恶者惩。非《齐谐》、《志怪》比也。先君子旧藏二卷。有王起善、宋子虚诸跋。而佚其自序。余筮仕中州。以此书所载。半大河南北事。因携之以资检阅。嘉庆戊辰。余秋室太史闻而借观。复据王、宋二跋。厘为四卷。且益以翁氏所辑年谱。镂版于大梁书院。"[28]据此可知，该书有 2 卷及 4 卷两种版本，内容大致相同，今日通行多为 4 卷本。

四、释教类著述

辽廷自宋获得燕云十六州后，立燕京为南京，使其政治地位迅速上升。在辽代统治者的大力推崇下，辽南京的佛教发展得到质的飞跃，华严、密宗、律宗、净土、法相等诸宗并荣，名僧辈出，佛教著述也随之涌现。

其时，辽南京以华严宗的发展为最。辽道宗"好佛法"，有"菩萨国王"之称。他曾撰《人方广佛华严经随品赞》10 卷，丁咸雍四年（1068 年）四月以《御制华严经赞》之名颁行天下，鼓吹"圆融无碍"之道，[29]后又命刻入《契丹藏》中，流传于世。咸雍八年（1072 年）七月，辽道宗又"以御书《华严经五颂》出示群臣"，宣扬佛法。他还撰有《发菩提心戒本》2 卷。今云居寺辽刻石经中的《发菩提心戒一本》，可能就是《发菩提心戒本》的节本。辽道宗还极力推崇佛经《释摩诃衍论》，谓为"独善诸教，囊括妙趣，枢要实乘"，先后令名僧遍加注释，以为宣扬。其中法悟撰《释摩诃衍论赞玄疏》5 卷、守臻撰《释摩诃衍论通赞疏》10 卷、志福撰《释摩诃衍论通玄钞》4 卷。法悟等 3 书均为注释《释摩诃衍论》之作，均经辽道宗敕令刻版梓行。

辽南京佛教其他各宗，也多有撰述。密宗代表人物奉福寺觉苑，"学赡群经，业专密部"，大康三年（1077 年）受命向辽道宗进献所撰《神变经疏钞科》，得到嘉奖。觉苑随又撰述《神变加持经义释演密钞》，并特意前赴行在，进呈辽道宗，获得敕令雕印。[30]《神变经疏钞科》五卷，又名《大日经义释科文》。《神变加持经义释演密钞》10卷，又名《大毗卢遮那成佛经义释演密钞》、《大日经义释演密钞》，卷中注明"将释此疏，大分为二：第一文前聊简，第二依文正释。初文分六，一起教因缘、二藏教收摄、三说经会处、四辨教浅深、五明经宗趣、六翻译传通"。觉苑又著有《大日经义释大科》1卷传于世。均为唐代释一行的《大日经义释》进行注释，以便于流通传布。

辽南京净土宗高僧非浊亦有撰述。非浊，字海山，号莫照，辽燕京奉福寺住持，为燕地著名高僧，在佛学界的影响很大。非浊先习律学、密宗，后修净土，名声大振后，屡受辽廷礼遇。重熙八年（1039年）冬，辽兴宗曾召他入宫讲解佛法。辽道宗时，非浊撰《随愿往生集》20卷进献，道宗亲作"引文"，令刊入《契丹藏》中。《随愿往生集》可能是对当时流行的弥陀净土往生信仰之宣扬，但该书北宋僧侣即已很少见到，唯入北宋求法的高丽僧统义天（1055—1101年）在致友人的书信中提及。因其失传已久，具体内容无从考稽。非浊又撰有《三宝感应要略录》3卷，分"佛宝聚"、"法宝聚"、"僧宝聚"3篇，弘传净土学说。该书以"灵像感应以为佛宝，尊经感应以为法宝，菩萨感应以为僧宝"[31]，自《并州往生记》诸书中，辑录有关三宝感应的故事，以便将浊世末代的众生导入佛法之门。该书在中国并未盛行，然传至日本之后，对日本的故事文学及信仰都产生了一定影响。此外，非浊还撰有《大藏教诸佛菩萨名号集》2卷、《首楞严经玄赞科》3卷等。

辽南京法相宗，有悯忠寺高僧诠明（后改诠晓）（926—1011年），撰有《成唯识论详镜幽微新钞》17卷、《成唯识论论记应新抄科文》4卷、《法华经会古通今钞》10卷、《上生经疏》4卷等，弘扬大乘有宗。为整理唐代《开元释教录》以来的佛经成就，诠明又纂有《续开元释教录》3卷，为后世称道。诠明号"上生钞主无碍大师"，是大学问僧，其影响所及，除辽南京等地区外，高丽、宋境皆传其学。高丽僧《义天录》中著录诠明的著述，共6种75卷。诠明又主持、指导了《契丹藏》的编纂与刊刻工作。

辽南京佛教著述一时蔚为大观，除以上影响较大者之外，还有崇仁寺希麟著《续一切经音义》10卷，永安寺道㲀著《显密圆通成佛心要集》2卷、《供佛利生仪》1卷。奉福寺澄渊著《四分律删繁补阙行事钞评集记》14卷、《四分律钞评集记科》3卷。永泰寺守臻著《释摩诃衍论通赞疏》10卷、《释摩诃衍论通赞科》3卷及《释摩诃衍论通赞大科》与《略示戒相仪》。云居寺通理著《通理大师集金刚礼一本》、《先师通理三制律》（又称《性海三制律》）、《通理大师立志铭》。
天王寺志延著《般若心经科》1卷与《四分律仪戒略释科》。以及常真
述、琼煦校订《俱舍论颂疏钞》8卷，慈贤译《妙吉祥平等秘密最上
观门大教王经》5卷、《妙吉祥平等观门大教王经略出护摩仪轨》1卷、
《梵本心经》1卷等。其中《续一切经音义》成于辽圣宗统和三年
（987年），为唐慧琳《一切经音义》的接续之作，乃是将《开元录》
以后至《贞元录》间的经论及律传等佛书约二百二十六卷，从《大乘
理趣六波罗蜜多经》起至《续开元释教录》止，为之注音解义。

金中都时期的佛教仍有所发展，但相对于辽南京时期丰富的佛教
著述而言，金中都时期就要沉寂得多。这与金朝采取了一定的佛教抑
制政策，尤其是不再举行大规模的抄写佛经活动有很大关系。金中都
佛教著述，传于后世者以禅宗所述为多。如临济宗名僧开性（1104—
1175年），大定初回潭柘寺任住持后，制定《寺中规条》，编撰《语
录》三编以重整僧务，中兴潭柘禅学。金代中期，禅宗名僧受邀于潭
柘寺讲学，撰有《颂古》、《拈古》各百篇，注《禅说金刚歌》，又著
《金台录》、《真心真说修行十法门》等，"皆行于世"。[32]

金中都时期尤以希辨所著《青州百问》影响最大。唐代禅宗崛起，
到宋代分为五家七宗。续传至燕地者，有曹洞、云门及临济三宗。金
初耶律将军南侵攻破青州时，获汉地著名禅僧希辨，奉之归燕。希辨
（1081—1149年），又称一辨、一辩、一弁，江西洪州人，始参云门和
临济，后就学于白觉、道楷等曹洞巨匠，道法聿起，时人誉为"天宁
长老"、"青州和尚"。天会六年（南宋建炎二年，1128年）被虏北上
燕京，后住于潭柘、栖隐诸寺二十余年，大阐宗风，被誉为"潭柘再
来"。[33]希辨《青州百问》，是他在燕京"退隐山林"时，聚十方僧徒，
假设百问以为"勘验"，而由十身寺慈云觉和尚逐一作答。每一问答之
后，随附林泉从伦之"颂"一首。本书属曹洞宗之著名公案集，用一
问一答一颂的问答体形式阐析禅理。后世常将其与希辨门人通玄之
《通玄百问》合编为《通玄青州二百问》，并行流通。

金代佛教著述总体较少，但佛经刻造、刊印却颇有成就。最引人
注目的，是潞州民女崔法珍以个人之力刻造全藏。崔法珍因崇奉佛教，
在陕西、山西等地区断臂募化，最终于世宗大定十八年（1178年）刻
造全藏经板。金世宗听闻后，命将经板运至中都弘法寺，召集各地著
名高僧加以校勘。[34]后刊印流行，并流通到全国，产生了很大影响。民
国年间在山西赵城广胜寺发现该藏残本四千九百余卷，遂以《赵城金
藏》闻名于世。现移储于国家图书馆，成为国内重要的佛教文物与大

藏版本。据研究，该藏以宋官刻的大藏经为底本，又增入了一些新的内容，估计全藏为 682 帙，约七千卷。此外，金代房山石经的刻造，虽不及辽代的规模，但仍在持续，斡离也公主、皇伯赵王（后称汉王），以及知涿州军州事张企徵与其妻萧张氏、知涿州军州事张玄微与其妻广陵郡夫人高氏、知慈州军州事刘庆余与妻耶律氏等贵族与官员戚属，均先后捐资刻经。尤其是经西京奉圣州保宁寺僧人玄英与俗家弟子史君庆、刘庆余的多年努力，金代石经山佛经刊刻达到一个新的繁荣时期。

第四节　集部著述

在辽宋金时期，与燕地有关的集部著述与经、史、子部相比，是要多一些，但是，这些集部著述中的很大一部分已经散佚了，除了少量传世的相关诗文集之外，我们只能从存世的历史文献中得到一些零星的作品，由此得窥当时文坛风貌之一斑。其中，宋朝在燕京地区的统治时间很短，我们上承前人的体例，仅将那些被认为是燕地人的宋人著述列入研究范围。而辽朝与金朝在燕京地区的统治时间较长，这里又一直是北方地区的文化中心，故而相关的文人学者及他们的著述皆会有或多或少涉及这里的方方面面内容，故而我们将辽金二朝的主要集部著述均列入研究范围。

在宋人的集部著述中，被《光绪顺天府志》著录的有扈蒙的《鳌山集》、刘载的集、赵曮的集和赵良嗣的集。扈蒙为幽州（一说为范阳）人，官至翰林学士承旨，《宋史》有传。在宋朝初年参加了许多典籍的纂修工作，如《五代史》及《周世宗实录》、《宋太祖实录》、《开宝通礼》、《太平御览》、《太平广记》、《文苑英华》等重要典籍的撰写。他又参加了许多朝廷礼仪的制定，史称："自张昭、窦仪卒，典章仪注，多蒙所刊定。"[35] 他的诗文，被辑为《鳌山集》20 卷，流传于世。扈蒙的诗文今天已经见不到了，后人曾曰："杜诗'婵娟碧鲜静'，'碧鲜'出《文选·吴都赋》'玉润碧鲜'，正谓竹也。五代扈蒙作'碧鲜诗'得名。"[36] 由此可见，扈蒙在宋朝初期的文坛上还是有较大影响的。

刘载为涿州范阳人，后唐时中进士，后晋时任集贤殿直学士，后汉时任户部员外郎，后周时任给事中，宋朝初年历官中外，官至工部侍郎，《宋史》有传。他的文章被时人称道者，有"五论"，即《为君》、《为相》、《为将》、《去逸》、《纳谏》，应是政论性质的文章，史称："载尤好学，博通史传，善属文。尝受诏撰明宪皇后谥册文，又作《吊战国赋》万余言行于世。雅信释典，敦尚名节。"[37]刘载的文章被他的孙子刘介整理，并且进献给了宋真宗。刘载的文集今已散佚不得见。

赵上交亦为涿州范阳人，后唐时入仕，后晋时官至右丞相，后周时曾一度被罢官，宋初又曾任尚书右丞，《宋史》有传。赵上交历官五朝，史称："上交所莅官以干闻，当时称有公辅器。尤好吟咏，有'集'二十卷，张昭为序。"[38]张昭为宋初名士，能够为赵上交的文集作序，可见赵上交的文章在当时还是有一定影响的。他的文集在宋代就已散佚不见。赵上交等人又曾纂集《周优人曲辞》2卷，今亦不存。赵上交之子赵旷也有文才，少年时即以能做文章显名，官至秘书郎，却英年早逝，仅留有集10卷，今亦亡佚。

宋朝燕地文人有著述者，除了上述诸人外，又有窦仪及窦俨兄弟，窦仪为蓟州渔阳人，后晋时中进士，后汉时任翰林学士，后周时任端明殿学士，入宋为礼部尚书，《宋史》有传。窦仪曾参加纂有《开宝刑统》，又纂有《重定刑统》30卷，编《敕》4卷，时人称："诏刊版摹印，颁天下。仪等参酌轻重，时称详允。"[39]他的著述则有《端揆集》45卷，在宋朝时就已散佚了。窦仪的弟弟窦俨亦有集50卷（一说70卷），其事迹和其他著述见本书经部相关内容。在《宋史》中又著录有赵文度的《观光集》，称赵文度为蓟州渔阳人，中进士，"善为诗，人多讽诵，有《观光集》。"他的诗作，今日亦不得见。

此外，《光绪顺天府志》又著录有已经散佚的《赵良嗣集》。据《宋史》记载，赵良嗣为燕人，原名马植，在辽金兴替之际，为一时风云人物，因为受到宋徽宗的赏识，赐姓赵。及北宋被灭，宋朝大臣移祸于赵良嗣，史称："靖康元年四月，御史胡舜陟论其结成边患，败契丹百年之好，使金寇侵陵，祸及中国，乞戮之于市。时已窜郴州，诏广西转运副使李升之即所至枭其首，徙妻子于万安军。"[40]观其事迹，赵良嗣似无卓越的文才，名声又很不好，结局也很悲惨。时人作《桯史》称："赵良嗣既来降，颇自言能文，间以诗篇进，益简眷遇，……后既坐诛，其所自为集凡数十卷，时人皆唾去不视，荡毁无收拾者。"据此可知，赵良嗣的集为其本人自编诗文集，并未传世。

在辽代，文臣们的著述相对较少，更不见有传世诗文集，仅将历史典籍中的相关内容收集在一起，以见其著述之一斑。在辽代的契丹统治者中，以辽道宗对中原传统文化最为喜爱。据《辽史》记载，他在清宁三年（1057年）八月的秋猎之后，曾作有《君臣同志华夷同风诗》1 首，该诗今已佚，却存有懿德皇后的应制属和诗 1 首，诗曰："虞廷开盛轨，王会合奇琛。到处承天意，皆同捧日心。文章通鹿蠡，声教薄鸡林。大寓看交泰，应知无古今。"[41]据此，亦可知辽道宗原诗之韵律。此后，契丹文臣耶律良又把辽道宗的御制诗文编辑为《清宁集》，可惜这部辽代仅有的御制诗文集已经亡佚了。

在辽代，许多契丹贵族皆与辽道宗一样，对中原传统文化十分喜爱，并往往也作有诗文，收集为诗文集，在社会上流传。如辽代的皇族、太祖之孙耶律隆先，在辽景宗时被封为平王，史称："平王为人聪明，博学能诗，有《阆苑集》行于世。"[42]又如为辽道宗编辑御制诗文集的耶律良，曾"读书医巫闾山"，又曾在重熙年间作有《秋游赋》、在清宁年间作有《捕鱼赋》，因此得到辽朝帝王的赏识，辽道宗时，"上命良诗为《庆会集》，亲制其序。"[43]再如耶律资忠，史称其博学，工辞章，曾在辽圣宗时奉命出使高丽，被羁押，"资忠每怀君亲，辄有著述，号《西亭集》。"[44]由此可见，这时的契丹贵族文士已经能够用诗文来表达自己的情怀，而不仅仅是从辞章的形式上加以模仿了。

有些契丹皇族在辽朝担任重要的文职，从事著述活动，如曾任翰林都林牙的耶律庶成，即在辽兴宗时受命编集辽朝"上世以来事迹"（即所谓的《遥辇可汗至重熙以来事迹》20 卷），史称："庶成幼好学，书过目不忘。善辽、汉文字，于诗尤工。"他曾作有《四时逸乐赋》，又曾将中原医书译为契丹文，使契丹医师得以学习中原医学中的切脉审药之事。他还曾与耶律德修订辽朝的法律条文为《律令》一书，"庶成参酌古今，刊正讹谬，成书以进。"[45]耶律庶成的诗文集和其他著述皆已亡佚。

是时，又有耶律孟简，自幼就熟习中原文化，史称："六岁，父晨出猎，俾赋《晓天星月诗》，孟简应声而成，父大奇之。既长，善属文。"[46]曾任六院部太保、昭德军节度使等职。辽道宗时，皇太子被害，而耶律孟简正被流放在保州，遂作《放怀诗》20 首，以示哀悼。这些诗作今已失传，《辽史》中存其《诗序》曰："禽兽有哀乐之声，蝼蚁有动静之形。在物犹然，况于人乎？然贤达哀乐，不在穷通、祸福之间。《易》曰：'乐天知命，故不忧。'是以颜渊箪瓢自得，此知命而乐者也。予虽流放，以道自安，又何疑耶？"耶律孟简的诗文今已亡佚，从仅存的诗序中亦可略见其文采。

许多辽代的萧氏贵族也同样对中原传统文化十分喜爱，并且有着较为深厚的文学修养，如萧孝穆、萧柳、萧韩家奴等人皆是。萧孝穆之女为辽兴宗皇后，他贵为国舅，曾任北府宰相、燕京留守等职，一度被封为燕王。史称："孝穆虽椒房亲，位高益畏。太后有赐，辄辞不受。妻子无骄色。与人交，始终如一，所荐拔皆忠直士。"(47)他的著述在《辽史》中未见记载，仅知时人称之为《宝老集》。

萧柳为辽朝大将，南伐宋朝，东征高丽，屡经战阵，官至东路统军使，他的文才也很出众，史称萧柳死后，"耶律观音奴集柳所著诗千篇，目曰《岁寒集》。"(48)萧韩家奴，字休坚（辽代有 3 位萧韩家奴，另一萧韩家奴为驸马，曾任奚六部大王，还有一位萧韩家奴在《辽史》中无传），是契丹贵族中文学修养最为深厚的，史称其："少好学，弱冠入南山读书，博览经史，通辽、汉文字。"辽兴宗时曾任翰林都林牙，受到宠信，"遇胜日，帝与饮酒赋诗，以相酬酢，君臣相得无比。"(49)萧韩家奴曾将《贞观政要》、《五代史》等书译为契丹文，以便契丹统治者及民众阅读，他的著述则有《六义集》12 卷行于世。

在辽代，燕京地区的文士比其他地区的要多一些，外来文士而有著述者为李浣，他在后晋为翰林学士，曾在洛阳与赵上交相友善，后被辽太宗带回辽朝，太宗死后，受到辽世宗的赏识，曾任宣政殿学士，被安置在燕京。及辽世宗被弑，李浣谋逃归宋朝，被捉回，同逃者皆被杀，独李浣以文采出众而复任原职。李浣的著述，在清人厉鹗《辽史拾遗·补经籍志》中记载为 2 种，一种为《应历小集》10 卷，另一种为《丁年集》10 卷。两种著作今皆亡佚。

当地的文士而有著述者则为杨佶。杨佶为辽南京（又称燕京）人，辽圣宗统和二十四年（1006 年）状元，曾任同知南京留守事、翰林学士承旨、宣政殿学士、吏部尚书、参知政事等职。史称其："幼颖悟异常，读书自能成句，识者奇之。弱冠，声名籍甚。……宋遣梅询贺千龄节，诏佶迎送，多唱酬，询每见称赏。复为翰林学士。"(50)历官中外，皆有善政。杨佶的著述，被辑为《登瀛集》传世。其诗文今已不多见，仅在今人陈述先生所辑《全辽文》中收录有《秦晋国大长公主墓志铭》、《张琪墓志铭》、《张俭墓志铭》等 3 篇文章。

到了金代，文人学者的数量比辽代有了较大的增加，故而著录其诗文的诗文集的数量也多了一些。特别是从金海陵王迁都到燕京之后，改称中都，成为金朝的政治和文化中心，这里的诗文创作也越来越繁荣，许多金代文人的诗文集中，皆有关于金中都各个方面的内容。仅见于《金史》记载的，就有曹望之、高士谈、宇文虚中、蔡松年等近 30 人的诗文集曾流传于世。而散见于其他历史文献中所著录的金人诗文集，则多达七十余种。这些诗文集今天也大多散佚不见了，给研究工作带来了很大困难，笔者只能就现存的金人诗文集和相关历史文献的记载，来对金代的著述概况加以描述了。

在金代，虽然女真贵族接受中原传统文化的熏陶要比此前的契丹贵族皇族更深一些，但是他们的著述并不多，见于《金史》记载的仅有完颜永成及完颜璹两人。完颜永成为金世宗之子，在金世宗时曾任翰林学士承旨、御史大夫等职，金章宗时进封豫王，称皇叔，死后金章宗特命购其遗文。史称："永成自幼喜读书，晚年所学益醇，每暇日引文士相与切磋，接之以礼，未尝见骄色。自号曰'乐善居士'，有《文集》行于世云。"[51]他的这部文集（时人称为《乐善老人集》），应该就是金章宗为他编辑出版的。

完颜璹为金世宗之孙，字仲实，封密国公，自号樗轩居士。时当金朝末年，由盛世转为乱世，他却仍然喜爱中原传统文化，与身边的文人学者相交往，平日吟诗赋辞，醉心书画，超然世外。时人称："公平生诗文甚多，晚自刊其诗三百首、乐府一百首，号《如庵小稿》，赵闲闲序之，行于世。"并录他所作《绝句》诗一首云："孟津休道浊于泾，若遇承平也敢清。河朔几时桑柘底，只谈王道不谈兵。"[52]据此可知，完颜璹的《如庵小稿》5卷，为其自选诗集，辑录诗300首及乐府100首，当时名士赵秉文、元好问皆曾为该书作序。今天完颜永成的《乐善老人集》和完颜璹的《如庵小稿》皆已不存。

在金代，有些契丹少数民族人士的文化修养也很深，所创作的诗文在当时的文坛也产生了较大影响，其中，当以徒单镒的《弘道集》与耶律履的《文献公集》为代表。徒单镒（《金史》中称其为上京路速速保子猛安人，但是观其姓名，当是契丹人，后入女真猛安）为大定年间女真进士，曾任中都路教授、国史院编修官、御史中丞、参知政事、尚书左丞相等职，封广平郡王。史称："镒明敏方正，学问该贯，一时名士皆出其门，多至卿相。尝叹文士委顿，虽巧拙不同，要以仁义道德为本，乃著《学之急》、《道之要》二篇。太学诸生刻之于石。有《弘道集》六卷。"[53]徒单镒的著述今日已不得见。

耶律履（《金史》中又作移剌履），字履道，自号忘言居士，为契丹皇族后裔，曾任蓟州刺史、翰林修撰、礼部尚书、参知政事等职，参与《辽史》的纂修工作，他又精通天文历法，制定有《乙未历》，史称："履秀峙通悟，精历算书绘事。先是，旧大明历舛误，履上《乙未历》，以金受命于乙未也，世服其善。"[54]这部历法虽然精确，却没有在金朝使用过。耶律履的著述，据《千顷堂书目》记载，有《文献公集》15卷，今亦亡佚，仅元好问《中州集》收录其所作诗一首《史院从事日感怀》诗，曰，"不学知章乞鉴湖，不随老阮醉黄垆。试从麟阁诸贤问，肯屑兰台小史无。一战得侯输妄尉，长身奉粟愧侏儒。禁城钟定灯花落，坐拊尘编惜壮图。"由此诗观之，耶律履的文学修养是很深厚的。

从金代中都地区的文坛发展进程来看，大致可分为前期与中后期两个阶段。前期是在金中都营建之前，中后期则是在金中都营建之后。前期的著名学者较少，其对金中都文坛的影响也较小，而中后期的著名学者人数较多，影响较大，故而其著作传世者也相对要多一些。在金代前期的燕京地区，宋朝文人学者的影响是很大的，如宇文虚中、高士谈、吴激、蔡松年父子及施宜生等皆是。宇文虚中是宋朝大臣，因为出使金朝被扣留，遂在金朝供职，官至翰林学士承旨，史称："是时，兴兵伐宋，已留王伦、朱弁不遣，虚中亦被留，实天会六年也。朝廷方议礼制度，颇爱虚中有才艺，加以官爵，虚中即受之，与韩昉辈俱掌词命。"后因得罪金朝权贵，"虚中恃才轻肆，好讥讪，凡见女直人辄以矿卤目之，贵人达官往往积不能平。"[55]因此诬告他要谋反而被杀。与他同样命运的又有高士谈，也是宋朝出使金朝被扣押，遂在金朝供职，官至翰林直学士，因为受到高士谈的牵连，一同被杀。

他们两人死后，皆有文集传于世，宇文虚中的著述被称之为《宇文肃愍公文集》，系由宋人所纂集，被著录于马端临《文献通考·经籍考》，马端临又录有宋朝名士刘光祖为文集所作序言，对宇文虚中十分推崇。宇文虚中的著述今已不得见，只有零星文章、诗句存于世。高士谈的文集被称为《蒙城集》，系由其子高公振亲手选辑。金代大文豪元好问在《中州集》中也收录有高士谈的诗歌30首，如今《蒙城集》已经亡佚，我们只能通过《中州集》所载高士谈的作品略窥其文采之一斑。如他所作《次伯坚韵》曰："公道向来惟白发，浮生何处用黄金。东风吹散三年恨，春色惊回万里心。急景只教人貌改，沧溟不放酒杯深。异时傥及公荣酌，准拟归来卧柳阴。"[56]诗题所云"伯坚"，当是指另一位名士蔡松年。他又曾作有《题禹庙》诗，该诗已佚，仅存"可怜风雨胼胝苦，后世山河属外人"之句，于此可见高士谈对自身命运的不满，对时局变化的无奈。

吴激，字彦高，号东山，是宋朝名士米芾的女婿，史称其"工诗能文，字画俊逸得芾笔意。尤精乐府，造语清婉，哀而不伤。将宋命至金，以知名留不遣，命为翰林侍制"。[57]吴激的诗文极受当时人所推崇，特别是他所作《人月圆》词被多种文献转载，"先翰林尝谈国初宇文太学叔通主文盟时，吴深州彦高视宇文为后进，宇文止呼为小吴。因会饮，酒间有一妇人，宋宗室子，流落，诸公感叹，皆作乐章一阕。

宇文作念奴娇，有'宗室家姬，陈王幼女，曾嫁钦慈族。干戈浩荡，事随天地翻覆'之语。次及彦高，作人月圆词云：'南朝千古伤心事，犹唱后庭花。旧时王谢、堂前燕子，飞向谁家。偶然相见，仙肌胜雪，云鬟堆鸦。江州司马，青衫泪湿，同是天涯。'宇文览之，大惊，自是，人乞词，辄曰：当诣彦高也。"[58]吴激的著述被收录《东山集》10卷中，后人又辑录有《吴彦高词》1卷[59]。

蔡松年，字伯坚，为宋朝大臣蔡靖之子。辽金之际，蔡靖奉命镇守燕山府，被金军俘获，遂供职金廷，蔡松年亦从其父供职金廷，官至尚书省右丞相。史称其："文词清丽，尤工乐府，与吴激齐名，时号'吴蔡体'。有集行于世。"[60]蔡松年在故里真定建有萧闲堂，因此又自号萧闲老人。宋人编《绝妙好词》，称蔡松年的作品有《明秀集》，并从这部作品集中选出两首词，即《鹧鸪天·赏荷》及《尉迟杯》。元人在谈论"近世所谓大曲"时，共列举了10位词作者及其代表作，计有：苏小小《蝶恋花》、邓千江《望海潮》、苏东坡《念奴娇》、辛稼轩《摸鱼子》、晏叔原《鹧鸪天》、柳耆卿《雨霖铃》、吴彦高《春草碧》、朱淑真《生查子》、蔡伯坚《石州慢》、张子野《天仙子》。[61]在10人之中，吴激与蔡松年是与苏轼、辛弃疾、柳永等人齐名并列的，而蔡松年又曾经是辛弃疾的老师。在后人的著录中，蔡松年的作品又曾被辑为《萧闲集》6卷。

蔡松年之子蔡珪（历史文献中又作"蔡圭"），字正甫，在金朝的官位虽然没有其父蔡松年显赫，但是在文坛的影响却要大一些，著述也要更丰富一些。蔡珪在当时尤以博学多闻而著称，海陵王在扩建金中都城时，发现有两座汉代的古墓，蔡珪加以考证，认为东面的古墓为燕王刘建之墓，西面的古墓为燕康王刘嘉之墓，并撰写有《两燕王墓辩》，考证十分详实。蔡珪的著述十分丰富，史称："圭之文有《补正水经》五篇，合沈约、萧子显、魏收宋、齐、北魏志作《南北史志》三十卷，《续金石遗文跋尾》十卷，《晋阳志》十二卷，《文集》五十五卷。《补正水经》、《晋阳志》、《文集》今存，余皆亡。"[62]元朝后期诸文臣在纂修《金史》时，对金朝流传下来的著述十分重视，时有文士苏天爵购得蔡珪《补正水经》3卷，在重新刊行之前，还请名士欧阳玄为该书作序，今存《元朝文类》中。蔡珪的其他著述今多亡佚。

施宜生，字明望，北宋末年曾任颍州教授，后投奔伪齐，又到金朝任职，得到海陵王赏识，官至翰林侍讲学士。大定初年致仕而卒。施宜生的文才在当时颇受赞誉，如他曾作《日射三十六熊赋》，得到海陵王赞赏，他因撰写《完颜宗弼墓碣》而官升两级。他在金中都城内外的名胜古迹多作有碑记，如在京西戒台寺所作寺碑，在京郊蓟州的州学所撰《渔阳重修宣圣庙学碑》等，亦为时人所称道。由于施宜生系由宋朝叛入金朝，故而宋人对他的文才也是瞧不起的，时人记一事曰："施宜生以贺正使来，韩子师馆伴，因以语《日射三十六熊赋》，'云屯八百万骑，日射三十六熊'，以八百万骑对三十六熊，何其鲜哉！宜生语塞。"[63]施宜生的著述被辑为《三住老人集》，今已亡佚。

在金代前期的文坛，有著述流传者，当属马定国、曹望之和赵可。马定国，字子卿，号莘堂先生。金朝初年，曾受伪齐刘豫赏识，由此进入仕途，官至翰林学士。他对于燕京的石鼓很有研究，时人称："石鼓自唐以来无定论，定国以字画考之，云是宇文周时所造，作辨万余言，出入传记，引据甚明。"[64]马定国关于石鼓的研究对后世影响很大。他的著述曾被辑为《莘堂先生集》，今已散佚，仅可见零星诗作。如《宣政末所作二首》诗，其一曰："苏、黄不作文章伯，童、蔡翻为社稷臣。三十年来无定论，到头奸党是何人？"[65]由此观之，马定国对宋朝的政治腐败是有深刻认识的，也就导致了他投靠伪齐的行为。

曹望之，字景萧，金太宗时，以女直字学生入仕，金世宗时，曾任同修国史，从修《太宗实录》，后官至户部尚书。他在理财方面的才干，远远超过了在文学创作方面的成就。史称："望之初不学，及贵，稍知读书，遂刻苦自致，有《诗集》三十卷。"[66]他的诗作今已不得见，也未见其他相关历史文献的转引，而有些奏议，则见于《金史》所载。

赵可，字献之，金海陵王时中进士，官至翰林直学士。史称其："博学高才，卓荦不羁。天德、贞元间，有声场屋。后入翰林，一时诏诰多出其手，流辈服其典雅。其歌诗乐府尤工，号《玉峰散人集》。"[67]他曾受命出使高丽，"高丽故事，上国使来，馆中有侍妓，献之作《望海潮》以赠，为世所传。其词云：'云垂余发，霞拖广袂，人间自有飞琼。三馆俊游，百衔高选，翩翩老阮才名。银汉会双星。尚相看脉脉，似隔盈盈。醉玉添春，梦魂同夜，惜卿卿。离觞草草同倾。记灵犀旧曲，晓枕余醒。海外九州，邮亭一别，此生未卜他生。江上数峰青。怅断云残雨，不见高城。二月辽阳芳草，千里路旁情。'归而下世，人以为'此生未卜他生'之谶云。"[68]赵可的诗文散见于历代文献，如宋人李心传在《建炎以来系年要录》中就多次引用《赵可文集》的相关内容。如赵可曾撰写有《都人进义何公墓碣》，记载了"天德三年展都城，或荐公于用事者，于是东阡西陌，线引纂布，其制盖皆出于公焉"。从而使人们得知海陵王扩建中都城的重要信息。

到了金代中后期，活跃在京城的文人学者越来越多，如金代中期的路铎、党怀英、赵沨、张行简、李晏、王庭筠、王寂等人，金代后期的韩玉、王郁、赵秉文、元好问等人皆是。路铎，字宣叔，与其父路伯达、其弟路钧在当时皆有文名，史称："铎刚正，历官台谏，有直臣之风。为文尚奇，诗篇温润精致，号《虚舟居士集》云。"[69]路铎又曾为元好问的老师，故而元好问对他的评价很高，称："铎字宣叔，伯达之子，与弟钧和叔，父子俱有重名，而宣叔文最奇，尤长于诗，精致温润，自成一家。任台谏，有古直臣之风。"[70]路铎的《虚舟居士集》今已亡佚，他的作品仅散见于其他历史文献中。

党怀英，字世杰，为金朝中期著名文士，曾拜当时名士蔡松年为师，历官国史院编修官、翰林待制、国子祭酒，后官至翰林学士承旨。史称："怀英能属文，工篆籀，当时称为第一，学者宗之。"[71]在当时的文坛影响很大，"礼部赵公秉文作《墓志》云：'公之文似欧公，不为尖新奇险之语；诗似陶、谢，奄有魏晋。篆籀入神，李阳冰之后，一人而已'。"[72]党怀英又曾主持《辽史》的纂修工作。他的著述，在金朝末年曾被文士赵秉文辑为《竹溪先生文集》10 卷，惜今已亡佚，元好问在《中州集》中辑录党怀英诗作 65 首，读之可略见其文采。党怀英的书法十分出色，在当时和后世皆受到推崇，许多作品曾在世上广为流传。

赵沨，字文孺，自号"黄山"，金世宗时进士，官至礼部郊中。他的文采十分敏捷，出口成章。一次，金章宗在金中都的瑞光楼中秋夜赏月，命赵沨以"清"字为韵赋诗，他即时吟道："秋气平分月正明，蕊珠宫阙对蓬瀛。已驱急雨销残暑，不遣微云点太清。帘外轻风飘桂子，夜深凉露滴金茎。圣朝不奏霓裳曲，四海歌讴即乐声。"[73]诗成，大受赞赏。赵沨在中都城作有许多诗文，被后人辑为《黄山集》，今已亡佚。元好问在《中州集》中收录了他的一些诗作，如《贡院中怀山中故居》、《贡院闻雨》《过良乡县学》等，皆是他在京城生活的真实写照。其他如《驾幸春水放海青鹘从得鹅应制》诗，也是他参与皇家活动的即时之作。赵沨的书法在当时也很有名，史称："赵秉文云：'沨之正书体兼颜、苏，行草备诸家体，其超放又似杨凝式，当处苏、黄伯仲间。'党怀英小篆，李阳冰以来鲜有及者，时人以沨配之，号曰：'党、赵'。"[74]

张行简，字敬甫，其父张暐，官至礼部尚书。张行简秉承家学，精通礼仪，历任礼部尚书、御史大夫、翰林学士承旨等职，参与《章宗实录》的纂修。他又精通历法，"初，张行简为礼部尚书提点司天监时，尝制莲花、星丸二漏以进，章宗命置莲花漏于禁中，星丸漏遇车驾巡幸则用之。贞祐南渡，二漏皆迁于汴，汴亡废毁，无所稽其制矣。"[75] 张行简对于医学也有研究，曾作有《人伦大统赋》传于世。史称："行简端悫缜密，为人主所知。自初入翰林，至太常、礼部，典贡举终身，缙绅以为荣。与弟行信同居数十年，人无间言。所著《文章》十五卷，《礼例纂》一百二十卷，会同、朝献、禘祫、丧葬，皆有记录，及《清台》、《皇华》、《戒严》、《为善》、《自公》等记，藏于家。"[76] 张行简的著述今已亡佚。

王庭筠，字子端，自号黄华山人，金世宗时中进士，官至翰林修撰。他在仕途的运气较差，犯过赃罪，受过杖刑，故而口碑不佳。但是他的文采和书画却十分出色，故而在金朝中后期的文坛上影响很大，史称其："为文能道所欲言，暮年诗律深严，七言长篇尤工险韵。有《藂辨》十卷，《文集》四十卷。书法学米元章，与赵沨、赵秉文俱以名家，庭筠尤善山水墨竹云。"[77] 他的《文集》等著述，今皆亡佚。此外，王庭筠"画鉴既高，又尝被旨与舅氏宣徽公汝霖品第秘府书画，因集所见及士大夫家藏前贤墨迹古法帖所无者，摹刻之，号《雪溪堂帖》一十卷"。[78]

王寂，字元老，曾任通州刺史、户部侍郎、中都路都转运使等职。时人称其为"蓟州玉田人，天德三年进士。兴陵朝，以文章政事显，终于中都路转运使。卒，谥文肃。有《拙轩集》、《北迁录》传于世"。[79] 清朝人在整理《拙轩集》时曾对王寂加以评价曰："寂诗文清刻镂露，有戛戛独造之风，在大定、明昌间卓然，不愧为作者。金代知名之士见于《中州集》者不下百数十家，今惟赵秉文、王若虚二集尚有传本，余多湮没无存，独寂是编幸于沉埋。晦蚀之余，复显于世，而文章体格亦足与溽南、滏水相为抗行。"[80] 今存《拙轩集》为6卷，是清代学者在纂修《四库全书》时编定的。卷一为赋文一篇及五言、七言古诗，卷二为五言、六言、七言律诗，卷三为七言律诗与七言绝句，卷四为词，卷五为表、牒、记之文，卷六为序、帖启、书后、祭文、行状、墓志铭、哀词。全书篇幅不大，却是十分珍贵的。王寂又著有《北迁录》、《辽东行部志》及《鸭江行部志》等，今皆散佚，只能在一些相关的历史文献中见到零星的转载之文。

韩玉，字温甫，渔阳（金朝属中都路）人，"明昌五年经义、词赋两科进士。入翰林，为应奉，一日应制百篇，文不加点。又作元勋传，称旨，章宗叹曰：'勋臣何幸，得此人作传邪'？"[81] 及蒙古国崛起，攻掠中原，韩玉时任凤翔总管府判官，被诬死于华州学中。他的著述，仅留有《东浦词》1卷，见于数家目录书籍所载，但是问题颇多，清朝文臣在纂修《四库全书》时即提出宋、金有两位韩玉，观《东浦词》中的作品，应该是宋朝的韩玉所作，又有的目录书中标明字温甫，显然是金朝的韩玉，却与作品中的内容不合，还有的目录书称韩玉是金朝人，只是在绍兴初年南渡，归降宋朝，故而其作品皆是南渡之后所作。然而金朝的韩玉是在金元之际被诬而死，绍兴初年则是在金太宗、金熙宗时，在时间上也无法相合。因此，在金宋对立时期，应该有三位韩玉，第一位是宋朝的韩玉，第二位是金朝初年投降宋朝的韩玉，第三位则是金朝后期的韩玉。观《东浦词》中的作品内容，似不是金朝末年的韩玉所作。然而宋朝人的著录如此，姑且存疑，以待有更确凿的证据被发现，再做定论。

赵秉文，字周臣，自号"闲闲道人"，金世宗时中进士，曾任户部主事、翰林修撰、翰林侍讲学士、礼部尚书等职。金哀宗时，曾奉命与杨云翼作《龟镜万年录》，又同作《君臣政要》，史称："秉文自幼至老未尝一日废书，著《易丛说》十卷，《中庸说》一卷，《扬子发微》一卷，《太玄笺赞》六卷，《文中子类说》一卷，《南华略释》一卷，《列子补注》一卷，删集《论语（解）》、《孟子解》各十卷，《资眼录》十五卷，所著文章号《滏水集》者三十卷。"[82]赵秉文的著述十分丰富，今存《滏水集》20卷，清朝文臣认为另有《滏水外集》10卷，合之而为30卷。《文渊阁书目·政书》中又著录有赵秉文《百里指南》1部，为《金史》所未见者。在今存《滏水集》中，卷一为说、辞，卷二为古赋、律赋，卷三至卷五为古诗，卷六至卷七为律诗，卷八至卷九为绝句，卷十为杂体（包括谕、诏、诰、制、册文、书、表等文），卷十一至卷十二为碑文，卷十三为记，卷十四为论，卷十五为引，卷十六为颂，卷十七为箴、铭、赞，卷十八为祭文、谥议、青词等，卷十九为书启，卷二十为题跋。书前有金人杨云翼所作序文，据杨序可知，这部20卷的《滏水集》是赵秉文自己编定的，故而清朝文臣的推论是有道理的。在这部书中包含了大量金朝中后期的历史信息，为金朝史和金中都史的研究提供了珍贵的依据。

王郁，字飞伯，大兴（今北京）人，史称其："仪状魁奇，目光如鹘。少居钓台，闭门读书，不接人事。久之，为文法柳宗元，闳肆奇古，动辄数千言。歌诗俊逸，效李白。尝作《王子小传》以自叙。"[83]在这里有一点值得探讨，明人蒋一葵在《长安客话》中记有《钓鱼台》1则，曰："平则门外迤南十里花园村，有泉从地涌出，汇为池，其水至冬不竭。金时，郡人王郁隐此，作台池上，假钓为乐，至今人呼其地为钓鱼台。"这一说法，被后人广为传播，似成事实。考其源头，当始于金人刘祁《归潜志》所云：王郁"少居钓台，闭门读书，不接人事数载。为文闳肆奇古，动辄数千百言，法柳柳州。歌诗飘逸，有太白气象"。文中"钓台"与"钓台"仅一字之差，实际就变成了两处地方混成一处了。钓鱼台是在金中都（今北京），而钓台则是在金南京（今河南开封），在金朝末年亦被称为京师，故而极易被混淆。王郁虽然是金中都人，但是自幼（15 岁之前）即迁居到了今南京，并且是在那里"闭门读书"的。故而北京钓鱼台为金朝王郁读书处的说法纯属无稽之谈。

元好问，字裕之，金宣宗时中进士，官至尚书省左司员外郎，金亡不仕，为当时大文豪，著述之丰厚，为金朝之冠，今日得见者，有《遗山集》40 卷（其中"诗" 14 卷、"文" 26 卷）、《中州集》10 卷、《续夷坚志》等，其他如《壬辰杂编》等皆已亡佚。史称其："为文有绳尺，备众体。其诗奇崛而绝雕刿，巧缛而谢绮丽。五言高古沈郁。七言乐府不用古题，特出新意。歌谣慷慨挟幽、并之气。其长短句，揄扬新声，以写恩怨者又数百篇。兵后，故老皆尽，好问蔚为一代宗工，四方碑板铭志尽趋其门。其所著文章诗若干卷、《杜诗学》一卷、《东坡诗雅》三卷、《锦襪》一卷、《诗文自警》十卷。"[84] 清朝文臣对元好问的评价也很高，曰："尝论宋自南渡后，疆宇分裂，文章学术，亦判为两途。程氏之学行于南，苏氏之学行于北。行于南者，朱子集其大成；行于北者，遗山先生衍其统绪。"[85] 金朝灭亡后，元好问曾经多次到过燕京，并且在这里创作了一些著名的诗篇。

注释：

（1）（宋）王尧臣等：《崇文总目》卷一《乐类》。

（2）《旧五代史》卷一百四十四《乐志上》。

（3）《资治通鉴》卷二百九十三《后周纪四》。

（4）《旧五代史》卷一百四十五《乐志下》。

（5）见《玉海》卷一百五十《音乐》。

（6）《崇文总目》卷二《刑法类》。

（7）（宋）晁公武：《郡斋读书志》卷二十《总集类》。

（8）（宋）沈括：《梦溪笔谈》卷十五《艺文二》。

（9）《郡斋读书志》卷四《小学类》。

（10）《宋史》卷二百六十九《扈蒙传》。

（11）《续资治通鉴》卷二《宋纪》。

（12）《宋史》卷二百六十四《沈伦传》。

（13）陈振孙：《直斋书录解题》卷五《伪史类》。

（14）李焘：《续资治通鉴长编》卷一百九十三《仁宗》。

（15）《辽史拾遗》卷二十三《国语解》。

（16）见其子洪适《盘洲文集·题松漠纪闻》。

（17）《辽史》卷八十九《移剌子敬传》。

（18）《辽史》卷一百二十五《萧永祺传》。

（19）《金史》卷六十六《完颜勖传》。

（20）《金史》卷四《熙宗纪》。

（21）《大金国志》卷二十八《文学翰苑上》。

（22）《金史》卷一百二十六《元好问传》。

（23）《辽史》卷一百零八《方技传》。

（24）（宋）释文莹：《湘山野录》卷下。

（25）《辽史》卷一百零八《方技传》。

（26）《四库全书总目提要》卷一百零四《子部·医家类》。

（27）（明）朱橚：《普济方》卷四百零九《流注针经序》。

（28）《续夷坚志》，清人东海松柏心道人荣誉序。

（29）《辽史》卷二十二《道宗纪》。

（30）（辽）释觉苑：《神变加持经义释演密钞序》，载《全辽文》卷九。

（31）（辽）释非浊：《"三宝感应要略录"序》，载《全辽文》卷七。

（32）《补续高僧传》卷十二《政言了奇二师传》。

（33）（金）翟炳：《长清县灵岩寺宝公禅师塔铭》，载《金文最》卷一百
十一。

（34）震华：《续比丘尼传》卷二《宋苏州延圣院尼法珍传》。

（35）《宋史》卷二百六十九《扈蒙传》。

（36）（清）郑方坤：《五代诗话》卷五《扈蒙》。其实以"碧鲜"得名的不是
扈蒙，而是扈载，也不是作诗，而是作赋。见《册府元龟》及新、旧《五代史》、
诸书。

（37）《宋史》卷二百六十二《刘载传》。

（38）《宋史》卷二百六十二《赵上交传》。

（39）佚名《宋史全文》卷一。

（40）《宋史》卷四百七十二《赵良嗣传》。

（41）（辽）王鼎：《焚椒录》。

（42）《辽史》卷七十《耶律隆先传》。

（43）《辽史》卷九十六《耶律良传》。

（44）《辽史》卷八十八《耶律资忠传》。

（45）《辽史》卷八十九《耶律庶成传》。

（46）《辽史》卷一百零四《耶律孟简传》。

（47）《辽史》卷八十七《萧孝穆传》。

（48）《辽史》卷八十五《萧柳传》。

（49）《辽史》卷一百零三《萧韩家奴传》。

（50）《辽史》卷八十九《杨佶传》。

（51）《金史》卷八十五《完颜永成传》。

（52）金人刘祁：《归潜志》卷一。

（53）《金史》卷九十九《徒单镒传》。

（54）《金史》卷九十五《移剌履传》。

（55）《金史》卷七十九《宇文虚中传》

（56）（金）元好问：《中州集》卷一。

（57）《金史》卷一百二十五《吴激传》。

（58）（金）刘祁：《归潜志》卷八，又见宋人《容斋随笔》、《贵耳集》等。

（59）《直斋书录解题》卷二十一。

（60）《金史》卷一百二十五《蔡松年传》。

（61）（元）陶宗仪：《南村辍耕录》卷二十七。

（62）《金史》卷一百二十五《蔡珪传》。

（63）（宋）张端义：《贵耳集》卷下。

（64）《大金国志》卷二十八《文学翰苑上》

（65）（清）陈焯：《宋元诗会》卷六十二。

（66）《金史》卷九十二《曹望之传》。

（67）《金史》卷一百二十五《赵可传》。

（68）《归潜志》卷十。

（69）《金史》卷一百《路铎传》。

（70）《中州集》卷四。

（71）《金史》卷一百二十五《党怀英传》。

（72）《大金国志》卷二十九《文学翰苑下》。

（73）《中州集》卷四。

（74）《金史》卷一百二十六《赵沨传》。

（75）《金史》卷二十二《历志》。

（76）《金史》卷一百零六《张行简传》。

（77）《金史》卷一百二十六《王庭筠传》。

（78）《元好问全集》卷十六《王黄华墓碑》。

（79）《大金国志》卷二十八《文学翰苑上》。

（80）《四库全书总目提要·集部·拙轩集》。

（81）《大金国志》卷二十八《文学翰苑上》

（82）《金史》卷一百一十《赵秉文传》。

（83）《金史》卷一百二十六《王郁传》。

（84）《金史》卷一百二十六《元好问传》。

（85）《四库全书总目提要》卷五十《附录》。

第三章　元代北京地区的著述

　　在元代，北京历史的发展经历了两个阶段，前一个阶段是蒙古国时期，后一个阶段是元朝时期。在蒙古国时期，有了此前的金中都所奠定的都城发展繁荣的基础，使得燕京已经成为江淮以北地区的政治和文化中心，故而蒙古国也把这里作为中原地区的统治中心。在这个阶段，整个蒙古国的政治中心则是在都城和林（今蒙古人民共和国境内），燕京则是没有陪都名号的陪都。及元世祖夺得皇权，把都城从和林南迁到了元上都（今内蒙古正蓝旗境内），燕京才获得了陪都的名号，政治地位变得越来越重要，从燕京改称中都，再改称大都。与此同时，元世祖把蒙古国改称元朝，中国历史和北京历史皆进入了一个新的发展阶段。此后，元世祖统一全国的政治举措得以实现，元大都也就开始从北方地区的政治中心转变为全国的政治中心，同时也就成为全国的文化中心。一直到元朝灭亡，这个地位没有再发生变化。

　　在元代，北京地区的文化发展也经历了两个主要阶段，以全国统一作为分界点。前一个阶段，是北方地区文化中心的逐渐恢复和繁荣；后一个阶段，是全国文化中心的形成和进一步发展。在前一个阶段，活跃在燕京文坛上的，主要是北方地区的文人学者，他们的著述数量相对要少一些，学术影响的范围也要小一些，主要是在北方地区。到了后一个阶段，活跃在大都文坛上的，则是全国的文人学者，他们的著述数量明显增加，学术影响的范围在不断扩大，遍及大江南北。特别是在全国统一以后，中央政府开始组织一些规模宏大的文化工程，并且都取得了很大的成绩，对此后中国的历史发展产生了深远的影响。如《元一统志》的纂修，被此后的明清统治者所效仿，遂有了《明一统志》、《清一统志》的纂修。又如《经世大典》的纂修，同样被明清统治者所效仿，才有了明朝《永乐大典》和清朝《古今图书集成》及《四库全书》的纂修。

在元代，大都地区一直是儒学发展的中心之一。此前的金代，汉唐儒学模式的影响仍然占据着主流位置，宋朝新兴的"理学"虽然也开始产生一定影响，却还远没有成为主流学派。到了蒙古国时期，从南宋掠回的儒学家赵复在燕京的太极书院传播程朱理学，开始受到一大批北方学者的尊崇，理学的影响范围变得越来越大。及元世祖任命许衡等人主持全国的教育工作，遂把程朱理学作为各级政府学校的学习模式。到了元仁宗开始施行科举制度，程朱理学又成为考试评判的唯一标准，使得理学从学者们的一家之言变成了天下学子都必须学习的官学，这个影响是十分巨大的，一直延续到此后的明清时期。但是，在大都地区学者们的经学著述中，理学的影响却不是很明显。当时的许多儒学大师，如许衡、刘因、吴澄等人皆不是本地的学者，故而他们的著述没有被涉及。

在元代，大都地区的史学著述也很有特点。其一，是对前朝正史的纂修。在辽宋金时期，3个朝代的统治者皆曾命文臣们纂修有"国史"及诸帝《实录》，而且金朝还曾续修过《辽史》，但是，却一直也没有刊刻印行，故而人们无法见到这个时期官方纂修的"正史"是个什么样子。到了元代，辽、宋、金3个朝代均已灭亡，于是，为前朝编纂历史的惯例也就成为元朝统治者的责任。但是，3个朝代的关系十分复杂，辽、金之间是承接关系，北宋与南宋也是承接关系，而辽、金与两宋之间又是并列关系。北宋虽然灭亡了，南宋的统治者又有着血统联系，文化的传承，可以视为一个朝代。特别是辽、金两个朝代的创立者都是少数民族领袖，他们与宋朝汉族帝王之间的关系应该如何处理，在当时显然都是至关重要的问题。从元代初年准备纂修前朝正史开始，一直到元代后期纂修工作正式开始，这些复杂的问题一直在史官们的讨论之中，也一直没有得出大家都满意的结果。于是，元朝统治者决定，3个朝代各修一部正史，才有了《辽史》、《金史》及《宋史》的纂修及其完成。

其二，是对当代史的纂修。蒙古统治者在进入中原地区之前，对于祖先们历史渊源的了解仅仅停留在口头传说的阶段。在进入中原地区之后，接触到更多中原文化的影响，懂得了纂修历史的重要意义，才有了对祖先历史的文字描述，而最初的文字仍然是蒙古语言的简单记录，也就是口语化的文字，被称为《脱卜赤颜》（后人译为《元朝秘史》）。这部国史最初记载的是蒙古族祖先的历史，包括元太祖建立蒙古国的过程。但是，到元朝中后期，这部《脱卜赤颜》的内容又有了较大幅度的增加，当时这项工程是由大学者虞集主持的，时间是在编纂《经世大典》的同时，史称："俄世延归，集专领其事。再阅岁，书乃成，凡八百帙。既上进，以目疾丐解职，不允。"（《元史》卷一百八十一《虞集传》）我们今天能够见到的，只是虞集增写之前的旧版《脱卜赤颜》，而不是多达"八百帙"的增补版《脱卜赤颜》。元朝灭亡后，蒙古语版的《脱卜赤颜》很快就散佚了，我们今天见到的，只有汉字版的《元朝秘史》了。

在元代，子部著述比起宋代来是要少一些，这是与元代历时较短有关，两宋前后合计 320 年，而元代仅有九十几年，加上前面的蒙古时期，也不过一百六十余年，故而这方面的著述要少一些也是很正常的。这个时期的子部著述也有时代的特点，其一，为天文历算类的著述比较多；其二，为释家与道教类的著述较为丰富。天文历算的发达，是因为元朝统一大江南北之后，全国的天文学家都汇集到一起，从事历法的重新修订，最终的结果，是《授时历》的修订完成。与此同时，是对元代以前历代天文历法文献的总结，并且结合了范围空前辽阔的天体运行规律的观测。其中，尤以郭守敬的研究最为深入，其研究的成果又是与天体观测的实践结合在一起的，而其研究与实践的中心，则是在元大都城的观象台。佛教与道教的发展，在元代大都城的表现也是十分突出的。佛教发展的重要标识，是藏传佛教的传入和在宗教界居于显赫的地位，藏传佛教的领袖被尊称为帝师，该教派被推行到全国各地。道教发展的重要标识，则是北方全真教的兴起与江南正一教（又称天师道）的北上。这些宗教派别的发展显然也会对子部著述产生一定的影响。特别值得一提的，是元朝初年的佛教与道教之间的宗教冲突，这场冲突十分激烈，导致元朝统治者不得不出面干涉，其结局是佛教方面的胜利，而失败一方的道教损失极为惨重，多年积累的《道藏》典籍被付之一炬。

在元代，集部的著述与此前的辽宋金时期和后此的明清时期相比，有着自己的特点。与此前的辽金两代相比，元代的著述数量有了明显的增加，而且存世的著述也更多一些，但是，与宋代相比则要少一些。与此后的明清时期相比，元代的著述数量又显得相当少了。这是因为元朝立国时间相对较短，故而著述者的数量要相对少一些，著述也就会少一些。此外，这些著述经过元明之际和明清之际的社会大动荡，其损毁的程度比起明清两代来也要更加严重。元代和后此的明清两代都有的一个共同特点，就是大都地区的著述者与外地前来的著述者相比，数量也明显要少一些。这是因为从元代开始，这里已经成为全国的政治和文化中心，故而各地的文化精英都会不断汇集到这里，从事各种文化创作活动，他们的许多作品不仅在元大都城产生了巨大影响，而且在全国各地也产生了或多或少的深远影响。本书在叙述元大都地区的著述史时，也采用了本地人士著述为主、其他地方人士著述为辅，而其他地方的著述又以围绕京城为主要内容。

第一节　中央官纂图书

自唐朝灭亡之后，中国处于较长时间的分裂割据状态，军事上的对抗阻滞了各地之间的文化交流与发展。及元朝一统天下之后，为全国的文化交流与发展提供了空前便利的条件，而中央政府文化机构重新组建，也为文化工程的启动带来了新的活力，在这种情况下，中央政府首先纂修的就是《元一统志》。当时纂修这部"一统志"主要有两个目的，一个是要向世人展示元朝一统疆域的空前辽阔。关于这一点，元朝人已经说得很明确了："至元乙酉，欲实著作之职，乃命大集万方图志而一之，以表皇元疆理，无外之大"。[1]另一个目的则是要让各级政府部门对自己掌管的地域范围有明确的界定。关于这一点，元朝人也说得很明确："世祖皇帝削平江南，而大统始一。舆地之广，古所未有。遂分天下为十一省，以山东西河北之地为腹里，隶都省，余则行中书省治之。下则以宣慰司辖路，路辖府、州若县，星罗棋布，粲然有条。至元间，尝命秘书少监虞应龙等修《大一统志》，书在官府，可考焉。若夫地名沿革之有异，城邑建置之不常，归附之期，设官之所，皆必有徵。所以纪疆理之大，彰王化之远也。"[2]

参加纂修工作的，主要有以下几个方面的人员：首先，是在秘书监任职的文人官员，如孛蘭肹（又作"卜兰禧"等）、岳铉、虞应龙、札马剌丁等人，这些人是纂修《元一统志》的主要力量。其次，是在中书省和各行省任职的官员，人数较多，姓名亦无法统计。这些人为《元一统志》的纂修提供了大量相关行政单位的基本数据。再次，是在中书省兵部任职的官员，因为当时的地理志书中的山川形势及关隘等皆涉及军事内容，故而这些书籍皆被兵部官员收藏。在纂修《元一统志》时，兵部所收藏的历代地理志书就成为了重要的参考资料。此外，则是社会上的各种精通地理学的人才，也就是当时人所谓的"聘鸿生硕士立局置属庀其事"，这些人主要负责撰写工作。经过众多人员的通力合作，才得以完成《元一统志》的纂修工作。

《元一统志》的纂修分为两个阶段，第一个阶段是在元世祖时，纂修成书称为《至元大一统志》，共有 450 册。第二个阶段是在元成宗时，是对元世祖时的成书加以补充和完善。到大德四年（1300 年），增补的《元一统志》为 483 册，787 卷。而这项巨大的文化工程的最终完成，是在大德七年（1303 年）。"集贤大学士李蘭盼、昭文馆大学士、秘书监修岳铉等奏：秘书监修撰《大一统志》，元钦奉世祖皇帝圣旨编集。始自至元二十三年，至今才方成书，以是缮写，总计六百册、一千三百卷，进呈御览过，奉圣旨：'于秘府如法收藏，仍赐赉撰集人等者。'钦此。"[3]

最终编定的《元一统志》，据元贞二年（1296 年）所拟该书"凡例"记载，计有九类主要内容：一、行政单位，如路、府、州、县及其隶属关系。二、各级行政单位的建置沿革，大致分为周、秦、汉、后汉、晋、南北朝、隋、唐、五代、宋、金、大元等 12 个阶段。三、各行政单位到元上都及大都的距离。四、各政区境内的名山大川。五、各政区境内的风俗形胜。六、各地古迹。七、各地寺观祠庙。八、各地宦迹。九、各地人物。时人称："照得编类天下地理志书，备载天下路府州县古今建置沿革及山川、土产、风俗、里至、宦迹、人物，赐名《大一统志》。"[4]

这部规模巨大的地理志书到了明代已经残缺不全了，今天我们所能够见到的较好的《元一统志》是由中华书局出版的赵万里先生辑佚的 10 卷本。在这部书中，中书省大都路的部分所存有建置沿革、坊郭乡镇、里至、山川、土产、风俗形势、古迹、宦迹、人物、仙释等 10 个部分。显然，赵万里先生在进行艰难的辑佚工作时，是以元朝人在纂修《元一统志》时的"凡例"为依据的，我们如果对照元朝人的"凡例"可以看出，二者略有不同。如"凡例"是把古迹与寺观祠庙分为两类的，而辑佚本则合并为一类。又如"凡例"只有人物一类，而辑佚本则分为人物与仙释两类。虽然 1300 卷的巨著《元一统志》残佚十分严重，但是，赵万里先生的辑佚本仍然为我们研究这部巨著及了解元朝的历史地理信息提供了十分珍贵的帮助。

在元代，文化事业发展的第一个昌盛时期是在元世祖时，《元一统志》的纂修就是很好的例证，这部著作是对元朝疆域总体概貌的全面描述。而第二个文化发展昌盛时期则是在元仁宗时，《大元圣政国朝典章》（以下简称《元典章》）的纂修也是很好的例证，这是一部元代中期纂集的法律全书，是对元朝基本法律体系的描述。在此之前，为了政治稳定的需要，元世祖时纂修有《至元新格》，作为全体政府官员遵行的法律依据。到了元成宗时，又纂修有《大德典章》及《大德律令》，是对《至元新格》的补充和完善。到了元仁宗时，又有了《元典章》的纂修，乃是对元朝整个法律体系认定的总结。此后，元英宗时又纂修有《大元通制》，则是对元朝法律体系的进一步完善。

《元一统志》现在我们只能见到辑佚的版本了，而《元典章》却有幸一直保留到今天。这部巨著共分两部分，第一部分为"典章"，共分为 10 大类、44 门、373 目。第二部分为"新集至治条例"，共分为 8 大类、39 门、94 目。这一部分当是仁宗时《元典章》编纂完成以后，又续补进去的。因为这部巨著的成书时间较长，参加纂修的人员较多，书中的"诏令"、"律文"、"条格"等皆为成文，而非著述，故而在书前没有标明作者的姓名。但是，编纂者在疏理浩如烟海的成文时，却花费了大量的心血，体现出了较为完整的法律思想，为后人了解元朝的政治状况、社会情景提供了珍贵的第一手资料。《元典章》在元代就有刻本传世，今天已经很难见到，1972 年台北故宫博物院将收藏了几百年的元刊本影印出版，为人们能够更加深入地研究这部巨著提供了便利条件。

据相关专家学者的研究，得知这部元代纂修的法典所体现出来的法律精神，主要上承于唐代的《唐六典》，而又吸收了宋、辽、金等各朝代新增加的相关内容。此外，还继承了蒙古少数民族的法律观念，具有元朝的时代特色。这部法典中的许多内容，较为全面地展示了在这个历史阶段所发生的重要政治事件，如卷一"诏令"部分所刊载的《皇帝登宝位诏》、《中统建元诏》、《建国都诏》、《至元改元诏》等，客观反映出元世祖在即位前后所采取的重大政治决策。又如卷二十三"户部九·农桑"部分所刊载的各条内容，反映出元朝统治者从熟悉的游牧生产向重视农耕生产方面的观念转变。在这方面的内容，还可以参考本书卷二"圣政"部分的相关内容。笔者认为，在迄今为止的元代法律史、政治史、社会史、经济史的研究中，人们对这部巨著的使用还是很不够的。

在元代，文化事业发展的第三个昌盛时期是在元文宗时，《皇朝经世大典》（以下简称《经世大典》）的纂修即是一个很好的例证。这部巨著始纂于天历二年（1329 年）九月，成书于至顺三年（1332 年）三月，计有目录 12 卷、公牍 1 卷、纂修通议 1 卷、正文 880 卷。该书共分为 10 篇，所谓"君事四，臣事六"。君事 4 篇，第一篇为帝号，第二篇为帝训，第三篇为帝制，第四篇为帝系。臣事 6 篇，第一（即总第五篇，以下类推）为治典，第二为赋典，第三为礼典，第四为政典，第五为宪典，第六为工典。这六典实际是以吏、户、礼、兵、刑、工六部为划分依据的。

参加这部巨著纂修工作的，皆是当时著名的文士，如虞集、揭傒斯、欧阳玄、赵世延、王守诚、李洞等。关于这部书的主要内容，正史称：元文宗"敕翰林国史院官同奎章阁学士采辑本朝典故，准唐、宋《会要》，著为《经世大典》"。[5]而编纂者称："其书悉取诸有司之掌故，而修饰润色之。通国语于尔雅，去吏牍之繁辞，上送者无不备书，遗亡者不敢擅补。"[6]这部巨著今已亡佚，我们仅能够从《元朝文类》中所载的《经世大典序录》及明代《永乐大典》中转抄的一些佚文聊见此书之一斑。

到了此后的元顺帝时期，中央政府最大的文化工程就是纂修《辽史》、《宋史》和《金史》（其详见本书史部著述的相关内容），这项工程的顺利完成，表现出元朝中央政府中的文职官员们有着较为雄厚的文化积淀，以及较为完备的编纂能力。对辽、金、宋3朝历史给予全面的叙述与评价，从今天来看，也只有元朝比较合适。这个结果，是历史发展的必然。对于这3部官修正史的学术质量，后世多有微辞，但是，明朝人纂修《元史》，清朝人纂修《明史》，也多有不尽如人意的地方。这种历史局限性的影响，不仅古人难免，今人亦不可免。

第二节　经部著述

元代之经部之学，上承于两宋及辽金，下启于明清，实为中国儒学发展的关键时期。两宋儒学，代表了中原及江南的正统学派，而辽金儒学，则显示了北方儒学的发展特色。元代一统天下，将南、北儒学融合在一起，再下传于明代，而更影响到了清代。人们在谈论元代儒学时，有两位大儒是必须提到的，一位是许衡，另一位则是吴澄。许衡是元代前期北方儒学的代表，而吴澄则是元代中后期南方儒学的领袖。二人皆曾几次来到大都城，但是在这里生活的时间又都不长，故而在讲到元大都的经部著述内容时，没有将其列为专门涉及的对象。而有一位儒学家，虽然也不是燕地人，却不得不加以涉及，他就是金元之际的宋儒赵复。

赵复，字仁甫，人称江汉先生，元太宗时有北方名儒姚枢随蒙古国大臣杨惟中等从军南伐，俘获赵复，姚枢与之交谈，知为大学者，遂携其北归，至燕京，杨惟中专门创立太极书院，命其传授宋儒之理学，"江汉至燕，学徒从者百人，北方经学自兹始。"[7]此后，姚枢、许衡、刘因等北方学者皆从赵复学习宋儒理学。赵复为将其所学传授给北方学者，并著书立说，史称："复以周、程而后，其书广博，学者未能贯通，乃原羲、农、尧、舜所以继天立极，孔子、颜、孟所以垂世立教，周、程、张、朱氏所以发明绍续者，作《传道图》，而以书目条列于后；别著《伊洛发挥》，以标其宗旨。朱子门人，散在四方，则以见诸登载与得诸传闻者，共五十有三人，作《师友图》，以寓私淑之志。又取伊尹、颜渊言行，作《希贤录》，使学者知所向慕，然后求端用力之方备矣。"[8]赵复所著《传道图》、《师友图》、《伊洛发挥》及《希贤录》今皆已亡佚不传。

元朝系由蒙古族统治者所建立的游牧民族政权，但是，在进入中原地区之后，却逐渐接受了这里的农耕文化，主要标识之一，就是大行礼乐之事。自从元世祖改国号为大元之后，任用大臣刘秉忠等人的举措，使得礼乐制度日渐完备。此后历经元仁宗、元文宗的倡行文化，使元朝的礼乐制度大致定型。正是在这种历史背景下，出现了《太常集礼》的纂修活动。当时主持这项工作的，为名儒李好文及孛术鲁翀。史称：李好文在泰定帝时任太常博士，提出纂修之事，"白长院者，选僚属数人，仍请出架阁文牍，以资采录，三年，书成，凡五十卷，名曰《太常集礼》。"[9]

这部书的准确名称为《大元太常集礼橐》，是在元大都的太常礼仪院编纂完成的，始纂修于泰定三年（1327年），成书于天历二年（1329年），共有51卷，据李好文为该书所作"序"称，计为：郊祀礼9卷，社稷礼3卷，宗庙礼21卷，舆服礼2卷，乐礼7卷，诸神祀礼3卷，诸臣请谥及官制因革、典籍录礼6卷。所谓："事核文直，汇杂出而易见，盖太常之实录也。"[10]这部书在编纂完成之后，并没有刊行问世，故而称之为"橐"，但是，却在当时产生了较大的影响，如王守诚即纂修有《续编太常集礼》，元代佚名亦编有《太常至正集礼》等。明朝初年在纂修《元史》时，史官们也把《太常集礼橐》作为重要的参考资料。可惜今天我们已经无法见到这部书的原貌了。

《春秋》经传是儒家经典的一个重要组成部分，孔子作《春秋》之后，历代皆有研究专著问世，在元代，值得一提的是齐履谦所作《春秋诸国统纪》6卷。齐履谦为河北大名人，但是，他从6岁就到了京城，此后历仕世祖、成宗、武宗、仁宗、英宗、泰定帝及文宗7朝，做官近五十年，大多数时间皆任京官，故而其著述被列为本书的研究范围内。齐履谦在为这部书所作"自序"中，叙述了全书的基本框架，即：鲁国春秋统纪第一，周王春秋统纪第二，宋图春秋统纪第三，齐国春秋统纪第四，晋国春秋统纪第五，卫国春秋统纪第六，蔡国春秋统纪第七，陈国春秋统纪第八，郑国春秋统纪第九，曹国春秋统纪第十，秦国春秋统纪第十一，薛国春秋统纪第十二，杞国春秋统纪第十三，滕国春秋统纪第十四，莒国春秋统纪第十五，邾国春秋统纪第十六，许国春秋统纪第十七，宿国春秋统纪第十八，楚国春秋统纪第十九，吴国春秋统纪第二十。齐履谦对诸国在书中的排列顺序，皆是有特定含义的，其核心则是依照孔子的褒贬观作为评判的标准。

齐履谦的学术专精是在天文历法方面，他在辅助郭守敬修订《授时历》之后，撰写有《二至晷景考》及《经串演撰八法》等书。此外，他对经学的研究也很深入，著述也很丰富，仅据正史所记载的："履谦笃学勤苦，家贫无书。及为星历生，在太史局。会秘书监辇亡宋故书留置本院，因昼夜讽诵，深究自得，故其学博洽精通，自《六经》、诸史、天文、地理、礼乐、律历，下至阴阳、五行、医药、卜诬，无不淹贯，尤精经籍。著《大学四传小注》一卷，《中庸章句续解》一卷，《论语言仁通旨》二卷，《书传详说》一卷，《易系辞旨略》二卷，《易本说》四卷，《春秋诸国统纪》六卷。"[11]可惜这些著述多亡佚不存。

在元代，有些少数民族人士也对经学很感兴趣，如元武宗时，即有少数民族人士保八（又作保巴）对《周易》加以研究，并撰写了《易源奥义》（1卷）及《周易原旨》（8卷）等著述。清朝文臣在纂修《四库全书》时，将这两部著述收入"经部·易类"之中。据四库馆臣在所作这两部书的《提要》中称："保巴，字普庵，色目人，居于洛阳。其平生仕履别无可考，是书前有《进太子牋》，结衔称太中大夫、前黄州路总管兼管内劝农事，不知其终于何官也。"查明人所修《元史》无《保八传》，而清人所修《新元史》则为其立传云："保八，字公孟，蒙古人。少好学。为黄州路总管。精《易》理，著《易源奥义》一卷，《周易原旨》六卷。仁宗在东宫，保八进笺曰：'自龙图之画既出，而象数之学肇开，至六十四卦以成书，为百千万年之明鉴。羲、文、孔子发先天之妙，京、费、王弼广后世之传。岂但求语下之筌蹄，又当参胸中之关键。凡蠡测管窥，以探精义，皆铢积月累，以用深功。苟得其真，敢私其秘？不揆浅肤之素学，冒干投进于青宫，冀虎闱齿胄之间，特加披阅。在鹤禁延儒之顷，更赐表章。'太子嘉纳焉。"[12]据此可知，《新元史》所云与《四库全书总目提要》所云不同，当以《新元史》为正确。保八是蒙古族大臣，曾经受到元武宗赏识，官至尚书省右丞。当时元仁宗被立为皇太子，故而这两部书是保八进献给元仁宗的。及元仁宗即位，为了清除元武宗的势力，遂将保八等人诛杀。保八虽死，这两部书却保留下来。

在元代，由于统治者的大力提倡，蒙古字成为官方使用的主要文字之一，故而许多文人开始学习这种新创造的文字，并且加以研究。大都信安人朱宗文所作《蒙古字韵》2 卷，就是这个时代的产物。朱宗文在《元史》中无传，清朝文臣在纂修《四库全书》时将其著述收入，并撰写有《提要》称："宗文，字彦章，信安人。……宗文以《蒙古字韵》字与声合，而诸家汉韵率多伪误，莫知取舍，因重为校正。首列各本误字及重入汉字，次列总括变化之图，次字母三十六字，次篆字母九十八字，次则以各蒙古字分韵排列，始一东，迄十五麻，皆上冠蒙古文，下注汉文对音，先平声而附以上、去、入声。每一蒙古字，以汉字音注，自四五字至二三十字，末附回避字样一百六十余字。"[13]这部字书不仅在元代影响较大，到了清代仍然成为文臣们研究蒙古文字的重要参考文献，故而在《四库全书》、《续文献通考》、《皇朝通志》等多部大型类书及政书中皆有涉及。

第三节　史部著述

元代的史部著述很有特点，其一，是前朝正史的纂修，主要是在京城完成的，而且囊括了辽、宋、金三朝，可以说是起到了传承的重要作用。其二，是蒙古族历史的纂修，成为一项重要工作，一方面，是蒙古族文臣依据祖先传说而撰写有"秘史"；另一方面，则是汉族文臣按照惯例撰写的诸帝《实录》及"国史"。到了元末明初，又有一些相关野史的撰写。其三，是政书的纂修十分兴盛，除了官修的《经世大典》、《元典章》等大型典籍的问世之外，私家著述也很丰富，如王士点的《禁扁》及《秘书监志》、潘迪的《宪台通纪》、揭傒斯的《奎章政要》、李好文的《成均志》等，皆在当时产生了较大影响。其四，是地理类著述在政书中占有突出的地位，除了《元一统志》的纂修之外，佚名的《圣朝混一方舆胜览》、熊自得的《析津志典》和乃贤的《河朔访古记》等，皆在当时及后世产生了重要影响。

在元代，前朝正史的纂修很早就有人提出，元宪宗时，刘秉忠入忽必烈幕僚，即提出纂修《金史》的建议，及中统年间，王鹗又请修《辽史》及《金史》（以史天泽监修《国史》，以耶律铸监修《辽史》，以王文统监修《金史》）。到了元代中期的袁桷，元代后期的嵝嵝，皆曾倡议纂修辽、金、宋三史。作为元朝统治者，元世祖、元仁宗、元文宗时皆曾议纂修三史之事，又皆未能落实，直到元顺帝时，才把这项文化工程加以落实。至正三年（1343 年）三月，元顺帝下诏，以中书省右丞相脱脱为都总裁官（后改为阿鲁图），以铁木儿塔识、太平（即贺惟一）、张起岩、欧阳玄、吕思诚、揭傒斯为总裁官（后又加李好文、王沂、杨宗瑞为总裁官）。又以廉惠山海牙、王沂、徐昺、陈绎曾等人分撰《辽史》，以纳麟、伯颜、达世睦迩、董守简、岳柱、拜住、陈思谦、斡栾、孔思立、斡玉伦徒、泰不华、杜秉彝、宋褧、王思诚、王守诚、汪泽民、干文传、张瑾、贡师道、麦文贵、余阙、李齐、刘闻、贾鲁、冯福可、陈祖仁、赵中、王仪、余贞、谭慥、张翥、吴当、危素等人分撰《宋史》，伯颜又曾分撰《金史》。同年五月，三史的纂修工作正式启动。翌年三月，《辽史》完成，十一月，《金史》完成，到至正五年（1345 年）十一月，《宋史》完成。三史的纂修工作全部竣工。

辽、金、宋三史的纂修，早在元代以前就开始了。在金朝攻灭辽朝之后，就开始有了纂修《辽史》的工作，这项工作从金朝初年一直延续到金章宗泰和年间，才告一段落，但是，这部由金朝纂修的《辽史》却没有能够刊印出版。到元朝末年纂修三史时，这部《辽史》成为重要的参考文献。在元朝与宋朝联手攻灭金朝之后，亡金遗老元好问等人就开始着手《金史》的纂修工作，一直到元朝后期开始纂修三史，才把这项工作完成。《宋史》的纂修工作起步最晚，是与宋朝的灭亡要晚于金朝有直接关系，当元朝军队攻占南宋京城临安时，董文炳将宋朝文臣自己纂修的《国史》五千余册运回大都城，放置在翰林国史院中，为后来的《宋史》纂修工作奠定了较为坚实的基础。及元顺帝时为了纂修三史，又派政府官员到各地去收集历史文献，其中，当以与宋史有关的著述最多。而最后纂修完成的三史中，也以《宋史》的内容最多，《辽史》的内容最少。

在三史的纂修过程中，人们争论最多的一个关键问题就是所谓的"正统"问题。是以两宋为"正统"，还是以辽金为"正统"，成为争论的焦点。大多数的汉族文臣皆主张以两宋为"正统"，而将辽金视为"旁支"，两宋帝王的事迹可以撰写为"本纪"，而辽金帝王的事迹只能撰写为"载记"。但是，两宋王朝是汉族统治者建立的，而辽金两朝则是少数民族统治者建立的，显然，建立元朝的蒙古统治者在"正统"问题上的立场是十分明确的，因此，关于"正统"的争论已经从史学观点的异同变成了一个重要的政治问题，所以这种争论是没有结果的。最后，元朝统治者回避了"正统"的争论，而采取了在同一个历史时期，纂修三部正史的办法。三个朝代，各为统系，既避免了评价史实时的偏颇，也给后人在研究这个历史时期的许多问题时可以得到不同的信息。

　　元朝政府在纂修前朝历史的同时，也在纂修本朝的历史。对于元朝历史的纂修，主要采用的是两种文字，一种是汉字，还有一种是蒙古文字。用蒙古文字纂修的历史，在当时称之为《脱卜赤颜》，这部历史后人又认为即是《元朝秘史》。因为《脱卜赤颜》今天已经见不到了，故而这只不过是一种推测。而笔者则认为，《元朝秘史》只是《脱卜赤颜》的一部分，也就是最早的那一部分。此后，元朝统治者又曾将一些重要的史事增入到这部书中。如元文宗时，"撒迪请备录皇上登极以来固让大凡、往复奏答，其余训敕、辞命及燕铁木儿等宣力效忠之迹，命朵来续为《蒙古脱卜赤颜》一书，置之奎章阁。从之。"[14] 此后，《元史》又记载："初，文宗在上都，将立其子阿剌忒纳答剌为皇太子，乃以妥欢帖穆尔太子乳母夫言，明宗在日，素谓太子非其子，黜之江南。驿召翰林学士承旨阿邻帖木儿、奎章阁大学士忽都鲁笃弥实书其事于《脱卜赤颜》，又召集使书诏，播告中外。"[15] 据此可知，在《脱卜赤颜》一书中，至少记载的历史下限到了元文宗在位时期。

　　用汉字纂修的元朝历史主要有两种体裁，一种为诸帝《实录》，即编年体的历史，主要由翰林国史院的史官们撰写。如元代文臣虞集在为大臣董文用撰写的《行状》中即提道："是年，诏修先帝《实录》，升资善大夫知制诰兼修国史。公于祖宗世系、功德，戚近将相家世、勋绩，皆记忆贯穿，史馆有所考订质问，公应之无所遗失。"[16] 在这里所说的先帝《实录》，即《元世祖实录》，"是年"当为至元三十一年（1294 年），一年以后纂修工作完成。时人称："今具所修成《世祖皇帝实录》二百一十卷，《事目》五十四卷，《圣训》六卷，凡二百七十卷。谨缮写为二百七十帙，用黄绫夹复封全，随表上进。"[17]

　　用汉字为元朝帝王纂修《实录》，当始于元世祖时，史称：至元二十三年（1286 年）十二月，"翰林承旨撒里蛮言：'国史院纂修太祖累朝《实录》，请以畏吾字翻译，俟奏读然后纂定。'从之。"[18] 据此可知，"太祖累朝《实录》"应该包括自元太祖至元宪宗的诸位帝王（包括没有正式登上帝王宝座的元睿宗），而这些帝王的《实录》在用汉字纂修完成之后，还要用"畏吾字"翻译和阅读，然后再经过元世祖的认可。此后，元朝诸帝《实录》的纂修开始逐渐制度化，除了完成于元成宗时的《世祖实录》外，如完成于元仁宗皇庆元年（1312 年）的三朝《实录》，计有《顺宗皇帝实录》1 卷，《成宗皇帝实录》56 卷、

《事目》10 卷、《制诏录》7 卷，《武宗皇帝实录》50 卷、《事目》7 卷、《制诏录》3 卷，总计 134 卷。又如完成于元英宗至治三年（1323 年）的《仁宗实录》60 卷、《事目》17 卷、《制诏录》13 卷，合计为 90 卷。及泰定帝即位后，又命翰林国史院纂修英宗及显宗（泰定帝之父）《实录》，直到元文宗时，才纂修成《英宗实录》40 卷、《事目》8 卷、《制诰录》2 卷，合计 50 卷。及元顺帝即位后，又命文臣王结、张起岩及欧阳玄等人纂修泰定帝、元文宗、元明宗及元宁宗诸朝《实录》。

元朝纂修诸帝《实录》的机构为翰林国史院，设置在大都城，因此，整个纂修工作皆是在这里完成的，而纂修完的《实录》又都被放置在翰林国史院内，禁止外人观看。但是，元朝灭亡后，从元太祖一直到元宁宗的诸帝《实录》就成为明朝政府纂修《元史》的主要参考文献。顺帝因系亡国之君，没有纂修《实录》，故而元朝后期的历史在撰写过程中的质量就远逊于此前的元代前期与中期。值得注意的是，元世祖时纂修的太祖以来诸帝《实录》，并不是当时的记录，而是后人的追忆，经过加工整理而成。而从元世祖到元宁宗的诸帝《实录》，也不是真实历史的记录，而是政治斗争，特别是皇位争夺的产物。如元英宗被弑杀后，泰定帝即位，开始纂修英宗及显宗的《实录》，但是在元文宗夺取皇权之后，又重新纂修《英宗实录》。

元朝政府纂修的另一种当朝正史被称为《国史》，主要是记载诸位皇后及功臣的事迹，这项文化工程应该是从元成宗时开始的。据元人刘敏中作《哈剌哈孙勋德碑》称："丙午，加开府仪同三司监修国史，置僚属，奏修三朝皇后及宗室功臣传。"[19]"丙午"为大德十年（1306 年），正是在这一年，由哈剌哈孙主持，开始纂修《国史》的《后妃传》、《宗室传》及《功臣传》。此后，又在元英宗及元顺帝时出现有纂修《后妃传》及《功臣传》的记录，这些专传与诸帝《实录》相合，则成为元朝较为完整的历史记录。今天，元朝诸帝《实录》及《后妃传》、《功臣传》等皆已见不到，我们只能从明朝纂修的《元史》和存留下来的《元朝秘史》中略见其踪迹。

在记载元朝事迹的杂史中，有两部书值得关注，一部是记载蒙古国崛起时期的《圣武亲征录》，另一部则是记载元顺帝在位时期宫廷生活的《庚申外史》。《圣武亲征录》1 卷，为佚名所撰写，书中的"圣武"，即是指元太祖，今日得见的，以清末大学者王国维校注的"蒙古史料四种"本较好。清朝文臣在纂修《四库全书》时将这部书列入"杂史类存目"中，并称该书："首载元太祖初起及太宗时事。自金章宗泰和三年壬戌始纪甲子，迄于辛丑，凡四十年。史载元世祖中统四年，参知政事修国史王鹗请延访太祖事迹，付史馆，此卷疑即当时人所撰上者。其书序述无法，词颇蹇拙，又译语讹异，往往失真，遂有不可尽解者。然以《元史》较之，所纪元初诸事，实大概本此书也。"(20) 在元代初年文献较少的情况下，这部书的珍贵史料价值是不可否认的。

《庚申外史》2 卷（又有 1 卷本），为明朝初年的权衡（又作"葛禄衡"）所撰写，"庚申"指的就是元顺帝。今日常见者，有任崇岳笺证的中州古籍出版社本。清代文臣纂修《四库全书》，亦将本书归入"杂史类存目"中。他们对这部书的评价比较公允，称该书："所纪皆元顺帝即位以后二十八年治乱大纲。时顺帝犹未追谥，以其庚申年生，故称之曰庚申帝。又《元史》亦尚未修，故别名曰《史外见闻录》。所言多与元史相合，于宫庭构煽、盗贼纵横之事，皆能剖析端委。"(21) 特别是元顺帝一朝没有纂修《实录》，故而对于这个时期的许多事情缺乏系统的记载，也就使得这部书的史料价值比较珍贵。如书中所云元顺帝为南宋亡国之君赵㬎之子，即曾在学术界引起很大争议，有些人认为是无稽之谈，而另一些人则认为是有迹可寻的。此外，又有《元氏掖庭记》一书，所记亦为元朝宫廷中的轶事，则应入"小说家"之流。

在元代官修的政书中，除了《大元大一统志》、《大元圣政国朝典章》及《皇朝经世大典》等大型书籍的纂修之外，当属《宪台通纪》和《宪台通纪续集》的纂修最为重要。这两部书的纂修，系时任御史台的诸多官员共同倡议的，据时任监察御史的潘迪为该书作序称："本台旧有沿革，虽大纲既举，而节目犹疏。乃命参考簿籍，起自至元五年，以迄于今。凡立法定制、因革变通，与夫除拜先后，官联名氏，汇集成书，凡二十四卷。定其名曰《宪台通纪》。于以彰圣朝委任风宪之初意。议以御史中丞耿资德。侍御史慕中奉、经历唆南、都事尚有用、王敬方、王领校正。奏请刻梓摹印，遍须内外台宪，以为一代之盛典。且使司风纪者有所持循，矜式于亿万斯年。"(22) 后至元二年（1336 年）开始纂修，到至正三年（1343 年）该书成，共历时 7 年。到了至正十二年（1352 年），御史台诸臣又作有《宪台通纪续集》15 卷，并请当时名士欧阳玄作序。这部颇具规模的政书今已散佚，我们只能从残存的《永乐大典》中窥见该书之一斑。

在元代私人撰写的政书中，则以王士点、商商企翁合纂的《秘书监志》11 卷最为重要。王士点为元初名士王构之子，家学有自，且长期生活在大都城，又曾在秘书监中任职，故而是撰写这部书的最佳人选。商企翁则是元初名士商挺的后裔，又在秘书监中与王士点共事，故而是王士点的最佳合作者。二人在《元史》中皆无传，只知王士点除了在秘书监供职之外，又曾任监察御史，篆书在当时颇有名气。今存《秘书监志》11 卷，分为：职制、禄秩、印章、廨宇、公移、分监、什物、纸札、食本、公使、守兵、工匠、杂录、篆修、秘书库、司天监、兴文署、进贺、题名等，共 19 类，为元顺帝至正年间编纂的。该书中的主要内容为当时各种文献的辑录，保留有大量珍贵的历史信息，对于研究元代文化史有重要参考价值。今天常见者，为高荣盛的点校本。

元代私人撰写的政书，又有文士揭傒斯的《奎章政要》，为时人所称道。元文宗时，在皇城内建有奎章阁，任命文士虞集、柯九思、揭傒斯等人供职阁中，以品评历代名画、法帖为乐趣。时人称："文宗之御奎章日，学士虞集、博士柯九思常侍从，以讨论法书、名画为事，时授经郎揭曼硕亦在列，比之集、九思之宠眷者则稍疏。因潜著一书，曰《奎章政要》以进，二人不知也。万几之暇，每赐披览。及晏朝，有画《授经郎献书图》行于世厥有深意存焉。句曲外史张雨题诗曰：'侍书爱题博士画，日日退朝书满床。奎章阁上观《政要》，无人知有授经郎。'盖柯作画，虞必题，故云。"[23] 这部书因系揭傒斯进献给元文宗阅读的，故而未能刊行于世，后人已不得见。其内容，当以治国理政为主。

元代私人撰写的传记类著述，当以夏庭芝的《青楼集》1 卷与钟嗣成的《录鬼簿》2 卷为代表。夏庭芝，字伯和，为江苏华亭人，他在元代没有做过官，但是，家中藏书甚富，为他撰写这部人物传提供了便利。《青楼集》共收录有元代著名演艺人士一百二十余人的传略，对于了解元代的演艺发展状况，特别是元大都的演艺状况助益极大。因为在收录的这一百二十余人中，活跃在大都城的演艺人士即约为三分之一。如张怡云、解语花、珠帘秀、顺时秀等歌妓，皆为当时元大都艺坛的佼佼者，这些人在京城与达官显贵、文人墨客的交往常常被传为佳话。如该书记载解语花的事迹时，讲到廉希宪在别墅"廉园"中与卢挚、赵孟頫饮酒聚会，解语花亦在场，赵孟頫即席为她赋诗一首，这首诗在赵孟頫的《松雪斋集》中就未曾收录。

钟嗣成，字继先，为河南开封人，长期居住在杭州，在元代也没有做过官。《录鬼簿》共收录有杂剧及散曲作家一百五十余人的传略，分为：前辈已死名公（有乐府行于世者）、方今名公、前辈已死名公才人（有所编传奇行于世者）、方今已亡名公才人（余相知者，为之作传，以《凌波曲》吊之）、已死才人不相知者、方今才人相知者（纪其姓名行实并所编）、方今才人（闻名而不相知者）等六大部分。其中的前辈已死名公，如董解元、刘秉忠、杜仁杰、王和卿、杨果、胡祗遹、卢挚、姚燧、徐琰、刘敏中、滕斌、贯云石海涯等；方今名公，如刘时中、萨都剌、李洞、曹元用、王士熙等；前辈已死名公才人，如关汉卿、高文秀、郑廷玉、白朴、庾吉甫、马致远、王实甫、杨显之、李时中等；方今已亡名公，如宫天挺、郑光祖、曾瑞、乔吉甫等；方今才人相知者，如黄公望、秦简夫、徐再思、曹明善等，或是在元代文坛享有盛誉，或是在大都城生活过很多时期，或是二者兼有之。该书中的许多重要人物的传记，是在其他元代文献中所无法见到的，故而对于我们了解元大都的杂剧及散曲创作情况提供了珍贵的史料。

作为元代私人纂修的地方志书，当以熊自得的《析津志》最具代表性。熊自得，字梦祥，为江西人，与元末名士揭傒斯为同乡，曾在元大都任大都路儒学提举及崇文监丞等职，他在《元史》中无传，今日得见的，是由清代谢旻等人在雍正年间奉命纂修的《江西通志》卷六十七《人物志》中为熊自得作的小传。他所撰写的《析津志》，应该是他在元大都供职期间所编纂完成的，这是一部关于北京历史文化的重要参考文献。该书在明代尚存，见于《文渊阁书目》著录，称为《析津志典》，共34册，当时著录的还有《太平寰宇记》50册（又有30册1种）、《舆地纪胜》30册（又有18册1种），通过比较，由此可以估算出这部《析津志》的内容还是十分丰富的。

该书到了清代末年大概散佚了，今日我们能够见到的，是北京图书馆（今国家图书馆）善本部的同志们从各种历史文献中搜集起来的，称为《析津志辑佚》。辑佚者根据这部书的残存内容将其分为18类，即：1. 城池街市，2. 朝堂公宇，3. 台谏叙，4. 工局仓廪，5. 额办钱粮，6. 太庙，7. 祠庙、仪祭，8. 寺观，9. 河闸桥梁，10. 古迹，11. 大都东西馆马步站，12. 人物，13. 名宦，14. 学校，15. 风俗，16. 岁纪，17. 物产，18. 属县。经过搜集和整理后的佚文共有十余万字。纵观佚文，可知这部志书是熊自得从他所见到的元代文献中抄录各种与大都有关的史料，经过编纂而成的。如在该书的"朝堂公宇"类中收录的《中书参议府题名记》和《中书省左司题名记》等文章，今天我们从危素、欧阳玄的"文集"中可以见到。而王思诚所撰写的《中书断事官厅题名记》，今天在其他文献中就很难看到了。

其他见于各种文献著录的元代政书，如佚名的《皇元建都记》和

《内府宫殿制作》，周之朝的《朝仪备录》和《朝仪纪原》，李好文的《成均志》，任杬的《太常沿革》等书，今皆散佚不存，甚为可惜。其他文献，如佚名的《圣朝混一方舆胜览》、《大都图册》及《大元海运记》，乃贤的《河朔访古记》等，或者亡佚，或者残缺不全，或者散失而后被辑录为书，对于我们今天研究元代的历史文化，也都有十分珍贵的参考价值。由于本书字数所限，也就不能够——加以著录了。

第四节　子部著述

在元代，子部著述比起宋代来要少一些，比辽金两代却要多一些。在这个时期，天文历算类和术数类的著述相对多一些，这是与当时人们对天文历法的关注有直接关系。在蒙古国崛起之前，中原学者的天文历法知识有着较为完整的传承性，由此也就带来了某些局限性。在蒙古国崛起之后，西域的天文历法知识传入中原地区，特别是在元朝统一全国之后，江南地区的学者不断北上，与中原学者相互交流，更促进了中国天文历法科学的进一步发展，这一点在著述方面的表现是很明显的。在元代的子部著述中，宗教著述（即子部释家类和道家类等）的数量也比较多，这是与元代宗教的兴盛发展有着直接的关系。元朝统治者对于各种传世的宗教派别皆采取了平等对待的政策，使得这个时期的大都城逐渐成为一个世界性的宗教中心，不论是原有的佛教与道教，还是新传入的伊斯兰教与基督宗教，都在大都城开展各种传教活动。因此，也就有了更多的宗教著述。

一、天文历法类著述

在蒙古国时期，耶律楚材是政治影响最大的中原人物之一，同时也是著述最为丰富的人物之一。他不仅在政治上对蒙古国的发展作出了重要贡献，而且在天文历法方面也有十分深入的研究。他在随同元太祖西征的途中，曾经遇到这样一件事情："西域历人奏五月望夜月当蚀，楚材曰：'否'，卒不蚀。明年十月，楚材言月当蚀，西域人曰不蚀，至期果蚀八分。"[24]由此可见，耶律楚材甚至可以把他对天文历法的研究应用于对天体运行的观测。

耶律楚材在天文历算类著述中的代表作当属《西征庚午元历》2卷，史称："元初承用金《大明历》。庚辰岁，太宗西征，五月望，月蚀不效。二月、五月朔，微月见于西南。中书令耶律楚材以《大明历》后天，乃损节气之分，减周天之秒，去交终之率，治月转之余，课两曜之后先，调五行之出没，以正《大明历》之失。且以中元庚午岁，国兵南伐，而天下略定，推上元庚子岁天正十一月壬戌朔，子正冬至，日月合璧，五星联珠，同会虚宿六度，以应太祖受命之符。又以西域、中原地里殊远，创为里差以增损之，虽东西万里，不复差式。遂题其名曰《西征庚午元历》，表上之，然不果颁用。"[25]据相关文献的著录，耶律楚材又有《历说》、《回鹘历》、《麻答把历》等书，今皆亡佚。

耶律楚材对术数也很有研究，曾撰有《五星秘语》1卷，该书今亦亡佚，仅见于黄虞稷《千顷堂书目》有著录。明人叶子奇对该书的评论称："兵家遁法，即白法也。开、休、生三吉门，开即六白，休即一白，生即八白。耶律楚材以生克制化论五星，郭去非以战斗伏降刑冲破合论三命，皆臻其理也。"[26]据此可知，耶律楚材的这部著作是与古代军事活动相关的。

二、数学著述

在元代的大都地区，又有一位出色的数学家朱世杰，曾经撰写有《四元玉鉴》3卷（《千顷堂书目》著录为2卷）及《算学启蒙》3卷。朱世杰，《元史》中无传，清人柯劭忞纂《新元史》为其作传称："世杰，字汉卿；寓大都，不知何许人。著《四元玉鉴》三卷，凡二百八十问，列开方演段诸图凡四：一曰今古开方会用之图，二曰四元自乘演段之图，三曰五和自乘演段之图，四曰五较自乘演段之图。谓算学精妙，无过演段，前明五和，后辩五较，自知优劣也。次则假令四问。其立天元曰一气混元，天地二元曰两仪象元，天地人三元曰三才运元，天地人物四元曰四象会元。法以元气居中，立天元一于下，地元一于左，人元一于右，物元一于上。乘除往来，用假象真，以虚问实，错综正负，分成四式，必以寄之剔之，余筹易位而和会，以成开方之式焉。又撰《算学启蒙》三卷，自乘除加减以至天元如积总二十门，较《四元玉鉴》为便于初学。"[27]朱世杰的著作到了明代似已无人研究，而到了清代，西方数学传入后，才又开始有人研究"四元"算法，并且对朱世杰的著作极为推崇，认为比西方的数学还要高明。

三、艺术类著述

在子部艺术类的著作中，当以李衎的《竹谱》10卷为代表。今日得见的《竹谱》录自《永乐大典》，据纪昀等人的考订，该书原为20卷，后人将之合并为10卷。卷一为"竹谱详录"，卷二为"墨竹谱"，卷三为"竹态谱"，卷四为"竹品谱"中的全德品，卷五为"竹品谱"

中的异形品上，卷六为"竹品谱"中的异形品下，卷七为"竹品谱"中的异色品，卷八为"竹品谱"中的神异品，卷九为"竹品谱"中的似是而非竹品，卷十为"竹品谱"中的有名而非竹品。书前有李衎在大德三年（1299年）所作"序言"。李衎为大都人，字仲宾，号息斋，时称蓟丘人，系因旧蓟城西北有土阜一座，被称为蓟丘。他在当时即以善于画竹石而著称，因此，所著《竹谱》一书把竹子的品格描写得淋漓尽致。当时著名书画家赵孟頫曾经在李衎所画墨竹上题诗云："李侯写竹有清芬，满纸墨光浮翠筠。萧郎已远丹青死，欲写此君惟此人。"[28] 李衎又曾作有《息斋老子解》2卷，有《道藏辑要》本存世。

四、杂家类著述

在子部杂家类的著作中，当以鲜于枢的《困学斋杂录》1卷及《相学斋杂钞》1卷为代表。鲜于枢，字伯机，渔阳人，号其所居斋为困学斋。《困学斋杂录》一书初无作者姓名，清人曹溶定为鲜于枢所作，而纪昀等人对该书亦加褒评，称："今考其书虽随笔札录，草草不甚经意，而笔墨之间具有雅人深致，非俗士所能伪托"。[29] 《相学斋杂钞》则有元人陶宗仪《说郛》本所载，仅有杂钞18条，当非完书。鲜于枢所著又有《困学斋集》，今已散佚，只有一些诗文、题跋为后人所传抄。据相关文献记载，鲜于枢还撰有《笺纸谱》及《钩玄》二书，《笺纸谱》1卷收入陶宗仪所编纂的"说郛"中，《钩玄》一书则已散佚，仅见零星文句转引自他人著述。

五、宗教类著述

（一）佛教类著述

元代大都佛教得到重大发展。其时名僧辈出，如一代宗师万松行秀、临济巨匠海云印简等，都是北方佛教界的领袖人物，在元初政治上也发挥过巨大作用。藏传佛教更得到元朝统治者的尊崇，具有很高的政治地位。元代国家统一，也非常有利于南北佛教的交流与融会。大都地区的佛教文化因此走向繁荣，高僧大德先后相继，为后世留下了许多重要的佛教著述。

金元之际佛教界著述丰富者，首推曹洞宗名僧万松行秀。万松行秀（1166—1246年），河内（今河南沁县）人，俗家蔡姓。15岁出家，后至金中都住万寿寺。明昌四年（1193年）经金章宗特召入宫讲佛，承安二年（1197年）命为仰山栖隐寺住持，后又住持报恩寺等。万松行秀为金元之际的著名僧人，元初著名政治家耶律楚材，即是万松行秀的俗家弟子。他的佛教著述，有《祖灯录》62 卷、《评唱天童觉和尚颂古从容庵录》、《请益录》、《释氏新闻》、《辨宗说》、《鸣道集》、《禅悦法喜集》、《万松老人万寿语录》等多种。耶律楚材对此备加推崇，称其"决择玄微，全曹洞之血脉；判断语缘，具云门之善巧；拈提公案，备临济之机锋"。[30] 万松行秀双修禅、净，又撰有《净土语录》。《评唱天童觉和尚颂古从容庵录》是万松行秀的重要著作，简称《从容庵录》、《从容录》，共 6 卷。从容是万松行秀晚年居于报恩寺之庵名，该书内容即是此期评唱天童正觉《颂古百则》的禅学著述，由侍者离知笔录。书中每则公案，均由示众、本则公案、公案评唱、正觉之颂古、颂古评唱等五部分组成，以阐发《颂古百则》的精微妙意。《从容录》深得后世称许，与《碧岩录》并称禅门二大宝典，产生了很大影响。

万松老人的著作之一，为《评唱天童觉和尚颂古从容庵录》，该书系受耶律楚材之请求而作，据耶律楚材曰："予坚请万松评唱是颂开发后学。前后九书。间关七年。方蒙见寄。予西域伶仃数载。忽受是书。如醉而醒。如死而苏。踊跃欢呼。东望稽颡。再四披绎。抚卷而叹曰。万松来西域矣。其片言只字。咸有指归。结口出眼。高冠今古。足为万世之楷模。非师范人天权衡造化者。孰能与于此哉。"[31] 这部书在《大正新修大藏经》中为 6 卷，又有文献著录称为 3 卷。

万松老人又著有《评唱天童拈古请益后录》2 卷，是在撰写完成《从容庵录》之后的义一部力作。据耶律楚材为该书所作"序言"称："今评唱颂古从容庵录已大播诸方，评唱拈古请益后录时，老师年已六十有五矣。循常首带佛事，人情罅隙之间，侍僧请益，旋举旋录，皆不思而对，应笔成文，凡二十七日，百则详备，神锋颖利，于斯见矣。"[32] 据此可知，万松老人在撰写《从容庵录》时用了 7 年的时间，而在撰写《请益后录》时，用了不足一个月的时间。耶律楚材为其写序的时间是在元太宗四年（1232 年），而这部著作所采用的乃是万松老人与弟子之间的问答形式，故而成书时间较短。万松老人又著有《释氏新闻》及《万寿语录》二书，今二书皆未见，据耶律楚材的介绍，《释氏新闻》是万松老人的读书笔记，而《万寿语录》也是万松老人与弟子之间问答的记录。

元代中期，天台宗性澄在大都校勘藏经，弘传佛学，撰有《金刚集注》等，名噪一时。性澄（1254—1331 年），绍兴会稽（今浙江绍兴）人。至治元年（1321 年）召入大都，受到元英宗赏识，受命在青塔寺校勘《大藏经》，事毕辞归。行前，性澄奉旨在白莲寺建水陆无遮大会，大获成功，"事闻，宠赉尤渥，赐号佛海大师。"[33]性澄著述，有《金刚集注》、《心经消灾经注》、《弥陀经句解》及《仁王经如意轮咒经科》等。

元大都名僧著述，尚有庆寿寺海云印简所撰《杂毒海》。海云印简（1202—1257年），临济宗名僧，学成后遍历燕京庆寿、竹林诸寺，元宪宗时受命主管中原佛教事务，忽必烈曾向其问佛，元初著名政治家刘秉忠亦出其门下。又有报恩寺林泉从伦所著《空谷集》、《虚堂集》。此外，大都大云峰禅寺住持如意祥迈，奉元世祖忽必烈之命，撰写了《至元辨伪录》5卷，详细记录了元初佛道两教相争的历史。

元代藏传佛教传入大都，并因皇室的尊奉而得到发展，藏传佛教著述亦随之在大都出现。至元年间，元世祖忽必烈"见西僧经教与汉僧经教音韵不同，疑其有异，命两土名德对辩，一一无差"，[34]遂有"法宝勘同"之举。至元二十二年（1285年），元世祖敕命帝师拔合思巴等通达诸方语文、义学之沙门集于大都，以藏文大藏经目录，对勘汉文经藏，成《至元法宝勘同总录》，凡10卷，略称《至元录》。该书署由元代庆吉祥等29位高僧奉诏撰集，实为佛经目录，收录开元释教录等所列三藏凡1440部5586卷，有汉译藏经与西藏藏经之对照，经、律、论题目均附梵名，故名《勘同总录》。

（二）道教类著述

金元两代是北京道教的兴盛时期，北方道教3个新的教派——太一教、真大道教与全真教相继创传，勃兴一时。南方的正一教也开始北传，在大都得到迅速发展。北京的道教著述随之大量涌现，达到历史上最兴盛的时期，对后世产生了广泛影响。

由于明清之后道教归于全真、正一两派，因而北方流传于世者，首推全真诸祖之撰著。全真教为道士王喆所创。王喆（1112—1170年），道号重阳，陕西人，后至山东传道，收马丹阳、谭长真、丘处机等高弟7人，教势得到初步发展。王重阳之后，经其门徒数辈的持续努力，全真教很快传播到北京地区，并在金元间大行。相关的道教著述也盛于一时，尤以丘处机、尹志平、李志常、姬志真、李道谦诸人为著。

丘处机（1148—1227年）为王重阳7大弟子之一，字通密，号长春子，山东登州栖霞人。丘处机是全真龙门派的开创者，元世祖追封为"长春演道主教真人"。他本为当地显姓望族，19岁时在宁海从全真始祖王重阳出家，勤于修道。其师王重阳去世后，入磻溪穴居6年，又赴陇州龙门山潜修7年，道业日隆，金大定年间即受召前赴中都，住于天长观。其后，丘处机婉拒金朝、南宋邀请，而远赴蒙古成吉思汗之召。他带领尹志平等 18 弟子，"万里西行"，在雪山觐见了成吉思汗。元太祖赐以"神仙"、"大宗师"尊号，大加宠重。返归燕京后，丘处机住于太极宫内，成吉思汗二十二年（1227 年）又经奉旨，改为长春宫。丘处机受赐"金虎牌"、玺书，有处置道教一切事务的权力。[35]北京全真教的影响随之大增，达到前所未有之盛。丘处机擅长文学，《元诗别裁》、《词林纪事》都选编有他的作品。丘处机著述，有《磻溪集》、《鸣道集》及《大丹直指》、《摄生消息论》等。《磻溪集》6 卷，又有金刻本 3 卷，成于大定时期，收丘处机吟、颂、步虚词、古调等律诗、绝句四百七十余篇。除少数为传道之作外，多为题咏、抒怀、应酬之类，后收入《正统道藏》太平部。《鸣道集》已散佚无存，可能亡于元明兵革之际。其内容或说为西行途中所撰，或说为丘处机晚年文集，主要涉及其关于玄理与修炼等的看法。《摄生消息论》1 卷，乃是丘处机据《内经》养生意旨，结合其个人心得，对防病调摄原则与养生方法所作的简要论述。《摄生消息论》为重要的养生学著作，尤偏重于老年养生，分 4 个部分，即春、夏、秋、冬四季"摄生消息"。《大丹直指》2 卷，述内丹理论及修炼之法，书中多引证施肩吾之说，略谓金丹之秘在于一性一命，内容大体承继《灵宝毕法》、《钟吕传道集》而有所发挥。此外，丘处机门人又辑录有《长春真人语录》。

丘处机故后，其得力弟子尹志平、李志常等先后继主其事，全真教继续发展，亦多有著述传世。尹志平（1169—1251 年），字太和，祖籍河北沧州，宋时徙居莱州（今山东掖县）。明昌二年（1191 年）拜丘处机为师，又问《易》于郝大通，受箓法于王处一，兼得"七子"众人之长，道名远播。丘处机受成吉思汗征召西行时，尹志平为十八随行弟子之冠。继主长春宫期间，尹志平支持宋德方编成《大元玄都宝藏》，于道务颇有作为。尹志平所著，有《葆光集》、《清和真人北游语录》、《应缘录》。《葆光集》3 卷为尹志平所作咏怀、遣兴、唱和、劝诫等诗词咏颂之集，收入《道藏》太平部。《清和真人北游语录》4 卷，其弟子段志坚编辑，为尹志平平时与弟子讲道之言论，后收入《道藏》正乙部。

李志常（1193—1256 年），字浩然，元太祖十三年（1218 年）拜丘处机门下，赐号真常子。次年随师西觐元太祖，东返后随师居燕京长春宫，"凡教门公事，必与闻之。"尹志平嗣教后，李志常任都道录兼领长春宫事，以推荐冯志亨设国子学于长春宫内，得元太宗（窝阔台汗）殊遇，加封为"玄门正派嗣法演教真常真人"。后李志常掌领全真教十八年，"体含妙用，动应玄机，通明中正，价重一时。"[36] 以在元初佛道之争中失败，李志常愤懑去职，旋去世。所著有《又玄集》20 卷，已佚。《长春真人西游记》2 卷，载其与师丘处机前往西域雪山途中所见情况，包括山川地理、人情风俗，其师途中所成诗作，后附成吉思汗诏书、圣旨，以及请丘处机主持天长观之疏等内容，收入《道藏》正乙部。《长春真人西游记》为研究全真道及 13 世纪漠北、西域史地的重要文献，近人王国维、张星烺等为之作注，并有英、法、俄文等译本。

金元北京全真教著述，还有王处一所撰著《云光集》、《清真集》，姬志真著《云山集》、《道德经总章》、《周易直解》，王志坦著《道禅集》，李道谦编《七真年谱》1 卷、《终南山祖庭仙真内传》3 卷、《甘水仙源录》10 卷，孙德彧著《希声集》等，一时蔚为大观。其中李道谦《甘水仙源录》为时人所撰全真道士事略、宫观之碑铭之集录，至元二十五年（1288 年）编成，次年刻印传世。《甘水仙源录》集道士传记 60 余人，在全真道各种传记书中以人数最多、记载最详著称。加上李道谦所编《终南山祖庭仙真内传》所集录的 37 人，几乎囊括了金元时期全真道的全部骨干，历来为研究全真道史家所重。另，由耶律楚材整理编录的《玄风庆会录》，是丘处机觐见成吉思汗时讲道内容的记录，序称"（国师长春真人丘处机）其往回事迹，载于《西游记》中详矣，唯余对上传道玄言奥旨，上令近侍录而秘之，岁乃逾旬传之及外，将以刊行于世"云，也是研究全真道的重要史料。

除全真道著述盛极一时外，在大都逐渐兴起的正一玄教，也撰著了少量著作。元初南北统一后，原在江南传教的正一教获得北上的机遇。至元十二年（1275 年）四月，元世祖忽必烈派兵部郎中王世英诏召嗣汉四十代天师张宗演前赴大都，逐渐形成天师觐见制度。但元大都正一教传播的关键人物，并非即来即往的各代天师，而是留居于此的张留孙及门下吴全节诸人。张留孙随同天师北上大都后，以其杰出的宗教才干得到元世祖忽必烈亲信，后创立玄教，在大都"特被宠遇五朝四十七年"，[37] 为正一教在北京的传播与发展奠定了稳固的基础。以道教著述留于后世者，则为其弟子吴全节。吴全节（1269—1346 年），字成季，号闲闲，又号看云道人，饶州安仁人。吴全节出身儒门，13 岁时学道于龙虎山。天师张宗演赴阙时随从至京师，在张留孙引荐下觐见了元世祖，从此留于大都。元成宗即位后，吴全节暂露头角，担任崇真万寿宫提点，协助张留孙开展道务。张留孙逝后，至治二年（1322 年）吴全节"制授特进上卿玄教大宗师崇文弘道玄德真人、总摄江淮荆襄等处道教、知集贤院道教事",(38)成为正一教在元大都的领军人物。吴全节精通儒学，"雅好结士大夫"，姚燧、卢挚、程钜夫、赵孟頫等文苑名流，常与其吟酒会诗。这或有助于吴全节留意著述，所撰有《看云集》、《仙坛记》等，然《道藏》均未收录。《看云集》26卷，《元诗选》辑有1卷。

金元之际北京道教著述值得揭出者，还有金代由孙明道、赵道真补订的《大金玄都宝藏》，以及元初由宋德方主持编纂的《元玄都宝藏》两部道藏。金大定四年（1164年），即宋金重定和议之际，金世宗命将北宋徽宗时修成的《政和万寿道藏》经板运至燕京十方大天长观收藏。明昌元年（1190年）在天长观构筑奉祀太母本命神之"丁卯瑞圣殿"，金章宗命时任天长观提点的冲和大师孙明道补辑刊印《道藏》，"仍署文臣二员，与明道经书参订，即补缀完成，印殿一藏"。孙明道奉诏后"不遑居住"，分遣道侣四出搜访，"凡得遗经千七十四卷，补板者二万一千八百册有畸"，又经赵道真丐化板材，于是"依三洞四辅，品详科格，商较同异，而铨次之，勒成一藏"，题名《大金玄都宝藏》，共计6455卷，分为602秩。(39)

《大金玄都宝藏》刻成数年之后的泰和二年（1202年），天长观所藏经板毁于大火。兼之金末兵燹频仍，北方各地入藏的《大金玄都宝藏》基本损毁殆尽。元初全真教振兴之后，随侍丘处机入居燕京长春宫的宋德方，对其师倡议重新编刊《道藏》，丘处机嘱以"他日尔当成之"。丘处机逝后，宋德方任教门提点，忆及前言，"遂与门人通真子秦志安等谋为锓木流布之计"，得到长春宫大宗师尹志平的首肯，又设法取得当朝皇太子与皇太后等权贵的支持。宋德方在平阳玄都观设总局，又在秦中、太原、怀洛等地设立27处分局，组织道内多人搜求佚经，校雠刊刻。经10年之功，于马真皇后称制三年（1244年）成藏，凡七千八百余卷，亦名《玄都宝藏》，入藏燕京长春宫、陕西终南山重阳万寿宫、江西龙虎山上清正一宫等南北重要道观。由于时事迁变，金元时期编纂刊刻的《大金玄都宝藏》、《元玄都宝藏》两部道藏现在都已亡佚，但其在《道藏》编纂史上的地位是不可埋没的。

第五节　集部著述

诗文创作是中国古代文人学者生活中的一项重要内容，甚至成为有些人的终生事业，其作品得以流传后世，千载不朽。于是，在古代文坛上的一件大事，就是为别人或是为自己刊刻印行各种文学作品的著述。收集各种文人学者作品的著作后来被归入集部中的总集类，而收集某个作者个人作品的著作则被归入别集类。其他不同作品的收集，又可以分为词曲类、小说类，等等。而在元代，除了往常的总集、别集等著录载体外，最具代表性的，则是杂剧脚本的创作，不仅在当时具有显赫的影响，而且在几千年的中国文学发展史上，也占有突出的地位，后人将其与楚辞、汉赋、唐诗、宋词并列，成为整个时代文化发展的代表。但是，元人杂剧作品极多，且为汉唐甚至更早时期的传奇故事，因此没有被列入本书的著述范围，特此说明。

在集部总集类的著作中，当以苏天爵编纂的《国朝文类》（后人称为《元朝文类》或者《元文类》）为代表。苏天爵为真定人，早年入国子学，即生活在大都城，此后又曾在大都路下属的蓟州及大都城的翰林国史院及御史台、奎章阁任职，在大都城生活了许多年。他编纂的《国朝文类》在当时和后世皆产生了很大影响。该书刊印于元统二年（1334年），一说刊印于至正二年（1342年），共有目录3卷，正文70卷。分为诗歌、赋颂、铭赞、序记、奏议、杂著、碑传等43类，后人称："是编去取精严，具有体要，自元兴以逮中叶，菁华采撷略备于斯。论者谓与姚铉《唐文粹》、吕祖谦《宋文鉴》鼎立而三。"[40]元朝许多重要人物的诗文集皆已散佚，故而《国朝文类》所收集的元人作品就具有了更加珍贵的价值。

在元人的别集类著作中，大致可以分为2部分：一部分是大都地区文人的著述；另一部分则是长期生活在大都的外地文人的著述。在前者的著述中，有许多作品是描写大都地区历史文化状况的，而在后者的著述中，也有大量对大都地区各种事情的描写。对这两部分文人别集，我们将分别加以叙述。

在大都本地文人的著述中，首推耶律楚材、耶律铸和耶律希亮的文集。耶律楚材的文集称为《湛然居士文集》，通常所见为14卷本，为谢方先生点校、整理，并在诗文题目后面加了系年，由中华书局出版。该书最初只有9卷，前有万松老人行秀、平水冰岩老人王邻，及文士孟攀鳞3人在元太宗四年至五年所作序言。书后则有元人九山居士李微及清代光绪元年（1875年）芳郭无名人所作二序。该书又有35卷本1种，仅见于黄虞稷《千顷堂书目》著录，称"缺七卷至十二卷，又缺二十二卷、二十三卷。"可见35卷本在当时是可以见到的，但是已经残缺不全了。

14卷本的《湛然居士文集》卷一至卷七为诗歌，卷八首篇为耶律楚材用汉字翻译的契丹文《醉义歌》，虽为译作，亦可视同创所。其后即为疏、序、书、表、碑铭、记、赞等文体的著述。卷九至卷十二又是诗歌，当是原九卷本刊印之后增收的作品。卷十三为序、疏、塔记、上梁文、书、祭文等，卷十四又有诗、文、序等作品。全书后有附录，收有时人宋子贞所作《耶律楚材神道碑》、清人王国维所作《耶律楚材年谱》及《耶律楚材年谱余记》，以及《四库全书总目提要·湛然居士集提要》和清人李文田所作《湛然居士文集卷七跋》。

耶律楚材，字晋卿，号湛然居士，为辽朝契丹贵族后裔，长期生活在燕京。金章宗时入仕，及蒙古军队攻占燕京之后，受到元太祖赏识，又历仕太祖、太宗两朝，深受重用，死后，追封广宁王，谥文正。在《湛然居士文集》中，通过阅读耶律楚材的诗文作品，可以获得大量蒙古国时期燕京政治、经济、文化等各方面的第一手历史资料。这个时期由于受到战乱的影响，大量历史文献遭到毁坏，存世者极少，因此耶律楚材的诗文也就有着十分珍贵的学术价值，对于人们研究这个时期的历史事件、重要人物等，提供了难得的依据。

耶律铸为耶律楚材之子，字成仲，早年随父耶律楚材从军四方，及耶律楚材死后，曾得到元宪宗的赏识，并随宪宗攻伐蜀中。及元世祖忽必烈即位后，又受到重用，官至中书省左丞相。至元七年（1270年）因罪被罢官，谪居山后（即耶律铸自曰"缙云五湖别业"），死后归葬大都西北郊祖坟。耶律铸的文集称为《双溪醉隐集》，通常所见为6卷本（又有一种8卷本），系清朝文臣在纂修《四库全书》时从明代《永乐大典》中辑出的耶律铸诗文，重新加以编排、分卷而成的。据《永乐大典》所载，耶律铸又有《文献公集》一书，今亡佚不见。

耶律铸早期的诗歌作品，曾经被辑为《双溪小稿》一书，在元太宗后摄政时辑成，有当时燕京名士吕鲲、赵著及麻革的"序言"，称收录的诗歌有一百五十余首，是从耶律铸创作的千首诗歌中精选出来的。书后，又有燕京高僧木庵性英及官员王万庆的跋语，则是在元宪宗四年（1254年）所作。今日常见6卷本的《双溪醉隐集》，卷一为赋，卷二为乐府、五言及七言古诗，卷三为五言律诗、五言排律及七言律诗，卷四为七言律诗，卷五为五言绝句及七言绝句，卷六为七言绝句、诗余（词）及杂著（赞、铭、颂）等。

清代文臣在从《永乐大典》中辑录耶律铸的作品时，发现他的诗文集有若干种，被分别称为"前集"、"新集"、"续集"、"别集"、"外集"等，可见当时人对耶律铸的作品是比较推崇的，此后，因其犯罪罢官，谪居山后，故而其诗文集也就很快从人们的视线中消失了。但是，耶律铸的存世作品却有着很高的学术价值，正如《四库全书总目提要》所云："其家在金元之间累世贵显，谙习朝廷旧闻，集中如琼林园、龙和宫诸赋，叙述海陵、章宗轶事及宫室制度，多《金史》所未及。其他题咏，亦多关系燕都故实，而《帝京景物略》诸书均未纪录，亦足以资博识也。"这个评价是十分中肯的。

耶律希亮，字明甫，耶律楚材之孙、耶律铸之子，出生于蒙古国都城和林，元宪宗时回到燕京，向名儒赵衍学习诗文，"未浃旬，已能赋诗。"[41]此后，因为元世祖与阿里不哥争夺皇位，被羁留在西域多年，直到至元四年（1267年）才回到中原地区。此后，历仕世祖、成宗、武宗、仁宗、英宗及泰定帝六朝，官至翰林学士承旨。耶律希亮的著述，有《从军纪行录》及诗文若干篇，被收录《愫轩集》30卷中，今该书已佚，据相关文献记载，书中内容多为从军生活的记录。

在大都地区的文人中，以鲜于枢、高克恭、卢挚、梁曾等人留有或多或少的传世作品。鲜于枢曾作有《困学斋杂录》，已见本书子部著录。他在元朝政府中的官位并不高，仅至太常典簿，但是在文坛的影响却较大。因鲜于枢在当时的政治地位较低，故而明人在纂修《元史》时没有为其立传，其后清人柯劭忞纂修《新元史》，为其立传称："学书于张天锡。偶适野，见二人车免车行泥淖中，遂悟书法。酒酣，吟诗作字，奇态横生，与赵孟頫齐名。终元世，学者不出此两家。或言孟頫妒其书，重价购而毁之。故传世不多云。"[42]鲜于枢的别集称为《困学斋集》，今已亡佚，不知卷数。今日得见清人顾嗣立编辑《元诗选》，收入鲜于枢诗歌44首，称为《困学斋集》1卷。又有明人潘是仁辑"宋元四十三家集"收录的《困学斋诗集》2卷。

高克恭，字彦敬，为西域少数民族人士，祖上迁居燕地，在京西大房山下，故而高克恭又被时人称为"高房山"。元世祖时曾任监察御史，元成宗时官至刑部尚书。死后，葬于房山羊头冈下。《千顷堂书目》著录有《文简公文集》7卷，其他文献又著录有《高尚书文集》，今亦不得见。顾嗣立编辑《元诗选》收录有《房山集》1卷，录有高克恭诗歌20首。高克恭的绘画技艺在当时即十分出名，故而在许多绘画作品上题有诗歌，得以流传后世。如他曾作有《种笔亭题画》诗一首云："积雨暗林屋，晚峰晴露巅。扁舟入蘋渚，浮动一溪烟。"[43]又如《松涛轩题画为邓善之》一诗曰："春雨欲晴时，山光弄烟翠。林间有高人，笑语落天外。"[44]读其诗如见画面跃然纸上。

卢挚，字处道，号疏斋，大都涿州（今河北涿州）人，仕元世祖、成宗、武宗三朝，官至翰林学士承旨。他在元代前期的文坛上名气很大，时人称，当时以作文章知名者，首推姚燧与卢挚，而古今体诗作得好的，首推卢挚与刘因。他的著述，被辑为《疏斋集》，并有宣城校官刊本传世。今已散佚，据明人杨士奇等编写的《文渊阁书目》中载有《卢疏斋集》1 部 9 册（又有 8 册 1 种），可见在明代该书尚存，而到了清代《千顷堂书目》著录时，已不知卷册之数。今日常见者为顾嗣立《元诗选》中辑录有诗歌 1 卷，收入诗歌 53 首。文献著录又有《疏斋词》1 卷，见今人赵万里"校辑宋金元人词"。今人隋树森又辑有《全元散曲》一书，收录有卢挚的散曲、小令百余首。今人李修生主持《全元文》的整理工作，又辑有《卢疏斋集辑存》一书，当是收集卢挚作品比较全的一种。

梁曾，字贡父，大都人，在元世祖时两次出使安南（今越南），不辱使命，后官至集贤侍讲学士。他的著述，在《千顷堂书目》中著录有《梁学士诗集》，不分卷，该书今已散佚不见。今日得见梁曾作品，有元人苏天爵《元朝文类》中所收"岳阳楼"一诗，明人偶桓《乾坤清气集》中所收"小孤山阻风"一诗，清人汪森《粤西诗载》中所收"磬泉"一诗，《御选历代诗余》中所收"木兰花慢·西湖送春"词一首。梁曾的诗词作品传世者虽然极少，作品的意境却很高雅，颇受后人推崇。

到了元代中后期，大都地区的作者比前期要多一些，如宋本和宋褧兄弟、曹鉴、李士瞻和李继本父子、何失、孟昉等人，皆有著述受到时人关注。宋本，字诚夫，大都人，自幼生长南方，后应试科举，为至治元年（1321 年）状元，遂入仕途，历任翰林院修撰、监察御史、国子监丞、礼部尚书等职，死后葬于京城西北香山石井村（一说在撅山村）。宋本的著述，有《至治集》40 卷，见《元史》本传。宋本死后，其弟宋褧即将《至治集》上送御史台，并将其刊印传世，据当时名士许有壬在为《至治集》所作"序言"可知，宋褧又将《至治集》未收录的诗文编为《别集》，未见著录。此后，明代《文渊阁书目》载有《至治集》1 部 13 册，至清代《千顷堂书目》所载亦为 40 卷，与《元史》同。不知何时散佚。今可得见者为顾嗣立《元诗选》中所收《至治集》1 卷，收录宋本诗歌 24 首。而其文章作品已经很难见到了，仅见《日下旧闻考》转引《雅坪散录》一文曰："元宋正献公本《至治集》中有《驴牵船赋》，今京东五闸剥运船多用之。"据此可知，宋本的文集中是由文赋和诗歌共同组成的。

宋本之弟宋褧，字显夫，兄弟二人是在延祐六年（1319 年）回到大都城的，宋褧为泰定元年进士，官至翰林直学士，与其兄宋本齐名，时称"二宋"或"大宋"、"小宋"。宋褧的著述为《燕石集》15 卷，今尚存。书前有元末名士欧阳玄、苏天爵、许有壬所作序言，对宋氏兄弟多加推崇。该书卷一为古赋及四言古诗，卷二为五言古诗，卷三为七言古诗，卷四为杂诗与古乐府，卷五为五言律诗与五言绝句，卷六、卷七为七言律诗，卷八、卷九为七言绝句，卷十为六言绝句与近体乐府，卷十一为表、上梁文与祝文，卷十二为记、序之文，卷十三为杂著与祭文，卷十四为碑文，卷十五为行状、传及跋文。全书共收录诗文作品830余篇。此后，顾嗣立在《元诗选》中选录其诗歌作品164首。

曹鉴，字克明，大都人，自号以斋。元成宗时，曾任淮海书院山长，长年在南方任职，多有善政，后官至礼部尚书。史称其："历官三十余年，僦屋以居。殁之日，家无余赀，唯蓄书数千卷，皆鉴手较定。鉴为诗赋，尚《骚》、《雅》，作文法西汉，每篇成，学者争相传诵。有文集若干卷藏于家。"[45] 清代《千顷堂书目》著录有《曹鉴文集》一书，可见他的著述不仅"藏于家"，而且也传于世了，只是今日已经散佚。曹鉴的著述已经很少见到，仅见到他为曹伯启所作"神道碑铭"载于《曹文贞集》之后的附录。其他则有一些他在鉴赏古字画时所写题跋，被零散收录在相关文献中。

李士瞻，字彦闻，祖上居湖北荆门，至李士瞻占籍大都东安州（今河北安次），遂为大都人，至正初年中进士，官至中书省参知政事、翰林学士承旨。今存《经济文集》6卷，为其曾孙李伸编辑，书后附录，收有元人陈祖仁为李士瞻所作《墓圹》及《行状》，述其生平颇详。清人纂集《四库全书》，将《经济文集》收录，并撰写《提要》称："检核卷目，其与人简札至七十余通，几居全集之半，虽多属一时酬答之作，而当时朝政之姑息、兵事之乖方、藩臣之跋扈，俱可藉以考见梗概。……《元史》于顺帝时事最称疏略，此集洵足资参订之助矣。"该书卷一至卷三为与人书札，卷四为杂著，卷五为记、露布、赞、祈词，卷六为诗歌，依次为五言古诗与律诗、长短句、七言律诗与绝句，最后为附录。

李士瞻之子李继本，原名李延兴，字继本，以字行。至正十七年（1357年）进士，历任翰林院检讨、太原府同知等官，入明不仕，有《一山文集》9卷传于世。清人称："其诗文俊伟疏达，能不失前人规范。长歌纵横磊落，尤为擅场。"[46] 书前有其弟子李敏及明人黎公颖二序。卷一为赋、五言古诗及七言古诗，卷二为五言律诗、五言长律、七言长律、五言绝句、六言绝句及七言绝句，卷三及卷四为序，其中卷三有残缺。卷五为记，卷六为传，卷七为文、赞、辞，卷八为书、说，卷九为杂著。书中诗文多有关于李继本在大都生活的描述，对于了解元代末年的大都及明代初年北平府的状况颇有助益。

何失，字得之，大都昌平人，隐居不仕。与大都城的文士们往来密切，如高克恭、鲜于枢等，皆为诗友。曾得到当时名士王士熙、虞集与揭傒斯等人的赞誉，王士熙称："（何）失家善织纱穀，最能为诗，充然有如宋陆务观，可传也。日出买丝，骑驴歌吟道中，指意良远。"[47]何失的诗歌曾被收入《得之诗集》中，已亡佚，清人顾嗣立《元诗选》中辑有《得之集》1卷，收录诗歌23首，何失的作品多辑于此。他的作品确有隐士风度，如所作《我醉》一诗曰："我醉焉知老，人扶不论家。鹤衫飘月练，乌帽堕风纱。是处相逢笑，醒来更自夸。神仙岂无有，死后上烟霞。"[48]

孟昉，字天暐（又作"天伟"），西域人，侨居大都，曾任翰林待制一职，至明初尚存。据《千顷堂书目》载，孟昉的作品有《孟待制文集》，今已散佚。孟昉所作《杭州路重建庙学记》一文，载于《六艺之一录》卷一百一十一，他又作有《天净沙·十二月乐词》（并引），载于《御选宋金元明四朝诗·元诗》卷八。其他作品已不得见。元末诗人张昱曾作《寄孟昉郎中》诗曰："孟子能文自老成，早于国语亦留情。省中醉墨题犹在，阙下新知谁与行。纨扇晚凉诗自写，翠环情重酒同倾。接舆莫更闲歌凤，只可伴狂了此生。"[49]据此可知，孟昉的书法技艺很高，他又懂得蒙古字，只是生逢元末乱世，不得施展其才华。张昱的诗中既有赞誉，也有惋惜。

在元代的大都城里，许多重要的文人学者都长期生活在这里，并留下了大量诗文作品，在元代前期，以刘秉忠、胡祗遹、王恽、陈孚、刘敏中、程钜夫、赵孟頫等人为代表。刘秉忠，名侃，字仲晦，曾为僧，法号子聪，自号藏春散人，后还俗为官，赐名秉忠。他在元世祖为藩王时，即为幕僚，参与许多重大问题的决策，如营建元上都与元大都、建国号、设年号、兴礼乐，等等。史称："秉忠自幼好学，至老不衰，虽位极人臣，而斋居蔬食，终日澹然，不异平昔。自号藏春散人。每以吟咏自适，其诗萧散闲淡，类其为人。有文集十卷。"[50]今日得见刘秉忠的著述，被收入《藏春集》6卷中。

正如清人在《四库全书总目提要》中所说："至其所著文集见于本传者十卷，今此只六卷，乃明处州知府马伟所刊，前五卷为各体诗，末一卷为附录诰敕、志文、行状，而不及所著杂文。故秉忠所上万言书及其他奏疏见于本传者概阙焉。盖文已佚而仅存其诗，故卷目多寡与本传不合也。"该书前有至元二十四年（1287年）名士阁复所作

"序言"，卷一至卷三为七言律诗，其中卷三有缺损处，卷四为七言绝句，其中似亦有缺损处，卷五为乐府，卷六为附录，收录有刘秉忠赠太保制、赠谥号制，张文谦所作"行状"，王磐所作"神道碑"，徒单公履所作"墓志铭"，以及姚枢、徐世隆所作"祭文"。

观刘秉忠所作诗词，并非如《元史》所说的"其诗萧散闲淡，类其为人"。而是气概豪迈，意境雄浑，显露英雄本色。如他所作《读遗山诗十首》之一曰："剑气从教犯斗牛，百川横放海难收。九天直上无凝滞，更看银河一派流。"又如所作《古燕感怀》诗曰："虎掷风挐感壮怀，英雄遗恨化尘埃。燕山依旧青如染，伫望黄金布隗台。"二诗一则评前人之诗，一则述自己之情，皆无萧散闲谈之意境。当然，刘秉忠也有一些诗歌较为含蓄，如《倚楼吟》诗曰："独上高楼晚不归，碧空望断雁犹飞。栏干十二无凭处，静倚东轩待月辉。"（三诗皆见《藏春集》卷四）今见《元史》所载刘秉忠撰写的奏疏，也十分大气，而非闲谈所能够形容的。

胡祇遹，字绍闻，号紫山，元世祖中统初年进入仕途，先后在京城的中书省、翰林院任职，又出外任职多年。他的著述，由其子胡持辑为《紫山大全集》67卷，今已散佚，清人纂集《四库全书》，从《永乐大典》中辑出胡祇遹的诗文，仍称《紫山大全集》，共26卷。清人为该书所作《提要》称："今观其集，大抵学问出于宋儒，以笃实为宗，而务求明体达用，不屑为空虚之谈。诗文自抒胸臆，无所依仿，亦无所雕饰，惟以理明辞达为主。元代词人往往以风华相尚，得兹布帛菽粟之文，亦未始非中流一柱矣。"[51]这个评价，应该是比较公允的。

该书前有延祐二年（1315年）名士刘赓的序言，系为原67卷本所作。卷一为赋及五言古诗，卷二、卷三为五言古诗，卷四为七言古诗，卷五为五言律诗与五言排律，卷六为七言律诗，卷七为五言绝句、七言绝句及诗余，卷八为序文，卷九至卷十一为记，卷十二为书札，卷十三为论、说、议、喻之文，卷十四为表、题、跋、铭、赞之文，卷十五至卷十七为碑文，卷十八为墓志铭及行状，卷十九为祭文、哀辞，卷二十至卷二十三为杂著，卷二十四至卷二十六为语录。因为胡祇遹曾经在大都城做官，故而在他的诗文中保留了许多元代前期这里的历史信息，如在该书卷九收录的《翰林院厅壁记》、《国史院厅壁记》、《太常博士厅壁记》等，就记载了这些文化机构的设置过程及其职能，有较大的参考价值。

王恽，字仲谋，号秋涧，自中统初年到京城，先后在中书省、翰林国史院、御史台任职，官至翰林学士。他在大都生活的时间较长，创作也很丰富，元世祖时，他编写了《承华事略》20 篇，上献给皇太子。及元成宗即位，他又编写了《守成事鉴》15 篇，并将元世祖《圣训》辑为 6 卷。史称："其著述有《相鉴》五十卷、《汲郡志》十五卷、《承华事略》、《中堂事记》、《乌台笔补》、《玉堂嘉话》，并杂著诗文，合为一百卷。"[52] 在这 100 卷的著述中，还没有包括《守成事鉴》。后人在编写《新元史》时，误把这 100 卷当成《秋涧大全集》了，因为《秋涧大全集》（以下简称《秋涧集》）也正好是 100 卷。其中，诗文 77 卷、《承华事略》2 卷、《中堂纪事》3 卷、《乌台笔补》10 卷、《玉堂嘉话》8 卷，合为 100 卷。其中，无《相鉴》及《汲郡志》二书。

　　王恽的《秋涧集》在明代的《文渊阁书目》中著录为 1 部 42 册，今常见仍为 100 卷本，卷一为颂与赋，卷二至卷五为五言古诗（附四言），卷六至卷十一为七言古诗，卷十二至卷十三为五言律诗，卷十四至卷二十三为七言律诗，卷二十四至卷三十三为七言绝句，其中有缺佚者，卷三十四为七言绝句（附六言、三五七言），卷三十五为书及议，卷三十六至卷四十为记，卷四十一至卷四十三为序文，卷四十四为辨说及杂著，卷四十五为说（亦为杂著），卷四十六为杂著，卷四十七为行状，卷四十八为传，卷四十九为传与墓志铭，卷五十至卷五十八为碑文，卷五十九为碑文、阡表与碣铭，卷六十至卷六十一为碣铭与墓表之文，卷六十二为文，卷六十三至卷六十四为祭文，卷六十五为辞（包括哀辞、祝辞等），卷六十六为箴、铭、赞之文，卷六十七全卷六十八为翰林遗藁（包括制诏诰、进贺表、青词、祀庙乐章及书、启等文），卷六十九至卷七十为疏、榜、约之文，卷七十一至卷七十三为题跋之文，卷七十四至卷七十七为乐府，卷七十八至卷七十九为《承华事略》，卷八十至卷八十二为《中堂事记》，卷八十三至八十九为《乌台笔补》，卷九十为《便民三十五事》，卷九十一至卷九十二为事状，卷九十三至卷一百为玉堂嘉话。书中随处多有残损之处。

　　在王恽的《秋涧集》中，包含有大量元代前期京城政治、经济、文化等方面的珍贵信息。如他撰写的大量碑文、碣铭、行状及人物传（包括家传）中，记录了许多人物的历史活动，这些记录中的大量信息在正史中已经很难见到了。又如他撰写的大量题跋之文，使我们得以知道许多珍贵的书画作品的传承状况，等等。王恽诗文的风格较为平实，描述的事情较为细致，如他在中统元年（1260 年）所作《游琼华岛》诗共八首，其三曰："蓬莱云气海中央，薰彻璚华露影香。一炬忽收天上去，谩从焦土说阿房。"其八曰："光泰门东日月躔，五云仙仗记当年。不烦细读《江南赋》，老树遗台倍黯然。"（二诗皆见《秋涧集》卷二十四）寥寥数语，把金代繁华的皇家园林到元代初年的残破景象十分细致地描述出来。

陈孚，字刚中，元世祖至元年间以《大一统赋》享誉当时，后又曾从梁曾出使安南（今越南），一度任翰林待制。史称："（陈）孚天材过人，性任侠不羁，其为诗文，大抵任意即成，不事雕斫，有文集行于世。"[53]陈孚在元代以诗歌才华出众而得名，他的作品今日得见者为《陈刚中诗集》3卷及附录1卷。第一卷为《观光稿》，是他从江浙入京时所作诗歌的选集，第二卷为《交州稿》，是他奉命随同梁曾出使安南时的诗作，第三卷为《玉堂稿》，是他在京城翰林国史院任职时的诗作。附录一卷，"皆载谕安南诏、安南谢罪表及孚与安南诸书。……其时陈世燇不出郊迎，又不延使自阳明中门入，孚作三书责之，辞直气壮，迄不辱命。然《传》不载其书词，此卷亦足补史阙也。"[54]

陈孚在京城生活的时间并不是很长，但是，在他的诗歌作品中却有许多对京城景物的描写，特别是对相关细节的描写，更是十分鲜活。如他在《观光稿》中所写的《咏神京八景》诗，其对"八景"名称的表述，应该是当时公认的版本。后人曾改"西山晴雪"为"西山霁雪"或是"西山积雪"，又改"蓟门飞雨"为"蓟门烟树"，等等，据陈孚诗集可以对"八景"名称加以认定。又如，他在《观光稿》中写有《良乡县》一诗，在《交州稿》中又写有《良乡县早行》一诗，一为入京之作，一为出京之作，表达出了作者心理变化的差异。再如，他在《玉堂稿》中写有拜谒南城文庙之诗，读之可知，在至元年间，南城（即燕京旧城）的孔庙尚存，而且放在里面的石鼓原来有10个，这时只剩下了7个。他还写有京城除夕的热闹景象："万井笙歌彻晓闻，千官待漏夜纷纷。奴星有柳祠穷鬼，臣朔无柑遗细君。长乐钟声敲碧汉，广寒帘影卷红云。自知报国无他技，赖有诗书可策勋。"（《玉堂稿·燕山除夜简唐静卿待制张胜非张幼度编修》）其他如《李妃妆台歌》、《观光楼》、《昌平县狄梁公庙》等诗歌，皆为描写京城景物的佳作。

刘敏中，字端甫，号中庵。至元年间，先后在京城的中书省、御史台、国子学中任职，元武宗时，官至翰林学士承旨。他的著述，有《中庵集》25卷，在明代尚见于《文渊阁书目》，著录为1部5册。而清代《千顷堂书目》则著录为35卷，与《元史》本传所记载的有所不同。此外，刘敏中又曾著有《平宋录》3卷。今《平宋录》尚存，而《中庵集》已散佚，清人纂集《四库全书》时，从《永乐大典》中辑出刘敏中诗文，编为 20 卷，称："今从《永乐大典》所载蒐罗裒辑，以类编次，尚可得二十卷，则所佚者不过十之二三矣。其诗文率平正通达，无钩章棘句之习，在元人卷亦元明善、马祖常之亚。"(55)

该书前有名儒韩性所作"序言"，称："中庵刘公以文学受简知，致身通显。朝廷典册、巨公铭诔，所著为多。"该书卷一为赋、骚及五言古诗，卷二为七言古诗，卷三为五言律诗，卷四为七言律诗、五言长律，卷五为五言绝句、七言绝句，卷六为诗余，卷七为表、奏议（奏疏），卷八为书启、序文，卷九为序文，卷十为题跋，卷十一至卷十三为记，卷十四至卷十八为碑文，卷十九为杂著，卷二十为墓铭。该书中大量的碑文、墓铭，皆为研究当时历史人物的第一手资料，十分珍贵。

程钜夫，名文海，字钜夫，因避元武宗名讳，而以字行。他受到元世祖的赏识，先后在翰林院、御史台任职，曾受命前往江南搜求人才，举荐赵孟頫、万一鹗、张伯淳等名士，皆被元世祖征召到大都城来。元仁宗时，官至翰林学士承旨。程钜夫的著作比较丰富，被其子程大本辑为《雪楼集》45 卷，其曾孙程潜又加以整理，重新编定为 30 卷，即清人收入《四库全书》的版本。该书卷一至卷九为《玉堂类稿》，分别载有制诏、册文、祭文、祝文、制词、表笺、敕赐碑、应制诗等，卷十为《奏议存稿》，卷十一至卷十三为记文，卷十四至卷十五为序、引之文，卷十六至卷二十二为碑铭，卷二十三为铭、箴、赞、说及祭文、祝文、书、启等，卷二十四至卷二十五为题跋及杂著，卷二十六自卷二十九为诗歌，卷三十为诗及乐府。

该书前有至正十四年（1354 年）名士李好文为 45 卷本所作"序言"，书后又有附录 1 卷，载有《元史·程钜夫传》，及至正二十七年（1367 年）程钜夫之孙程世京所编定之《程钜夫年谱》，对于研读《雪楼集》有很大助益。书中记载了大量元代京城的政治、经济、文化等各方面的历史信息，有着珍贵的史料价值。如在该书卷九载入的《昌平县新治记》一文，明确记载了昌平县衙署在延祐元年（1314 年）的迁移情况，是重要的历史地理信息。又如同是这一卷中载入的《旃檀佛像记》，清楚记录了佛家珍宝旃檀佛像从西土传入中国，又流传到元大都的详细过程，受到此后佛教界和研究佛教文化的众多学者的重视。此外，在《玉堂类稿》载入的敕赐碑中，也有许多重要的历史信息，如卷六所载《大元国学先圣庙碑》一文，详细记载了元大都新城国子学与孔庙的营建过程，以及这两处文教机构的规制，具有重要的参考价值。

赵孟頫，字子昂，宋朝皇室后裔。元朝攻灭南宋之后，世祖派遣程钜夫前往江南招揽人才，赵孟頫被招到大都城，历任兵部郎中、集贤直学士等职，复出外任同知济南路总管府事、江浙等处儒学提举等职，元仁宗时，官至翰林学士承旨。史称："孟頫所著，有《尚书注》，有《琴原》、《乐原》，得律吕不传之妙；诗文清邃奇逸，读之，使人有飘飘出尘之想。"[56]他的诗文作品，被收入《松雪斋集》10 卷、《别集》1 卷中。当时名士欧阳玄在元顺帝时为赵孟頫所作《神道碑》中称："公治《尚书》，有《书注》。于礼乐度数甚明，知音律幽眇，有《琴原》、《乐原》各一篇。号松雪道人，有《松雪斋文集》若干卷，《谈录》一卷。为文清约典要，诸体诗造次天成，不为奇崛，格律高古，不可及。尺牍能以数语曲畅事情。"[57]

今日得见 10 卷本《松雪斋集》，书前有当时名士戴表元所作"序言"，卷一为赋，卷二为五言古诗，卷三为五言古诗与七言古诗，卷四为五言律诗、五言排律及七言律诗，卷五为七言律诗、五言绝句、六言绝句、七言绝句，卷六为杂著（包括《乐原》、《琴原》2 篇）及序文等，卷七为记文与碑铭，卷八至卷九为碑铭（包括墓志铭），卷十为制、赞、铭、题跋之文及乐府。《外集》载有诗、序、记、碑铭、疏、题跋等著述，应该是在 10 卷本之外又辑录的赵孟頫作品。《松雪斋集》中保留了大量与大都城有关的珍贵资料，如该书卷七中所载《明肃楼记》与《贤乐堂记》，前者记载了大都地区有些军卫的设置情况，后者则记载了京郊园林的营建情况。又如卷九所载《临济正宗之碑》，较为详细记载了佛教禅宗中临济派发展的大致脉络。赵孟頫虽然是著名儒士，却与僧侣、道士有着许多交往，故而在他的著述中保留了一些寺观营建始末、僧道活动事迹的诗文，对于研究元代宗教文化有着较高的参考价值。

到了元代中后期，随着大都文坛的日趋兴盛，外地学者在京城的活动越来越频繁，影响越来越广泛。其中，尤以袁桷、吴澄、揭傒斯、虞集、黄溍、欧阳玄、许有壬等人为代表。袁桷，字伯长，元成宗时来到大都城，任翰林国史院检阅官，精通礼仪制度，先后作有《昊天五帝议》、《祭天名数议》、《圜丘非郊议》、《祭天无间岁议》等，称为"南郊十议"。此后，又曾请纂修辽、金、宋三史，历任翰林待制、翰林直学士、翰林侍讲学士等职，至泰定年间才辞官归故里，在京城生活近三十年。史称："（袁）桷在词林，朝廷制册、勋臣碑铭，多出其手。所著有《易说》、《春秋说》、《清容居士集》。"[58]此外，袁桷又著在《延祐四明志》等书。

今日得见《清容居士集》50卷，清人评价极高，称："凡朝廷制册、勋臣碑板，多出其手，故其文章博硕伟丽，有盛世之音。……其诗格俊迈高华，造语亦多工炼卓然，能成一家。盖桷本旧家文献之遗，又当大德、延祐间，为元治极盛之际，故其著作宏富，气象光昌，蔚为承平雅颂之声，文采风流，遂为虞、杨、范、揭等先路之导，其承前启后，称一代文章之巨公，良无愧色矣。"[59]该书卷一为赋，卷二为骚、辞，卷三为四言古诗及五言古诗，卷四至卷五为五言古诗，卷六至卷七为七言古诗，卷八为歌行及联句，卷九为五言律诗，卷十至卷十二为七言律诗，卷十三为七言绝句，卷十四为五言绝句及六言绝句、挽诗、杂诗，卷十五至卷十六为"开平集"，卷十七为赞、箴、铭之文，卷十八至卷二十为记文，卷二十一至卷二十四为序文，卷二十五至卷二十七为碑文，卷二十八至卷三十一为墓志铭、墓表及葬记、塔铭等，卷三十二为行状，卷三十三为表志，卷三十四为传，卷三十五为内制（包括诏文、册文、祝文、青词等），卷三十六至卷三十七为外制（包括碑文、封赠、追谥之文），卷三十八为表笺之文，卷三十九至卷四十为启、疏之文，卷四十一为议、状之文，卷四十二为策问，卷四十三为祭文，卷四十四为杂文，卷四十五至卷五十为题跋之文。在《清容居士集》中保存的与大都相关的历史资料极多，不胜枚举。

吴澄，字幼清，为元代名儒，对儒学研究颇有心得，学者们尊称之为草庐先生。元世祖时程钜夫到江南搜求人才，曾将吴澄招到京城，没有任职即回归乡里。元武宗时，再招吴澄到京城，任国子监丞，主持最高学府的教学工作，因与其他文官的学术见解不同，不辞而南归。元泰定帝时，又招吴澄至京城，任经筵讲官，及议太庙规制，与礼官意见不同，遂称病辞归。吴澄在大都城生活的时间并不长，但是在他的著述中却有许多相关的历史文化信息。今日得见的《吴文正公集》100卷，为吴澄之孙吴当编定的。在元代，学术界往往把吴澄与前期的名儒许衡并称，而清人称："然衡之学主于笃实以化人，澄之学主于著作以立教。故世传《鲁斋遗书》仅寥寥数卷，而澄于注解诸经以外订正张子、邵子书，旁及老子、庄子、太玄、乐律、八阵图、葬经之类，皆有撰论，而《文集》尚裒然盈百卷。"[60]

今日得见《吴文正公集》卷一为杂著，卷二至卷三为答问，卷四至卷六为说，卷七至卷十为字说，卷十一至卷十三为书，卷十四为书、疏、启之文，卷十五至卷三十四为序文，卷三十五至卷四十九为记文，卷五十为碑文，卷五十一至卷五十二为阙文，卷五十三为铭文，卷五十四至卷六十三为题跋之文，卷六十四为神道碑，卷六十五至卷六十六为墓碑,卷六十七至卷七十一为墓表,卷七十二至卷八十七为墓志铭,卷八十八为行状(有残阙),卷八十九为祭文,卷九十为制、诰、表笺及经筵讲议之文,卷九十一为韵语(五言诗),卷九十二为韵语(七言诗),卷九十三为五言律诗,卷九十四至卷九十六为七言律诗,卷九十七为韵语(五言古诗),卷九十八为韵语(七言古风),卷九十九为韵语(诗余),卷一百为韵语(楚语、杂题)。在该书中,有大量与元大都相关的诗文,如卷五十所载碑文中,即有《崇文阁碑》、《通州文庙重修碑》、《大都东岳仁圣宫碑》等珍贵的历史资料。该书后又有附录一卷,载有时人韩阳所作原序,名士危素所作"年谱",未署名作者所作"行状"、"圹记",以及《元史·吴澄传》和名士揭傒斯所作"神道碑",对于研究吴澄的事迹与思想帮助极大。

揭傒斯,字曼硕,元仁宗时,来到大都城,经名士程钜夫、李孟等人荐举,在翰林国史院任职,官至翰林侍讲学士。他曾参加国史功臣列传的撰写工作,又曾参与了《经世大典》与辽、金、宋三史的纂修,最后病重回乡而死,在大都城生活了近三十年。史称其"为文章,叙事严整,语简而当。诗尤清婉丽密。善楷书、行、草。朝廷大典册,及元勋茂德当得铭辞者,必以命焉。殊方绝域,咸慕其名,得其文者,莫不以为荣云。"[61] 清人纪昀等纂辑《续文献通考》,著录有《文安集》14卷,并将其收入《四库全书》之中,又作《提要》曰:"顾嗣立《元诗选》载傒斯诗,题曰《秋宜集》,今未见。焦竑《国史经籍志》载《傒斯集》一卷,今亦未见。此本凡诗四卷,又续集二卷,制、表、书、序、记、碑志、杂文八卷,乃其门人燮理溥化所编。"

今见《四库全书》本《文安集》的内容与《四库全书总目提要》所述有异,该书前5卷为诗歌,卷六为制、表,卷七为书,卷八与卷九为序文,卷十至卷十一为记,卷十二至卷十三为碑铭之文,卷十四为杂文。揭傒斯在大都城生活时间较长,故而在他的诗文作品中有大量对京城景物、风俗的描写。如《文安集》卷一的《京城闲居杂言八首》之五曰:"朔土高且厚,民生劲而彊。榆柳虽弱质,生植益繁昌。桃李大于拳,枣栗充候粮。谁谓苦寒地,百物莫得伤。青青云梦竹,宿昔傲雪霜。移植于此庭,不如芥与杨。竹性岂有改,由来非本乡。"描写燕地物产,十分生动。又如该书卷二《史馆独坐》、《大明殿退朝和周待制》、《李宫人琵琶引》,卷三《御书雪林二字赐赵中丞应制》、《题内府画四首应制》等诗,反映了揭傒斯在京城任职时的各种活动。今日常见的揭傒斯著作,为李梦生整理的《揭傒斯全集》,分为诗集8卷、诗续集1卷,文集9卷、文集补遗1卷,全集辑遗1卷,附录4

卷，系以"豫章丛书"本的 18 卷为底本而加以编定的，应该是目前收集揭傒斯作品最全的。

虞集，字伯生，号邵庵道人，故学者尊称为邵庵先生。他在大德初年来到京城，任大都路儒学教授，此后，历任国子助教、国子博士、太常博士、集贤修撰、翰林待制、国子司业、翰林直学士兼国子祭酒、奎章阁侍书学士等职，曾主持《经世大典》的纂修工作，及元顺帝即位前告老还乡，在京城生活了三十多年。史称其"平生为文万篇，薨存者十二三。早岁与弟槃同辟书舍为二室，左室书陶渊明诗于壁，题曰陶庵，右室书邵尧夫诗，题曰邵庵，故世称邵庵先生"。[62] 他在元代文坛的影响很大，作诗与杨载、范梈、揭傒斯齐名，被称为"元四家"，而以虞集为四家之首。作文章则与柳贯、黄溍、揭傒斯齐名，被称为"儒林四杰"。虞集的著述十分丰富，被清人著录的有《道园学古录》50 卷、《道园遗稿》6 卷、《道园类稿》52 卷、《虞伯生诗续稿》3 卷等。此外，又有《古棠书屋丛书》本的《虞文靖公全集》56 卷本，为诗 8 卷、诗遗稿 8 卷及文 44 卷，今已不多见。

《道园学古录》分为 4 部分，即《在朝稿》20 卷、《应制稿》6 卷、《归田稿》18 卷、《方外稿》6 卷。该书卷一为赋及诗《芝亭永言》，卷二至卷四为诗，即《芝亭永言》，又有乐府、颂、铭、赞之文，卷五至卷六为序文，卷七至卷九为记、说之文，卷十至卷十一为题跋，卷十二为奏疏、表笺、谥议、书启之文，卷十三至卷十九为碑铭（包括墓志铭），卷二十为墓志、墓表、行状、传、祭文等，卷二十一为册文、策问、诗歌、铭、赞之文，卷二十二为制诰、序、记、碑铭之文，卷二十三至卷二十五为碑文，卷二十六为供醮文、青词、祝文、门帖、祭文等，卷二十七为赋及诗歌（《芝亭永言》），卷二十八至卷三十为诗歌《芝亭永言》，卷三十一至卷三十四为序文，卷三十五至卷三十八为记文，卷三十九为说、书、题跋，卷四十为题跋、表笺之文，卷四十一至卷四十二为碑文，卷四十三为墓志铭，卷四十四为墓表、行状、祭文、传等，卷四十五为铭、赞、序文，卷四十六为序、诗、记等文，卷四十七为记、碑文，卷四十八为碑文、塔铭，卷四十九为塔铭，卷五十为碑文、墓志铭。

在《道园学古录》一书中，保留着大量有关元大都政治、经济、文化等各个方面的第一手史料，如该书卷二十二的《奎章阁记》、《御史台记》，卷二十三的《东岳仁圣宫碑》、《大都城隍庙碑》等碑文，较为详细地记载了奎章阁的兴建过程、御史台的发展变化，以及东岳庙和城隍庙的修建过程。后人又将虞集的著述辑为《道园类稿》52

卷，其中的诗文与《道园学古录》有的相同，有的不同。而虞集后人又辑有《道园遗稿》6 卷，卷一至卷五收录《道园学古录》中所没有的诗歌七百余篇，卷六为乐府（词）十余篇，又附有全真教冯道士词 20 篇。书前有名士黄溍及虞集从孙虞堪所作序言。在这部遗稿当中，也有许多描写他在大都城风物生活的诗篇，如《兴圣宫朝退次韵袁伯长见贻》、《朝回和周南翁待制韵》、《京师秋夜》等皆是。

黄溍，字晋卿，延祐二年（1315 年）进士，先是在外地任职，至顺二年（1331 年）来到京城，在翰林国史院及国子学任职，官至翰林院侍讲学士，在京城生活了十余年。史称："溍之学，博极天下之书，而约之于至精，剖析经史疑难，及古今因革制度名物之属，旁引曲证，多先儒所未发。文辞布置谨严，授据精切，俯仰雍容，不大声色，譬之澄湖不波，一碧万顷，鱼鳖蛟龙，潜伏不动，而渊然之光，自不可犯。所著书有《日损斋稿》三十三卷、《义乌志》七卷、笔记一卷。"[63] 黄溍的著述，最初为《日损斋稿》25 卷，有宋濂所作序言。其后又有危素编定的 23 卷本，而《千顷堂书目》著录有《黄文献公集》43 卷，并标明"前集二十三卷、后集十八卷、续集三卷，门人宋濂定"。今日得见者，有四库本《黄文献集》10 卷，为明代张俭删节本，又有《四部丛刊》本《金华黄先生文集》，为 43 卷，乃危素所编定。此外，黄溍所著《日损斋笔记》1 卷亦传于世。

《金华黄先生文集》一书前有贡师泰在至正十五年（1355 年）所作"序言"，是时黄溍尚健在，书后有宋濂至正十七年（1557 年）所作黄溍"行状"，时黄溍已故去。前 3 卷为《日损斋稿》初稿（包括诗歌与赋、骚、答问、杂著），是黄溍青年时期的作品，故而卷三尾处有名士赵孟頫作于皇庆元年（1312 年）的跋文及危素记文。卷四至卷四十三为续稿，卷四为乐章、五言古诗、七言古诗，卷五为五言律诗、七言律诗，卷六为七言律诗、五言绝句、七言绝句，卷七为诏、制、表、笺、箴、铭、赞之文，卷八为碑文、记文，卷九至卷十五为记文，卷十六至卷十八为序文，卷十九为记、说、启、公文等，卷二十为策题、劝农文、上梁文，卷二十一至卷二十二为题跋，卷二十三为祝文、青词、疏、祭文、行状，卷二十四至卷二十七为神道碑，卷二十八至卷二十九为先茔碑及墓碑，卷三十为墓表，卷三十一至卷三十九为墓志铭，卷四十为墓碣，卷四十一至卷四十二为塔铭，卷四十三为世谱、家传等。黄溍在大都城生活的时间虽然不长，该书却保留了较为丰富的京城资料。

欧阳玄，字原功，延祐二年（1315 年）进士，初为外官，后任京官，先后在国子学、翰林国史院、太常礼仪院任职，官至翰林学士承旨，后老卒于京城，在大都城生活近三十年。史称其："三任成均，而两为祭酒；六入翰林，而三拜承旨。修实录、《大典》、三史，皆大制作。屡主文衡，两知贡举及读卷官，凡宗庙朝廷雄文大册、播告万方制诰，多出玄手。金缯上尊之赐，几无虚岁。海内名山大川，释、老之宫，王公贵人墓隧之碑，得玄文辞以为荣。片言只字，流传人间，咸知宝重。文章道德，卓然名世。羽仪斯文，赞卫治具，与有功焉。……有《圭斋文集》若干卷传于世。"[64]

欧阳玄的诗文被辑为《圭斋文集》，四库全书本 15 卷，附录 1 卷，四部丛刊本 16 卷。今以四库本为准，该书卷一为赋、颂，卷二为五言古诗、七言律诗与排律，卷三为七言绝句，卷四为歌、杂体诗，卷五至卷六为记文，卷七至卷八为序文，卷九为碑文，卷十为墓碑铭，卷十一为阡表、哀词，卷十二为经疑、书义、策，卷十三为诏、表、册文、铭、说之文，卷十四为题跋，卷十五为赞、疏、书、启、祝告文，卷十六为附录。书前有宋濂及揭傒斯所作序言 2 篇，附录为张起岩奉敕撰"欧阳玄神道碑"及"防里欧阳氏家藏亚中大夫碑跋"。欧阳玄的著述十分丰富，今日得见者，为战乱后散佚而又重辑为集者。因为他长期生活在大都城，故而著述内容亦多涉及京城之事，如卷一之《辟雍赋》描写京城国子学的盛况，卷二《大明殿早朝》诗描写皇宫景象，卷三《喜门生中状元》诗描写元代的科举殿试情况，等等，皆有很高的史料参考价值。

许有壬，字可用，与黄溍和欧阳玄为同年进士，元英宗时始任京官，先后在御史台、詹事院、中书省任职。元文宗时，任奎章阁侍诗学士，元顺帝时任中书省参知政事，官至集贤大学士。史称："有壬善笔札，工辞章。欧阳玄序其文，谓其雄浑闳隽，涌如层澜，迫而求之，则渊靓深实，盖深许之也。所著有《至正集》若干卷。"[65]许有壬的著述十分丰富，今日得见者，有《至正集》81 卷（原为 100 卷），及《圭塘小稿》13 卷、《别集》2 卷、《续集》1 卷、《附录》1 卷。清人称："有壬立朝五十年，三入政府，于国家大事侃侃不阿，多有可纪。文章亦雄浑闳肆，赡切事理，不为空言，称元代馆阁巨手。"[66]

《至正集》卷一为古赋，卷二至卷十一为古诗，卷十二至卷二十二为律诗（中间阙卷二十），卷二十三至卷二十八为绝句，卷二十九为绝句与联句，卷三十至卷三十五为序文，卷三十六至卷四十三为记文，卷四十四至卷六十四为碑志之文，卷六十五为说，卷六十六为诔、传、解、铭、箴，卷六十七为赞，卷六十八为颂、辞，卷六十九为文，卷七十为诏、制、表、笺、疏、启之文,卷七十一至卷七十三为题跋,卷七十四至卷七十七为公移之文,卷七十八至卷八十一为乐府,书后有《元史·许有壬传》。《圭塘小稿》中的有些内容与《至正集》相同,但是,也有许多诗文是《至正集》中所没有的。因为许有壬在大都城生活时间较长,有许多著述反映了京城的风物,如卷十三《都城大热午日至赤城夜寒不能寐》诗描述了京城的气候,《洪禧殿进讲》诗描述了元朝统治者对儒学的重视,卷十六《题昌平刘谏议祠》描述了地方祠祀的情况,等等,均有很高的史料价值。

活跃在元代大都城的又有一些少数民族人士,他们的著述当以马祖常、萨都剌及乃贤为代表。马祖常,字伯庸,祖上为西北雍古部贵族,自其曾祖父始入居中原。"延祐初,科举法行,乡贡、会试皆中第一,廷试为第二人。授应奉翰林文字。拜监察御史。"[67]此后,马祖常大多数时间是在京城任职,曾任翰林直学士、礼部尚书,官至枢密副使。后人对他的评价很高,如元代名士苏天爵在为《石田文集》所作序言中称:"公少嗜学,非三代两汉之书不读,文则富丽而有法,新奇而不凿;诗则接武隋唐,上追汉魏。"又如清人称:"其文精赡鸿丽,一洗柔曼卑冗之习;其诗才力富健,如《都门壮游》诸作,长篇巨制,迥薄奔腾,具有不受羁勒之气。"[68]

今日得见四库本《石田文集》,书前有元人王守诚、苏天爵、陈旅所作3篇序言,卷一为五言古诗,卷二为七言古诗、五言律诗,卷三为七言律诗,卷四为五言绝句、七言绝句,卷五为乐府歌行及杂言诗、六言、联句、骚、赋,卷六为制诰、表笺、青词祝文,卷七为章疏,卷八为铭、箴、赞、杂文、策问、题跋、记,卷九为序文,卷十至卷十四为碑志,卷十五为行状、传。书后有附录,载虞集所作《桐乡阡碑》、许有壬所作《马祖常神道碑》及马祖常自撰《石田山房记》。因为马祖常在京城生活时间较长,故而有许多作品描述了大都城的景物,如该书卷一的《都门一百韵用韩文公会合联句诗韵》,就是一首诗歌体的"大都赋"。《斋宿太社署》5首,把元代社稷坛的宏丽规制、祭祀时的隆重气象皆生动的表达出来。又如该书卷八所载《礼部合化堂题名记》、《察院题名记》、《殿中司题名记》等记文,卷十所载《大兴府学孔子庙碑》等碑文,对于研究元大都的各种典制均为十分珍贵的史料。

萨都剌,字天锡,号直斋,答失蛮氏(回族或蒙古族)。泰定四年(1327年)进士,历任应奉翰林文字、江南行台侍御史等职,以诗名享誉元代文坛,后人称其:"诗才清丽,名冠一时,虞集雅重之。晚年，寓居武林。每风日晴好，辄肩一杖，挂瓢笠，踏芒跻，凡深岩邃壑，无不穷其幽胜，兴至则发为诗歌。著有《雁门集》八卷，《西湖十景词》一卷。"[69]萨都剌的著述，《千顷堂书目》载有《萨天锡诗集》2卷及《雁门集》6卷，而清人纂修《四库全书》时，8卷本与6卷本皆未见到，故而录入为3卷本及《集外诗》1卷，合为4卷。萨都剌在大都生活的时间并不长，他的诗集仅有4卷，也不多，却有一些描写大都城的诗歌名篇，如卷一《杨花曲》描写京城女子的生活，《海棠曲》描写京城王公子弟的生活，《过居庸关》描写京北关隘的苍雄，卷二《丁卯年及第谢恩崇天门》及《敕赐恩荣宴》、《殿试谢恩次韵》三诗描写作者参加京城考试的体验，《京城春日》、《观驾春游》所描写的风物景色，等等，皆是元诗中的上乘之作。

　　迺贤，字易之，葛逻禄氏，后人称其"生平不喜禄仕，独长于歌诗，不规规雕刻，而温柔敦厚，有风人之致。每一篇出，士大夫辄传诵之。时浙人韩与玉能书，王子充善古文，人目为江南三绝。至正间，用荐为编修官。有《金台集》、《海云清啸集》行世"。[70]今日得见者，仅有《金台集》2卷。迺贤在大都生活的时间并不长，却留下了许多脍炙人口的诗篇，如卷一所载《京城燕》、《京城春日二首》（卷二亦有《京城春日二首》）、《宫词八首次偰公远正字韵》、《京城杂言六首》，卷二所载《发大都》、《刘蕡祠》、《龙虎台》、《居庸关》、《崇真宫夜望司天台》、《南城咏古十六首》、《次韵赵祭酒城东宴集》（八首）、《读金太祖武元皇帝平辽碑》、《羽林行》，等等皆是。

　　据《千顷堂书目》著录，"迺贤《金台集》一卷（字易之，本回鹘人，后家于四明。集，危素所编定）。又，《海云清啸集》缺卷。"《天禄琳琅书目》亦著录曰："《金台集》（一函二册）元迺贤著，危素编。二卷前，欧阳玄、李好文、黄溍三序。后，虞集、张起岩诗，泰不华识语，贡师泰、揭傒斯、危素、程文、杨彝五序。……书中诸贤序、诗、识语皆至正间所作，当时心折易之，匪特文章各尽所长，书法亦兼其妙，真、行、篆、隶，无体不具，则无体不精，而摹刻者又能得其精神，不失铢黍。选纸选墨印而传之，岂独为元刻之冠，即置之宋椠佳本中，又何多让焉。"由此可见，不仅迺贤的诗歌作品值得称道，而且后世所传的《金台集》元刻本也十分精致，被清朝帝王所珍藏。

第六节　其他著述

　　元代，随着中国与域外各国的交通达到了空前的便利，也就使得中外之间的各种交往也有了空前的加强，特别是国外各种人士纷纷来到大都城，并且把在这里的所见所闻记录下来，传回世界各地，有些著作不仅在欧、亚、非大陆引起人们的广泛关注，引起当时西方世界的轰动，而且引起许多中外学者对这些著作真伪的争论。第一个以契丹称中国北方的来朝者，为意大利传教士柏朗嘉宾。1245年，他受教宗派遣离欧赴华，并于第二年7月抵达蒙古国都城喀喇和林。回到欧洲后，他撰写了《蒙古行记》，但提到"契丹"处甚少。[71] 后来，法国人鲁布鲁克也曾出使元廷，并留下《东行记》一书。其中也有对"契丹"的零散记载。但是，柏朗嘉宾和鲁布鲁克的游记中几乎没有对中国城市的描写，直到马可波罗来到中国，并撰写了那部举世闻名的行纪后，欧洲人才真正了解到一些中国都城的情况。

元代来华西人有关北京的著述不多，主要有《马可波罗行纪》、《鄂多立克东游录》以及马黎诺里的《奉使东方记》。第一位向欧洲介绍北京的西方人是意大利旅行家马可波罗。马可波罗为威尼斯商人，1275年马可波罗抵达"上都"，此后在中国生活游历长达17年之久。回到欧洲之后，述说了他在中国的所见所闻，被记录为《马可波罗游记》（又称《东方闻见录》）一书，被译为多种欧洲文字，广为流传。此后，中国学者又将英、法等不同语言版本的《马可波罗游记》翻译为中文本，引起国内众多学者的关注。而在众多中译本的《马可波罗游记》中，以魏易所译《元代客卿马哥博罗游记》出版时间最早，又以冯承钧所译、在1936年出版的《马可波罗行纪》影响最大。冯氏所译《马可波罗行纪》（以下简称《行纪》）共有4章，书前有序、序言及《马可波罗赠谢波哇藩主迪博钞本原序》，书后有跋及附录《马可波罗行纪沙海昂译注正误》。因为马可波罗在中国生活的17年中到过许多地方，故而在《行纪》中几乎描述了当时中国自北至南的各个地方的景物、风俗，既有重大的历史事件，也有各地民众的生活习俗，成为当时外国人眼中的"中国百科全书"。冯氏在翻译这部著作时，不仅对原文的理解下了很大工夫，而且对书中的注释也下了很大功夫，从而订正了一些前人见解中的错误。

马可波罗在其《行纪》一书中，[72] 用了很大篇幅描写元代大都城，主要集中在第二卷的前半部分，如第八十一章"大汗之体貌风仪"，描述了元世祖忽必烈的体貌特征及其后宫生活，这些珍贵的信息在《元史》等中文史料中很少见到。又如第八十三章"大汗之宫廷"，较为详细地描述了他所见到的元大都皇城、宫殿的景象，其中，关于宫殿的台基、内外墙壁的装饰等，可以同中文史料相互印证。他写道："街道甚直，此端可见彼端，盖其布置，使此门可由街道远望彼门也。城中有壮丽宫殿，复有美丽邸舍甚多。"马可波罗介绍了宫殿和皇家苑囿，他写道，皇宫大殿宏伟壮丽、气势轩昂，"足容千人聚食，房屋之多，可谓奇观，此宫壮丽富瞻，世人布置之良，诚无逾于此者。"当然，马可波罗对北京的记述也有并不准确的地方，例如他认为北京城周围有24 意大利里（1 意大利里合 2.77 华里），由此推算，全城超过 60 华里，这肯定夸大了当时大都的面积。此外，马可波罗认为大都全城每面 3 座城门，全城共有 12 门，实际上，当时大都只有三面城墙各开 3 门，北城墙仅开 2 门。在第八十四章"大汗太子之宫"，提到了元世祖为皇太子真金建造的东宫（即后来的隆福宫），这也是中文史料可以印证的。在《行纪》一书中，马可波罗还记载了一些当时人们的各种活动，如益都千户王著刺杀宰相阿合马的政治事件，在书中甚至对一些事件的细节也进行了描述。又如第九十二章"大汗之行猎"，描述的海东青狩猎、象輦的豪华等，均为亲历者才能够见到的。再如第九十九章"大汗命人沿途植树"，这件事情可以在许多中文史料中得到印证。而第一百零一章"用石作燃料"，则介绍了当时在中国北方燃煤已经成为普遍现象。特别值得一提的，是马可波罗对元代社会中人们的宗教信仰十分关注，并在第七十九章（重）"大汗对于基督教徒犹太教徒回教徒佛教徒节庆付与之荣誉及其不为基督教徒之理由"和第一百零三章（重）"汗八里城之星者"、第一百零三章（三）"契丹人之宗教关于灵魂之信仰及其若干风俗"中分别予以描述。

　　作为先行者，马可波罗是用西方视野阐述北京形象的第一人。一方面，他对当时的北京进行了一些客观介绍；另一方面，他又用夸张的笔调过度美化了真实的北京，在他笔下，北京简直成为世界之都，其繁华昌盛无可匹敌。《马可波罗游记》自问世以来，在欧洲引起了极大震动，使他们对中国的了解从朦胧的虚幻逐渐变为现实。许多当时在欧洲无法想象也无法实现的事情，如元代的中国在商业流通领域使用纸钞而不是贵重金属（金、银、铜钱等），这在欧洲的商人眼里自然是一个奇迹，但是在今天则已是很普通的事情。由此可见，在元代的中国，我们的祖先在许多重要的领域中都是走在世界的前列，《马可波罗游记》的精彩描述，不仅留下了一个生动的古代中国，也留下了许多至今尚未解开的历史之谜，等待着人们进一步的深入研究。

　　从马可波罗开始，西方对北京的记述便充斥着夸张的数字和奇妙的图景。1322 年，方济各会修士鄂多立克来华，在北京居住了 3 年。他返回意大利后口述了《东游录》一书。这本书与《马可波罗行纪》

有些相似，带有比较强烈的欧洲中世纪色彩，充斥着许多奇迹故事。例如，他称："宫廷中有许多金孔雀，当鞑靼人想使他们的君主高兴时，他们就一个一个拍手，孔雀随之振翅，状若舞蹈。那么这必定由魔法驱动，或在地下有机关。"[73]此后不久佛罗伦萨人马黎诺里也于1342年来到北京，在他的《奉使东方记》中写道："汗八里乃东方帝国之首府，雄伟无比，其人口之众和军容之庄严无须赘述。"[74]叙述语气与波罗书并无二致。

注释：

(1)（元）王士点等：《元秘书志》卷四《纂修》。

(2)（元）苏天爵：《元朝文类》卷四十《经世大典序录》。

(3)《元秘书志》卷四《纂修》。

(4)《元秘书志》卷四《纂修》。

(5)《元史》卷三十三《文宗纪》。

(6)《元朝文类》卷四十《经世大典序录》。

(7)《元朝文类》卷六十《姚枢神道碑》。

(8)《元史》卷一百八十九《赵复传》。

(9)《元史》卷一百八十三《李好文传》。

(10)《元朝文类》卷三十六《太常集礼稿序》

(11)《元史》卷一百七十二《齐履谦传》。

(12)《新元史》卷一百三十二《保八传》。

(13)《四库全书总目提要》卷四十四。

(14)《元史》卷三十六《文宗纪》。

(15)《元史》卷一百八十一《虞集传》。

(16)《元朝文类》卷四十九《董文用行状》。

(17)《元朝文类》卷十六《伏候敕旨进"实录"表》。

(18)《元史》卷十四《世祖纪》。

(19)《元朝文类》卷二十五《丞相顺德忠献王碑》。

(20)《四库全书总目提要》卷五十二。

(21)《四库全书总目提要》卷五十二。

(22)《永乐大典》卷二千六百零八《台·御史台三》。

(23)（元）陶宗仪：《南村辍耕录》卷七《奎章政要》。

(24)《元史》卷一百四十六《耶律楚材传》。

(25)《元史》卷五十二《历志》。

(26)（明）叶子奇：《草木子》卷二下《钩玄篇》。

(27)《新元史》卷一百七十一《朱世杰传》。

(28)明董斯张：《吴兴备志》卷六。

（29）《四库全书总目提要》卷一百二十二。

（30）（元）耶律楚材：《湛然居士集》卷十三《万松老人万寿语录序》。

（31）《湛然居士集》卷八《万松老人评唱天童觉和尚颂古从容庵录序》。

（32）《湛然居士集》卷八。

（33）《大明高僧传》卷一。

（34）（元）释念常：《佛祖历代通载》卷二十二。

（35）（元）李志常：《长春真人西游记》卷下。

（36）（元）王恽：《秋涧集》卷三十九《真常观记》。

（37）（元）赵孟頫：《玄教大宗师张公碑》。

（38）《元史》卷二百零二《释老传》。

（39）（元）魏抟霄：《十方大天长观玄都宝藏碑铭》。

（40）《四库全书总目提要》卷一百八十八。

（41）《元史》卷一百八十《耶律希亮传》。

（42）《新元史》卷二百三十七《鲜于枢传》。

（43）《御定佩文斋咏物诗选》卷一百八十四。

（44）《御定历代题画诗类》卷十六《山水类》。

（45）《元史》卷一百六十八《曹鉴传》。

（46）《四库全书总目提要》卷一百六十八《一山文集》。

（47）《元朝文类》卷五十六王士熙《张进中墓表》。

（48）（清）顾嗣立：《元诗选》二集卷九。

（49）（元）张昱：《可闲老人集》卷三。

（50）《元史》卷一百五十七《刘秉忠传》。

（51）《四库全书总目提要》卷一百六十六。

（52）《元史》卷一百六十七《王恽传》。

（53）《元史》卷一百九十《陈孚传》。

（54）《四库全书总目提要》卷一百六十六。

（55）《四库全书总目提要》卷一百六十七。

（56）《元史》卷一百七十二《赵孟頫传》。

（57）（元）欧阳玄：《圭斋文集》卷九。

（58）《元史》卷一百七十二《袁桷传》。

（59）《四库全书总目提要》卷一百六十七《清容居士集》。

（60）《四库全书总目提要》卷一百六十六《吴文正公集》。

（61）《元史》卷一百八十一《揭傒斯传》。

（62）《元史》卷一百八十一《虞集传》。

（63）《元史》卷一百八十一《黄溍传》。

（64）《元史》卷一百八十二《欧阳玄传》。

（65）《元史》卷一百八十二《许有壬传》。

（66）《四库全书总目提要》卷一百六十七。

（67）《元史》卷一百四十三《马祖常传》。

（68）《四库全书总目提要》卷一百六十七。

（69）《新元史》卷二百三十八《萨都剌传》。

（70）《新元史》卷二百三十八《迺贤传》。

（71）张星烺：《中西交通史料汇编》第一册，第17页。

（72）《马可波罗行纪》，冯承钧译本。

（73）《鄂多立克东游录》，何高济译本。

（74）道森：《出使蒙古记》，吕浦译，周良霄注。

第四章　明代北京地区的著述

自成祖迁都北京，北京成为全国的政治文化中心。由朝廷主持撰修的大型图书，多在北京完成。如《明实录》、《大明会典》、《大明一统志》、《寰宇通志》等。在本朝史的编撰过程中，明廷一改唐以来形成的传统，即起居注、实录、国史相互结合；而只重视实录，不修国史。[1]明代史馆合于翰林院，所以《明实录》与前朝实录不同，由翰林院编修。正如明陆容所论："国初，循元之旧，翰林有国史院，院有编修官，阶九品而无定员，多或至五六十人。若翰林学士、待制等官兼史事，则带兼修国史衔。其后更定官制，罢国史院，不复设编修官，而以修撰、编修、检讨专为史官，隶翰林。翰林自侍读、侍讲以下为属官。官名虽异，然皆不分职。史官皆领讲读，讲读官亦领史事。所兼预职事，不以书衔。近年官翰林者，尚循国初之制，书兼修国史。"[2]明代北京著述，史学成就很大。无论从史学的著述形式，还是著述质量和数量上，都取得了很高的成就。

明代方志撰述兴盛，不仅出现了《寰宇通志》、《大明一统志》两部全国总志，省志的编撰也创制并定型。明成祖继位后，对修纂地方志颇为重视。永乐十年（1412 年）颁布了《纂修志书凡例》[3]，万历年间《重修寿昌县志》引用了这篇凡例，其规定志书的内容应包括：建置沿革、分野、疆域、城池、里至、山川、坊郭、乡镇、土产、贡赋、风俗、形势、户口、学校、军卫、廨舍、寺观、祠庙、桥梁、古迹、城郭故址、宫室台榭、陵墓、关塞、岩洞、园池、井泉、陂堰、景物、宦绩、人物、仙释、杂志、诗文等 34 类以及各类目编写的原则。[4]永乐十六年（1418 年），朝廷又颁布《纂修志书凡例》21 条，[5]并"诏纂修天下郡县志书，命行在户部尚书夏原吉、翰林院学士兼右春坊庶子杨荣、翰林院学士兼右春坊右谕德金幼孜总之。仍命礼部遣官遍诣郡县，博采事迹及旧志书"。[6]于是在明廷的推动下，天下州郡县纷纷编纂志书。《光绪顺天府志·艺文志一·记录顺天事之书》著录明代北京著述约 120 种，史志著述占有很大的比重。明代还开创了边关志、边镇志、卫志等方志门类。刘效祖《四镇三关志》12 卷，是其中的代表。此书记录了蓟、昌、保、辽四镇和居庸、紫荆、山海三关，分建置、形胜、军旅、粮饷、骑乘、经略、制疏、职官、才贤、夷部 10 类。有非常重要的史料价值。

明代北京著述，内容异常丰富，涉及皇朝掌故、社会风俗、经济民生等方方面面。如陆容《菽园杂记》15 卷，古今并论。记录明廷故实为主，同时也记录地方风俗；不仅记事，同时记人。时人王鏊评价甚高："本朝记事之书，当以陆文量为第一。"又如沈德符《万历野获编》20 卷，《续编》12 卷，对典章制度、治乱得失、山川形貌、风物时俗、轶事逸闻均有著录。此外还有朱国祯《涌幢小品》32 卷、谢肇淛《五杂俎》16 卷等。这些著述，主要见于史部杂史类和子部杂家类、小说家类。不仅内容翔实，可补官修史书记载之不足，同时还体现了作者鲜明的个性和不俗的见解，这也是明代北京著述的一个显著特点。

明代北京著述中，经济类的著作非常丰富，涉及治河、漕运、水利、农政等多个方面，引人注目。如吴仲《通惠河志》，是唯一一部记录通惠河的专书，又是作者亲历的记录，所以它的史料价值非常重要。此书记载了明中期改造工程的情况，这也是通惠河最重要的转折时期。又如沈榜《宛署杂记》，详细记载了宛平的社会生活，资料丰富，且多是他书所未见，不仅是明代著作的杰出代表，在北京方志发展史上，也有重要作用。

明代北京著述中，专志、专书日益增多。虽然其中很多已亡佚，未能流传下来，但从史志目录的记载中，仍可见一斑。《光绪顺天府志·艺文志》著录有：《洪武北平图经》、《北平志》、《北平府图志》、刘崧《北平事迹》、郭造卿《燕史》、沈应文、谭希思《（万历）顺天府志》等。

晚明史学成就突出，[7]是明代北京著述的又一特点。在嘉靖、万历之际及其以后的明代八九十年间，先后出现了王世贞、李贽、王圻、焦竑、谈迁等著名史家。如谈迁的《国榷》，是私人修著的编年体明史。上起元文宗天历元年（1328 年），下迄明亡后一年（1645 年），所据史料，主要是明代历朝实录和崇祯朝邸报。详于万历以后的史事，保存了丰富的明廷与建州女真关系的资料。对于《明实录》的曲笔，《国榷》进行补充订误，书中体现了谈迁的史观、史论。

第一节 中央官纂图书

明代官修史书，关于本朝史事的，以实录和《大明会典》最为切要。关于前朝史事，有《元史》。官修类书中，《永乐大典》在北京重录。官修志书中，《寰宇通志》、《大明一统志》先后在北京完成。在编修《大藏经》、《道藏》过程中，北京处于核心地位。

《明实录》的编撰，历经建文至崇祯年间，先后共 13 部，涉及崇祯朝以外的 15 朝史事。卷帙浩繁，前所未有。明实录的史料来源，主要是朝廷的奏章、先朝事迹、奏疏、传抄的邸报。《明实录》中，多有曲笔，有的甚至重修、改修，窜改史实。自明代以来，批评者众："有明一代，国史失诬，家史失谀，野史失臆，故以二百八十年，总成一诬枉之世界"，[8]明代"无史"。[9]王世贞对明实录批评的同时，也指出了它的价值："国史人恣而善蔽真，其叙典章、述文献，不可废也。野史人臆而善失真，其徵是非、削讳忌，不可废也。家史人谀而善溢真，其赞宗阀、表官绩，不可废也。"[10]王世贞笔下的"国史"，即《明实录》，指出其在典章制度、文献记载方面的历史价值。万斯同则指出实录在记人、记事方面的价值："盖实录者直载其事而无所增饰者也。因其世以考其事、核其言，而平心察之，则其人之本末，十得八九矣。"[11]今存《明实录》，有 1940 年影印江苏国学图书馆藏本和 1961 年台湾影印北京图书馆藏本。

据武宗正德四年（1509 年）《御制大明会典序》、神宗万历十五年（1587 年）《御制重修大明会典序》记载，[12]《大明会典》酝酿于英宗复辟之际，此后有 3 次撰修。第一次是在孝宗弘治十年（1497 年），吏部尚书徐溥等负责，十五年（1502 年），书成。没有来得及颁行，孝宗就死了。武宗即位，命大学士杨廷和重校，正德六年（1511 年）颁行。《大明会典》初次撰修共 180 卷，"以职掌为主，类以颁降群书，附以历年事例，使官领其事，事归于职，以备一代之制"。[13]其职掌，以洪武二十六年（1393 年）为据，参考当时官修训、诰、礼、律诸书，并记载了诸书目录。其事例，自太祖洪武年间至孝宗弘治十五年止。世宗嘉靖八年（1529 年），重修《大明会典》，补充了自孝宗弘治十五年至世宗嘉靖四年间事例，共 53 卷，没有颁行。神宗万历四年（1576 年）至万历十五年（1587 年），《大明会典》第三次撰修。凡

228 卷。张居正负责，申时行、许国等上表进呈。《大明会典》不仅是一部重要的典制史，同时也反映了有明一代丰富的社会历史。

《永乐大典》是中国古代规模最为宏大的官修类书，永乐元年开始编纂，解缙主其事，永乐二年（1404 年）完成并进呈。成祖赐名《文献大成》。此次撰修，没有获得成祖的满意，永乐三年（1405 年），又命太子少师姚广孝、礼部尚书郑赐监修，无论门户，广招人才，时经数年，最终完成两万两千余卷。编成后，先藏于南京文渊阁。成祖迁都北京后，又将其运至北京，藏于大内文楼。嘉靖三十六年（1557 年），皇宫遭受火灾，经此一变，世宗决定将《永乐大典》重录备份，即"副本"。自嘉靖四十一年（1562 年）开始，前后历时 6 年。自此，《永乐大典》有"正"、"副"两个抄本。副本藏于明宫皇史宬。[14]《永乐大典》在编排上，"用韵以统字，用字以系事"，[15] 以《（洪武）正韵》的韵母排列，每一字下面在分列各方面内容，便于检索。《永乐大典》收录资料宏富，经史子集、道释、医卜、杂家之书，无不收录。"事有制度者，则先制度；物有名品者，则先名品，其有一字而该数事，则即事而举其纲；一物有数名，则因名而著其实；或事文交错，则彼此互见；或制度相同，则始末具举。"[16] 在征引文献资料时，《永乐大典》常全文抄录，很多珍贵资料，得以保存。研究北京史重要文献《析津志》，早已亡佚，现在所见《析津志辑佚》，大部分内容来自其中。自清以来，陆续从《永乐大典》中辑出佚书 590 种，其中经部 93 种，史部 124 种，子部 175 种，集部 198 种。[17] 经明清战火，目前存世的《永乐大典》仅余四百册左右，中国国家图书馆藏有二百余册，其余散见各处。

明代志书大量涌现，明初洪武之时，就非常重视志书的修撰。据《太祖实录》记载：洪武三年（1370 年），《大明志书》修成。洪武十七年（1384 年），撰修《大明清类天文分野书》，洪武二十七年（1394 年）《寰宇通衢》书成。然此三书过于简略，成祖即位，便着手更大规模志书的编撰工作。永乐十六年（1418 年），开始修撰《天下郡县志》，户部尚书夏原吉、翰林院学士兼右春坊右庶子杨荣、翰林院学士兼右春坊右谕德金幼孜主其事。未及修成，成祖崩殂，修志遂停。直至景泰、天顺年间《寰宇通志》、《大明一统志》面世，这期间明代未曾有全国地理总志修撰成书。《寰宇通志》是在永乐年间《天下郡县志》基础上编修而成。《英宗实录》叙述此过程甚详。户部尚书文渊阁大学士陈循、工部尚书东阁大学士高谷、吏部尚书东阁大学士王文、户部右侍郎翰林院学士萧镃、兵部左侍郎兼左春坊大学士商辂任总裁。

左春坊大学士翰林院侍读彭时等人撰修。景泰七年（1456 年），书成。但适逢英宗"夺门之变"，"此书印装已备，方欲下颁，适天顺改元，遂已。"[18]此书未能流传。今有郑振铎《玄览堂丛书续集》本，1947 年版。所据乃景泰七年（1456 年）司礼监刻本。全书 119 卷，凡例中列有建置沿革、郡名、山川、兴盛、风俗、土产等 38 个门类。内容丰富，体例独特，不同于以往诸书。有重要的史料价值。然有引文不录出处、体例不纯，详列科甲，不列户口，全书没有地图等弊端。随后不久，开始撰修《大明一统志》。吏部尚书李贤等主其事，在编修人员中，有十余位是曾经参与《寰宇通志》撰写的人员。这使得二书在很多方面有共通之处。体例上，与《寰宇通志》相较，增加了舆图。书成后，曾多次刊行。《大明一统志》虽然屡遭后世诟病，但其仍然有重要的史料价值。顾炎武《肇域志》大量引用此书，"此书自崇祯己卯起，先去《一统志》，后取各府州县志、后取《二十一史》参互书之，几阅志书一千余部。"[19]可见《大明一统志》是其书重要的史料来源。同时，《肇域志》还据《大明一统志》考订史实、纠谬补正。《寰宇通志》、《大明一统志》二书不仅是明代重要的全国性总志，同时也为有清一代撰修《大清一统志》等书提供了可资参考的摹本。

第二节　经部著述

明代北京经部著述不多，无论撰述规模或撰述质量，都无法与明代史部著述的成就相提并论，相较于其他各代，也显薄弱。明人解经，考订有欠翔实，于名物训诂关注较少，多借经书阐发己意，这是明人治学的特点，也是明代北京经部著述的特点。李贽《九正易因》，是其中典型代表。李贽自身反封建、反礼教，不以孔子是非为是非，思想上多有所创建，颇具价值。相较李贽其他著作而言，此书显得拘泥谨慎。

《仪礼载记附注》、《考订深衣古制》、《经书补注》、《经谱》、《庸学通旨》。黄润玉撰。黄润玉，字孟清，鄞县人。永乐十八年（1420 年）举顺天乡试，授建昌府学训导……母忧归，起官湖广。论罢巡抚李实亲故二人。实憤，奏润玉不谙刑律，坐谪含山知县。以年老归。归二十年，年八十有九卒。学者称"南山先生"。[20]黄润玉著述颇丰，《千顷堂书目》著录他的著作有：《仪礼戴注》附注 5 卷；《考订深衣古制》；《庸学通旨》1 卷；《经书补注》4 卷，又《经谱》1 卷；《宁波简要志》5 卷；《四明文献录》；《海涵万象录》3 卷，又《南山录》；

注《孙子》;《道德经注解》2卷;《阴符经注》;《南山稿》。《四库存目丛书·史部》著录:《宁波府简要志》5卷;《四库存目丛书·子部》著录:《海涵万象录》4卷 。《光绪顺天府志·艺文志三》著录:《仪礼戴注》附注5卷。润玉以朱子尝欲作《仪礼经传通解》未就,乃取《仪礼》析为4卷,以《礼记》比类附之,不类者附诸卷后。又以"五礼"独缺"军礼",取《周官·大田礼》补之,以《礼记》载田事者附焉,别为1卷,皆为注释。《考订深衣古制》1卷。润玉以《礼记深衣制》12幅,郑氏误以为裳,而《玉藻长中继掩尺注》亦谬,因撰此书。《经书补注》4卷,《经谱》1卷;杨守陈曰:"先生以四书诸经注家或遗或误,乃撰《经书补注》。"王圻曰:"黄公《补注》,其言多有可采。"《庸学通旨》1卷,《明史·艺文志》四书类。杨守陈曰:"先生以大学、中庸旨皆渊奥,撰《庸学通旨》。"[21]黄润玉治学以宋明理学为宗,其学"守先儒之矩而不失","以知行为两轮",强调"明理务在读书,制行要当慎独"。他的著作,常间有新意,但考订不实。其《海涵万象录》,四库馆臣评价不高:"其中间有新意,然误者多。"

《春秋稿》2卷,刘效祖撰。《光绪顺天府志·艺文志三·顺天人著述》著录:佚,此书见《宛平王志》。效祖有诗名,隆庆时,曾遣中官索其诗,《畿辅明诗选》存11首。

《九正易因》4卷,李贽撰。书前有李贽自序:"易因一书,予既老,复游白门而作也。三年就此,封置莢笥;上济北,读易于通州马侍御经纶之精舍,昼夜参详,更两年而易因之旧者,存不能一二,改者且至七八矣。侍御曰:乐必九奏而后备,丹必九转而后成,易必九正而后定,宜仍旧名'易因',而加九正二字。予喜而受之,遂定其名曰《九正易因》也。"[22]此书所存明刻本有2种:一种未刊刻年月及刻家,不分卷,藏于苏州市图书馆,今收入《四库全书存目丛书·经部》第六至第七册;一种是明末清初毛氏汲古阁刻本,不分卷,藏于辽宁市图书馆,今收入《续修四库全书》第九册。[23]李贽本名载贽,晋江人。撰有《藏书》、《焚书》、《续焚书》等。嘉靖壬子举人。官至姚安府知府。后遭受明廷迫害,于通县狱中刎颈自杀。该书每卦先列《经》文,次以己意总论卦象,又附录诸儒之说于每卦之后。书止六十四卦。其《文言》、《系辞》等传,皆未之及。《经》文移《大象》于《小象》之后,则是李贽臆改之。李贽所著述,大都反对封建礼教,不以孔子是非为是非。只是此书不敢诋訾孔子,笔锋保守谨慎。

《易义》四卷,米万钟撰。米万钟,字友石。万历二十三年(1595年)进士。历官江西按察使。天启五年(1625年),魏忠贤党倪文焕劾之，遂削籍。崇祯初，起太仆少卿，卒官。[24]《光绪顺天府志·艺文志三·顺天人著述二》著录："此书见《宛平王志》。"

《丽奇轩易经讲义》、《四书讲义》，纪克杨撰。纪克杨，字武维，号六息，文安人。《丽奇轩易经讲义》，是书用注疏本，不录经文，但每卦约诂数条，皆略象数而详义理。此书是后人从《经》、《传》辑录而成。《四书讲义》，为科举考试而作，此书不录正文，每章约诂数语。

《易说》1卷，金铉撰。贺世寿对金铉的为人治学给予了高度评价，朱彝尊《经义考》记录了这一点："先生释褐最少，已励必为圣贤之志，非六经及诸儒心性之书不陈于几，昼夜孜孜，惟在闻道；故于天经人纪，肩荷独力，其人千古，其学亦千古。"

此外，经部著述还有：《中庸讲义》，樊梦斗撰。左光斗谓为洙泗真传，汤斌谓为原性道，究天人，精义洞微。[25]《深衣注疏》一卷，岳正撰，《明史·艺文志》著录。《易经统旨》、《诗经统旨》、《四书宗旨要言》，余之祥撰。皆亡佚。[26]

第三节　史部著述

明代北京著述中，史部著述是内容最丰、数量最多的。明代北京历史著作的发展和成就，多体现于史部著述中。内容包罗万象，涉及皇朝掌故、社会风俗、经济民生等方方面面。种类繁多，有私人著史、专志专书。经济类史著成就突出，专门的水利、漕运、农政志书纷纷面世。

《燕史》，郭造卿撰。郭造卿，字建初，号海狱，又号玉融山人，福建福清人，嘉靖间贡生。曾在戚继光门下做幕僚，常来往于蓟北塞外，对燕地的情况很了解。此书原有120卷，现存34卷。《明史·艺文志》、黄虞稷《千顷堂书目》均有著录。现存内容分为10纪，分别为："政纪"2卷、"统纪"3卷、"雄纪"2卷、"镇纪"9卷、"敌纪"2卷、"督纪"6卷、"道纪"3卷、"系纪"2卷、"裔纪"2卷和"朔纪"2卷。[27]主要内容就古燕国地域，取历代史迹，起自周初，迄于五代，分类采辑。每类之中又分年隶事。可视为燕地的通史。每纪之前有叙述1篇，后有总论数行。顾炎武于《顾亭林全集》曾提及此书："福之士人郭造卿，在戚大将军幕府，网罗天下志书略备，又身自行历蓟北诸边营垒，又遣卒至塞外，穷濡源，视旧大宁遗址，还报与书不合，则再遣复按，必得实乃止。作《燕史》数百卷，盖十年而成，则大将军已不及见。又以其余日，作《永平志》一百三十卷。文虽晦涩，而一方之故，颇称明悉。"由此可见，顾氏对于此书给予了充分的肯定。一是此书是郭造卿亲身经历而记录所得，并得其反复确认修改。耗时 10 年，可谓倾注了郭氏的心血。此书对研究燕地历史具有重要价值，但是不注出处。现存钞本 3 部，分别藏于首都图书馆、北京大学图书馆和福建省图书馆。

《日畿访胜录》2 卷，姚士粦撰。姚士粦，字叔详，海盐人。《四库全书总目·史部·地理类存目》载："此录乃万历甲午士粦游京师时，寻访都城内外诸胜，因汇辑成编，然所载古籍，实皆抄撮孙国敉《燕都游览志》、蒋一葵《长安客话》诸书，别无异闻，不资足证据也。"此书已佚。

《两宫鼎建记》2 卷，贺仲轼撰，《四库全书史部存目》著录。贺仲轼，字敬养，获嘉人，万历三十八年（1610 年）进士。万历二十四年（1596 年）建乾清、坤宁两宫，贺仲轼的父亲贺盛瑞时任工部营缮司郎中，负责督建工程，后因冒销工料罢官。贺仲轼为了替父亲鸣冤，撰写此书。该书详细记述营建始末及营建费用。下卷并附以历年所修诸工，书末有贺盛瑞《京察辩冤疏》。陈继儒曾将此书收入《宝颜堂秘笈》"普及"中，改题曰《冬官记事》。清朱彝尊《曝书亭集》抄有此书，故得以完整保存下来。

《明宫史》5 卷。吕毖将《酌中志》中 16 至 20 卷内容辑出而成。《四库全书总目·史部》著录："旧本题芦城赤隐吕毖校次。毖始末未详，考明末有吕毖，字贞九，吴县人，尝撰《事原初略》三十四卷，序题崇祯甲申，姓名时代皆相合，疑即其人。然草茅之士，何由得详记禁庭事，殆不可解，毋乃奄人知文义者所私记，毖依附其门为之编录，故不称撰述而称校次欤。"[28]此书 5 卷，是研究明代北京城市建筑沿革重要的历史资料，不仅介绍了建筑规格、位置，还详细介绍建筑的功用。与正史可相互参照，补正史记录之不足。

《潞水客谈》1 卷，明徐贞明撰。徐贞明，字孺东，贵溪人。隆庆五年（1571 年）进士，历官尚宝寺丞。父九思，官工部郎，治张秋河，筑减水河于河滨，工成，永为利。其官工科给事中时，上疏言畿甸水利，大旨开西北之沟洫，以省东南之漕运。《光绪顺天府志·艺文志一·记录顺天府事之书》著录了其上疏的全文："神京拥据上游，兵食宜取之畿甸，今皆仰给东南，岂西北古称富强地，不足以实廪而练卒乎？夫赋税所出括民脂膏，而军船夫役之费，尝以数石抵致一石，东南之力竭矣。又河流多变，运道多梗，窃有隐忧……"[29]廷议不行。于通州旅次作此书，书中以宾主问答的形式，来阐发自己上疏中的意图。进一步阐发兴修西北水利的必要性、可行性以及具体措施。前有万历丙子张元忭序，又有俞均重刊序，及王祖嫡题词，末有李世远、王一鹗二书，李桢、米鸿谟二跋。此书对徐光启多有启发，《农政全书·凡例》提到西北水利"始于元虞集，而徐孺东先生《潞水客谈》备矣"，徐光启对此书的推崇可见一斑。清人吴邦庆[(30)]、朱云锦[(31)]都对此书的价值进行了阐述。此书在中国水利史上的地位十分重要。今有《四库全书存目丛书》本、《粤雅堂丛书》本、《丛书集成初编》本，国家图书馆藏清刻本。

《通惠河志》2卷，吴仲撰。吴仲，字亚甫，号剑泉，武进（今江苏省武进县）人。生于明宪宗成化十八年（1482年）。明武宗正德十二年（1517年）考中进士，授江山县令。嘉靖初，以御史巡按直隶。嘉靖六年（1527年），黄河决口，吴仲撰写了著名的重开通惠河疏《为计处国储以永图治安事疏》，奉命治理通惠河，工成后著《通惠河志》，进呈世宗。随后，世宗嘉靖皇帝命将所进《通惠河志》送往史馆，采入《明会典》，并命工部刊行[(32)]。《明史·艺文志》著录："秦金：《通惠河志》二卷。"《四库全书总目·史部·地理类存目》著录："《通惠河志》二卷，附录一卷，两淮马裕家藏本。明吴仲撰。仲字亚甫，武进人。正德丁丑进士，官至处州府知府。通惠河即元郭守敬所开通州运河，明初湮废，粮皆由陆以运，费重民劳。仲以御史巡按直隶，疏请重浚，不数月工成，遂至今为永利，其事详见《明史》。后仲外调处州时，恐久而其法浸弛，故于舟中撰此书奏进，得旨刊行。上卷载闸坝建置，开浚事宜，而冠以源委图说。中卷及附录皆诸司奏疏，下卷皆碑记诗章也。"《光绪顺天府志·艺文志一·记录顺天事之书》著录："秦金：《通惠河志》二卷，未见。见《明史·地理类》。"又载："吴仲：《通惠河志》三卷，附录一卷，未见。"缪荃孙等按云："《明史》载秦志，《四库总目》载吴志，《内阁书目》又云，郎中汪一中修，未知是一书否？"可见，在《光绪顺天府志》成书时，《通惠河志》未能流传，缪荃孙对此书的作者及其版本存疑。黄裳《天一阁被劫书目》记："《通惠河志》，明刻本，一册。赵万里云：'通惠河即元郭守敬所凿的通州运河，明初湮废。吴仲以御史巡按直隶，疏请重浚，工成遂著此书，可补《明史·河渠志》之略。四库入存目。'此书九行十九字，据云已毁于1932年。"现存的《通惠河志》，为民国三十年（1941年）郑振铎《玄览堂丛书》影印明刻本。该书卷首印有工部都水分司题名，共33人。全书分为上下卷，书前有"通惠河源委图"、"通惠河图"以及奉议大夫水部郎中汪一中撰写的《通惠河志序》。上卷依次为通惠河考略、闸坝建置、公署建置、修河经用、经理杂记、夫役沿革、部院职制。下卷为奏议和碑记。这些是研究通惠河历史、建置、经理情况、监管官员等方面不可或缺的历史资料。其中的"碑记"如宋聚《改修庆丰石牐记》，记录了改修庆丰石牐的缘由、用料和经过；又如欧阳玄《中书右丞相领都水监政绩碑》，是研究元代通惠河开凿及其治理的珍贵史料。下卷还录有嘉靖三十一年（1552 年）杨行中撰《工部都水分司题名记》、隆庆二年（1568 年）蒋浚汉撰《重修闸河记》，以及吴仲撰《为纪圣政以掳愚荩事》疏文。《通惠河志》是作者亲历不久后著录下来的，所以它的史料价值显得弥足珍贵。此书记载了明中期改造工程的情况，也是通惠河最重要的转折时期，是唯一一部记录通惠河的专书。书中留下了有关通惠河"倒载制"的记录，即漕粮由人夫搬运到闸上游停泊的船只中，这种方式，在清康熙年间沈喻绘制的"通惠河运图卷"（现藏中国历史博物馆）中有准确的反映[33]。

《再生纪略》1 卷，陈济生撰。陈济生，字皇士，长洲人。崇祯十六年（1643 年）入京，目睹甲申之变，于是以日记体裁，记录了自己从崇祯十七年（1644 年）三月初至五月底在京期间的见闻和离京时的感受。分上下卷，卷上记三月初至李自成入京后之事。卷下记录了自三月二十九日始李自成制定的官袍样式、服色，举行的科考经过，李自成登基之景以及在出京路上所听闻的清军入城的情况等。该书详细记录了崇祯帝及朝廷上下在甲申之变中的反应。书中所记"其姓名事迹，目所睹，身所历者勿论，他或访自长班，或传诸道路，不无小异，亦略有微讹，然十分之中已得八九"，[34] 史料价值非常重要，是研究明末清初北京政治不可或缺的资料。此书有《赐砚堂丛书》本、《昭代丛书》本、《长恩阁丛书》本、《甲申纪事》本；1988 年台北新文丰出版公司《丛书集成续编》本。

《甲申核真略》1 卷，《附录》1 卷，杨士聪撰。杨士聪，字朝彻，号凫岫，又号法逌，山东济宁人。崇祯四年（1631 年）进士，六年（1633 年）授翰林院检讨。十五年（1642 年），擢右春坊中允。十六年（1643 年），升左谕德，管诰敕，修《大明会典》。崇祯十七年（1644 年），李自成攻陷北京时，杨士聪因认识大顺部将，从而得以幸免。著有《静远堂稿》、《玉堂荟记》、《戊寅记事》等书。有感于坊间对甲申之变记述不实，于是撰《甲申核真略》，详细记录甲申之变的过程，同时表明心迹，以澄清自己从逆的传闻。该书采用日记体记事，记录了崇祯十七年三月十七日京城戒严至七月十九日士聪奔赴清江浦期间的所见所闻。书前有自序、凡论，书末有附录 12 则及《答孙兴公书》、《与门生方欧余书》、《左谕德济宁杨氏墓志铭》。谢国桢《增订晚明史籍考》卷八"甲乙之际"《甲申核真略》条记录："……是书虽自为辨白，然对农民军之行事，亦约略言之，如记万历以来之横徵暴敛，宫廷中之奢侈浪费，举凡城中市民及宦竖，均望农民军之莅临，已可知当时人心之向背。又记大顺政权之严惩贪污，镇压陈演、魏藻德等辈，而褒美廉洁倪元璐、范景文死节之臣，俨然有泾渭之分，至农民军之进入北京始终未尝杀人，并无发生奸淫掳掠之事，农民军之退出北京，市民有从之而行者。至健儿营之设置，亦他书所未载，皆足资参考者。其他若记明朝官吏蒋德璟辈之阘冗畏缩，临事脱逃，故清翁同龢等之谈明臣遗事者，亦多所取资。"现存清钞本 1 册，《长恩阁丛书》本、《明末清初史料选刊》本、《明季史料丛书》本。

《甲申传信录》10 卷，钱士馨撰。钱士馨，字稚拙，又字稚农。浙江平湖人。贡生。尝受知于吴伟业。工书、画。穷老以死。著有《赓筘集》。崇祯十七年（1644 年），钱士馨京师居住 3 年。该书以日记形式，记录了此段经历。书前有自序，卷一"睿谟留憾"，记崇祯十六年八月至十七年三月事；卷二"疆场裹革"，记秦晋燕殉难诸臣；卷三"大行骖乘"，记甲申三月在京殉难诸臣；卷四"跖脯遗骴"，记李闯拷掠诸臣；卷五"槐国衣冠"，记李闯除授京省伪官；卷六"赤眉寇略"，记李闯始末；卷七"董狐剩荚"，记甲申前后楚、豫、燕、齐事略，卷八"桑郭余铃"，记吴三桂引清兵入关始末；卷九"庑园遗迹"，记伪太子始末；卷十"使臣碧血"，记南都左懋第北使殉节始末。内容翔实，可资参考。海盐朱氏藏有注本，考证颇详，是研究晚明史和北京历史的重要参考资料。此书有清钞本 4 册，北京图书馆藏；道光二十年（1840 年）刻本 4 册；上海神州国光社民国二十六年（1937 年）铅印本；上海书店 1982 年《中国历史研究资料丛书》铅印本 1 册。[35]

《甲申纪变录》1 卷，又名《甲申纪变实录》、《燕都纪变》，钱邦芑撰。江苏广陵古籍刻印社 1990 年影印本。钱邦芑，字开少，丹徒人。晚明隆武时曾授御史，明亡，削发为僧，号大错，此书主要记述了崇祯十七年（1644 年）李自成攻入北京前后之事，从甲申年三月十七日李自成军队围城起至四月十三日清军攻入北京城止。主要涉及以下 3 方面内容：一是崇祯帝及明官员在甲申之变中的史事，如记录崇祯自缢于煤山；二是农民军的情况，如入京后所举行的科举大典、众官朝贺；三是记清军的动向。此书记载简略，对农民军的记载有失实之处，但其中涉及的一些内容，可补正史未录之不足。《明季史料》存有钞本。

《燕都日记》1 卷，冯梦龙撰，清莫釐山人增补。冯梦龙，字犹龙，号翔甫、顾曲散人、墨憨斋主人等，长洲人，崇祯三年（1630年）贡生。著有《喻世明言》、《警示通言》、《醒世恒言》。《千顷堂书目》著录：《春秋衡库》30 卷，前后附录 2 卷；《寿宁县待志》2 卷；《智囊》，《古今谈概》34 卷，《情史》24 卷；《七乐齐稿》。此书记录了崇祯十七年（1644 年）发生在北京的许多历史大事件。自"己丑三月初一日，昌平兵变，京师威严"起，至五月十五日"摄政王登武英殿受朝贺，出示京都，令官民陈服剃头，衣冠悉遵大清之制"止。冯梦龙按照日期记录史事，间有评论，增补的按语依次附于后。谢国桢：《增订晚明史籍考》按云："梦龙，字犹龙，一字耳犹，吴县人，崇祯间贡生，为明末之词曲家，且喜搜辑近事，发愤作史，著有《甲申纪事》以志其节概。隆武时官寿宁知县，死于难，著有《辞世诗》。是书为冯梦龙所撰，莫釐山人增补，凡增补者皆有'补'字，记甲申三月十九日李自成进入北京，崇祯帝自缢，哭临者仅主事刘养贞一人。而官吏宦竖，纷纷投降'大顺'，投首抢地，累累暴阶下，足以知当时农民军声势之壮大。记载当时遗事逸闻，足资参考。"[36]此书史料价值颇高，是研究北京史、晚明史、农民战争史重要的参考资料。对李自成的记述和评论有失客观。此书有《记载汇编》本、《申报馆丛书》本。

《定思小记》不分卷，刘尚友撰。刘尚友，字企生，江苏嘉定人。生平不详。明崇祯十七年（1644 年），此书记录了作者于甲申之变中的亲身经历，遂取名《定思小记》。书后有汪大隆跋。此书真实记录了农民军初入京时的纪律严明，是研究晚明史、农民战争史的重要史料。所记明廷官吏在国变时的反应，可与《国变难臣钞》、《绅志略》等书对校。书末附有《北还纪变》诗。此书的史料价值很高。有民国二十三年（1934 年）《明季史料丛书》本，《丁丑丛编》本，浙江古籍出版社 1985 年《明末清初史料选刊》本。

《燕都识余》1 卷，又名《遇变纪略》、《燕都志变》。题"聋道人徐应芬述"。书前有七言古诗 1 首，另有《自序》，书末有沈槑熹《燕都识余跋》。此书真实记录了甲申之变时，作者的亲身经历。记录崇祯十六年（1643 年）秋至崇祯十七年（1644 年）七月间作者的所见所闻。崇祯十七年三月至五月期间北京城内之事，记载尤为详细。还记载了士大夫逃难的情形。此书有《荆驼逸史》本。《燕都志变》有清淡宁轩钞本，《明季野史汇钞续编》有清钞本，《燕都识余》有清世界楷堂《昭代丛书》本。

《先拨志始》6 卷，文秉撰。《明史·艺文志》、《千顷堂书目》均著录：文秉《先拨志始》6 卷，《烈皇小识》4 卷。文秉，字荪符，吴县人，明大学士文震孟之子。此书上下两卷，上卷记万历朝至天启四年（1624 年）之间发生的重大政治事件，如"妖书案"、"红丸案"、"移宫案"等，录有《东林点将录》；下卷记天启五年（1625 年）至崇祯二年（1629 年）的重大事件，有"左光斗移宫案"、"魏忠贤案"，对事件的记录详细具体，是研究明代历史、北京史重要的历史资料。有《借月山房汇钞》本。

《永乐顺天府志》，卷数、撰者无考。《光绪顺天府志·艺文志一·记录顺天府事之书》著录："《顺天府志》，佚，卷数、撰人无考。见《文渊阁书目》往字号第一厨书目新志一册。"今存《顺天府志》，是缪荃孙于光绪丙戌年（光绪十二年，1886 年）自《永乐大典》4650—4657 卷、《顺天府》7—14 卷全文钞出，自名《顺天府志》。"在缪钞《顺天府志》八卷文字中，既无《顺天府志》之名，又无《顺天府志》之文……现存《大明一统志》卷一《京师顺天府·形胜》记载：'山雄峙水环绕（《府志》：关塞诸山雄峙于西北，浑河诸水环绕于东南）'。"此《府志》即《顺天府志》。由此可知，此志于天顺年间（1457—464 年）尚存，并为《大明一统志》所征引，直至明代中叶以后，才不幸失传。[37] 此书是北京现存最早的方志之一。现有北京大学出版社 1982 年影印本，中国科学院图书馆、国家图书馆藏。该志书目次为：卷七为顺天府，下分为寺、院、阁、塔、宫；卷八为观、庵、户口、田粮、额办钱粮、名宦；卷九为名宦；卷十为名宦、人物、忠节、孝行、贞妇、仙释、土产、灵异；卷十一宛平县包括：建置沿革、县境、至到、城池、廨宇、坊市、乡社、军屯、坛场、祠庙、学校、风俗、山川、闸隘、桥梁、古迹、寺观、户口、田粮、人物、忠节、贞妇、土产、场冶；卷十二大兴县包括：建置沿革、县境、至到、城池、廨宇、坊市、乡社、军屯、坛场、文庙、学校、风俗、山川、闸河、桥梁、古迹、寺观、户口、田粮、人物、仙释、土产；永清县包括：建置沿革、县境、至到、城池、廨宇、坊市、乡社、军屯、坛场、祠庙、学校、风俗、山川、闸隘、桥梁、古迹、寺观、户口、田粮、人物、忠节、贞妇、土产；固安县、香河县、怀柔县内容与永清县同；顺义县只有沿革；良乡县大致与永清县同；卷十四昌平县、东安县内容与永清县同。[38] 该志书保留了永乐之前北京地区大量珍贵的历史文献，内容涉及经济、文化、建置沿革等诸多方面。其中收录名宦有乐毅、剧辛、周勃等。对于研究明以前，尤其是先秦两汉时期北京地区历史文化、学术史等领域提供了可贵的资料。

《万历顺天府志》6 卷，沈应文、谭希思、张元芳撰。《光绪顺天府志·艺文志一·记录顺天事之书》著录：谢杰、沈应文：《顺天府志》六卷，存。万历癸巳刊本。谢杰事迹见官吏传。沈应文见职官表。是书杰修于前，应文踵于后，府丞谭希思、县丞张元芳同编次，分 6 纲、37 目，书只 6 卷，甚为简略。万历二十一年（1593 年）刻本。崇祯间增补刻本。国家图书馆、北京大学图书馆存。现有 1959 年中国书店据明万历二十一年（1593 年）刻本。谢杰，进士，万历二十年（1592 年）任顺天府府尹，开始着手撰修府志。沈应文，字征甫，浙江余姚人，隆庆二年（1568 年）进士，万历二十一年（1593 年）接替谢杰任顺天府尹。谭希思，进士，万历二十一年（1593 年）任顺天府府丞。张元芳，福建闽县人，监生，万历十九年（1591 年）任大兴县县丞。此志书由谭希思拟定纲目，张元芳总纂。书前有顺天府府尹谢杰、沈应文和府丞谭希思序言各一篇。卷一地理志，列金门图、畿辅图，分野、沿革、疆域、形胜、风俗、山川、古迹；卷二营建志，分城池、公署、学校、坛社、邮舍、寺观、创造；卷三食货志，分户口、天赋、徭役、马政、经费、物产；卷四政事志，分历官、职掌、名宦、祠典、武备；卷五人物志，分选举、功烈、节孝、乡贤、隐逸、流寓、仙释；卷六艺文志，分碑刊、题咏。[39] 该书为研究北京经济史、社会史、地方史等提供了珍贵史料。

《万历房山县志》8 卷，马永亨修，黄榜纂。此书有明崇祯十五年（1642 年）刻本残本七、八两卷，国家图书馆藏。卷七为志书上卷，包括明洪武二年（1369 年）正月加封城隍显佑伯诏书、姚广孝神道碑、元人魏必复房山县建学记、重建文庙碑记、房山乡贤名宦祠记以及各县尹去思碑等。卷八为志书下卷，有房山县新建谯楼记、重修仪门记、房山县新建石城记等。卷末附有以"房山八景"诗为主的诗集。此志是现存最早的房山志书。

嘉靖《通州志略》13 卷，图 1 卷，杨行中纂辑。嘉靖二十八年（1549 年）刻本。嘉靖二十四年（1545 年）汪有执任通州知州，他认为通州地位显要不可无志，遂请通州人杨行中修纂州志，"搜罗往籍，参互考订。而当代之事，东明君则檄之六掾，咨之列司，牒之属邑。坊里乡镇，则令义民王绅遍诣访之。经始于丙午冬，至丁未十月再稿甫就。"嘉靖二十五年（1546 年）始修，历时 1 年，至嘉靖二十六年（1547 年）书成。嘉靖二十八年（1549 年），《通州志略》初刊行世。杨行中（1489—1572 年），生于弘治二年（1489 年），卒于隆庆六年

（1572 年），字维慎（一作惟慎），别号潞桥，通州广济坊民籍。正德十一年（1516 年）举人，中正德十五年（1520 年）会试，嘉靖二年（1523 年）进士。《乾隆浙江通志》转引《山阴县志》载："嘉靖间以进士知山阴，厚重宽大，脱略苛细，虽梦剧，中不越常度，宽猛相济，士民欢洽。"由知县擢陕西道监察御史。《畿辅通志·政事·顺天府》载其"巡按辽东，巡抚吕经激辽阳兵变，部议剿。行中请榜示诸城，令乱者自相捕赎罪。从之。世宗将幸承天，行中力谏，上震怒，廷杖，会风变得免"。后升太仆寺少卿，转大理寺右少卿。任南京都察院右佥都御史，提督操江，兼管巡江。后又官刑部侍郎、南京工部尚书、南京吏部尚书。《大清一统志·顺天府人物》载："严嵩恶其不附己，以考察罢归。敝庐萧然，虽老亦不废学。"通州在明朝以前未有编纂方志的记载。《光绪顺天府志·艺文志一·纪录顺天府事之书》著录：明代《通州图志》、《通州志》，二志皆佚，卷数、撰人无考。又著录周通《通州志》："佚，卷数无考。明宏治间州人周通采辑一州典故，修志稿若干卷，未梓。"[40]又著录："汪有执、杨行中《通州志略》，佚，卷数无考。有执事迹见官吏传。嘉靖二十四年知通州事，因州无志，与绅士议辑。邑人吏部尚书杨行中取周通旧稿，率诸生修辑，名曰志略，付梓。今志存行中一序。按：《天一阁书目》载：《顺天府通州志》8卷，沈明臣撰。州志自宏治以后，续修数次，颇甚详备，并载序文，均未言及明臣此志。'明艺文志'则次《扬州府志》之下，《高邮州志》之上。疑明臣所修者，江南之通州，非顺天之通州，而天一阁书目加顺天府三字，则误也。"[41]可见，汪、杨二人的《通州志略》是在周通《通州志》的基础上修撰而成的，也是现存最早付梓的通州方志。而《天一阁书目》所记载的《顺天府通州志》8卷，则是将南方的通州误当成顺天府的通州了。此书仅日本前田育德会尊经阁文库藏有 1 部，为世间孤本。1986 年，首都图书馆通过与日本东京都中央图书馆的文献交换，获得了其复制件。作为现存最早的通州志，嘉靖《通州志略》记载了自秦汉至明中叶通州的历史，尤详于明中前期通州地区的历史。又因明代通州领三河、武清、漷县、宝坻四县，地域远大于清通州领地，故本书所记载的内容远比清朝的各种通州志所记丰富。纲下目下一般都有小序，以见己意。"其各事迹，或沿革利弊关涉政务者，间亦随事具文，窃附己意。"作者对于明朝中期通州的政治、经济、军事等方面都有自己独到见解。纲目如下：卷一舆地志，记沿革、郡名、星野、形胜、景致、疆界、山川、坊里、坊表、市集、古迹、冢墓；卷二建制志，记城池、公署、学校、桥梁、邮馆、烽堠、苑囿；

卷三漕运志，记漕渠、仓厂、粮额、设官、置役、关支；卷四贡赋志，记户口、田税、徭役、马政、课程、杂赋、军器、驿传；卷五至卷七为官纪志；卷八兵防志，记将领、兵马等；卷九为礼乐志，记述庆贺、祭祀等；卷十和卷十一为人物志；卷十二为物产志和业纪志；卷十三为艺文志。艺文志记录到隆庆元年（1567年），故为补刻。志中记录有原来的称谓：通州曰潞阳，旧名通川，三河县曰临朐，武清县曰雍奴，漷县曰漷阴，宝坻县曰渠阳。[42]

嘉靖《隆庆志》10卷，谢庭桂修撰，苏乾、贾希颜续，明嘉靖刻本，宁波天一阁藏本，上海古籍书店1962年影印本。此书是目前所见最早的一部延庆县志书。分别记述了延庆地理、官署、食货、职官、文事、武备、人物、宫室、恩命、艺文等情况，并分别"永宁"和"本州"记述。书后有成化十一年（1475年）谢庭桂"隆庆志后序"和嘉靖二十七年（1548年）苏乾"隆庆续志序"。志书除了卷九"恩命"为苏乾新撰之外，其余九卷都全文抄录了成化年间《隆庆志》原作小序，并注明"旧志"，成化《隆庆州志》的内容赖此保存下来。

隆庆《昌平州志》8卷，明崔学履纂。隆庆元年至二年（1567—1568年）刊本。国家图书馆藏，首都图书馆藏有钞本。此书是最早的关于昌平的志书。崔学履，昌平县人，生卒年不详，嘉靖二十九年（1550年）进士，此后几经升迁，官拜尚宝司少卿。此志书共8卷，12个分志，约十万字。卷前列形势、城郭二图。分为：地理志、重本志、建置志、田赋志、祀典志、学校志、官师志、科贡志、人物志、表异志、杂志等。[43]《光绪顺天府志·艺文志一·记录顺天府事之书》著录："崔学履，《昌平志》八卷，佚。学履，昌平人，见选举表。官尚宝寺少卿。隆庆间曾修州志，徐序称其简括有体裁。《辽史拾遗》卷十四、《日下旧闻》卷三十四均引之。"[44]朱士嘉《中国地方志综录》著录：现存美国国会图书馆。

万历《怀柔县志》4卷，明史国典修，周仲士纂。万历三十二年（1604年）刻本。史国典，南直溧阳人，选贡。万历二十九年（1601年）任怀柔知县，上任后即开始纂修县志。他聘请顺天府学教官、蜀人周仲士总纂此志。当时修此书时，未见前志，所以本志参考一统志、各府县旧志以及存遗残简"次第考之，纪往迹述近事，谙土著、询方舆、为卷者四、为纲者八、为目者三十有奇"。卷一地理志、宫室志；卷二赋役志、职官志；卷三人物志、兵戎志；卷四宰祥志、艺文志。卷一有图五幅，分别是"怀柔县境图"、"县城郭图"、"县治图"、"儒学图"、"文庙图"。此书是最早的怀柔县志。中国国家图书馆藏有明万历年间刻本，首都图书馆有复制胶卷。此书前有朱之蕃序，后依次有万历三十二年（1604年）起居注江宁顾起元的"新修怀柔县志序"、周仲士的"怀柔县志序"和李炜的"新修怀柔县志序"。卷末有甲辰史国典"怀柔县志跋"。《（康熙）怀柔县新志》将此书"里社"、"徭役"、"学校"、"马政"各条中的"按"语集为一篇，名曰"县志杂论"，附在卷五之"文"中。《光绪顺天府志》给予很高评价："万历志类多浮词，而事实反异。……此四论皆有卓识，未必逊于吴志，惜其书不传。《辽史拾遗》卷十四引之。"[45]此志刊刻时间应该在万历三十四年（1606年）或三十四年后。[46]

《藏书》、《续藏书》。《藏书》68卷，李贽撰。此书上起战国，下迄于元，各采摭事迹，编为纪传。纪传之中，又立名目，亦未尽当。前有《自序》曰："前三代吾无论矣。后三代汉、唐、宋是也。中间千百余年，而独无是非者，岂其人无是非哉？咸以孔子之是非为是非，固未尝有是非耳。然则予之是非人也，又安能已。"又曰："《藏书》者何？言此书但可自怡，不可示人，故名曰《藏书》也。而无奈一二好事朋友，索览不已，予又安能以已耶。但诚曰：览则一任诸君览，但无以孔夫子之定本行赏罚也则善矣。"此书排挤孔子，别立褒贬，将几千年来世代相传的善恶是非，无不颠倒易位。《续藏书》27卷，李贽撰。此书是续《藏书》之作。辑明初以来事业较著者若干人，以续前书之未备。其书分《开国名臣》、《开国功臣》、《逊国名臣》、《靖难功臣》、《内阁辅臣》、《勋封名臣》、《经济名臣》、《理学名臣》、《忠节名臣》、《孝义名臣》、《文学名臣》、《郡县名臣》诸目。《光绪顺天府志·艺文志三·顺天人著述二》评价此书："因自记其本朝之事，故议论背诞之处比《藏书》为略少。然一刘基也，既列之《开国名臣》，又列之《开国功臣》。一方孝孺也，既列之《逊国名臣》，又列之《文学名臣》。经济本无大小，安见守令设施不足以当经济，乃于《经济名臣》外别立《郡县名臣》。又王祎殉节滇南，不入之《忠义传》中，而列之《开国名臣》内。亦无义例。"[47]李贽的《藏书》、《续藏书》，先后收录了自战国至元期间，800个人物，以及神宗之前明代的600位人物。通过品评人物，来表达自己的历史观点和主张。"一切断于己意，不必合于儒者相沿之是非。"[48]对历史人物的评价，一改过去以"孔子是非为是非"[49]的标准，而以其的行为为人民和国家所带来的实际功效。他大胆给秦始皇翻案，高度评价他的功绩；还将农民起义领袖陈胜列入本纪。相较于《藏书》的大胆泼辣，笔锋尖锐，《续藏书》由于是为本朝人作传，则显得规矩谨慎。时人李维帧评价该书"扬善不刺恶",[50]《续藏书》以褒中喻贬的论调，表达自己对人物的臧否。与《藏书》相比，形式相异，而实质相同。

《帝京景物略》8卷，刘侗、于奕正撰。刘侗，字同人，号格庵，麻城人。崇祯甲戌进士，官吴县知县，在赴任途中路过维扬，病逝于船上。他在京期间，住在于奕正家，前后达5年之久。遂两人共同完成了这部书的撰写工作。于奕正，字司直，宛平人。崇祯初年秀才。与当世明人谭元春、刘侗、王崇简、杨日补、周损等人皆有往来。《帝京景物略》记述了明末北京地区山川景物、寺院宫观、名人宅地、民间习俗、岁时节令、琐事俚语等诸多方面，每篇后，皆附以各名家所咏景物之诗，是研究明代北京历史风土、景物名胜的重要参考资料。《明史·艺文志》著录："刘侗《帝京景物略》，八卷。"朱彝尊《日下旧闻抄撮群书目录》著录，《四库全书总目·史部·地理类存目》著录："《帝京景物略》，八卷，编修汪如藻家藏本。明刘侗、于奕正同撰。"现存版本主要有：明崇祯八年（1635年）初刻本、明崇祯间金陵弘道堂刻本、清乾隆间金陵崇德堂刻本（纪昀删订本）、乾隆三十一年（1766年）《序》金陵崇德堂刊本及弘道堂重刊本等。此书以京师东西南北各分城内、城外，而西山及畿辅并载焉。所列目凡129，刊本旁加句读，以为佳句，复加墨圈。王士祯《池北偶谈》尝讥其不考《萨都拉集》，失载安禄山、史思明所造双塔事，考据亦多不精确。方逢年则在《帝京景物略·序》中充分肯定了此书的重要价值，他认为这部书在体例和写作手法等方面有别于历代方志，是一部创新之作。于奕正在《略例》中指出书名的由来："长安，都秦称也。都燕，非所称也。战国曰燕，金曰燕京，元曰大都，我明而袭古称，奚可哉！我明曰天顺，迄八府而一称之曰北京，对南京而二称之。今约略古甸服内也，称曰'帝京'。"[51]刘侗在《序》中指出："所采古今诗歌，以雅、以南、以颂，舍是无取焉。侗之友周损职之。"[52]于奕正亦云："景物而追昔游，征后至，则附以诗。编所得诗五千有奇怪，本集十有七，碑刻十有一，钞传十有五，秘笥十有二。奕正与刘子未暇选定，以属周子损。逸四千篇，存千篇有奇。"[53]此书的卷目分列如下：卷一：城北内外（包括：太学石鼓、文丞相祠、水关、定国公园、金刚寺、英国新园，三圣庵、崇国寺、古墨斋、龙华寺、什刹海、千佛寺、火神庙，英国家园、大隆福寺、满井）；卷二：城东内外（包括：于少保祠、吏部藤花、泡子河、观象台、成国公园、冉驸马园、灯市、曲水园、东岳庙、春场、三忠祠、蒯文通坟、徐中山将台、黄金台）；卷三：城南内外（包括：关王庙、药王庙、金鱼池、明因寺、李皇亲新园、法藏寺、隆安寺、报国寺、长椿寺、悯忠寺、草桥、胡家村、韦公寺、弘仁桥、南海子、聚燕台、白云观、观音寺，天宁寺、卢沟桥）；卷四：西城内（包括：首善书院、天主堂、石灯庵、李文正公祠、双塔寺、城隍庙市、鹫峰寺、灵济宫、显灵宫、万松老人塔、稽山馆唐像、帝王庙、白塔寺、朝天宫）；卷五：西城外（包括：高梁桥、极乐寺、白石庄、惠安伯园、真觉寺、万寿寺、双林寺、大佛寺、利玛窦坟、慈慧寺、摩诃庵、钓鱼台、皇姑寺、慈寿守、海淀、黑龙潭、温泉、法云寺）；卷六：西山上（包括：香山寺、碧云寺、洪光寺、卧佛寺、水尽头、中峰庵、晏公祠、卢师山、平坡寺、嘉禧寺、罕山、石景山）；卷七：西山下（包括：西堤、功德寺、玉泉山、瓮山、戒坛、潭柘寺、雀儿庵、仰山、滴水岩、百花陀）；卷八：畿辅名迹（包括：狄梁公祠、刘司户祠、九龙祠、岣岣崖、银山、驻跸山、上方山、云水洞、石经山、红螺崄、贾岛墓、楼桑村、督亢陂、郦亭、张华宅、彭小仙墓，燃灯佛塔、李卓吾墓、盘山、千像寺、汤泉、延祥观柏、沙岩寺塔、种玉田、红螺山）。以上所录子目共 129 条。此书的特点，1．资料翔实，内容涉及各个方面。书后附有的千余首景物诗，多为名家触景生情之作是作者长期辛勤收集的 。这些诗歌不仅具有文学研究和鉴赏价值，而且具有历史资料价值 。2．此书所记载北京的景物，多是作者亲身游历过的。京城周围二三百里间，基本上都留有于奕正的足迹。

《京师五城坊巷胡同集》不分卷。明张爵撰。张爵，字天锡，号省庵。原籍湖广德安府应城县（今湖北省府城县）人。嘉靖皇帝即位后，张爵因护驾有功，遂升锦衣卫实受百户，世袭。嘉靖元年（1522 年），升副千户，世袭。三年（1524 年），因其“类奏有功”，升任正千。十七年（1538 年），侍驾巡幸山陵，授锦衣卫堂上佥书，“赐四兽麒麟服、銮带绣春刀、银锵瓢方袋三事”。[54]张爵一生仕途坦荡，“自幼好读司马温公《通鉴》及唐诸家诗，晚年犹不释手”，[55]张爵的著述，所见仅《京师五城坊巷胡同集》1 种。《明史・艺文志》没有著录此书。可见此书于明末清初流传不广。首先重视此书的，是《日下旧闻考》，其“城市篇”中，引用此书就达三十余处。《光绪顺天府志・艺文志一・纪录顺天事之书》著录：“张爵：《五城坊巷胡同集》口卷，存，刊本。是书专记坊巷胡同，分五城、地段、古迹、寺观、详载无遗。”可见清人对此书还是十分推崇的。是书主要版本有：“民国间钞本一册；民国九年（1920 年）吴兴刘氏《求恕斋丛书》单行本一册；民国十一年（1922 年）序南林刘氏求恕斋刻本；（日本）今西春秋钞《求恕斋丛书》单行本；民国二十六年（1937 年）国立北平研究院史学研究会铅印本 1 册（在张江裁辑《北平史迹丛书》）。"[56] 吴兴刘氏《求恕斋丛书》本卷首有刘承乾序，提及："案书成于嘉靖庚申，上距甲辰增筑外城已十有七年。厥后未见增改。凡京师八景、古迹、山川、公署、学校、苑囿、仓场、守观、祠庙、坛墓、关梁、靡不胪分，殊事条分件系，一朝制度，都可考见。昔唐韦述著《两京新记》，今所传者，仅有残本。近人复著《唐两京坊巷考》，补遗拾坠，人尚珍之。张氏此书完全无缺，尤可宝贵，久藏内府，外间未见传抄……"书首有张爵《京师五城坊巷胡同集序》，署名："时嘉靖庚申孟春竹坡张爵序。"由此可知，此书写成于嘉靖三十九年（1560 年）。《京师五城坊巷胡同集》全书仅万余字，记述了明代北京中城、东城、西城、南城、北城 5 城，三十余坊，七百二十余铺。此书的价值主要有：

1. 对京师五城的范围做了明确的界定。中城：在正阳门里，皇城两边。东城：在崇文门里，街东往北，至城墙并东关外。西城：在宣武门里，街西往北，至城墙并西关外。南城：在正阳、崇文、宣武三门外，新城内外。北城：在北安门至安定、德胜门并北关外。

2. 保留了一幅京师五城的绘图。不仅清楚地标明了北京各个城门、坊巷，还将书中提及的、作为京城八景之一的"卢沟桥"、"居庸关"胪列于上。此图是迄今所知现存最早的关于北京的坊巷图，对于研究明代皇城、京城的分布，提供了直观的资料。

3. 全书按照中、东、西、南、北五城的顺序胪列，在每一城下，又分别按照坊、牌、铺、街巷胡同的顺序依次著录。在每一城的最后，还分别著录了当时的"京师八景"。如在西城的最后记录了"西山霁雪"、"玉泉垂虹"；在南城的最后记录了"卢沟晓月"；在北城的最后记录了"居庸叠翠"。

综上所述，张爵的《京师五城坊巷胡同集》是现存记录我国历代京城坊巷较完整的志书。通过此书，明代北京城的概貌得以保存。此书具有珍贵的史料价值。

《燕都游览志》40 卷，孙国敉撰，黄虞稷《千顷堂书目》著录云："孙国庄《燕都游览志》四十卷。"（注云："字伯观，六合人，官中书舍人。"）《明文·艺文志》著录："孙国敉《燕都游览志》四十卷。"（中华书局点校本《校勘记》云："孙国敉，原作孙国庄，据《京师坊巷志》改。"）《光绪顺天府志·艺文志一·纪录顺天事之书》著录："孙国敉：《燕都游览志》四十卷，存，明刊本。国敉，江南六合人，由贡生授延平训导。是书考古证今，文词尔雅，广搜金石，更其所长。"孙国敉，字伯观，原名国光。[57]《明史》无传，《明史·艺文志》误作孙国庄。明应天府六合县（今江苏省六合县）人，生于明神宗万历年间。天资聪颖，擅写文章，曾为巡抚周乾教所器重。明熹宗天启六年（1626年），孙国敉由贡生"廷试录取首名"，"新选福建延平府学训导"。[58]在候凭赴任，尚未离京之际，撰写并呈上了《诣驳正〈三朝要典〉疏》，疏中指出，《三朝要典》虽为已颁之书，但"实出于逆党魏忠贤之所迫胁而成"，是"史臣之曲笔"，因此，应"首当驳正者，莫如《三朝要典》之三案"。[59]孙因敉著书不下百种，最著名的是《燕都游览志》。《日下旧闻考》，大量引用《燕都游览志》，因而保存了这部志书的部分内容。今人王灿炽从《钦定日下旧闻考》等书中，将《燕都游览志》辑录出来，并稍加整理，收录于《王灿炽史志论文集》一书中。所辑文字，按其所记内容，分为官署、官苑、陵墓、古迹、邸园、庙宇、山水、坊巷、城垣、风俗、市场等项。《燕都游览志》记述明代北京私家邸园比较多，为北京园林发展史提供了重要的参考资料。吴伯与《内南城纪略》，依赖此书得以保存。书中还著录了首善书院。《燕都游览志》是一部记述明代北京风景名胜园林山水、坛庙寺观、帝王陵墓、民情风俗等的重要志书。书中所记，多为孙国敉的亲历亲闻，具有颇高的史料价值。

《大都宫殿考》：《光绪顺天府志·艺文志一·记录顺天事之书》著录："王氏《格古要论》采《故宫遗录》，删削十之二三，为更此名。"可见，此书可视为《故宫遗录》的删节本。

《洪武北平图经》：《光绪顺天府志·艺文志一·记录顺天事之书》著录已经亡佚。撰人、卷数都无从考。《永乐大典》卷8420平字韵载之。《日下旧闻考》亦间引用。朱彝尊《博极群书》，未见著录，可见此书亡佚已久。《文渊阁书目》署字号《北平图志》，可能是同一书。

第四节　子部著述

有明一代，记载北京史地风物之书和北京地域学者的子部著述为数不少。据清代周家楣、缪荃孙编纂的《光绪顺天府志·艺文志》记载，[60]"纪录顺天事之书"有沈榜《宛署杂记》、史玄《旧京遗事》、徐昌祚《长安里语》、徐懋贤《忠贞轶记》等；"顺天人著述"有李东阳《燕对录》、戈永龄《太阳太阴通轨》等。

就撰述活动来说，明前期的北京子部著述远不如中后期广泛而活跃，这主要是受到明前期大兴文字狱的影响。明前期主要有萧洵的

《故宫遗录》与不著撰人姓名的《北平录》。明中期主要有陆容的《菽园杂记》。到了明代中后期，尤其是万历以后，子部著述大量涌现，沈榜的《宛署杂记》、沈德符的《万历野获编》、史玄的《旧京遗事》、徐昌祚的《长安里语》、徐懋贤的《忠贞轶记》、陈僖的《客窗偶谈》等，皆为这一时期的重要作品。这些著述，或记载宫阙制度，或记录宫闱事件，或记述民间轶闻，内容涉及政治、军事、经济、社会等诸多领域，具有重要的史料价值。

从明代北京子部著述分类来看，以杂家和小说家著述所占比例较大，这也是北京子部著述的一大特色。

一、北京史地风物著述

《故宫遗录》1卷，萧洵撰。萧洵，生卒年月不详。江西吉水人，明初任工部主事，因奉命至北平改建元旧城墙，得以游历元旧大内，并记其制度。是书约成于洪武初年，三千四百余字。书中详记元故宫建筑布局、楼台装饰、后宫禁院及东华门、西华门、午门情况。萧洵《故宫遗录》写成以后，400年间未曾刊刻，仅有少数钞本流传。清康熙二十七年（1688年）至三十七年（1698年）间，始刊入《日下旧闻·补遗》。此后，为多种丛书所收辑。至于该书的版本，有正本、别本、和节略本之说。[61]

《故宫遗录》内容虽不及元代陶宗仪《南村辍耕录·宫阙制度》系根据"将作所疏"，尺度井然，巨细毕载，并因记忆不确，存在一些错误，但是它补充了《南村辍耕录·宫阙制度》所记以后近40年间宫殿建筑的变迁，描绘了元亡时大都宫阙的面貌，是研究元代宫室的重要著作。

《北平录》1卷，不著撰人姓名。记明初明军北征蒙古史事，始于洪武元年（1368年）七月，终于洪武三年（1370年）十月。此书载洪武元年秋，大将军徐达、副将军常遇存率马步舟师，进军通州、元帝妥懽贴睦尔闻报大惧，于是集三宫后妃、太子等，夜半开健德门出奔上都。徐达等率军至大都齐化门外，"一鼓而克其全城"。书中又记洪武三年，徐达、李文忠、冯国胜等分道出塞，率军追击王保保及袭破应昌府，"获其皇孙买的里八刺及其后妃宝册等物，悉送京师"等事，所记颇为简略。该书有《金声玉振集》本、《纪录汇编》本、《今献汇言》本、《胜朝遗事初编》本、《丛书集成初编》本等。[62]

《菽园杂记》，陆容（1436—1494年）撰，15卷。《四库全书总目提要》谓"是编乃其札录之文，于明代朝野故实叙述颇详，多可与史相考证，旁及诙谐杂事，皆并列简编。"[63]此书内容颇广，举凡朝政、科举、岁赋、农事、社会风俗等均有涉猎，时有独到之见。如卷十三对世人指斥秦桧，提出了自己的看法。认为宋金和议，"推原其本，实由高宗怀苟安自全之心，无雪耻复仇之志。桧之奸，有以窥知之，故逢迎其君，以为容悦，以固恩宠耳。"[64]书中不少地方还记述了京师北京的名胜、古迹、民风、习俗等。如卷七中，记"京师闾阎，多信女巫"[65]；京师的诈骗不法分子，通过"戳包儿"、"拿殃儿"等手段，欺压良善，害人匪浅。[66]

如上所述，北京子部著述以杂家和小说家为多。杂家和小说家著述多为一家之言，受到束缚较少，因此不乏惊人之论和传神妙笔。《菽园杂记》中撰者对宋金和议的看法就与众不同。

《菽园杂记》所记朝野史实、典章制度以及生产技术等，内容丰富而翔实。而且，有些事实经过加工考证，故其资料可信，有重要的参考价值。与陆容同时的王鏊曾评价此书说："本朝记事之书，当以陆文量为第一。"[67]可见在当时就很受人们的重视。

沈榜的《宛署杂记》是一部记述明代北京宛平县的历史沿革、山川地理、社会经济、风俗掌故、方言土物和人物遗文等方面的书。书名杂记为作者谦词，就内容来看实际上是一部完备的宛平县志。撰者沈榜，字子登，岳州临湘（今湖南省临湘县）人。他由举人历任内乡、东明、上元三县知县，万历十八年（1590 年），升任顺天府宛平县知县。后又升任户部主事。在任宛平令后不久，沈榜鉴于"县故无志，而掌故案牍，又茫然无可备咨询……倘先予而有志，何至使予按籍而茫然无所备咨询乎？盖今天下郡邑，谁不比事修辞，各先记载，而京兆首善，乃独阙如，伊谁责也？吾为宛平长吏，何可以无志"[68]，遂决心撰写此书。

《宛署杂记》于明万历二十一年（1593 年）刻本出版，流传后引人注目。同年谭希思、张元芳编纂的《顺天府志》卷六《艺文志》中即抄录了此书谢杰的叙文及沈榜自序。另外，《帝京景物略》、《春明梦余录》、《日下旧闻》等书都曾提及或抄录其内容。可惜自清初以后，《宛署杂记》在我国已失传。然日本尊经阁文库还藏有此书。1942 年 5 月，傅芸子撰写《沈榜〈宛署杂记〉之发见》介绍其寻找和发现该书的经过。此文发表后，颇引起中、日两国学者的注意。后北京东方文化委员会人文科学研究所图书馆藏有摄自尊经阁文库的该书胶卷，新中国成立后，移交中国科学院图书馆收藏。1961 年，北京出版社据此胶卷排印出版，1980 年，北京古籍出版社据 1961 年铅印本重印。1992

年，此书被列入中国科学院藏《稀见中国地方志汇刊》，由中国书店影印出版。[69]

《宛署杂记》全书20卷，以"日月光天德，山河壮帝居。太平无以报，愿上万言书"诗句20字为序而标分卷目。

《宛署杂记》所录资料，"或得之残篇断简，或受之疏牍公移，或访之公卿大夫，或采之编氓故老，或即所兴废举坠，捄弊补偏，导利除害，发奸剔垢，其于国家之宪今，非不犁然具备也，而予始求之则无徵，自予行之乃始有据"[70]。是书兼官修私修之长，既有便利查阅条件，官署档册文件随手可得，又有私家著述之长，秉气而发。因而史料十分翔实，非隶首不能得。从卷六至卷十五，所记地亩、人丁、徭役、力役、官庄、马政、税契、铺行、经费等至为详细，巨细无遗。其所用材料，大多来自宛署档册。由此可见，此书言之有据，为可信资料。

《宛署杂记》所录资料，大多为他书所未载，如第一卷"圣谕"（宣谕），录自正德十二年（1517年）至万历十九年（1591年），其制："朔旦，文书房请旨传宣谕一道，顺天府府尹率宛、大二县知县自会极门领出，府首领一员捧之前，至承天门桥南，召两县耆老面谕之。月一行，著为令。"此"宣谕"语随时易，且皆为白话文，实为罕见。又如第七卷记"黄垡仓"之始末，亦未见他书记载。又如第十卷记"奶口"、"三婆"（奶婆、医婆、稳婆）、"土工"。第十一卷记"驾相"，第十三卷记"铺行"等都是难得而稀见的史料。

《宛署杂记》中记录的山川地理、街巷村落以及寺观建筑等，对研究明代北京历史地理，具有重要的学术价值。

明代北京城内，自棋盘街经北安门（即地安门）街以西，属于宛平县辖界。第五卷"街道"条详细记载了辖界内街巷村落的名称，再加上简要的方位、里距记载，宛平全县街巷村落的地理分布便历历在目。沈榜曰："宛平人呼经行往来之路曰街、曰道，或合呼曰街道。或以市廛为街，以村庄为道……城内地方以坊为纲，惟西城全属宛平。其中、北、南三城，则与大兴分治……每坊铺舍多寡，视廛居有差。总计坊凡十有三，其以胡同名者，凡三百一十二。胡同本元人语……城外村庄共三百二十八处。"与张爵所撰《京师五城坊巷胡同集》相比，《宛署杂记》晚出三十余年，它不仅记录了几十年间城区西半部街巷数目的增减及其名称的发展变化，而且提供了关于北京西部乡村聚落的系统记载，成为区域历史地理和地名学研究的宝贵资料。[71]

天宁寺塔，经过许多建筑师的研究，认为是辽代的建筑，《宛署杂记》所记则是明代朱棣在潜邸时重修的。[72]这对于考辨天宁寺塔的建筑年代提供了新的参考资料。

《宛署杂记》中所记载的北京岁时风土、冠婚丧祭诸礼，对于研究北京风俗史，有补阙之价值。例如，民风中所记的灯市，"每年正月初十日起至十六日止……灯之名不一，价有至千金者，是时四方商贾辐辏，技艺毕陈，珠石奇巧，罗绮毕具，一切夷夏古今异物毕至。观者冠盖相属，男妇交错。近市楼屋赁价一时腾跃，非有力者率不可得。"诸如此类的详尽记载，有些地方可以补《帝京景物略》等书的缺漏。

此外，在《宛署杂记》第十七卷方言条中，记录了当时北京的许多民俗语汇、方言土语。所录方言俗语大体上可以分成以下几类：1. 亲属称谓。如祖父称爷爷，祖母称奶奶，父称爹、又称别（平声）、又叫大，父母叫儿子为哥哥，等等。2. 人际称谓。如主人叫雇工为汉每，雇工称主人为当家的，等等。3. 日常用语。如不明白说乌卢班，不明亮说黑古董，言语不佳说胡诌，话不诚说溜答，等等。4. 生产、生活用语。如耕说耩，撅说刨，上市说赴集，浸说泡，砌说垒，水斗说棕子，等等。尽管语汇不足百条，但它却反映了明代北京地区方言俗语的构成和音调，也是研究语言学史和古代方言的宝贵资料。

《万历野获编》简称《野获编》，全书30卷、补遗4卷。撰者沈德符（1578—1642年），字景倩，一字景伯，又字虎臣，浙江秀水（嘉兴）人。其父、祖辈皆为京官，所以他自幼居于北京，耳闻目睹朝野之事。沈德符喜好读书，但科举考试不很顺利，一直到万历四十六年（1618年）方才中举。作者于乡居之时撰成此书，时在万历年间，并取古人"谋野则获"语意，[73]名其书曰《万历野获编》。《万历野获编》多被列为笔记小说，按传统分类应在子部的杂家或小说家类。实则其所记以明代史事为主，尤详于嘉靖、万历朝。全书共记事一千四百余条，内容非常丰富，举凡朝野政务、内阁原委、文人行实、市廛风俗、域外风情，以及词林雅故、逸闻琐事，无不毕陈。

《万历野获编》先后完成于万历三十四年至三十五年和万历四十七年。沈德符在万历四十七年（1619年）写的《续编小引》中说："自丙午、丁未（三十四、五年）间，有《万历野获编》，共卅卷，弃置废篓中，且辍笔已十余年而往矣。"[74]其书写成于万历三十四、五年，已编定30卷，十余年后又作《补遗》若干条。《万历野获编》在崇祯以前应该一直没有刊刻，其原因在于，书中内容多涉当时朝家之事、党派之争，因此不便刊行。直到崇祯年间，魏忠贤倒台，《万历野获编》才开始流传。光绪时，李慈铭说他曾在北京见过明刻大字本，应该就是明末崇祯年间的刻本，但此本已经失传。

在明清易代之际，由于战乱，《万历野获编》散失不少，沈德符的五世孙沈振说仅存原编的十之四五。《千顷堂书目》与《明史·艺文志》著录此书皆说八卷，说明清初流行的已非全本。之后朱彝尊进行了多方搜集和抄录，基本恢复了该书的原貌。康熙三十九年（1700年），桐乡人钱枋在朱彝尊本的基础上重新进行了整理和排纂，编定为30卷48门，约得原稿十之六七。此后，在钱本的基础之上，沈振又搜得遗稿230余条，编为《补遗》8卷（沈振原序称《补遗》8卷，姚氏刊本作四卷，当经其并合了），时在康熙五十二年（1713年）。乾隆三十九年（1774年），官修《日下旧闻考》，详列有关北京之掌故轶闻，采用沈书者达百数十条。而乾隆年间纂修的《四库全书》未著录，且将《万历野获编》列入禁毁程度较为严重的全毁书目。此乃书中作者以大汉族的心态自居，将其他民族和周边国家称之为蛮夷，在某些方面触及到清统治者的忌讳之处。如《万历野获编》卷三十"夷人市瓷器"条云："余于京师，见北馆伴口（疑为当字）、馆夫装车，其高至三丈余，皆鞑靼、女真诸虏及天方诸国贡夷归装所载。他物不论，即瓷器一项，多至数十车。"[75]道光七年（1827年），钱塘姚祖恩扶荔山房刻本，包括正编、续编30卷，补遗4卷。同治八年（1869年），姚祖恩子德恒又予以重校刊补，使这部书更臻完善。1959年，中华书局以姚氏刻本为底本，参酌清代一些钞本和其他史籍，做了一些校补，并由谢兴尧标点，排印出版。2005年，上海古籍出版社以台湾史语所傅斯年图书馆所藏钞本之影印件为底本，由杨万里校点，收入《明代笔记小说大观》中出版。

要言之，《万历野获编》主要有7个版本，其一是明末所刻的大字本；其二是朱彝尊钞本；其三是钱枋整理本；其四是姚氏父子刊刻的道光七年扶荔山房刻本；其五是台湾史语所傅斯年图书馆所藏康熙后期钞本；其六是以姚本为底本进行重校刊补的中华书局本；其七是以康熙钞本为底本的上海古籍本。目前前3个版本已经亡佚，后4个版本中，姚本由于经过姚氏父子两代人的整理与刊补，较为完善，以其为底本的中华书局本也成为当前广泛使用的通行本。[76]

作为一部历史琐闻类笔记，《万历野获编》内容丰富，弥补缺漏亦为明显。书中所记，相当一部分可以补充官修史书之不足。例如，嘉靖二十一年（1542年）有些宫女欲缢死嘉靖皇帝，事败被杀。《明史·世宗纪》对此仅记"宫人谋逆伏诛，磔端妃曹氏、宁嫔王氏于市"[77]，极为简略。而沈德符在《万历野获编》卷十八"宫婢肆逆"

条，则据所见案牍，备述始末，且列出了参与此事的 16 名宫女姓名，录有刑部等衙门处理此案的奏疏，对案中皇后与宫妃间矛盾及株连宫女亲属等情况也作了相当披露。又如卷十"词林"门中的"翰林权重"条，就详细介绍了明代翰林的职责和权力，亦可与《明史·职官志》相关记载比照而观其制度。再如中央派往地方巡视的官员——巡抚，《明史·职官志》中没有进行专门的记载，《万历野获编》卷二十二"巡抚之始"条中则考证了巡抚的由来。于谦、范广在保卫北京，抵抗也先入侵之战中，立有大功，后为奸臣诬陷致死，当时京师流传两首对句："鹭丝冰上走，何处寻鱼嗛（于谦）。""京城米贵，那得饭（范）广。"书中记其事后说："真一时的对，亦千古冤痛！"[78] 这些珍贵的史料在一般史籍里是见不到的。美人牟复礼与英人崔瑞德编写的《剑桥中国明代史》中即说："有些笔记包括到作者在世时为止的整个明代，往往有正史中所没有的有价值的资料。"并直言："它们中间最突出的，是沈德符的《野获编》。"[79]

《万历野获编》考证切实，足以征信。如建文帝出亡事，为明代历史上一个重大疑案，伪造有关事迹之书很多，《致身录》与《传信录》便是当时流传的两部伪书，《万历野获编》卷一"建文君出亡"条辨析各种有关传说和伪史，都是很有根据和说服力的。

此外，对明代名物考证，亦颇见作者史学功力。如卷十三记述明朝官员佩戴牙牌的情况："唐宋士人，腰带之外，又悬鱼袋，为金为银，以别等威。本朝在京朝士，俱佩牙牌，然而大小臣僚皆一色，惟刻官号为别耳。如公、侯、伯则为'勋'字号，驸马则为'亲'字号，文臣则'文'字号，武臣则'武'字号，伶官则'乐'字号，惟内臣又别为一式。其后工匠等官，虽非朝参官员，以出入内廷，难以稽考，乃制'官'字号牌与之。若英宗、世宗两朝，俱有王府仪宾在京，得悬牙牌，想俱用'亲'字无疑矣，惟道官如协律郎奉祀之类，亦得用文字号，似为僭拟，宜以'道'字别之。"[80] 很显然，沈德符考证求实的学风与当时受阳明心学影响的空疏学风形成了鲜明的对照。

《旧京遗事》1 卷，史玄撰。《八千卷楼书目》小说家类著录。史玄，字弱翁，江苏吴江人。是书因有指斥之词于乾隆年间被禁，列入军机处奏准全毁书目中。1929 年，天津北洋广告公司据张次溪所得钞本首次排印。此书主要记述明万历以来北京的宫阙制度、帝后生活、岁时风俗、典章制度、辅臣轶闻、九门税课、妇女习俗、文化生活、果品花卉、都门食品等。全书记事截止于崇祯末年。书中着重记述了北京风俗的特殊，试举几例："京城五月，辐辏佳蔬名果，随声唱卖，听唱一声而辨其何物品者，何人担市也。""京城三月时桃花初出，满街唱卖，其声艳羡。数日花谢将阑，则曼声长哀，致情于不堪经久，燕赵悲歌之习也。"[81]此外，记妇人尤多，如"京都妇人不治女红中馈"，"都中妇人尚弦服之饰"，"京都妇人多席地而坐"等等。[82]史玄还多处将江南与北京作比较，如记蔬果曰："京师果茹诸物，其品多于南方，而枣、梨、杏、桃、苹诸果，尤以甘香脆美取胜于他品，所少于江南者，惟杨梅、柑橘。""葡萄，石榴，皆人家篱落间物，但不能遍植山谷。其逊于江南者，有樱桃而酸涩也。"[83]又记菜肴饮食说："京师筵席以苏州厨人包办者为尚，余皆绍兴厨人，不及格也。""易州酒如江南之三白，泉清味冽，旷代老老春。"[84]《旧京遗事》记载许多晚明时期宫闱内府情况、统治阶级的内部纷争和北京的宫苑规模、民情风俗等，是研究明代宫廷史和明代北京社会生活史的重要史料。

《长安里语》1卷，徐昌祚撰。此书成于明万历三十年（1602年）。《四库全书总目提要》云："《燕山丛录》二十二卷（浙江巡抚采进本）。明徐昌祚撰。是编……多载京畿之事，故以燕山为名。凡分二十二类、大抵多涉语怪。末附以《长安里语》，尤为鄙俚。又多失其本字本音，不足以资考证。书成于万历壬寅，有昌祚自序，谓因辑《太常寺志》得《徽州县志》书，因采其所记成此书。则亦剽掇之学也。"[85]书中所记北京里语（即俚语、俗话），多采自京师各州县志书，对研究北京社会生活史，有重要参考价值，《四库全书总目提要》所评未必允当。

《忠贞轶记》1卷，徐懋贤撰。《光绪顺天府志·艺文志·纪录顺天事之书》著录云："懋贤，江南人，官顺天教授。轶记专载京师甲申殉节之士，半属儒生，间及一二武职、闲曹，要以阐扬幽光，补国史所不及焉。今所纪姓名事迹，全载于《寄园寄所寄·裂眦寄》。"[86]

《客窗偶谈》，陈僖撰。陈僖，字蔼公，保定清苑（今属河北）人，著有《燕山堂集》。《客窗偶谈》记述了明代厂卫制度的产生、演变及作用。书中对明代厂卫之制记载甚详。在厂卫制度下，无辜臣民，正直之士，多罹其害。尤其是熹宗天启年间，魏客阉党擅权，迫害异己，不择手段。崇祯即位，清除客、魏，手定逆案，然亦不得不宠任阉人。是书广辑见闻，据事直书，曲绘此辈情状，展读之下，令人不寒而慄。为研究明代厂卫制度提供了有用资料。有《昭代丛书·丁集》本。

二、宗教著述

（一）佛教著述

"靖难之役"后，明成祖迁都，明北京的佛教在明初洪武年间的短期中衰后，再度兴盛。总体而言，明代诸帝对佛教的尊奉程度不及元代，但社会各界尤其是宦官、后宫对佛教的热情，却又超过前代，从而将明北京的佛教推向新的繁盛局面。明北京佛教著述亦时有出现，影响较大者，如明成祖朱棣所撰《神僧传》9 卷。朱棣以帝王身份御制《神僧传》，与其父朱元璋的佛教政策有关。朱元璋少时曾入寺为行童，与佛教有特殊因缘。即位后御制有《护法集》，包括《心经序》、《三教论》、《释道论》、《诵经论》、《修教论》等与佛教有关的论述多篇，又作《拔儒僧文》、《拔儒僧入仕论》等，征选儒释俱通者入仕。而朱棣在道衍禅师（即广为人知的姚广孝）辅佐下，发动"靖难之役"逆取帝位。朱棣登基后，对佛教示以尊崇，多次敕封西域番僧。又组织了永乐南、北两藏的编纂与刊印，以弘扬佛学。朱棣所纂的《神僧传》，"采僧传中之有神迹者，辑以为传"，[87]自东汉迦叶摩腾起，至元代胆巴止，共收录历代 208 名僧人的传略。

在"靖难之役"中"论功第一"、对明代北京发展影响最大的道衍禅师姚广孝，亦多有著述。姚广孝（1335—1418 年），江南长洲县（今苏州市相城区）人，14 岁入寺，18 岁剃度，后从名僧以中智及于径山习禅，声名鹊起。洪武十五年（1382 年）以马皇后病故，经太祖朱元璋钦点住持庆寿寺"修崇斋会"。建文元年（1399 年）助朱棣起兵，功成后拜爵太子少师。姚广孝博通释、儒、道三教，屡有诗作词赋，生前集有《独庵集》、《独庵外集续稿》、《石城霞外集》等，后人辑为《逃虚子诗集》、《逃虚类稿》，凡二十余卷。姚广孝亦有佛教著述。其中《诸上善人咏》与《净土简要录》成于洪武十四年（1381 年），随镂板印行。两书在当时产生了较大的影响，收入《卍续藏经》，列为净土传世著作。时人和尚大佑在序中称姚广孝"发轸于台衡，究心于直指，博综内典，旁通百家，当壮年行道之日，而专心致志于此道，其有得于此乎？又叹以此道利益多人，《净土简要录》如是乎作也"。[88]《诸上善人咏》，则是"取佛世至于今天竺、震旦修行念佛三昧获往生而有征验者，悉纪其盛绩而赞咏之，凡一百二十一首，欲以古圣贤之风，广被于无穷"。姚广孝此外又作有《道余录》、《佛法不可灭论》两部护教作品。《道余录》是姚广孝以佛家观点对宋儒程朱攘斥佛老的反驳，序中叙其原委称："（二程、朱）三先生因辅名教，惟以攘斥佛老为心。……枉抑太过，世之人心亦多不平，况宗其学者哉！"因此择二程遗书 28 条（其中明道 7 条，伊川 21 条），朱子语录 21 条，共 49 条"极为谬诞"者，"逐条据理一一剖析"，并声明非敢与程朱三位大师辩驳，乃"不得已也"。[89]姚广孝还以太子少师身份撰

《佛法不可灭论》，论证历代排佛行为劳而无功，称"（佛法）非惟不可灭也，莫之能灭也。……有势力者，汝不闻三武与宋徽乎，随灭而随兴也。非惟随灭而随兴，况兴之愈盛也。……唐之韩愈、宋之欧阳修辈，以空言欲灭之，正如精卫之欲填东海，蝼蚁之欲穴泰山，可笑其不自量也"。[90]

明中后期，北京高僧以著述传于后世者，有笑岩德宝著《月心笑岩宝祖南北集》、德清著《憨山老人梦游集》、真可著《高僧传》等。德宝（1512—1581 年），字月心，号笑岩，明北京人，俗姓吴。成年后出家广慧寺，又"遍参名山"，称为临济宗第二十八代传人。万历初年，德宝以年老返京，居于西城柳巷，"人罕知者"，[91]然在北京佛教界声望极高，晚明四大高僧的云栖袾宏、紫柏真可、憨山德清等，都曾向他问道。德宝所撰《笑岩集》4 卷，又称《月心语录》，分《南集》、《北集》各 2 卷，故又有《南北集》之名。全书收示众、开示、普文、晚参及德宝行实等。刊行于世，宣扬"诸佛与众生，唯是一心，更无别法"。

憨山德清（1546—1623 年），全椒（今属安徽）人，明末四大高僧之一。德清少时入南京报恩寺为僧，受读《法华经》，后改习禅，复北游参学，佛学大进。德清在京期间，与诸名士结交，名动一时，并得明神宗生母慈圣皇太后的赏赐。万历二十年（1592 年），憨山德清与达观真可发掘石经山舍利，撰有《涿州古石经山雷音窟舍利记》、《复涿州石经山琬公塔院记》等。后明神宗不满太后奉佛过甚，将德清发配岭南雷州。德清仍努力弘传佛法，重修南华寺，锐意兴复，后人誉为"曹溪中兴祖师"。在数度的南北弘法当中，德清撰有丰富的佛教著述，主要有《观楞伽经记》、《华严法界境》、《楞严通义》、《法华通义》、《肇论略注》等多种。门人辑为《憨山老人梦游全集》55 卷，以弘传其学。憨山自幼熟读儒释道经典，《憨山老人梦游全集》内容广泛。有注释佛经、弘传佛法、阐述自己佛学思想的佛学著作，如《金刚决疑》、《百法直解》、《楞严通义》、《净宗法要》等。及以释合儒、以释融道的"三教合一"之作，如《大学决疑》、《道德经解》、《庄子内篇注》等。更多的则是各种记、传、志、铭、序、书，以及"梦游"诗作，记录了德清一生的行迹及历经磨难时期的心路历程。

达观真可亦为明末四大高僧。真可（1543—1603 年），字达观，号紫柏，俗姓沈，江苏吴江人。达观成年后出游学佛，万历元年（1573 年）北游京城，就学名宿，专研经教，相宗、华严宗、禅门并参。万历七年（1579年）与浙江嘉兴知府陆光祖等人发愿刊刻《大藏经》，于是四处募集资金，10年后在五台山开雕，最终刻成著名的《嘉兴藏》。万历二十三年（1595年），达观奉命住持京西名刹潭柘寺，但八年后因牵入"妖书案"，被诬下狱，旋刑死狱中。除刊刻《嘉兴藏》、《高僧传》等佛教典籍外，达观亦长于著述。住持潭柘寺期间，达观多有赞咏诗文，如《妙严公主拜砖赞》、《送龙子归龙潭文》、《潭柘怀缪中淳》、《日暮龙潭即目》、《再游潭柘寺》、《题别潭柘》等皆流传于世，扩大了潭柘寺在文人墨客间的影响。达观又著有《续灯录》等，时人编辑《紫柏尊者全集》，凡30卷，包含达观真可开示之法语，经论之疏释（如《心经》、《金刚》、《楞严》、《八识规矩》），以及各种题跋、诗文、颂古等。后私淑弟子钱谦益又采全集所漏载者，辑为《紫柏尊者别集》4卷。二集合璧，合为研究明代中后叶佛教史的重要资料。

明成祖之后，藏传佛教时受明帝尊崇，其甚者有明武宗的佞幸，因而明北京的藏传佛教得到继续发展。尽管如此，北京有影响的藏传佛教著述仍很罕见。明初有汉僧智光（1348—1435年），号无隐，山东武定州人，俗姓王。年15，至元大都拜国师板的达萨诃咱释哩门下习藏传密宗，藏名雅纳啰释弥。入明后，智光受命译其师之《四众弟子菩萨戒》，"词简意明；众所推服"。又3次出使西域"宣化"、"抚谕"，为汉藏间政治、宗教、文化交流作出了贡献。[92] 智光所译之显密经义，以及所传《心经》、《八支了义真实名经》、《仁工护国经》、《太白伞盖经》等，"并行于世"。明代其他藏传佛教著述，有至治元年（1321年），在宝集寺编纂"西番波若经成，置大内番殿"。正统年间，房山云居寺入藏藏文佛经共5种，为《圣胜慧到彼岸功德宝集偈》、《藏文音译梵文经咒》、《菩提发心愿》、《诸品经咒》、《诸晶积咒经》，计约1000余卷。

（二）道教著述

明清之后，道教诸宗派逐渐归于正一、全真两大派别。明代正一真人与明廷建立了亲密关系，被明廷敕封为道教领袖，正一派由此占据北京道教的主导地位。正一派在明代贵盛一时，而全真教则进入漫长的相对衰隐期。直到清初鼎革之际的因缘际会，方使北京全真教获得了复兴契机，全真龙门派开始走向兴盛。但综观整个明清时期，由于道教的理论创新日渐式微，北京的道教著述急剧减少，传于后世者不过寥寥数人。

明初第四十三代天师张宇初长于著述，有《岘泉集》12卷、《三十代天师虚靖语录》、《道门十规》、《元始无量度人上品妙经通义》4卷等。以往学者认为张宇初于永乐初年至北京编纂《道藏》，因而将其列为北京道教著述史上的重要人物。但从行迹来看，张宇初与北京道教的关系并不密切。永乐八年（1410年）张宇初逝后，其弟张宇清继任第四十四代天师。永乐十九年（1421年），明成祖朱棣迁都北京，张宇清随之多次来京觐见，主持斋醮，进行各类道教活动，与北京发生了一定联系。张宇清"七岁能诗，及长，凡秘儒经子史究索无遗"，著有《西壁文集》。

明代北京道教著述最为重要者，当为《正统道藏》及《万历续道藏》的编纂与刊刻。明初建文帝曾下令编纂《道藏》，但可能因"靖难"之役旋起而未有结果。明成祖继位后，刻意偃武修文，重视道教经典的修整。永乐十七年（1419年）五月，朱棣"爰集道流重加纂辑"，命来到北京的武当山玉虚宫提点任自垣，主持《道藏》的编纂。初稿于永乐二十年（1422年）完成，不过由于篇幅巨大，定稿刊刻工作一直持续到正统年间。正统九年（1444年），明英宗"命道录司右演法邵以正点校《道藏》于禁中"。正统十二年（1447年）完成之后，明英宗下诏将刻印的《道藏》颁发天下宫观。因此之故，后世遂以《正统道藏》为名。[93]《正统道藏》用"千字文"编为函目，自"天"字到"英"字，凡480函，总计5305卷，基本收录了当时所存的重要道书。

《正统道藏》篇幅巨大，但对道经的收入仍难免缺失，兼之正统之后也陆续出现新的道教著作。因此明神宗时，又令第五十代天师张国祥对《正统道藏》进行全面补修。此项工作持续到万历三十五年（1607年），共搜集《正统道藏》未收道经180卷，仍按原来编目，自"杜"字至"缨"字凡32函，附刻于原书之后，称为万历《续道藏》。《续道藏》补收道经共56种，除《正统道藏》未收的早期道书外，绝大部分为元明之际尤其是明代新出现的道书。这些晚出作品多有"三教合流"的内容，从中可以看出民间道教文化的兴盛。明代正、续《道藏》成为相对完整、规范的道教典藏，保存了大量的道教典籍，但又包罗万象。除道教礼拜诵读与传习的经典、教理教义、教规教戒、外丹黄白术、炼养、符箓道法、神仙道士传记、宫观山志之外，凡儒书、医书、阴阳、卜筮、诸子百家也有大量收入，还有地理、文学、音乐等多方面的著作。此后明代正、续《道藏》辗转传布，在教内教外均产生了巨大影响。

第五节　集部著述

明代北京的集部著述主要包括别集类、诗文评类和词曲类。

一、别集类著述

参阅《光绪顺天府志·艺文志》等史籍可知，别集类著述主要有：朱橚《元宫词》，宋濂《宋濂集》，姚广孝《逃虚子集》、《类稿补遗》，李绅《抱犊山人稿》（佚），李东阳《怀麓堂集》，杨世扬《杨世扬集》（佚），顾大章《小容集》（佚），贾斌《忠义集》（佚），杨秦《遁巡集》（佚），杨沦《翰林集》、《南郭集》，陈尧《醒翁集》（佚），张重《诗文集》（佚），苏志皋《寒邨集》、《抱罕集》（佚），李贽《初潭集》、《读升庵集》、《李温陵集》，王嘉谟《蓟邱集》，米万钟《澄澹堂文集》（佚），《南北史宫词》（佚），王乐善《扣角集》（佚），李本纬《灌蔬园集》（佚），杨惟治《香雪斋集》（佚），刘廷谏《雪庵初集二集》（佚），张国说《梦一斋集》（佚），纪克扬《丽轩文集》（佚），张维苍《雪斋集》（佚）、《皇华集》（佚），徐兆任《康山子集》（佚），杨三聘《志道集》（佚），金铉《忠节公集》，史可法《忠正文集》，吴端御《织绚堂集》（佚）等。

《元宫词》1卷，诗别集。朱橚撰（原题：明兰雪轩主人撰）。《明史·诸王·周王橚》载："周定王橚，太祖第五子。洪武三年（1370年）封吴王。十一年（1378年），改封周王……橚好学，能词赋，尝作《元宫词》百章。"

此集《自序》云："元代宫庭事迹无足观，然纪其事实，亦可备史氏之采择焉。永乐元年，钦赐予家一老妪，年七十矣，乃元后之乳姆女，知元宫中事最悉。闲常细访，一一备知其事。故予诗百篇，皆元宫中实事，亦有史未曾载、外人不得而知者，遗之后人，以广多闻焉。"由此可知，此组宫词所记史事得之于口耳相传，颇为珍贵。因无小注，其中许多描写元代宫廷生活细节者，后人较难理解。

《元宫词》是以帝王宫廷生活为主要题材的诗歌，大多为七言绝句。其内容涉及历史掌故、王朝兴衰、宫廷生活及社会习俗等。此书有明刊本，刘效祖《序》。

该集不仅对研究元代宫廷史具有重要史料价值，而且对研究明代文学史亦有重要的参考价值。早在明代隆庆四年（1570年），龙庄甄就已经把《元宫词》视为《三辅黄图》一类的史料了，他说："《元宫词》百首，胜国事迹灿然在目。昔迁、固最号博洽，后葛洪等《三辅黄图》等书纪秦故事，多迁、固所不载，观者每有今古废兴之感。然则是编者，不独可为多闻之助云尔。"[94]清代朱彝尊作《日下旧闻》，民国朱楔撰《元代宫殿考》，都曾一再引用《元宫词》。

二、诗文评类著述

诗文评类著述主要有：邹缉《燕山八景图倡和诗》、于燕芳《燕市杂诗》、李东阳《怀麓堂诗话》、徐本《竹轩诗》（佚）、释真空《篇韵贯珠集》、樊梦斗《驻槎亭诗集》、王遴《大隐堂诗集》、张文烶《怡怡堂诗集》（佚），等等。

《燕山八景图倡和诗》1卷，邹缉编撰。邹缉，字仲熙，江西吉水县人。《四库全书总目提要》著录此图诗云："《燕山八景图诗》，一卷，两淮盐政采进本。明永乐十二年左春坊左中允吉水邹缉等倡和之作也。'燕山八景'始见于金《明昌遗事》。《永乐大典》载《洪武北平图经》亦具列其目。然如'琼岛春云'作'琼岛春阴'；'太液晴波'作'太液秋风'；'蓟门烟树'作'蓟门飞雨'；'金台夕照'作'道陵西照'，皆与此编所载名目不符。元陈孚刚中稿有《神京八景诗》，所列八题，惟'金台夕照'与此编同，余并与《北平图经》相合。疑《图经》所载，本元时旧名。而此编则明初诸人所改，至今沿之。其'道陵'二字，近畿无此地名，或《永乐大典》缮录之误也。此本凡诗百二十首，皆缉首倡，而翰林学士胡广、国子祭酒胡俨、右庶子杨荣、右谕德金幼孜，侍讲曾棨、林环，修撰梁潜、王洪、王英、王直，中书舍人王绂、许翰等十二人和之，广独再和焉。前有广序，后有杨荣跋，称写八景图，并集诸作置各图之后，裱为一卷，藏之箧笥。则此集乃后人从图卷中录出者也。"[95]

《日下旧闻考》卷八引《胡文穆集》录有胡广《北京八景图诗序》，又引《杨文敏集》录有杨荣《题北京八景卷后》。此图诗曾藏于浙江宁波天一阁。据黄裳《天一阁被劫书目》记载，明邹缉等撰《北京八景咏》1册（亦称《北京八景图诗》）。有永乐癸巳胡广序。邹缉曾与修《太祖实录》及《永乐大典》。可惜的是，邹缉等人的倡和诗已佚于战乱之中。[96]此书所录"北京八景"图诗，为研究北京历史地理及文学艺术史提供了重要资料。

《燕市杂诗》，于燕芳撰，陈眉公订正。于氏为云间人。此书收入《拟阵亡诸将怨诗》、《拟阵亡诸卒怨诗》、《三忠诗》（包括《刘将军挽歌》、《杜将军挽歌》、《潘金事挽歌》）、《为刘晋仲悼亡四绝》（附：

《晋仲夫人春晓诗》）等杂诗。有《宝颜堂秘笈·汇集》（明陈继儒编，明万历间刊本）和《丛书集成初编·文学类》。另，缪荃孙等人在编纂《纪录顺天事之书》时，并未读到此书，《光绪顺天府志》云："于燕芳：《燕市杂诗》，佚。即《眉公杂录》之一种。"[(97)]

三、词曲类著述

词曲类著述主要有：贾仲明《萧淑兰》、《玉梳记》、《玉壶春》、《金童玉女》、《升仙梦》，刘君锡《来生债》，汤舜民《娇红记》，邱濬《伍伦全备记》，无名氏《八仙过海》，无名氏《闹钟馗》，等等。《来生债》，明初北京的戏曲作家刘君锡所作。刘君锡，据《录鬼簿续编》载其小传曰："燕山（今北京在其辖境内）人。故元省奏。性差方介，人或有短，正色责之。隐语为燕南独步，人称'白眉翁'。家虽甚贫，不屈节。所作乐府，行于世者极多。"刘君锡作有杂剧《东门宴》、《三丧不举》、《来生债》3种，现仅存《元曲选》本《来生债》1种。

《来生债》题目《灵兆女点化丹霞师》，正名为《庞居士误放来生债》。全剧共4折1楔子，演唐庞居士庞蕴一家舍财、焚契、沉宝，自甘清贫，最终皆得道升天的故事。襄阳庞蕴富有家财，全家礼佛参法，曾广行借贷。一天庞蕴去探望病中友人李孝先，得知孝先病由经商折本，欠他银子无力偿还，见衙门吊拷欠债人，受惊吓而得。庞蕴当面烧掉孝先的借契，并由此事感悟，回家后将所积借契全部焚毁。又见磨工罗和劳苦困顿，赠银一锭，免其苦差。罗和却因得银作了一夜噩梦，自忖没分消受，次日将银退还。庞蕴又夜行家中各处烧香，听见驴马牛说话，得知家中牲畜都是前生欠他债，无力偿还，死后转生牛马来还债的。于是又给所使奴仆自由，赍之银钱使回家度日；将牛马放生山林草野。继之全部销毁家私文书，金银财宝装载大船，凿沉于东海。然后一家人去鹿门山结庐，砍毛竹编笊篱，清淡度日。一次女儿灵兆卖笊篱，在云岩寺山门点化丹霞禅师入道，回家后，庞蕴忽见金门玉户，上书"兜率宫"、"灵虚殿"，注禄神奉玉皇圣旨宣诏，一家四口白日升天。原来，庞蕴即宾陀罗尊者，其妻是上界执幡罗刹女，子凤毛为善财童子，灵兆乃南海普陀落迦山观音菩萨。

此剧故事主要来源于历代佛教灯录、《庞居士语录》和笔记小说、民间传说，也有作者的附会增饰。剧本情节混乱，结构散漫，只是曲词较为顺畅，显见明初杂剧作品词藻骈丽的特色。从佛学的角度来看，《来生债》宣扬了色空及财空观念。楔子和前三折，写财空。第四折，灵兆点化丹霞，使丹霞悟到"色即是空"、"空即是色"的佛理。

《来生债》虽然杂乱不伦，流于说教，但其历数金钱罪恶，剖析世风人情，有其合理的一面，且富于哲理，再加上全剧的宗教色彩，使这部作品对明清戏曲创作产生了一定的影响。如明代王㮁将该剧与元杂剧《看钱奴买冤家债主》改编而成《灵宝符》传奇。又如清代《两生天》传奇，又名《一文钱》，也是将该剧与明徐复祚的《一文钱》杂剧合并而成。清无名氏《一枝梅》杂剧亦演襄阳庞蕴救济穷人的故事。虽然情节多有不同，但受《来生债》之影响是明显的。

《八仙过海》全名《争玉板八仙过海》。无名氏作。根据徐扶明的考证，此剧大约写于明洪武至正德年间（1368—1521年）。《也是园书目》、《今乐考证》并著录。演汉钟离等上八洞神仙应白云仙长之约，赴阆苑宴赏牡丹，归来过东海，各显神通。不意东海龙王二子夺去蓝采和的八扇玉板。八仙大闹龙宫，吕岩飞剑斩东海龙王长子摩揭，砍伤次子龙毒左臂。又约齐天大圣等五圣打败四海龙王并天地水府三官的神兵。最后佛祖劝解，八扇玉板中，两扇与龙王，六扇归蓝采和，两下罢兵。此剧排场热闹，曲文亦不乏俊语。该剧语言与其他内府本祝寿贺节戏不同，其曲词写景状物比较生动，具有一定文学性，且守音律；宾白虽不外宫廷贺节戏歌颂升平之通例，且多重叠，但还畅荡。剧情场面十分壮观，且富丽堂皇。

可以说，《争玉板八仙过海》是明代最有影响的贺节戏。后来的"八仙过海，各显神通"一语即来自于此。八仙庆寿剧目富于喜庆气氛，因而成为贵族富人"庆寿佐樽之设"，清代并成为御前应承戏中的剧目。现存明万历四十三年（1615年）脉望馆钞校本，《孤本元明杂剧》据以校印。赵清常跋云："四十三年乙卯五月廿三日校内本。"可见此剧是明宫廷与民间观众都十分喜爱的剧本。

《闹钟馗》全名为《庆丰年五鬼闹钟馗》，万历年间教坊编演。《也是园书目》著录。全剧由楔子和4个折子戏所组成。其剧情主要为唐朝终南山士人钟馗去京城应试，由于大学士杨国忠从中作梗，钟断定自己会落第，在发榜之前气愤而死。不过，主试的尚书张伯循很欣赏钟馗的才学，把考试的情况奏知皇帝，皇帝封钟馗为天下头名状元，并赐靴笏襕袍。因钟已死，殿头官命人到店中将所赐靴笏襕袍烧化祭奠，以表示皇帝重贤之意。殿头官正在处理这件事，忽然睡意袭来，伏案而眠。梦中大耗、小耗及五鬼逼迫殿头官为他们修建庙宇。正在惶急之际，一位判官来到，降伏了众鬼。原来钟馗死后，被上帝加为判官之职，管领天下邪魔鬼怪，特来向殿头官致谢。殿头官奏请皇帝，令天下人都画其形像，并为他修建庙宇。正旦之节，天界众神在三阳阁为钟馗升任都判官之职祝贺，并庆贺圣天子太平之年。

此剧系岁首在内廷供奉演出的吉祥之戏，曲辞本色而清俊，前三折关目亦紧凑有致，只是第四折落入供奉剧俗套，谀词满纸，令人不堪。王季烈《孤本元明杂剧提要》评此剧："文笔清顺，音律谐合，排场热闹，亦佳作也。"该杂剧现存明脉望馆钞校内府本。封面标曰："本朝教坊编演。"题目正名作："贺新正喜赏三阳宴，庆丰年五鬼闹钟馗。"有王季烈校刊《孤本元明杂剧》本，《古本戏曲丛刊》四集据脉望馆钞校本影印。

在明代北京宫廷乐工们编演的祝寿贺节戏中，同多数内容空洞、无艺术性可言的剧本比较，《八仙过海》和《闹钟馗》是两部较好的杂剧作品，可能经过文人的润色加工。思想内容不论，就其艺术质量说，这两部作品还比不上北京明初的文人剧作。但是，在确知为明代北京的戏剧作品中，能给后来戏曲留下影响的，除了《娇红记》和《来生债》便是这两部作品了。[(98)]

第六节　其他文献的编撰

一、金石类著述

清代周家楣、缪荃孙编纂的《光绪顺天府志·金石志》中有关周至金元时期的金石记述颇多，而明代阙载。民国吴廷燮等编撰的《北京市志稿·金石志》，将明代北京的金石类资料分为太学金石、寺观金石、故宫金石、廨署金石、祠庙金石、名迹金石、陵墓金石等。[(99)]这些金石类资料对于我们了解明代金石类著述无疑具有丰富的史料价值。据约略统计，这些金石类资料（含存、佚、未见），其中太学金石有明国子监学制碑、明永乐命建进士题名碑、明永乐十三年（1415年）进士题名碑等八十余通，寺观金石有明班丹扎释寿像记、明重建崇福寺碑记等一百八十余通，故宫金石有明堆秀石额、明十库题名碑等十余通，廨署金石有敕建礼部赐宴碑、顺天府庙学记等五十余通，祠庙金石有明重建义勇武安王庙记、明智化寺旌忠祠碑等四十余通，名迹金石有明晏公祠石刻、明春游赋等二十余通，陵墓金石有明修武伯沈清墓志铭、明朱安人卢氏墓志铭等十余通。从《北京市志稿·金石志》我们可知，明代北京金石类资料以寺观金石和太学金石为多，陵墓金石、名迹金石记载较少。

——搜罗明代北京的金石类资料，既不可能，也无必要。下面主要参稽北京文物与考古资料，对所见北京的碑文、墓志，如谭忠、谭瑛墓志，王邦吉墓志，万贵墓志，张爵墓志以及明代妃嫔圹志等加以介绍，以知其蕴涵的文献价值。

（一）谭忠、谭瑛墓志[100]

1990 年 3 月，在北京市石景山区模式口南侧路西的红光山，发现明代新宁伯谭忠家族墓地。该墓地存有谭忠墓志（缺盖）及谭瑛墓志一合。二志的撰、篆者，如李时勉、程敏政等，在明代均有名望。

谭忠墓志。李时勉撰文，全文 745 字。志文"太祖，帝，皇上，上，圣"等字丹色尚存。首题"特进荣禄大夫柱国新宁伯谭公墓志铭"。志盖篆书程南云。

谭瑛墓志。墓志有志盖与志铭。志盖有王镛篆文"明故承事郎谭君之墓"。程敏政撰文，赵昂书文，全文约七百余字。志铭首题"故承事郎谭君墓志铭"。

李时勉，名懋，字以行，江苏安福人。永乐二年（1404 年）进士，曾参与修撰和重修太祖实录，书成改翰林侍读。宣德五年（1430 年），成祖实录修成，时勉升迁侍读学士（从五品）。正统三年（1438 年），宣宗实录成，掌翰林院事兼经筵官，正统元年（1436 年）授国子监祭酒（从四品）。景泰元年（1450 年）时勉卒，享年 77 岁，谥号文忠，赠礼部侍郎。

程南云，《明史》无传，仅在《明史·陈登传》中有"太常卿（正三品）南城程南云也"的记载。谭忠志铭载，程南云直隶广平人，曾授吏部郎中（正五品）兼翰林侍书（正九品），散官为奉政大夫（正五品）。

程敏政，字克勤，安徽休宁人。成化二年（1466 年）进士及第，授编修（正七品），历左谕德（从五品），值讲东宫。弘治初年，升少詹事（正四品）兼翰林院侍讲学士（从五品），经筵官。弘治五年（1492 年），迁太常卿（正三品）礼部右侍郎（正三品）。弘治十二年（1499 年），敏政被诬劾鬻题，被罢官入狱，出狱不久病故，赠礼部尚书。程敏政是明代较著名的才子，史称"学问流博称敏政，文章古雅称东阳，性行真纯称陈音"。敏政曾职散官嘉议大夫（正三品）。

谭忠、谭瑛墓志是北京地区发现比较重要和有价值的明代墓志。关于谭氏家族，《明史》和其他一些史书虽有记载，但很不全面，而谭氏家族中的一些成员如谭忠、谭渊等，参与了明早期的一些重要历史事件，谭氏二方志铭的出土，补充了史料之阙，进一步丰富了有关谭氏家族研究的资料。

谭氏家族，《明史》功臣世系表有记载，其中，谭渊在《明史》有传。谭氏家族从永乐元年（1402 年）起，世袭新宁伯，至明末，皆以谭渊随明成祖"靖难"有功而得。

谭胜，谭渊之父。生卒年代不详。谭忠墓志云："谭氏，世居凤阳之清流。太父胜，当太祖高皇帝起义时，仗剑以助，渡大江，克采石……皆预有劳。"由此可知，谭氏为凤阳人，与明帝朱氏为同乡，且谭胜追随明太祖朱元璋起义反元，直至明太祖夺取天下。忠志又云："随大将征沙漠，还，以功授武德将军（正五品），燕山右护卫正千户（正五品）。"

谭忠，谭渊之子，谭瑛之父。生于洪武二十三年（1390 年），卒于宣德八年（1433 年），享年 43。谭渊在夹河战死后，明成祖于当年九月封谭忠为新宁伯，食禄千石，子孙世袭。即墓志云"报侯功也"。

谭忠墓志云"丁酉副董营建"，此事应与营建北京城有关。燕王朱棣夺取皇位后，立即将北平改为北京，同时开始不断地进行扩建。由于朱棣的势力在北方，同时，北方的蒙古游牧部落如卫喇特、阿鲁台等，时常南下侵掠，严重威胁明政权的统治，为了消除隐患，永乐十六年（1416 年），明成祖决意迁都北京。永乐十五年（1417 年）二月，命泰宁侯陈珪主管北京的营缮之事，并派安远侯柳升，成山侯五通副之。谭忠曾在柳升属下参与北征蒙古应为其下属无疑，从"副董营建"也进一步得到证明。

谭忠、谭瑛两墓志铭对于北京历史地理的研究亦提供了比较有价值的资料。谭忠墓志云"墓在宛平县玉河乡马鞍山之原"。据考，宛平县初始于辽开泰元年（1012 年），隶南京析津府治；金隶大兴府，元隶大都路；明清隶顺天府。[101]玉河乡之名应隙出玉河县，据《辽玉河县辖界考》一文，[102]乡在北京城外之西，地域广阔，本志所称玉河乡与该文之考证相符。关于马鞍山，谭瑛墓志曰"葬石经山祖营之右"，由此可知马鞍山当指石经山。另据《光绪顺天府志》记载，石经山，一名石景山，又呼石经山，据此，石景山共有 4 种不同的叫法。据《畿辅通志》记载，石经山，其地径甚险仄。崖壁凿洞、西崖有数块残石经嵌在崖洞，由此可知，石经山应是较早的名称，谭瑛墓志可证。

（二）王邦吉墓志[103]

1990 年 4 月，在北京朝阳区三间房的北京生物制品研究所内，发现一座明代木棺墓，内有一盒墓志。墓志有志盖与志铭两块。志盖题："皇明诰封骠骑将军提督大教场军务南京守备都督府金书都督金事应亭王公墓志铭"，陈良弼篆书。志铭首题"皇明诰封骠骑大将军提督大教场总理直隶水陆备倭军务南京右军都督府金书都督金事应亭王公墓志铭"，楷书、顾秉谦撰文。共 39 行，1303 字。

王邦吉墓志铭是北京地区出土的比较重要的明代墓志之一。其重要性在于，志铭记载了"乾清、坤宁二官"失火等重要事件；其铭文撰者，为明代有名的奸臣顾秉谦；志盖篆者陈良弼提督乾清、皇极门等工程，这些记载，对于明代有关宫廷事件方面的研究，都是较新的资料。

王邦吉的先辈最初是随燕王朱棣靖难起兵而发迹，即志载"有贵者从文皇帝龙兴，累功封金吾卫千户，遂以介自甲长安"。金吾卫是洪武年所置上十二卫之一，是皇帝的亲军侍卫，归皇帝直接指挥，不隶五军都督府，职责是保护宫禁及巡警京城各门之事。

万历年间前期，王邦吉"登进士"，不久升迁"（京卫）指挥金事"（正四品）。以后"属国告急，辽左戒严，议造战车，以备衔陷"。明万历中后期，日本幕府不断出兵攻击当时为明朝属国朝鲜，朝鲜李氏政权多次向明政府求援，万历二十年（1592 年）日军攻占平壤，劫持朝鲜王子，明政府派李如松提督蓟辽军务，偕其弟如柏、如梅统兵支援朝鲜。同时，东北边地一些少数民族兴起，时常骚扰辽左边地。因此，所谓"属国告急，辽左戒严"即指此。

王邦吉通过沿袭父职，进入金吾卫，即志云"会世职当袭"。

万历二十四年（1596 年），坤宁宫、乾清宫大火，在金吾卫供职的王邦吉参与灭火工作，志云"两宫灾，公身先士卒，以团扑灭，不避无焦头烂额之惨"，即指此事。

志文撰者顾秉谦，浙江昆山人。万历二十三年（1595 年）进士，赐进士出身。史载"秉谦其人，庸劣无耻"。天启间，秉谦伙同魏广微与魏忠贤互相勾结，排斥异己，残害忠良，"凡倾害忠臣，皆秉谦票拟"，"秉谦票拟事事徇忠贤指"。天启六年（1626 年），秉谦讫老，崇祯二年（1629 年），魏忠贤案发，秉谦被削籍，论徒 3 年，赎为民，其家乡昆山民众亦怨恨之，焚掠其家，当时秉谦年已 80，仓皇出逃，后客死他乡。

志盖篆文陈良弼，泰宁侯陈珪之后。陈良弼曾任两京中、左、前军都督府事。提督乾清等宫、皇极门工程。史载，万历二十四年（1596 年）三月，坤宁宫起火，延及乾清宫，一时俱焚。次年，皇极、中极、建极三殿火灾，延及文昭、武成二阁，皇极门左右两廊，均被焚毁。在陈良弼为官生涯期间，未见关于乾清、皇极门等维修记载，那么陈良弼所职提督乾清、皇极工程的职务之时间，应在万历三十年左右，是年春，重建乾清，坤宁宫。

此外，王氏墓志铭的出土，对于明代官制、人物及北京的历史地理之研究亦有一定的参考价值。例如，志云"奉公柩于朝阳关外三间房新莹安厝"，朝阳关即北京城的朝阳门。三间房今属朝阳区，西距朝阳门约二十四里，东距通县县城约十二里，清代隶通州，是京通路上一个小村落，此志的发现，是目前有关三间房最早的记载之一。

（三）万贵墓志[104]

1957年，北京右安门外发现了明代成化年间万贵及其妻王氏合葬墓，均出有墓志。盖篆"赠骠骑将军锦衣卫都指挥使万公之墓"，志文首题"赠骠骑将军锦衣卫都指挥使万公墓志铭"。万安撰文。

万贵，明史有传，生于明洪武壬申年（1392年），卒于成化乙未年（1475年），其长女为明宪宗宠妃，据《明史·后妃传》记载，万贵妃"机警，善迎帝意"、"帝每游幸，妃戎服前驱"。[105]正因这种戚族关系，其父万贵及兄弟辈都封官加爵。至万贵死，"上悼惜赐宝镪二万缗斋粮布为丧葬资，命礼部谕祭，工部营坟域"，地位可谓荣显。万贵墓志的发现足证史载不误。

（四）张爵墓志[106]

1957年，在北京永定门外出土了明代张爵墓志一合。墓志有志盖和志铭。志盖文曰："皇明诰封昭勇将军锦衣卫管卫事指挥使致仕省菴张公暨配淑人王氏合葬之墓"。志铭由孙祐撰文，朱天俸正书。全文约1400字。首题"皇明诰封昭勇将军锦衣卫管卫事指挥使致仕省菴张公暨配淑人王氏合葬墓志铭"。

撰者孙祐，安徽庐州府合肥县人。科举殿试中正德九年（1514年）进士。其仕途生涯，在散官品位中，曾加授正议大夫（正三品），后又授勋官资治尹（正三品），在实任职官中，曾任过兵部左侍郎（正三品）兼都察院右佥都御史、户部左侍郎（正三品），兵部左侍郎掌通政司，户部左侍郎总督仓场督理西苑农事等。孙祐除任官外，还有一定的文采，曾为一些人撰写过墓志铭，如"皇明戚畹锦衣卫勋卫张君配宜人何氏墓志铭"、"皇明太保英国公蒙溪张公（溶）侧室赵氏墓志铭"等，这些人多为勋臣、皇亲或锦衣卫、两厂之人。

张爵，《明史》无传。在其原籍的各种方志中，记述也十分简略。如雍正、光绪等不同时期纂修的《应城县志》、《德安府志》的"人物志"记叙中，虽都有张爵的名字，但对其生平记载极为简单，均只有"张爵，兴府军校，历锦衣卫都指挥使管卫事"一句。因此在研讨有关张爵的一些著述中，在作者一项，往往以"身世略历不详"一笔带过。

张爵墓志的出土，填补了这一空白，提供了不少从未发现过的珍贵材料，有重要的史料价值，也使我们对张爵有了更全面的了解。

张爵墓志的出土，发现了张爵家族及其身世的详细材料，以更具体丰富的事实，补充了《明史》、《明实录》以及方志等书记载之略阙，充实了其中对一些事件的记述，使其有了新的内容。例如，嘉靖三十九年（1560年），郑王厚烷被祐橏讦奏、皇帝诏派的中勘讯人员，《明史·诸王传》只记了"诏驸马中官即讯"一句，[107]《明实录》虽较详细一些，但也只有"诏遣驸马谢诏等会官勘覆以闻"一条，[108]而张爵墓志铭则言之较详，文曰："郑府讦奏，特遣公，同内监贾公、都尉谢公、少司寇杨公往勘问得狱平。"记述的4人都是重要的人物，从而丰富了研究此一事件处理情况的材料。又如志文云张爵死后"讣闻于朝，天子悼念藩邸旧臣，赐祭一坛，盖殊恩云"，增加了对他认识的新材料。

张爵墓志的出土，使我们加深了对明代锦衣卫的了解。张爵原是兴献王府臣仆小吏，逐渐变成了嘉靖皇帝的亲信，后来竟成了锦衣卫的头目，并且家中十余人参加了当时的特务卫队，担任各种职务以至重要成员，由此可见当时锦衣卫之构成状况，亲属相连也可印证文献记载的"荫封"、"世袭"等的情况。

通过张爵墓志，也有助于对他所著的《京师五城坊巷胡同集》进行更深入的研究探讨，从而使我们更好地运用这部研究北京史的重要资料。志文载，张爵"自幼好读司马温公通鉴及唐诸家诗，晚年犹不释手。归田后，以琴棋结社，召集朋侪，非订究往迹，则吟咏性情，至于朝政绝口不谈也"。可见，他不只是一名单纯的武职特工人员。

（五）妃嫔圹志[109]

明代自英宗禁止从葬（殉葬）妃嫔以后，除少数皇贵妃、贵妃等在十三陵内葬埋外，其他妃嫔皆另葬金山。历史书上关于明代妃嫔别葬金山的记载甚少，且极分散，唯有明《太常续考》一书较详。

到1979年止，北京市考古发掘仅得16合明代妃嫔圹志，即宪庙（成化）妃子圹志4合；神庙（万历）皇贵妃圹志1合，嫔圹志7合；光庙（泰昌）妃子圹志1合；熹庙（天启）妃子圹志3合。这些罕见而难得的圹志是研究明代妃嫔制度和宫廷生活的珍贵实物资料，同时对于订补有关史籍，也具有很高价值。

1. 成化妃圹志。成化妃圹志包括庄靖顺妃王氏圹志、庄懿德妃张氏圹志、和惠静妃岳氏圹志等。

关于庄靖顺妃王氏，据《国榷》卷四十二记："弘治七年十二月戊辰，宪庙顺妃王氏薨，谥庄靖。"《太常续考》载："庄静顺妃王氏。"王顺妃圹志称："进谥曰庄靖称其生平之行也。"可见，《国榷》记载谥法与圹志相合，而《太常续考》记载谥法"庄静"之"静"，据圹志文应为"靖"。《弘治实录》未载谥法，《明史·后妃传》无传，今据圹志可补史阙。

庄懿德妃张氏圹志。张德妃圹志称：张"其生则正统十三年九月二十一日戌时"、"天顺四年五月十二日选入内庭"、"以成化二十三年七月二十七日册封为德妃"、"妃于弘治十年七月初十日未时薨逝……进谥曰庄懿，称其生平之行也"。可知张氏是 13 岁时被选入宫，40 岁时才被册封为德妃。圹志与《太常续考》载"庄懿德妃张氏"之谥法、封号、姓氏相合。而《明孝宗实录》称："英庙德妃张氏薨，辍朝三日，命祭葬诸礼仪视顺妃王氏例行。"[110]按，庄靖顺妃王氏系宪庙成化妃，今据圹志及《太常续考》可知庄懿德妃张氏为宪庙成化妃无疑，《明孝宗实录》误为"英庙德妃张氏"，应从圹志改为"宪庙德妃张氏"。

和惠静妃岳氏圹志。据《明世宗实录》记载，嘉靖十三年（1534年）六月，"宪庙静妃岳氏薨诏丧礼视和妃梁氏例行。"[111]又《国榷》卷五十六载："嘉靖十三年六月戊戌，宪庙静妃岳氏薨，谥和惠。"而《太常续考》则载宪庙"和惠静妃乐氏"。今据圹志称："妃姓岳氏"，与《明世宗实录》、《国榷》记载相合。据圹志可证《太常续考》所记"乐氏"应改为"岳氏"。

2. 万历妃嫔圹志。万历妃嫔圹志主要有悼嫔耿氏圹志、敬嫔邵氏圹志、德嫔李氏圹志、和嫔梁氏圹志、荣嫔李氏圹志、顺嫔张氏圹志、慎嫔魏氏圹志、温肃端静纯懿皇贵妃王氏圹志。

悼嫔耿氏圹志。据《国榷》卷七十五载："万历十七年六月庚辰伟嫔耿氏薨。"而《太常续考》及《宛署杂记》神庙嫔中有"悼嫔耿氏"。今据圹志称，耿氏"特赐封号为悼嫔"，与《太常续考》及《宛署杂记》记载相合，《国榷》记载的"伟嫔"应改为"悼嫔"。

敬嫔邵氏圹志。据《明神宗实录》记载，"万历三十四年五月辛卯，敬嫔赵氏薨，命附葬顺妃张氏坟内。"[112]又《国榷》卷八十载："万历三十四年四月辛卯，敬嫔赵氏薨。"参照圹志，《明神宗实录》、《国榷》的记载皆误，应将"敬嫔赵氏"改为"敬嫔邵氏"，其薨，应改为"三月"。

德嫔李氏圹志。据《国榷》卷八十九载："崇祯元年八月丙午，神庙德妃许氏薨，附葬张顺妃园。"中央研究院历史语言所校勘本《崇祯长编》卷十二载："崇祯元年八月丙午，神宗德嫔李氏薨。"德嫔李氏圹志称："崇祯元年八月十八日寅时薨逝"，与《国榷》、《崇祯长编》记载薨逝年月日相同。据圹志及《崇祯长编》可纠正《国榷》记载"德妃许氏"之误，应改为"德嫔李氏"。

和嫔梁氏圹志。据《国榷》卷九十九载："崇祯十六年正月癸丑，神庙和妃□氏薨"。《明神宗实录》载："上御皇极殿传制册九嫔……梁氏为和嫔。"[113] 今据和嫔梁氏圹志及《明神宗实录》可证《国榷》所载"神庙和妃□氏薨"应是和嫔梁氏。《崇祯实录》、《明史》、《太常续考》诸书均失载。

荣嫔李氏圹志。据《明熹宗实录》载："上传与礼部神庙荣嫔李氏于天启六年四月二十一日辰时薨逝，一应事宜照神庙慎嫔魏氏例行。"[114] 所载与圹志相合。

顺嫔张氏圹志。据《明神宗实录》载："上御皇极殿传制册九嫔……张氏为慎嫔。"[115] 又曰："悼嫔耿氏薨，礼仪照顺嫔张氏例行。"[116]《太常续考》神庙妃嫔载有"顺嫔张氏"，与顺嫔张氏圹志相合。由此可知，《明神宗实录》所载"张氏为慎嫔"为误。

慎嫔魏氏圹志。据《明神宗实录》载："上御皇极殿传制册九嫔……魏氏为顺嫔。"[117] 而《明熹宗实录》记载，荣嫔李氏薨逝，"一应事宜照神庙慎嫔魏氏例行"。[118]《太常续考》也记有"慎嫔魏氏"。后两书与圹志相合，可证《明神宗实录》所载"魏氏为顺嫔"中"顺嫔"应为"慎嫔"。

此外，从温肃端静纯懿皇贵妃王氏圹志也可看出，圹志有意回避了明代宫廷内激烈的储位之争。

3. 泰昌妃圹志。泰昌妃圹志主要是恭懿庄妃李氏圹志。据《明史·后妃传》载："天启元年二月封庄妃。"[119]《国榷》卷八十八载："天启七年十月乙巳谕追尊光庙庄妃李氏，上念幼时抚育也"。《明熹宗实录》载，天启二年（1622 年）十二月甲子册封，"光庙选侍东宫李氏为庄妃，遣大学士何宗彦捧册。"[120] 今据圹志李氏"天启三年十二月初三日册封为庄妃"，可知以上文献所载均误。

4. 天启妃圹志。天启圹妃志有成妃李氏圹志、恭惠纯妃段氏圹志及悼顺裕妃张氏圹志。

成妃李氏圹志。《国榷》卷八十八载："天启七年十一月谕礼部复先帝成妃李氏封号"。成妃李氏圹志称："崇祯元年正月二十六日奉旨仍复熹庙成妃"，可知《国榷》记载有误。此外，妃之籍贯、父母姓氏、选入内廷年月、革去冠服年月、生年、享年等，《崇祯实录》、《明史》、《国榷》等俱未载。

恭惠纯妃段氏圹志。据《崇祯长编》卷二十二载："崇祯二年五月丁酉熹宗皇帝纯妃段氏薨"，所载与恭惠纯妃段氏圹志相合。《崇祯实录》、《国榷》、《明史》有关纯妃段氏均失载，据志可增补史阙。

悼顺裕妃张氏圹志。圹志中有关裕妃的重要史料，史书极少记载，且有讹误。据圹志称："越七年十二月十六日奉旨仍复裕妃"，即崇祯三年十二月十六日复裕妃封号。而《国榷》卷八十八载："天启七年十二月，复故熹庙裕妃张氏封号，卜葬"，与圹志记载不符。圹志称："崇祯四年闰十一月二十二日迁葬于金山之原，追谥悼顺"。可证《国榷》记载复封号及安葬时间皆误。

二、西人关于北京的著述

元朝灭亡后，由于中西交通的不便，西方人对中国的了解停顿了两个世纪。第一个向欧洲人传播中国改朝换代新消息的是葡萄牙人托梅皮雷斯。此人1517年曾以葡萄牙赴华使节的身份出使中国。皮雷斯在东南亚一带活动时曾经四处搜集东方各国情报，并于1515年编写《东方诸国记》呈献葡王。[121] 作为最早注意到北京就是汗八里的欧洲人，他有时称明朝国都为"汗八里"，有时又称"北京"。书中的描述颇有传说色彩，如："城中居民，贵族甚多，骏马触目皆是，不可胜数。"[122] 该书是地理大发现后欧洲人第一本详尽描述东方的著作。此后，又有一些葡萄牙人在他们的著作中提到了北京。一位曾在中国被囚六年的葡萄牙人讲道："北京当地人说如果直穿城市要走七天，如果绕城一圈则要走十三天，王宫外有一座奇异的古堡，门口守卫着几位身材高大的巨人。"[123] 显然，这里的描述大都出自杜撰，魔幻的色彩比比皆是。相似的记载也体现在葡萄牙人盖略特伯莱拉的《中国报道》中："我还听说皇帝定都的北京城是那样大，从这一头到另一头，骑马按平常的步子要走一整天，而据我所看到的去判断，我完全相信。"[124] 关于生活在城市里的居民，伯莱拉认为他们非常讲究礼仪，每年正月初一，即基督教徒纪念耶稣受割礼的那一天，他们也举行盛大的欢庆活动，持续3天。[125] 另一位葡萄牙传教士克鲁斯著有《中国志》一书，他称："为了保持皇帝的伟大形象和权威，他从不外出，皇宫大门里面是一道道高大的围墙，内有很多大房间以及很大的菜园、花园和果园。园子里有很多水池，池中养着很多鱼。里面还有树林，其中有野猪、野鹿供狩猎。"[126] 当然葡人有关北京的著述最为有名的是平托的"游记"，该书不仅内容丰富，而且也充分体现了西人早期中国著述的夸饰特色。例如在对北京的宏伟壮丽进行描述时，平托称"仅以王城围墙内的明宫城为例，内有阉人十万"。[127] "在一条长长的都是平房的街道，居住着国王的两万四千个船工。还看到另一条类似的街道，街长超过一里格，居住着一万四千多个宫廷膳房的厨工。还有一条类似的街上住着无数的单身女子，比起城里这种身份的女子，在税赋上享有特权，因为她们也属于宫廷，其中很多人逃离丈夫走上这条不幸的道路。"[128] 除上引诸书外，当时西人有关北京的著作尚有西班牙人拉达的《中国志》[129] 和门多萨的《中华大帝国史》。[130] 因为上述诸书对于北京的描述经常夸张、虚构，遭到后来到中国传教的耶稣会士的批评。

从 17 世纪初到 18 世纪中后期，欧洲人所知北京的情况主要来自意大利、比利时、德国、法国的耶稣会士报告。意大利人利玛窦是第一位到达北京的耶稣会士。后来耶稣会士金尼阁根据他的遗著编撰了《利玛窦中国札记》。如上文所述，欧洲以前关于北京的叙述多为想象和道听途说，因此，《利玛窦中国札记》的编纂者金尼阁在序言中主张："唯一合情合理的就是相信我们最近的这部叙述将取代在它以前出现的那些撰述。"利玛窦通过对北京经纬度的实地测量，断定北京就是汗八里。同时，利玛窦对北京的叙述比较平实，没有以前那些西方人的浮夸，例如，他认为："北京城的规模、城中房屋的规划、公共建筑的结构及城防沟垒，都远逊于南京。北京的皇宫也不如南京的皇宫宽阔。"[131] 不过，利玛窦还是对北京进行了许多较为积极的评价。包括利玛窦在内的许多耶稣会士抵达北京时，适逢中国在许多方面出现衰落迹象，但是他们却还是对北京做了比较正面的描述，主要原因在于与当时的欧洲政治分裂相比，中国能够实行中央集权，呈现出一片和平景象，因此，来华的耶稣会士大都将北京比作希望之城，并将这一形象传送到欧洲本土。

注释：

（1）瞿林东：《中国史学史纲》，北京出版社，1999 年版，第 594 页。

（2）陆容：《菽园杂记》卷十四。

（3）关于《大明永乐十年颁降凡例》的颁布时间，可参看孙冬虎：《六百年前的一篇修志凡例》一文，《北京档案史料》2008 年第 2 期第 270 页，新华出版社，2008 年版。

（4）《（嘉靖）寿昌县志》。

（5）《（正德）莘县志》。

（6）《明太宗实录》卷二百零一。

（7）瞿林东：《中国史学史纲》，第 640 页。

（8）张岱：《石匮书自序》，《琅嬛文集》卷一。

（9）郎瑛：《七修类稿》卷十三。

（10）王世贞：《史乘考误》卷一。

（11）钱大昕：《万先生斯同传》，《潜研堂文集》卷二十八。

（12）《大明会典》，明万历刻本。

（13）明武宗：《御制大明会典序》，《大明会典》，明万历刻本。

（14）孙承泽：《春明梦余录》卷十二《文渊阁》条。

（15）《永乐大典·凡例》。

（16）《永乐大典·凡例》。

（17）崔文印：《〈永乐大典〉概说》，《史学史研究》1995 年第 3 期，第 78—79 页。

（18）叶盛：《水东日记》，第 373 页。

（19）顾炎武：《肇域志序》。

（20）《明史》卷一百六十一《黄润玉传》。

（21）《光绪顺天府志·艺文志三·顺天人著述二》，第 6496—6498 页。

（22）《光绪顺天府志·艺文志三·顺天人著述二》，第 6511—6512 页。

（23）肖满省：《张慎言、王崇铭易学思想史料的新发现——汲古阁本〈九正易因〉之独特价值》，《运城学院学报》2009 年第 4 期，第 27 卷。

（24）《明史》卷二百八十八《米万钟传》。

（25）《光绪顺天府志·艺文志三·顺天人著述二》，第 6529 页。

（26）《光绪顺天府志·艺文志三·顺天人著述二》，第 6508 页。

（27）王灿炽：《燕都古籍考》，第 123 页。

（28）《文津阁四库全书总目·史部·政书类·仪制之属》。

（29）《光绪顺天府志·艺文志一·纪录顺天事之书》，第 6342—6345 页。

（30）吴邦庆：《畿辅河道水利丛书序》，清道光四年刻本。

（31）朱云锦：《潞水客谈书后》，《丛书集成初编》，第 3020 册。

（32）《明史·河渠志》。

（33）吴仲撰，段天顺、蔡蕃点校：《通惠河志》出版说明。

（34）陈济生：《再生纪略·自记》。

（35）王灿炽：《北京史地风物书录》，详细记录了该书的版本，第 40 页。

（36）谢国桢：《增订晚明史籍考》卷八"甲乙之际"。

（37）王灿炽：《燕都古籍考》，第 98 页。

（38）曹子西主编：《北京史志文化备要》，第 732 页。

（39）曹子西主编：《北京史志文化备要》，第 732 页。

（40）《光绪顺天府志·艺文志一·纪录顺天事之书》，第 6338 页。

（41）《光绪顺天府志·艺文志一·纪录顺天事之书》，第 6339—6340 页。

（42）曹子西主编：《北京史志文化备要》，第 737 页。

（43）曹子西主编：《北京史志文化备要》，第738页。

（44）《光绪顺天府志·艺文志一·纪录顺天事之书》，第6345页。

（45）《光绪顺天府志·艺文志三·顺天人著述二》，第6350—6352页。

（46）曹子西主编：《北京史志文化备要》，第738页。

（47）《光绪顺天府志·艺文志三·顺天人著述二》，第6512页。

（48）李贽：《藏书·答焦漪园》。

（49）李贽：《藏书·梅国帧序》。

（50）李贽：《续藏书·李维帧序》。

（51）于奕正等：《帝京景物略·略例》。

（52）刘侗：《帝京景物略·序》。

（53）于奕正等：《帝京景物略·略例》。

（54）《张爵墓志》。拓片藏于北京图书馆。

（55）《张爵墓志》。拓片藏于北京图书馆。

（56）新中国成立后，1962年北京出版社和1982年北京古籍出版社都曾出版过单行本。关于此书的版本著录，可参见王灿炽：《北京史地风物书录》，北京出版社1985年版。

（57）《光绪六合县志》卷五《人物·孙国敉传》。

（58）《光绪六合县志》卷七《艺文志·奏疏》。

（59）王灿炽：《燕都古籍考》，第140页。

（60）（清）周家楣、缪荃孙：《光绪顺天府志》。

（61）详见王剑英：《萧洵〈故宫遗录〉考辨》，北京市社会科学院历史所编：《北京史研究（一）》，第128—133页。

（62）参见王灿炽：《燕都古籍考》，第88页。

（63）《四库全书总目提要》卷一百四十一《子部五十一·小说家类二》。

（64）（明）陆容：《菽园杂记》卷十三，第165页。

（65）（明）陆容：《菽园杂记》卷七，第87页。

（66）（明）陆容：《菽园杂记》卷七，第88—89页。

（67）《四库全书总目提要》，转引自《菽园杂记·点校说明》。

（68）（明）沈榜：《宛署杂记·自序》。

（69）参见王灿炽：《燕都古籍考》，第128页。

（70）（明）沈榜：《宛署杂记·自序》。

（71）尹钧科等：《北京地名研究》，第333页。

（72）（明）沈榜：《宛署杂记》卷十九"寺凡二百一十一"条。

（73）（明）沈德符：《万历野获编·序》。

（74）（明）沈德符：《万历野获编·续编小引》。

（75）（明）沈德符：《万历野获编》卷三十《外国》，第780页。

（76）参见贺君：《沈德符与〈万历野获编〉》，内蒙古师范大学2008年硕士论文。

（77）《明史》卷十七《世宗纪》。

（78）（明）沈德符：《万历野获编》卷二十一《禁卫·马顺范广》，第 534 页。

（79）［美］牟复礼（Mote，Frederick W.）、【英】崔瑞德（Twitchett，Denis）编：《剑桥中国明代史》，张书生等译，第 815 页。

（80）（明）沈德符：《万历野获编》卷十三《礼部·牙牌》，第 347—348 页。

（81）（明）史玄：《旧京遗事》，第 23 页。

（82）（明）史玄：《旧京遗事》，第 24 页。

（83）（明）史玄：《旧京遗事》，第 22 页。

（84）（明）史玄：《旧京遗事》，第 26 页。

（85）《四库全书总目提要》卷一百四十四《子部五十四·小说家类存目二》。

（86）（清）周家楣、缪荃孙：《光绪顺天府志》，第 6359 页。

（87）陈垣：《中国佛教史籍概论》卷六。

（88）《卍续藏经》第一百零八册，第 221 页。

（89）姚广孝：《逃虚子道余录序》。

（90）蓝吉富主编：《大藏经补编》第二十四册。

（91）《日下旧闻考》卷五十二引《泠然志》。

（92）曹义：《西域寺碑略》，《日下旧闻考》卷九十六。

（93）虞万里：《正统道藏刊刻年代新考》。

（94）（清）张海鹏辑：《借月山房汇钞·宫词小纂》卷上。

（95）《四库全书总目提要》卷一百九十一《集部四十四》。

（96）黄裳：《天一阁被劫书目》，载《文献》1979 年第 2 辑，第 260 页。

（97）（清）周家楣、缪荃孙：《光绪顺天府志·艺文志·纪录顺天事之书》。

（98）周传家、程炳达主编：《北京戏剧通史·明清卷》，第 51 页。

（99）吴廷燮等：《北京市志稿·金石志》。

（100）主要参阅王有泉：《明谭忠、谭瑛墓志考》，见北京市文物研究所编：《北京文物与考古（第三辑）》。

（101）（清）周家楣等：《光绪顺天府志》之《地理志十七·顺天府沿革表》。

（102）包世轩：《门头沟考古二则》，见北京市文物研究所编：《北京文物与考古（第二辑）》，第 144 页。

（103）主要参阅王有泉：《明王邦吉墓志考》，见北京市文物研究所编：《北京文物与考古（第三辑）》。

（104）郭存仁：《明万贵墓清理简报》，见北京市文物研究所编：《北京文物与考古（第三辑）》。

（105）《明史》卷一百一十三《后妃传》。

（106）吴梦麟：《明〈张爵墓志〉考》，见北京市文物研究所编：《北京文物与考古（第二辑）》。

（107）《明史》卷一百一十九《诸王传》。

（108）《明世宗实录》卷三百六十《嘉靖二十九年五月癸巳》。

（109）主要参阅刘精义、鲁琪：《明代妃嫔陵园及圹志》，载《故宫博物院院刊》1980 年第 2 期。

（110）《明孝宗实录》卷一百二十七《弘治十年七月辛亥》。

（111）《明世宗实录》卷一百六十四《嘉靖十三年六月戊戌》。

（112）《明神宗实录》卷四百二十一《万历三十四年五月辛卯》。

（113）《明神宗实录》卷一百二十二《万历十年三月甲子》。

（114）《明熹宗实录》卷七十《天启六年四月乙未》。

（115）《明神宗实录》卷一百二十二《万历十年三月甲子》。

（116）《明神宗实录》卷二百一十二《万历十七年六月庚辰》。

（117）《明神宗实录》卷一百二十二《万历十年三月甲子》。

（118）《明熹宗实录》卷七十《天启六年四月乙未》。

（119）《明史》卷一百一十四《后妃传》。

（120）《明熹宗实录》卷二十九《天启二年十二月甲子》。

（121）《东方诸国记·中国》，见《中外关系史译丛》第四辑。

（122）《东方诸国记·中国》，见《中外关系史译丛》第四辑，第276页。

（123）平托等著：《葡萄牙人在华见闻录》，第19页。

（124）博克舍编著：《十六世纪中国南部行记》，第19页。

（125）澳门文化司编：《十六和十七世纪伊比利亚文学视野里的中国景观》，第18、44页。

（126）澳门文化司编：《十六和十七世纪伊比利亚文学视野里的中国景观》，第127页。

（127）澳门文化司编：《十六和十七世纪伊比利亚文学视野里的中国景观》，第246页。

（128）澳门文化司编：《十六和十七世纪伊比利亚文学视野里的中国景观》，第26页。

（129）博克舍编著：《十六世纪中国南部行记》，何高济译，第192页。

（130）门多萨：《中华大帝国史》，何高济译。

（131）利玛窦、金尼阁：《利玛窦中国札记》，何高济译，何兆武校，第329页。

第五章 清代北京地区的著述

　　北京作为清代都城和全国政治文化中心，其文化向心力和凝聚力是其他地方无可比拟的。在清统治者文治政策的推动下，京城官办学术活动层出不穷，吸引了全国各地的文人雅士汇聚京师；同时，北京也是清代古籍整理、文献编撰的中心。康熙帝召集硕儒博学编修《明史》、《康熙字典》、《渊鉴类函》、《骈字类编》、《子史精华》、《佩文韵府》等。乾隆朝，在北京纂修的大型书籍更是前所未有，如《通鉴辑览》、《续通志》、《续文献通考》、《续通典》、《皇朝通志》等，规模最大的是编纂《四库全书》，当时著名的学者纪昀、姚鼐、戴震、朱筠、翁方纲等人参与其中。据统计，参与编撰并正式列名的文人学者达到三千六百多人，而抄写人员也有 3800 人。清代北京还云集了众多的文学艺术大家，著名小说家曹雪芹，就在北京写出了文学巨著《红楼梦》。此外，清代京籍学者辈出，像孙承泽、刘献廷、黄叔琳、翁方纲、朱筠、徐松等学者的著述也非常丰厚，可以说北京是有清一代的全国著述中心。

第一节 大型图书的编纂

　　清代北京是政治文化中心，几乎所有由朝廷组织的大型图书和重要学术活动都完成于北京。清定都北京之初，虽然大江南北的战事进行得如火如荼，但这并没有妨碍统治者对文治的建设。先是《明史》纂修的开馆，接着是诸如《古今图书集成》之类各种大型类书的编纂。康熙、雍正、乾隆时期，官修图书的活动更加频繁，并达到了清代的鼎峰，其标志是《四库全书》纂修。据不完全统计，清前期在北京完成的官修图书有二百多种，平均 1 年编成 2 种书，这是以往任何朝代都无法与之相比的。而且，官修图书中卷帙繁多者为数不少，一书动辄百卷以至数百卷，《四库全书》更是数万卷之多。康、雍、乾三帝频繁组织编纂这些大型图书，一方面是为了文治天下，树立自己的正统或道统地位；另一方面也在客观上对中国传统文化做出了总结，继承并发扬了绵延既久的传统修史文化。

为配合修书，有清一代的官办书局是名目繁多，最初每修一书，即设一馆，书一告成，即行停馆。自顺、康以至雍、乾，四朝所设之馆，据不完全统计，先后有三十多个。如圣训馆、大训馆、语命房、教习堂、通鉴馆、孝经馆、实录馆、方略馆、国史馆、玉牒馆、文颖馆、朱批谕旨馆、八旗上谕馆、八旗志书馆、一统志馆、明史馆、八旗满洲氏族通谱馆、明史纲目馆、医书馆、农书馆、漕运馆、增修时宪算书馆、律例馆，以及吏、户、礼、兵、刑、工各部则例馆，等等。这些官办书局汇集了当时众多著名学者参与其中，经诸名手，精心撰述，提供了丰富的档案文献，使进入各种各样史馆、纂修馆的学者因此目睹了个人在其他地方或者渠道所无法见到的文献档案，从而促进了学术交流与发展。

例如《明史》纂修，自顺治二年（1645 年）五月，清廷诏修明史，至乾隆四年（1739 年）七月武英殿刊刻，《明史》告成。其间经过，周折往复，将近百年。兴朝而修胜国史，这是历代王朝易代修史的传统。满清自关外入主中原，除借鉴前朝兴亡之教训，特急需以修史定正统之位，并巩固立国基础。因此清政府于立足未稳，反清抵抗斗争方兴未艾之际，即下诏开馆纂修明史。顺治二年（1645 年）五月癸未，命内三院大学士刚林、祁充格、范文程、冯铨、洪承畴、李建泰等为总裁，学士詹图赖、衮依图、宁完我、蒋赫德、刘清泰、李若琳、胡世安，侍读学士高尔俨，侍读陈具庆、朱之俊为副总裁，郎廷佐等九员为纂修官。但当时史馆虽开，却因大局未定，因此在实际的修史方面作为不多。康熙四年（1665 年），史馆再开，其成绩亦仅以满文翻译实录，又会修《世祖实录》，遂罢。康熙十七年（1678 年），即特颁圣谕，开博学鸿词科，以振起文运，阐发经史。康熙十八年（1679 年）三月，召试内外诸臣荐举博学鸿儒143 人于体仁阁，中式一等彭孙遹等 20 人，二等李来泰等 30 人，分授编修检讨各官，同纂《明史》。

康熙十九年（1680 年），监修徐元文、总裁叶方蔼举姜宸英、万言、汪懋麟、曹溶、黄虞稷等与修《明史》。黄宗羲子黄百家，亦于是年由徐元文延入史馆。再次开馆后的第一件重大任务便是购求遗书。史馆聚书途径主要为：其一，皇帝或礼部行文各地督抚，著意搜求，上呈史馆；其二，钦派翰林学士，分道搜访；其三，藏书家献书，或估价收买，或请专人誊写，或借用后归还；其四，纂修官分别搜集乡贤文献。清廷修史，着力延揽汉人士大夫，因其意愿得足，再加以官威所逼，故而史料征集颇见成效，"明朝一代典册可供修史者共贮两库，约有一千几百部，浩如烟海"。

接着是订定撰写体例。康熙十九年（1680年），朱彝尊觉察及此，首先上书史馆总裁。其后历任馆事者亦多于体例有所发明，如徐乾学兄弟呈《修史条议》，汤斌呈《明史凡例议》及《本纪条例》，施阁章、沈珩均上《修史议》，潘耒上《修明史议》，王鸿绪呈《史例议》，汪由敦呈《史裁蠡说》，或论整体，或论一纪一传一志之书法，或论一事之笔法，不一而足，其讨论过程伴随史稿修定始终。

撰写体例确定后，史馆便开始分配撰写任务，采取的方式是拈阄委派。明史初纂，本纪、列传以朝代分，志表则以事类分断，或一人撰一纪，或一人撰一志，或一人撰数传。或总裁委派专任，或拈阄而专责成。难度较大的志书则多委派，且多有数人合撰者。如《天文志》，吴任臣撰之，黄百家又撰之；《五行志》则吴任臣撰之，倪灿又续撰之；《艺文志》则尤侗撰之，倪灿撰之，黄虞稷又撰之。

分配任务后，馆臣每日或肩舆或骑骡，出入于东安门。第一步工作即将明300年分期纂述，而每期又依类合题分撰。因史料较为完备，首先着手编纂者为洪武至正德各朝事。自十九年正月至二十年六月，洪武、永乐、宣德、正统、景泰、天顺、成化、弘治和正德等朝史稿基本完篇。

自康熙二十年（1681年）六月起，则开始分撰泰昌、天启、崇祯三朝事，计自二十年六月至二十一年四月，不及一年，景泰、天启、崇祯3朝史稿又基本完篇。然成之仓促，长编又多漏略，所成诸稿尚多舛漏。二十一年（1682年）四月，再分撰嘉靖、隆庆、万历3朝之事。此3朝历时百年，纂述甚繁；且嘉靖时祀典太滥，而大礼之议，是非难定；万历时稗政孔多，而党争继起，忠奸难辨；此三朝史事之不易措手，亦不下于崇祯朝之无实录可凭者。然历一载，各人阄得之题，亦多已完篇，次第上之史馆。自十九年正月开始修史，至二十二年（1683年），以本纪、列传为主的史稿初成。不论史稿舛误何如，然确为以后定稿之形成奠定了基础。

自康熙十九年（1680年）至二十九年（1690年），此十数年间，纂修诸臣将其撰成之稿，纷纷上之史馆（如尤侗三百余篇，毛奇龄二百余篇，汤斌百余篇，汪琬百余篇，方象瑛八十余篇，朱彝尊三十余篇均是）。然分纂初稿虽陆续上之史馆，但在二十九年（1690年）万斯同等人编排第一部初稿之前，终无成形史稿。

有了初稿，便要修稿，接下来是分类改定。自康熙二十年（1681年）六月始，第一期分撰之草卷便已有陆续完篇者，故自康熙二十一年（1682年），汤斌、徐乾学、王鸿绪等相继为总裁，开始组织人员对各纂修官呈稿，按照本纪、列传、志表等分类，先分任专阅，后再互加校订。

康熙二十一年之后，总裁即开始为删改初稿之工作。至二十三年（1684年），徐元文重领史局之后，书尚未成，积成草稿仍有待删定。徐元文遂延请万斯同，馆于邸舍，将史馆"建纲领，制条例，斟酌去取，讥正得失，悉付万斯同典掌"。万斯同虽系布衣，然既不与政，专意史事，考据国史，参用诸家之说，"诸纂修官以稿至，皆送先生复审"。

以万斯同及其他纂修官之努力，于康熙三十年（1691年），史稿初成。杨椿曰："斯同馆元文家，为元文核定《明史》，历十二年而史稿粗成，凡四百十六卷。"然此时之史稿，本纪、列传成十之六七，而未及志、表，全书尚未成。

康熙三十年（1691年）七月，监修徐元文卒，徐乾学亦告归，史稿之编撰再次停止。至三十三年（1694年），再命大学士于翰林员内，举奏文章学问超卓者，来京修书。于是王鸿绪、徐乾学、高士奇同为王熙、张玉书所荐举。但是年四月，徐乾学卒，高士奇亦未至，被任为总裁者仅王鸿绪；后再派陈廷敬同预其事。3人商定，陈廷敬任修本纪，张玉书任修志书，王鸿绪分任核校列传。王鸿绪稔知万斯同尝馆徐元文家，为元文删定草稿，乃延致斯同于其家；同时延请钱名世，以核定列传事委之。万斯同进一步核定列传，"合者分之，分者合之，无者增之，有者去之"，钱名世协助万斯同，"详注其故于目下"。四十一年（1702年），列传甫脱稿，尚未订正，万斯同便卒于王鸿绪京邸。

康熙四十年（1701年）后，史馆又几于停废，主要人物相继凋谢。鉴于史稿阙略者尚需补撰，成篇者尚待校雠，王鸿绪于居官之暇，删繁就简，正谬订讹。康熙四十八年（1709年），王鸿绪以党争，休致回籍。其回籍时，将史馆草稿尽数携去，以数年之力，重加编次。列传分合有无，视万斯同、钱名世稿颇异，于康熙五十三年（1714年）进呈。

雍正元年（1723 年）七月，以隆科多、王顼龄为监修官，徐元梦、张廷玉、朱轼、觉罗逢泰为总裁官，杨椿等 23 人为纂修官，继续修改《明史稿》。自雍正元年（1723 年）七月，史馆续开，至十三年（1735 年）完成，计本纪 24 卷，志 75 卷，表 13 卷，列传 220 卷，目录 4 卷，凡 336 卷。与王鸿绪史稿相比，本纪增 5 卷，志书减 2 卷，表增 4 卷，列传增 15 卷。乾隆继位，下诏付武英殿镂板，至乾隆四年（1739 年）七月，全书刊成，即今通行本《明史》。

又如《古今图书集成》，是我国古代现存最大的一部综合性类书，仅次于明代的《永乐大典》，是陈梦雷于清康熙四十年（1701 年）至四十五年（1706 年）编纂，蒋廷锡又于清雍正四年（1726 年）奉敕编撰完成的。全书 1 万卷，目录 40 卷，共约 1.6 亿字。是查找清康熙之前各类资料或典故出处等最重要的工具书。

《古今图书集成》，《清史稿·艺文志》子部类书中著录是"蒋廷锡等奉敕编"。但实际上这部巨书是清圣祖玄烨的词臣、侍奉皇三子诚亲王胤祉的陈梦雷主持编修的。

胤祉是康熙皇帝的第三子，生于康熙十六年（1677 年），卒于雍正十年（1732 年）。胤祉于康熙三十七年（1698 年）三月与长兄同封为郡王；次年，由诚郡王降为贝勒，康熙四十八年（1709 年）被封为诚亲王，雍正六年（1728 年）六月降为郡王，雍正八年（1730 年）二月复为亲王，同年五月被削爵拘禁，十年（1732 年）闰五月卒于景山禁所。他是编辑《集成》的倡议人，是他全力支持这项大工程。陈梦雷，字则震，福州侯官人。19 岁中进士，官翰林编修。康熙二十一年（1682 年）被谪戍奉天，三十七年（1698 年）奉召回京，侍皇三子胤祉读书。康熙四十年（1701 年）十一月，陈梦雷奉命率 80 人开始编纂《古今图书汇编》，并拿出自己家藏的一万多卷图书作为取材的补充，他先后从一千五百余卷图书摘录材料，分类汇编为历象、方舆、明伦、博物、理学、经济 6 编，32 志，6109 部。

至康熙四十五年（1706 年）四月，初稿完成，陈梦雷先誊目录凡例 1 册呈请诚亲王胤祉审阅。

陈梦雷希望《汇编》修成后得到康熙皇帝的支持，然后再校正修改写出定本，请皇帝写御制序文放在书首，结果是康熙皇帝只改了书名，将《汇编》改为《古今图书集成》，赠御联："松高枝叶茂，鹤老羽毛新"。康熙五十九年（1720 年）奉旨用铜活字印刷 64 部。康熙六十一年（1722 年）十二月雍正即位，登位后，残酷打击异己，诚亲王胤祉也被革爵禁锢，陈梦雷遭牵连，以"招摇无忌"的罪名在 72 岁时再度被远谪塞外，90 岁终老于戍所。雍正元年（1723 年），选中了御续派户部尚书蒋廷锡领衔整理《集成》，至雍正三年（1725 年）十二月定稿。

雍正六年（1728 年），书终于印制完成，总共印了 64 部以及样书 1 部，分订为 5025 册，函装成 522 函，署名蒋廷锡，陈梦雷的编辑之功尽行抹杀，有关纪录不再出现陈梦雷的名字。出版的六十多部的《集成》分流到全国各地，《集成》终于走向全国，甚至走向世界，成为人类文化之一的瑰宝。

清代发生在北京的官修著述活动，极大地促进了清代学术的形成与发展。例如，清初《明史》纂修馆，可以说是清初南北学者交游的重要机缘。而且这一纂修工程持续近一个世纪，对学术大发展有相当的影响。明史开馆之初，首先是征集史料，尤其是崇祯一朝的史料，由于朝廷征集史料的需要，众多曾经在明崇祯朝做过官的人纷纷著书，或者将自家所藏文献档案，呈送《明史》馆，以备纂修所用。清代京籍学者也受此影响，如孙承泽著《山书》、王世德著《崇祯遗录》等；京籍学者张烈、王源、刘献廷皆曾参与了《明史》纂修。

清初《明史》修纂，为学术交流提供了很好的机会。在北京参与《明史》修纂的过程中，王源结识了很多学者，如万斯同、李塨、胡渭、毛奇龄等人。《明史》修纂不止为史馆人员的学术交流提供了机会，还通过带动作用影响了其他众多学者，甚至在学术兴趣上发生了转移。以颜李学派的中坚力量李塨为例，他并不是史馆人员，但他曾经应万斯同所请，帮助万斯同修订《明史》稿件。也正是在北京的这一时期，他与毛奇龄、万斯同、阎若璩等人的交往，使其学术兴趣也产生了变化，由原来坚定的颜元思想的传播者转向了经史考据。

又如，《全唐文》纂修馆。嘉庆十四年（1809 年），寄籍大兴的徐松任《全唐文》馆提调兼总纂，他利用当时图书资料的优越条件，在古籍整理、史料编辑方面都作出了重要贡献，其中规模最大的是从《永乐大典》中辑出了《宋会要辑稿》。此外，还撰有《唐两京城坊考》、《登科记考》等书，功力甚深。徐松尤其长于做细致的资料钩稽排比，其著述中能够反映这一特色的就是《登科记考》。又如，严可均著《全上古三代秦汉三国六朝文》。嘉庆十三年（1808 年），朝廷开《全唐文》馆，严可均没有被征召入馆之列，但是馆臣以唐代碑文有《金石萃编》所缺漏者，嘱严可均为之补佚。严可均奉命辑录，不久完稿。在辑录的过程中，严可均深感唐以前没有文章总集，为与《全唐文》接续，便立志广泛搜罗三代至隋朝的文章，历经 9 年，完成初稿，又经十余年补遗，整理成卷，最终完成了《全上古三代秦汉三国六朝文》。这一学术成就同样来自《全唐文》馆的影响。

其中，最典型的当属《四库全书》纂修馆。乾隆三十七年（1772年）十一月，时任安徽学政的大兴人朱筠向乾隆皇帝建议开馆从明《永乐大典》中辑录遗书。此奏得到乾隆皇帝的认可，接着便诏令将所辑佚书与各省所采及武英殿所有官刻诸书，汇编在一起，名为《四库全书》。乾隆三十八年（1773年）二月，正式设立四库全书馆。参与四库全书纂修的学者前后有数千人之多，几乎将当时的著名学者网罗殆尽。《四库全书》纂修虽然在一定程度上加强了清代的文化专制，但它对乾嘉时期考据学的兴盛和学术交流的推动作用是无可置疑的。

我们以北京籍学者翁方纲参与四库全书为例，看看当时的纂修情形。根据翁方纲所言，他每天清晨进入翰林院校书，所校办书籍既有从各省征集来的图书，也有内府发来的藏书和从《永乐大典》中陆续辑录出的遗书。翰林院中设有食堂，供应午饭。每天上午校书，午饭后即归寓。纂修官校书并不是各自为政，而是每天都进行交流。翁方纲就经常与纂修官程晋芳、姚鼐、任大椿等人聚集在宝善亭，就所校阅书籍、书中应查证考辨的地方等内容进行交流讨论。不能当场解决的，还需要进一步查阅相关资料。为此他们各自开列书目，进行分工后，分头查找，以待次日再进行交流讨论。一般来说，翁方纲上午校书，中午饭后便直接到琉璃厂各书铺进行寻访。当时在琉璃厂经营书铺的商贾们为了满足四库纂修官经常查访书籍的需求，也四处征集善本，比较著名的书铺有五柳居、文粹堂等。而翁方纲到这些书铺找到需要的书籍后，先是全部借回家中翻阅。凡是有助考证而且价格不高的书，便买下来；如果价格太贵，就借留几天，将需要的内容抄录下来，如果要抄录的内容较多，就雇人抄写。

作为分纂官的翁方纲，他的主要任务是审查书籍、校勘文字、拟定内容提要并提出"抄"、"存"与否的处理意见。此后，总纂官纪昀又在翁方纲、戴震、姚鼐、邵晋涵等人分纂稿的基础上，几经修改，终成《四库全书总目》。翁方纲所撰提要就是流传至今的《翁方纲纂四库提要稿》，他后来还参与了文溯阁《四库全书》的校勘工作。翁方纲在四库全书馆校办书籍时，大量参考利用了《经义考》。也正是在这个过程中，翁方纲发现朱彝尊《经义考》存在一些缺陷，并从而产生了对其进行系统补正的想法。后来，翁方纲撰《经义考补正》12卷。这毫无疑问也是他参与四库纂修影响下的学术成果。

第二节 经部著述

清前期，北京地区的经学著述主要围绕理学内部的讨论展开，主要代表人物有 4 个，首先是孙承泽，他著有《孔易》，《尚书集解》20卷，《九州山水考》3 卷，《洪范经传集义》1 卷，《诗经朱传翼》30卷，《周礼举要》2 卷，《春秋程传补》20 卷，《五经翼》20 卷，《学约续编》14 卷，《考正晚年定论》2 卷，《明辨录》等。其次是张烈，他著有《诗经传说取裁》12 卷，《儒家理要》29 卷等。第三个重要人物是张能鳞，他著有《诗经传说取裁》12 卷，《儒家理要》29 卷。第四个是王源，他著有《读易通言》5 卷，《或庵评春秋》3 卷等。进入康熙、雍正朝，随着朴学的兴起，北京地区的经学著述进入转折阶段，其学术特点是从探讨心性之学开始转向了训诂考据。主要代表人物有黄叔琳、黄叔璥等人。进入乾隆、嘉庆时期，随着考据学的繁盛，北京地区经学著述进入了鼎盛时期。主要代表人物有翁方纲、雷镈、雷学淇等人。

一、清初孙承泽的著述

明末王学盛行，士人往往空谈心性而脱离实际。由于亡国之痛和严酷的社会现实，许多士人反省明亡的教训，有人批判理学，有人调和理学。在王学衰解的同时出现了一股"由王返朱"的潮流，这些人坚决认为明朝衰亡是王学所致，而要拯救现实的衰败必须推尊程朱理学。

孙承泽晚年也一尊程朱，致力于五经研究。清初著名文坛领袖王士禛在《池北偶谈》中说："辛亥（康熙十年）五月望后一日，雨后过孙退谷先生城南书屋，先生教以读书当通经，……且言：'《五经翼》是十五年前所撰，不过集诸经序论耳，无当经学也。'时先生已七十有九，读书日有程课，著述满家，可谓耄而好学者矣。"[1] 孙承泽也自称："余家屋十年，无日不读朱子书，今又得此卷，乃构城南书舍，祀夫子其中。"[2] 晚年的孙承泽或读书著述，或鉴赏字画，曾经得到朱熹的《城南二十咏》手迹，不仅建书舍题名"城南书舍"，并在书舍中祀奉朱熹牌位。

孙承泽尊程朱，称朱熹一生之学是"为贤为圣之真正血路也"，而攻击陆王，说"陆氏之顿悟流于禅，永康之事功流于霸，二者之害人心而祸世道也"。[3] 至于王阳明，孙承泽认为他不仅学问流于异端，而且人品有问题，说他当年曾私自与朱宸濠沟通。清初有很多学者反思王学之失，有不少人弃陆王而返程朱，但像孙承泽这样攻击陆、王者并不多见。与承泽关系颇为密切的王弘撰虽然很欣赏他的博学，但对诋毁王阳明之处却不以为然。王弘撰说："近日孙少宰著书，略文成之善而独言其通濠有因，则以论学之不合偏于作恶，欲从百年后定百年前莫须有之案，亦异矣。少宰博学好古，予素重之，惟于此不能为无憾也。"[4]倡导程朱，这是孙承泽在退居之后的最高追求，他的众多解经著述也始终贯彻着这一标准。

顺治十年（1653 年）后，孙承泽就开始着手对五经进行注解。孙承泽藏书甚富。"近代藏书，惟北平孙北海少宰，真定梁棠村司农为冠，少宰精于经学，司农富于子集。"[5]首先他利用自己丰富的藏书，辑录明以前学者对《易》、《诗》、《书》、《礼》、《春秋》的序、跋、论说，以次相类，得《易》4 卷，《书》2 卷，《诗》4 卷，《春秋》6 卷，《礼记》2 卷。其友严沆以《周礼举要》2 卷，共为 1 编即《五经翼》20 卷，于康熙二年（1663 年）刊刻行世。《五经翼》一方面是承泽为注解五经所做的资料准备；另一方面，也是鉴于心学末流不读书的弊端而倡导博学多闻的实践，他自己也断定"《经翼》诸篇，诚穷理者之所必资也"。[6]对于《五经翼》，四库馆臣的评价不高，认为"其书采摭未备，不及朱彝尊《经义考》之淹洽"，而且"然议论多而考证少，亦异于先儒专门之学"。四库馆臣在对"五经总义存目"进行总的评论时也不忘了举出孙承泽作为反面教育的材料。其言曰："孙承泽抄撮经解诸序，寥寥数卷，亦命之曰《五经翼》，则孰非兼通《五经》者哉？"[7]虽然也确实像《四库全书总目》所言，《五经翼》不如朱彝尊《经义考》之"淹洽"，但此书恰恰对于朱彝尊撰写《经义考》产生了一定影响。《五经翼》刊刻之际，孙承泽请朱彝尊为之作序。后来，朱彝尊作《经义考》，显然是受了孙承泽此书编撰思想的启发。再后来，乾嘉时期著名学者翁方纲作《经义考补正》，补朱彝尊之缺失。此学之传承有序，可见一斑。

在《五经翼》之后，孙承泽便开始了对五经的全面注解。《易》是理学得以建立理论体系的基础，孙承泽也相当重视这一基本典籍，他说："五经中《易》与《春秋》是夫子手著，夫子文章在，是夫子言性与天道亦在是。"又说："学问之道备于夫子《十翼》，而其要曰：穷理尽性以至于命。"[8]孙承泽起初集诸子之说，著《易宗》，后来觉得《易》有"不尽之旨"，[9]于是著《孔易》，康熙六年（1667 年）成书。除了《易》为"穷理尽性"之书的原因之外，《易经》尚变的特点恐怕也是承泽十余年中"日抱一《易》"的另一个主要原因。[10]《易》有三变，而且批空疏、趋务实。既尚变，又务实，则依时俯仰，随波逐流，如果承泽这个晚年思想倾向是早已久蓄内心的话，便很可以说明他降附大顺，旋又降清的原因所在。

《易》之外，孙承泽又特别关注《春秋》，称之为"百王大法"，于康熙九年（1670年）著《春秋程传补》。他一尊程朱正统而明确申明《春秋》一经为"穷理尽性之书"，认为"自伊川、程子之《传》出，而《春秋》之旨始明"。[11]但程颐的《春秋传》没有最后完成，至桓公九年搁笔，仅成2卷，后来门人取经说续其后而成书；朱熹也没有成书。后来，胡安国本程《传》而著《春秋传》，并逐渐成为科举教材，至于《春秋》本经则无人理会。孙承泽对这种"以传为经"的现象颇有不满，他说："三《传》乃解经之文，《春秋》乃鲁史之纲，夫子之所手裁，宁以三《传》为案哉？"遂决心补程子未完之业，而有此作。

在完成《春秋程传补》之后，孙承泽着手进行的另一部著述是《诗经朱传翼》。清初，朝廷取士依然承袭明制，于《诗经》用朱熹的《集传》，但一般的士子俗儒只知朱《传》为制艺考试之用。而在当时的《诗经》学界，已普遍呈现出汉宋兼采的趋势，只有部分人恪守朱《传》，为之作疏作注。孙承泽作《诗经朱传翼》便是其中的代表。

孙承泽治经，一尊程朱而斥汉学，认为"经学晦于马、郑者多矣"。其晚年完成的《尚书集解》也不例外。不过，程、朱2人都不曾注解《尚书》，只是朱熹在临死之前的头一年，委托弟子蔡沈整理《尚书》。蔡沈在朱熹平日讲解《尚书》的基础上用10年时间最后完成了《书集传》。可以说，蔡沈之作基本完成了朱熹"须见二帝三王之心"的要求。但孙承泽认为，蔡沈虽然"每注一篇，辄请正朱子"，但不久朱熹便去世，"其余未经订正者，果合朱子之意乎？推而上之，又尽合程子之意乎？"[12]在他看来，《书集传》中除了朱熹亲自订正的《二典》、《禹谟》篇外，其余都有可补之处。

据孙承泽自称，早年读书时"兼习《尚书》"，后来在开封做官，又"尽读诸儒《书》义"，并随手抄存，甲申之变后，"尚有存者"。退居以后二十余年间，留心不辍。康熙十一年（1672年），孙承泽年已八旬，恐旧稿散逸，重加裒益，刊之家塾，这便是《尚书集解》。所解以蔡沈《书集传》为基础，多采宋吕祖谦《书说》、宋金履祥《尚书表注》和元许谦《读书丛说》，而力斥马融、郑康成。其集解虽有斑驳之处，但孙承泽认定《尚书》为孔夫子所序定，是明心见性的"理学之宗"，他说："《尚书》不独治统所属，道统寄焉；言心、言性、言敬，实开万古理学之宗，视诸经为尤要。"⁽¹³⁾可见，孙承泽是决意要发扬程朱理学正统。

康熙十二年（1673年），其《五经翼》、《春秋程传补》、《诗经朱传翼》和《尚书集解》等书刊刻行世，81岁的孙承泽也已经因"尊朱子得名"。而在当时的清初学界，陆王心学几乎被唾弃声淹没，但也有人进行朱陆调和，如孙奇峰、李颙等人试图以调停折衷来谋求学术发展，朱陆异同的辩论再一次成为许多士人讨论的话题。孙承泽与当时的魏象枢、魏裔介、刁包、尹会一和颜光敏等人经常就一些理学问题进行讨论，其中的核心问题往往是程朱与陆王以及他们后学之间的学术之别。基于这种纷争烦扰，孙承泽在康熙十二年（1673年）撰写了《考正晚年定论》一书。孙承泽坚决否定朱子晚年"自悔"，认为王守仁所作的《朱子晚年定论》完全是"借朱子之言以攻朱子，不足为据"。承泽取《朱子年谱》、《行状》、《文集》、《语类》等书，精心考证，逐一驳斥"自悔"的说法。⁽¹⁴⁾孙承泽虽然是申述当年罗钦顺质问王阳明的余论，但此书一出，进一步奠定了他"紫阳之功臣"的口碑。魏象枢几乎读过孙承泽的所有著述，却"言孙北海诸书以《考正晚年定论》为第一"。⁽¹⁵⁾甚至连顾炎武对此也颇为重视，在《日知录》的"朱子晚年定论"条中，也特别提到了它。⁽¹⁶⁾

在二十余年的退居生活中，孙承泽不遗余力地推尊程朱及其后学。他曾将周敦颐、二程、张载、朱熹的言论辑为1编，即《宋五先生学约》14卷。后来又将明薛瑄、胡居仁、罗钦顺、高攀龙4家之语，订为另集，即《学约续编》14卷。这两种书都是《近思录》新的翻版，而《近思录》为朱熹、吕祖谦合撰，一直被理学家奉为"四子五经之阶梯"，是理学性命之书的圭臬。因此，长期以来"续近思录"、"近思录集注"之类的著作不断。孙承泽编撰二书，同样是为了尊程朱一派，这也难怪《四库全书》时常讥讽承泽的门户之见。此外，孙承泽的理学著作还有《广字义增删》2卷、《道统明辨录》和《藤阴札记》等。

二、张能鳞的理学著述

张能鳞在江苏任提学时，编写了《大学衍义补删》、《孝经衍义补删》、《儒宗理要》等。《大学》在张能鳞看来是"明体达用"的"圣经"，"如日经天，万世不晦"。⁽¹⁷⁾这也是理学家的一贯主张。朱熹曾为《大学》"格致"补一传，真德秀曾作《大学衍义》，丘濬又为之作

《大学衍义补》。长期以来，这个读本是士子的必读书。但这本书普通读书人苦于浩繁，贫穷士子也买不起。因此张能鳞便想作一删节本，既能让读书人轻松读完，也可以做到简明扼要，旨意鲜明，于是作《大学衍义补删》刊行学宫。

张能鳞又撰写了《孝经衍义》一书。他在对士子的考试中重视"孝行"，在乡试第一场三书之后，增加《孝经》一题，"庶几传习日广，而孝道大行，将见卿士大夫莫不仰赞孝治于无疆矣"。[18]

在任江苏提学时，张能鳞还召集门弟子，辑录周敦颐、二程、张载、朱熹五子书，编成《儒宗理要》，目标是振兴理学。关于纂辑《儒宗理要》的动机，张能鳞说："不佞幼习家学，微笑闻大义，衡校制艺，不足以窥性命之旨，而正学失绪，迷惑滋深，不得已而辑《儒宗理要》一书，期以上广濂洛关闽之传，俾后学无支离假借之习，凡平时留心理学者皆吾道之干城也。"[19]可见，张能鳞一方面受清廷尊崇理学的鼓励；另一方面他是从理学治世的观念，认为正人心才能正风俗。清初统治者尊崇理学的政策确实起到了效果。一方面，有利于拉拢汉族士大夫；另一方面有利于与民休息，重新建立以道德伦理为基础的统治王朝。张又接着解释了他为什么以周敦颐、二程、张载、朱熹之书为宗的理由。他说："若周、程、张、朱五子者，上以续往圣不传之绪，下以开来学入德之门，则固人之宗也。……学者试读《通书》，则可以知太极阴阳表里洞彻；读《西铭》，则可以知乾父坤母万物一体；其若《定性》、《何学》诸篇，则心性明而学术正；《观心》、《大纪》诸作，则本原澈而异学清。凡天下之外吾儒以为学者，皆非学也；外吾儒之理以为理者，皆非理也。而天地之道，一以贯之矣。"张能鳞还作《周子序》、《先横渠先生序》、《二程子序》、《朱子序》，分别阐述这几位理学家的思想。

《儒宗理要》一书，刊刻于顺治十五年（1658年），是张能鳞在三吴任学政时所编辑。为其书作序的有吕宫、杨廷鉴、高世泰、包尔庚（自称包尔庚长明氏）。吕宫在序中说："我西山张子为横渠先生后裔，膺文宗之任，而深于理学，克绍先传，因讨论五子之书，详其奥妙，究厥指归，由博返约，集成《理要》。用是彰明教术，提醒人心而挽回世道。昔横渠先生自称继孟子而以道自任，我张子又将继横渠而复明此道矣。"[20]

张能鳞在三吴任学政，志于端正学风，倡导程朱理学，读书主张读周敦颐、张载、程颢、程颐、朱熹的著述。但是，这5人的著述浩繁，共有二百六十余卷，"贫士力不能致，即能致，往往不能终读",[21]于是节选五子书为29卷,"以便贫士,且以便世之读是书者"。起初,书名拟定为《五子书》,但鉴于坊刻已有《五子全书》,是老、庄、荀、韩、淮南子的合集,为区别名称,更为了尊崇理学,特命名曰《儒宗理要》。

顺治十四年(1657年)秋开始编撰,第二年夏成书,可谓迅速。张能鳞作为一方官员,平时忙于政务,不可能将精力全部投入,便聘请了陆世仪、姜晋珪(字桐侯)、姚工亮(字代人)、赵骊渊(字积生)等人佐其役。

三、张烈的庙堂理学

张烈(1622—1685年),[22]字武承,一字庄持,顺天大兴人。据陆陇其《三鱼堂集》,他先世为浙江金华府东阳县人,明代嘉靖时先曾祖才自浙江迁居大兴。康熙九年(1670年)进士,授内阁中书。康熙十八年(1679年),由礼部侍郎杨中正、刑部侍郎任克溥荐举,参加朝廷举办的博学鸿词科,列一等三名,授为翰林院编修。张烈于康熙十八年以博学鸿词科授编修,参与《明史》修纂,分纂明孝宗、明武宗两朝人物。在史馆期间,他除了分纂若干传记外,还撰《读史质疑》和《史法质疑》来阐明自己修史的观点。

张烈的理学思想主要表现在《王学质疑》(《朱陆异同论》、《读史质疑》)和《读易日钞》中。关于撰写动机,据称,张烈起初嗜好王阳明心学,后来专心理学,笃守程朱之说,毅然以卫道为己任。在《王学质疑》自序中,张烈说:"愚成童时,先人教以程朱之学,信之颇笃。弱冠始闻王氏之说,翻然尽弃其学而学焉,沉浸于宗门者十五六年。及闻厚庵曹先生(曹本荣)讲宋儒之学,钟陵熊夫子(熊赐履)督学畿内,与相应和,于时学者皆始留心传注,愚随观之。追维先人之训,恍如隔世,徐徐理之,欣然不逆于心,久久脱洗,乃知王氏之全非,盖于圣门背道而驰也。"[23]

当时毛奇龄记述了张烈撰写《王学质疑》的直接缘起是馆中对是否立道学传的争论,按照毛奇龄的说法,在当时《明史》馆中,尤侗通过抓阄,分到撰写王守仁传的任务。稿子完成后,史馆总裁看了不满意,认为阳明传中有太多的讲学语,令尤侗删去重写。由此引发了馆臣对王学的争论。张烈极力批评王学,反对立道学传,而毛奇龄支持王学,主张立道学传,并质问张烈理由何在。据毛奇龄说,张烈听了他这段驳斥后,脸色大变,而且非常气愤,并将此事上告总裁。不久,张烈撰成《王学质疑》。在将此书呈送明史馆总裁时,张烈又接连写了3札，即《王学质疑》的附件《读史质疑》。

关于《王学质疑》的完成时间，张烈自序的时间是"康熙辛酉四月"，即康熙二十年（1681年）四月。陆陇其所作序的时间是康熙二十四年（1685年）五月，陆陇其序文中称康熙癸亥年（康熙二十二年，1683年）张烈将《王学质疑》给他看。陆陇其在后序中又说："先生已于乙丑十一月捐馆舍矣。"可见，此书最迟在1681年已经完成，之后请陆陇其等人阅示，生前未能刊刻，至1685年张烈卒后第二年即1686年陆陇其才为其刊刻行世。

《王学质疑》以王阳明《传习录》为驳斥对象，将《传习录》的主要主张分别条析为几个问题进行辩难，全书共为5个部分。第一部分是辩"性即理"之说；第二部分是辩"格物致知"之说；第三部分是辩"知行合一"之说；第四部分是通过与人问答的形式的一些杂论；第五部分是总论王阳明心学的流弊。

此外，张烈在经学方面精于《易》，著有《读易日钞》六卷，曾经删改四十余过。

四、王源的经世著述

王源（1648—1710年），字昆绳，号或庵，顺天大兴（今北京）人。其父王世德，明亡前为世袭侍卫，京师陷落后携子赴江苏扬州、宝应一带居住三十余年。王源幼时受父亲影响，"喜任侠，言兵"。稍长，从学于遗民梁以樟与魏禧门下，仰慕英雄豪杰，"所交多瑰奇隐异之士"。康熙二十四年（1685年）随父北返，"游京师，佣笔墨"，[24]参与《明史·兵志》纂修。此后的十余年间，王源结交了万斯同、刘献廷、方苞、戴名世、阎若璩等人。康熙三十九年（1700年），王源与来京应试的李塨结为挚友，又经李塨引介，拜颜元为师。

康熙四十九年（1710年）王源客死淮安。所著诗文，生前没有刊刻，多藏于姻亲管世铭家，道光十一年（1831年）其孙管绳莱将所藏王源文稿结集刊刻于金陵，是为《居业堂文集》20卷。至于《平书》、《兵法要略》、《读易通言》等著述皆散逸不存。

王源曾撰《太极说》驳斥理学太极图之妄与非。晚年又著《读易通言》，全面批判理学的理论根源。《读易通言》未见传世，清代公私藏书目亦未见著录，大概此书在王源死后散逸不存，或根本没有完成此本撰写，亦未可知。但从所存序言可知，晚年的王源是打算从源头清算理学之谬的。

五、黄氏兄弟的理学著述

关于黄叔琳的著述，首先是《周礼节训》，6 卷。实际上，黄叔琳初步编订《周礼节训》是在雍正五年（1727 年），即顾镇所编年谱中记录的编订时间。后来黄叔琳又曾请他人协助校对，至雍正九年（1731 年）才基本定稿，并写了序言。但当时也没有立即刊刻付印，直到乾隆三十一年（1766 年），才由姚培谦刊刻行世。[25]

其次是，《夏小正注》1 卷。乾隆十年（1745 年）刻。黄叔琳作《夏小正注》，明显受到了当时考据学风气的影响。在自序中，黄叔琳称当时作考据的学者为"好古者"。黄叔琳注解《夏小正》，以张尔岐本为底本，兼采金履祥、张尔岐等诸家之说。同时，黄叔琳还参考了前人的一些考证，如臧玉林的《经义序说》等。凡是注解与传文重出而且对于解释字义没有多大意义的删除不用，其他辨音正字的注解则系于经文之下。前人没有注解之处，以及修正前人之处，黄叔琳则根据自己的理解，附录于后，用"按"字标识。其凡例曰："夏小正一卷，戴氏传，元金仁山别为之注，济阳张稷若辑合传注，附以己说。今用张氏本，其注与传文重出者，于义无取，概从删，又注之在经下者如辨音正字之类，张本并列传后，特别出之系于经下。凡注义与传违异者，张氏既有论说，愚更折以臆闻，并备录诸家之说，参异证同，以求其当，或旧无训释，辄以鄙意增补，悉用按字识别，不敢与前辈相混。"[26]

第三是《砚北易钞》，乾隆十八年（1753 年）成书。《砚北易钞》12 卷，《四库全书总目》著录，为翰林院励守谦家藏本，馆臣翁方纲等校正，书中签条下有复初斋印，即翁方纲所校据签条，有"俟临刻时更正"。可见，《砚北易钞》一直没有刊刻过。浙江图书馆藏有清初抄本。《四库全书总目》评论此书曰："是编用《注疏》本，以程《传》、《本义》为主，杂采诸说附益之。中多朱墨校正商榷之处，盖犹未定之稿也。"[27]

第四是《诗统说》。乾隆十九年（1754 年）六月，《诗统说》成。此书未见。乾隆年间修《四库全书》时，黄叔琳的儿子、左都御史黄登贤以家藏本呈送四库馆；《四库全书总目》著录此书为诗类存目，曰："是编杂采诸家诗说，分类抄录。所摭颇为繁富，而朱墨纵横，涂乙未定，盖犹草创之本也。前后无序跋，亦无目录。以其排纂之例推之，十四卷以前皆总论诗之纲领，十五卷以后，乃依经文次第而论之。不列经文，惟集众说，故以'统说'为名云。"[28]

此外，黄叔琳还著有《宋元春秋解提要》，无卷数。《四库全书总目》经部，春秋类存目。"是编杂采宋元诸家之说，而不加论断。前有总论、凡例，亦皆采集旧文。卷首有注脱落未写者四十二条。书中亦多空白。盖与其《宋元易解提要》均未竟之稿也。"(29)

关于黄叔璥的理学著述，其代表作是《广字义》和《近思录集朱》。《广字义》刻于乾隆四年（1739年）。乾隆四年六月尹会一为之作序。黄叔璥撰《广字义》，是以孙承泽增删本为底本，所列字词依原本分为2卷，卷上64字，为：天、太极、无极、皇极、太和、乾坤、元、亨、利、贞、阳、阴、刚、柔、鬼神、神妙、主宰、造化、变化、幽明、屈伸、消息、盈虚、感应、易、道、理、器、体用、德、行、性、命、情、心、志、意、思、虑、念、才、气、五常、仁、义、礼、智、信、四端、三纲、五典、五教、伦、孝、弟、智仁勇、诚、诚之、诚明、知、行、言行、一、止；卷下79字，为：中、庸、时中、时、未发之中、和、经权、正、直、方、忠、恕、忠信、敬、恭、钦、齐、庄、肃、静、虚、实、定、安、乐、聪、明、圣、神、睿、濬哲、谋、灵、觉、节、密、几、复、礼乐、文章、物、轨、范、则、体、名、位、分、量、公、私、理欲、义利、廉、耻、善、恶、淑、慝、良、治、乱、顺、逆、是、非、慎、忽、已、意、必、固、我、克己、自欺、改过、人、三才、三极。

上下2卷，共143字，比原来陈普《字义》的153字少了10字。黄叔璥根据自己对理学精髓的理解，在孙承泽本的基础上，增补了不少补充解释。其中，依照孙承泽本删节之处，标注曰："从孙本删"，如"感应"之下原来有"孚"字，黄叔璥从孙承泽本，亦删除不录；依照孙本改订之处，标注曰："从孙本改"，如"仁"字条；还有的地方将孙本删节处重新加以增补，标注曰："孙本删"，如"幽明"、"易"等条；依照孙本增加的地方，则标注曰："增"，如"知"、"行"、"言行"等条。

《近思录集朱》在清代各种著述目录中鲜有著录，据所知，现仅存有一钞本，藏于国家图书馆善本室中。黄叔璥编撰《近思录集朱》一书，按照《近思录》原来的次序，每卷以周敦颐、程颢、程颐、张载所言为先后顺序。正如《近思录集朱》的书名所言，黄叔璥主要是引用朱熹的言论，对《近思录》的每条语录进行补充注释，通过对北宋四子学说的认识，进一步认识朱熹的哲学思想，进而体认理学的思想体系。黄叔璥将散见于《或问》、《朱子语类》、《朱子全书》、《朱子文集》等书中的相关言论，依照类别编辑荟萃而成。

六、翁方纲的经学著述

翁方纲在长期的宦游生涯中，在公务之暇亦致力于学，但主要精力放在了金石碑帖、文献目录和诗学等方面，至于经学虽然平时亦有读书札记，但终究少有措意。自校阅《四库全书》之后，其治学兴趣则稍稍转移，开始研读群经。例如，在江西学政期间，他为了搜集资料，曾向耳闻已久的当地学者借阅南朝崔灵恩的《三礼义宗》和宋代王安石的《周礼新义》。此外，翁方纲还曾经从曲阜颜崇榘处借到孔柏约注《大戴礼》2 册、《东坡集》4 函、《栾城集》10 册、《韩柳合集》8 函、《韩文考异》2 函、《欧阳文忠集》2 函、元版《困学纪闻》6 册、《黄氏日钞》8 函、《玉海》10 函。可见，翁方纲此时为了研读六经，在公务之余四处搜集重要的经说材料。

任职江西学政期间，翁方纲重点研治的是三礼。据翁氏手稿记录，乾隆五十六年（1791 年）四月二十日至六月二十二日，他利用两个月的时间温习《礼记》一遍。翁氏说："此次以《注疏》对钦定《义疏》，并合卫湜、陈澔、黄震三本看之。陈云庄之书陋，不必言，然朱竹垞欲用卫栎斋《集说》以取士，则未可也。黄东发书虽简要，亦不能用以取士也。习之说卫氏《集说》所引之疏以对诸本疏甚好，盖所据者古本也。"[30] 六月初旬，他又以元代敖继公《仪礼集说》、宋代李如圭《仪礼集释》等本，校读张尔岐《仪礼句读》，共凡改正文 26 处，改句读 10 处。[31]

到后来任职山东学政期间，翁方纲读经的欲望更加强烈。乾隆五十七年（1792 年）八月，他在给门人谢启昆的信中称"此时寸心所结，惟思读书耳"。不仅如此，"诸经读法，皆已熟悉于中"，可谓胸中已有成竹，但仍迫于公务，"不得静功"。就连已经积累了十余年的《经义考补正》，也是在门人王聘珍的大力协助下才得以完成。当时，王聘珍还曾经力劝翁方纲接着考订"三礼"和《春秋》三传，他"拈笑而不能应"。原因也是没有闲暇的时间。而且按照翁方纲的计划，他已经开始整理自己的诗集，当时已经编至 44 卷。至于早年不断积累的金石考辨，"亦皆须次第收拾"。由于翁氏精于鉴赏，因此每天持金石碑帖上门求他题款的人也络绎不绝，"日日为人题跋卷轴"，应酬分心，根本没有充裕的时间研读经书，以至于他在给谢启昆的信中说："每日必有公私酬接，无益耗神之务，清夜扪心，汗出浃背，闻誉日滋，而箴规益少，韩子所谓其不为君子而必于小人之归也，昭昭矣。吾贤试为我计之，当如何？当如何？"[32]

乾隆五十八年（1793 年）秋，翁方纲在结束山东学政任职返回家乡后，便开始整理读经札记。首先开始的是《诗经》，至乾隆六十年（1795 年）完成《诗附记》10 卷。在《诗附记》手稿本前原有小序一条说："乾隆癸丑秋，方纲自山东还京师，始得整比旧时札记件系，可与前人诸书互相校订者，先自《三百篇》始，日写二三条，至乙卯秋，积成十卷，岂敢论次疑义欤？姑存于箧以自验所知尔。"[33]癸丑即乾隆五十八年（1793 年），乙卯即乾隆六十年（1795 年），可见翁方纲用 2 年的时间就完成了《诗附记》10 卷的初稿。当然，此后翁方纲还有陆续修改。

此后，翁方纲的大部分时间都是次第研治十三经，尤其在嘉庆六年（1801 年）三月至嘉庆九年（1804 年）二月，翁方纲被派往东陵守护乾隆裕陵，前后 3 年间，除了每月例行的行礼外，其余时间没有任何应酬，"无唱酬题咏之件，专心将数十年来温肄诸经所记，条件分卷写稿"。[34]嘉庆七年（1802 年），他在给阮元的信中说："弟自去春蒙命奉赋兰峪，得荷恩光，照荫衰朽，得供此役，暇日得以稍理旧荒，粗理诸经。"[35]又，在给金学莲的信中说："愚近已搁笔不为诗，专心肄诸经，皆有妙绪。"[36]又在给曹锡麟的信中说："愚近已屏绝吟咏，专力诸经注疏。"[37]经过这 3 年心无旁骛的努力，翁方纲终于完成了"十三经附记"。对此，《诗附记》手稿本卷前的识语中也说："《诗附记》始自癸丑秋，至今嘉庆癸亥夏，温肄十四经，凡得附记粗具草稿七十二卷，更当日日虚衷研覆，无怠，无怠，夏六月朔，方纲又识。"[38]"癸亥"即嘉庆八年（1803 年）。从乾隆五十八年（1793 年）秋开始，到嘉庆八年（1803 年），基本完成了"十三经附记"，共计 72 卷，基本上每天 2、3 条。其中包括：《易附记》16 卷、《书附记》14 卷、《诗附记》10 卷、《春秋附记》15 卷、《礼记附记》10 卷、《大戴礼附记》1 卷、《仪礼附记》1 卷、《周官礼附记》1 卷、《论语附记》2 卷、《孟子附记》2 卷、《孝经附记》1 卷、《尔雅附记》1 卷。此后，翁方纲对这些群经附记虽然还有陆续校核与删改，但初稿基本上都完成于这一时期。

翁方纲的经学思想基本上是汉宋兼采，其治学思想以程朱为尊，反对专言汉学，主张考订之学以义理为宗，提出"博综马郑，勿畔程朱"的治学口号；同时，亦深受考据学家"考文知音"观念影响，主张读书识字必以《说文》为主，重视考据；其治学态度严谨、保守，反对疑经，主张多闻、阙疑、慎言。可以说，其治学思想和态度既体现了汉宋兼采的学术取向，也反映了乾嘉学术的时代困局。

七、雷学淇的著述

雷学淇是嘉庆甲戌进士，初授山西和顺县知县，后改为贵州永从县知县，"课士育民，俱称职"。[39] 可能由于贵州地远僻荒，不久雷学淇便"以亲老告归"，从此再也没有做官，以著述终生。雷学淇父雷镈，乾隆壬午举人，官江西崇仁县知县。在其教育下，雷氏在当时是颇受称誉的科举世家。雷学淇昆季8人"皆登科举，承家学"。

生平读书好为讨论之学，每得一解，必求其会通，务于诸经之文无所抵牾，著《介庵经说》10卷，《补遗》2卷，皆以传注一义为主，而参酌众书以衷于是，或众说皆误而自下己意者，又必旁征曲引，以订其非。[40]

雷学淇又著有《古经天象考》12卷，《图说》1卷。其序言曰："学者戴天履地，日读古圣贤书，而经传所言者若天象若地理，竟茫乎不解其何谓，此亦士之耻矣。自汉以后，若《禹贡》之山川，《仪礼》之宫室，《春秋左氏传》之国邑，具有成书，灿乎可睹。而言天者恒略、甄鸾之《五经算术》止计九章，王伯厚之《六经天文编》不无疏漏，史志载机巧之制，以仪器释经注疏，或讹误相承，失正朔之义。尝欲任此扞格十年，庚辰解组归，豁然有悟，条分类记，汇为八篇，曰原始、观象、循斗、定法、治历、布宪、述征、演绪，分四纪十二卷，附图说一卷。既卒业，叙次其目，题曰《古经天象考》，所以补阙疑，订伪误，重民时，申古义也。大雅宏达幸厘正之，则淇也珥笔以俟。道光乙酉仲秋雷学淇识。"[41]

雷学淇在对三代历法的研究中还非常重视《夏小正》，著有《夏小正经传考》2卷、《本义》4卷。《夏小正》汉初颇为盛行，后来由戴德编入《大戴礼记》，主要内容是记述夏历十二月时令与相关事物，是比《月令》更早的"纪侯之书"。雷学淇所著《夏小正经传考》，未见，但从他在《古经天象考》中的有关叙述来看，该书主要是对《夏小正》长期以来传本中经传内容错乱的梳理。

第三节　史部著述

清代北京地区的史学著述也很丰富。清初，由于易代而引起士人大规模整理明朝历史，孙承泽作为降臣撰写了大量史学著作，从人物、典章制度的角度，存前朝之史，其《山书》、《天府广记》、《畿辅人物志》等书尤为代表。进入康熙、雍正时期，由于清政府对士人撰写明史的控制，学者著史逐渐转为考据，更有不少士大夫记录自己的宦游经历，像黄氏兄弟的《南台旧闻》、《中州金石考》以及《南征纪程》、《台海使槎录》等书就是如此。进入乾嘉时代，考据学大兴，此时的史学大多以金石考订、古代史书的考订为主，像翁方纲、雷学淇就是其中的代表。进入道、咸时期，由于社会危机的出现，关注社会现实的史地学开始兴起，徐松的西北史地学就是这一时期的代表。

一、孙承泽的史学著述

易代之际，往往是私家修史的繁荣时期，更何况明清易代在许多士大夫看来完全是"天崩地解"、"鱼烂河决"的景象，于是众多士人纷纷以修史的方式来寄托亡国之恨，如谈迁之《国榷》等。孙承泽虽然没有为亡明修一代之全史的目标，但作为经历崇祯一朝的士人，他对崇祯朝的事迹还是记忆犹新的。孙承泽所著《山书》和《思陵勤政纪》、《思陵典礼纪》，即是专门记述崇祯朝历史的断代篇章。

其中，《山书》内容最丰富，成书于康熙七年（1668 年）。此书初名《崇祯事迹》，或称《崇祯山书》，是孙承泽应顺治为纂修《明史》征集崇祯朝史料而开始撰写的，正如谢国桢所言："考证旧闻，订补正史，多赖稗乘。……孙承泽之撰《山书》，即备崇祯实录之缺。"[42]但初稿完成以后，一直"秘不示人"，[43]罢官以后，又利用晚年养病闲暇，辑录、钞存章疏，补充内容，并最终呈送清政府纂修《明史》之用。全书共 18 卷，主要内容是崇祯一朝大臣奏疏，也有诏谕，偶有几篇叙事片段，其体例仿沈德符《万历野获编》，每篇以四字或五字标题，以纪事之体按年月顺序编排，颇便检阅。

《山书》之所以成书是因为孙承泽得到了康熙清统治者"虽有忌讳之语，亦不治罪"的许诺；而在此之前，他之所以没有动手完成这样一部书的主要原因还是政治上的忌讳。虽然有了清政府的政治保证，但孙承泽在书中仍然极少提及明末与后金的问题，而这正是清政府极为猜忌的话题。尽管如此，《山书》在当时不曾刊行，乾隆时期纂修《四库全书》又被列为禁书。

如果说《山书》还带有应征《明史》资料的官方特点，那么此后孙承泽撰写的《春明梦余录》和《天府广记》便是纯粹的私撰史籍，盖"追记春明繁盛"，"以志沧桑之感也"。[44]《春明梦余录》仿地方志的形式，以北京建置、形胜、城池、畿甸、城防、宫殿、坛庙、官署、名迹、寺庙、石刻、岩麓、川渠和陵园为序，内容庞杂，"似乎地志而叙沿革者甚略，分列官署，似乎职官志。每门多录明代章疏，连篇累牍，又似乎故事，体例颇为庞杂，且书中标目悉以明制为重，不当泛及前代。既泛及前代，则当元元本本，丝牵绳贯，使端委灿然，不当挂一漏万。每门寥数语，或有或无，绝不划一。"(45) 孙承泽并非修史良才，而且"沿门户余波，持论皆存偏党"，《四库全书》在著录此书时就特别指出其简略失衡、编次不当、体例不纯的缺点，不过从史料价值的角度来看，全书"于明代旧闻採摭颇悉，一朝掌故实多赖是书以存，且多取自《实录》、《邸报》，与稗官野史据传闻而著书者究为不同，故考胜国之轶事者多取资于是编焉"。(46) 后来，朱彝尊撰《日下旧闻考》时就非常重视利用此书。

孙承泽在晚年又编纂了另外一部带有地方志性质的史籍——《天府广记》44 卷。此书也是仿志乘之体，以京畿史实分类编辑，凡朝章旧制，靡不备载，其"存史"之意甚为明确。《春明梦余录》和《天府广记》都是以明代京城为主题，全面辑录了大量的文献资料，两书相较，内容大致相同，但详略互有出入。《四库全书总目》著录此书为"地理类存目"，评价不高，四库馆臣不仅指责《天府广记》体例不纯，而且多有失实，甚至说孙承泽有"依托"、"自炫"的弊病。

关于成书之先后，或疑《天府广记》为《春明梦余录》改名而成，或以《天府广记》为初稿。对此，颇为熟悉孙承泽的朱彝尊言之甚确，他说："北海孙退谷先生博学鸿览，多识轶事。初著《春明梦余录》，历载先代典制景物，刊行传世，几使洛阳纸贵。复有《天府广记》，搜采广罗，文献彰著，洵为艺林之大乘，考核家借此以为据信也。"(47) 另外，谈迁于顺治十一年（1654 年）到北京通过曹溶所得知的也是孙承泽"著《春明梦余录》若干卷"。(48) 《嘉业堂藏书志》亦曰："实《梦余》初稿，不过《梦余录》于'宫署'一门，所录章奏加详耳。而此书亦有溢出于《梦余录》之外者，如第一卷之'风习'，第三十四、三十五卷之'人物'，第四十卷以下之'赋诗'等。"(49)

这两种书都是卷帙浩繁，那么，孙承泽为何在《春明梦余录》之后别作一《天府广记》呢？在 1983 年版的《天府广记》出版说明中，整理者已揣测到其根本动机，即当时的政治避讳，其理由是"《天府广记》将崇祯朝的事迹、奏疏和比较碍眼的文字都删去了"。(50) 此外，从书名中颇为清廷统治者所猜忌的"春明"改换为"天府"，也可见孙承泽在晚年确实感受到了清廷对士人文字上的挑剔。

孙承泽一生经历多次变故，可谓祸福无常，退居西山以后，勤于著述，其笔端包含沧桑之感。如《山居随笔》1 卷，"痛心亡国，追源祸患之由来，援古证今，以昭鉴戒。七十老翁蒙耻余生，目睹兴衰，语多愤慨，其辞愈隐而心愈苦矣"。[51]《山居随笔》作于顺治十四年（1657 年），当时的孙承泽已经退居 4 年。其内容多古今杂事及格言之类，以探索古今兴衰之由。如论宋之亡曰："宋之人才非不长而宋之权臣消之，消人才所以效世运也，消至于贾似道，则运无可消而有所归矣。"又说："布帛菽粟而人之元气也，世之降也宿素衰落，后生小子无所师范，诗书墙壁，五经扫地，流风本俗罕有存者，乡井若此，朝廷亦然。"联系明末党派交攻和学风空疏的现实，确乎有所指陈。

历史兴衰的印记往往烙在了个体人物的命运上。正如孙承泽所言"人物之关乎世运"，事关重大。退居之后的孙承泽纵览历代人物，先后作《四朝人物志》、《畿辅人物志》、《元朝人物略》和《益智录》等书。

起初，孙承泽准备先作《四朝人物志》，其内容"自汉至唐、宋为五卷，全袭《名臣录》之文，明一代总为一卷"。[52]不过，孙承泽熟于明朝掌故，因此顺治十五年（1658 年）首先完成了明代畿辅地区的人物，于是取名《畿辅人物志》（又名《畿辅人物略》）。孙承泽自序云："余山居无事，好读史书，拟以平昔所闻所见前人事略辑为《四朝人物志》一书，以消永昼，而《畿辅人物志》先成，虽闻见有限，搜罗未广，然生平企慕之人端在是矣。"[53]又据谈迁记述，顺治十二年（1655 年）九月壬午日，谈迁"饭于吴太史所"，"太史同年侍郎孙北海承泽撰《四朝人物传》，其帙繁，秘甚，太史肯年余，始借若干首，戒勿泄，特示余曰：君第录之，愿勿著其姓氏于人也。"[54]九月甲辰日，"吴太史（即吴伟业）晚又示我孙氏《人物传》若干。"[55]谈迁在《北游录》中还记一条"辨黄石斋荐事"，考辨孙承泽在《四朝人物传》中关于黄道周事迹的记述。

《畿辅人物志》一书完成于顺治十五年（1658 年）二月，并先后送好友王崇简、梁清标、成克巩、魏裔介等人为之作序。有清初刻本，山东图书馆藏。手稿本 2 册，藏于湖北省图书馆。

全书所收为明代畿辅人物，始于洪武，迄于崇祯，以地系人，存其事迹，而尤其详于反对阉宦的抗节之士，褒贬之意甚明。全书收录明洪武至崇祯年间，直隶（河北省）籍人物 130 人。该稿以详细的资料介绍所选人物之字号、籍贯、科第、职衔、人品、政绩、子嗣等。且多有轶闻遗事之记载，其内容涵盖了有明一代的"国家大事"，"殉节若壬午若甲申，璫祸若振若瑾若忠贤，车驾若北狩若南巡，国是若建储若御边若门户，其散见诸传者几几备。"[56]可供研究明代畿辅地方人物史者参考。

除此之外，还编撰了《元朝人物略》。关于编纂缘起，孙承泽说："修史者为元朝故臣，避嫌不敢悉录。《辍耕录》诸书又皆载其琐事，无关大政，故一时人物缺焉不彰，大足惋也。壬寅（1662 年）之春，读书山中，每于元人文集志传中，载当时事迹者，辄手录之，成《人物略》一编，以广见闻。"承泽因不满意旧史及《辍耕录》诸书之缺漏、琐碎，因此自成一书，以广见闻。全书辑录人物凡六十多人，每人之下分条记其事迹，人物分勋德、事功、谏诤、抚循 4 类。以内容、体例、史料而言，《元朝人物略》和前 2 种人物志一样，都没有太高的史学价值，但都有一个最终的目的，即：以人物鉴戒古今之兴衰。孙承泽说："元之兴也，以廉（希宪）公诸人。至其末季，脱脱公忠，爱国自命，卓然不在廉公诸人之下，仗钺讨贼，事已就平，乃听哈麻之谗而杀之。其亡也，忽焉。使脱脱而在，虽有十部天魔，岂遂至亡？观之所以兴、所以亡，与晚宋同其覆辙焉。则人物之关于世，何如也？"[57]

在临终的头一年即1675 年，83 岁的孙承泽又完成了《益智录》一书。所收人物，上起周代下至明代，卷十三至卷二十为明代人物，占整个篇幅的三分之一。而在明代人物中，又极其推崇晚明那些表彰程朱的学者和依附东林的士人。

在典章制度方面，孙承泽编纂《学典》、《元朝典故编年考》等书。《学典》30 卷，从现存的 2 卷来看，其内容收录广泛，以时间为系，凡国子监官职任免、提学、贡选，乃至典籍编撰、士风之类，一概收录。《元典故编年考》更是宏幅大帙的巨构。两书内容庞杂，种类繁多，略无统系。作者记述各典故，经常直接转载相关之诏书奏疏，或作简单之综述，很少发表个人意见。除在史料方面稍增补正史所缺者外，在体例、内容等多方面，实无更优胜于前人之著作，学术价值不高。

然而，典章制度为治世之关键，孙承泽编纂这类著作的目的就是经世致用。关于编纂之缘起，孙承泽有所揭示。他说："《文献通考》为经世有用之书，至宋末而止。后有续者弗备也。山居积料十余簏，拟续成之，以年力日衰而止。择其简要者为编年一书，计百卷，通考编类，欲稽其事。"[58]所谓"后有续者弗备也"，指的是王圻成书于万历十四年（1586 年）的《续文献通考》254 卷。其书上起南宋宁宗嘉定年间，下迄明万历初年而止。万历初年至清入关，其间凡 70 年则阙如。所以至少就时间来说，是"弗备"的。承泽先前所编著的《学典》及《典制纪略》的部分内容，以至现今之《编年考》，都是为拟续《文献通考》而储蓄的"积料"，然终以年力日衰而只得各自成篇。

孙承泽经世致用的思想还表现为"借古经以资时用"，⁽⁵⁹⁾其中的代表作是《九州山水考》和《河纪》二书。孙承泽非常重视《尚书》中的《禹贡》篇，认为是"千载水利之经"。⁽⁶⁰⁾康熙五年（1666年）春注《洪范》成后，复注《禹贡》，至次年（1667年）夏三易稿而书成，最初称《禹贡考》，后来刊刻时改名《九州山水考》。文中多附论时事，杂引明代诸人议论事实以相佐证，如水利、海运、漕运之类。如"冀州"之下，孙承泽便对海运的历史变迁作了考述。

孙承泽又著有《河纪》一书，则更能反映孙承泽关注国计民生的经世理念。正如他自己所说："《河纪》二卷，非如史家《河渠书》，盖漕政也。漕为天下重务，而其通塞恒视乎河，河安则漕安，河变则漕危；漕之安危，国计民生系焉。"⁽⁶¹⁾《河纪》作于康熙十二年（1673年），时年孙承泽81岁，尚且以国计民生为念，其实学主张可见一斑。《禹贡考》和《河纪》两书在刊刻以后，颇为当时学者所关注。陆陇其在孙承泽卒后两年即康熙十七年（1678年）来京，陆元辅以《山水考》相送，陆陇其称赞"其中考核亦多可据"。⁽⁶²⁾在《三鱼堂日记》中这种推崇之意尚有多处。

二、张烈的《读史质疑》和《史法质疑》

张烈在向史馆呈《王学质疑》时，后附《朱陆异同论》、《史法质疑》和《读史质疑》，"其间有为王学发者，有不为王学发者，然总之与王学相反也"，⁽⁶³⁾《王学质疑》"则其纲领也"。⁽⁶⁴⁾

《读史质疑》作于张烈充《明史》纂修官期间。康熙十八年（1679年）三月，召试内外诸臣荐举博学鸿儒143人于体仁阁，中式一等彭孙遹等20人，二等李来泰等30人，分授编修检讨各官，同纂明史。其中就有张烈。虽然后来真正参与《明史》纂修的人不是很多，但此馆一开，顿时营造了讨论《明史》编纂体裁体例的局面。诸位馆臣也都纷纷提出自己的见解。正是在这种情形中，张烈著《读史质疑》，专论明代历史的有关问题。

《读史质疑》也是在张烈卒后由陆陇其刊刻，附于《王学质疑》之后。陆陇其曰："武承先生既没之明年，予既刊其《王学质疑》，先生子升孙复寄《朱陆异同》一篇、《史法质疑》五篇，皆先生平日开示学者吃紧为人之言。其间有为王学发者，有不为王学发者，然总之与王学相反者也。予故并附于《王学质疑》之后，俾学者知先生之学本领既正而所见高明笃实如此，虽未睹其全书，亦可慨然兴起矣。"⁽⁶⁵⁾

正如陆陇其所言，《读史质疑》的宗旨依然是驳斥王学。《读史质疑》共有五篇，第一篇论明孝宗时的阉宦势力；第二篇论李东阳之巧宦；第三篇论《宋史》以外不当滥立《道学传》；第四篇论王阳明的入传问题；第五篇论万历时期。

三、黄氏兄弟的史学

《史通训诂补》20 卷（又名《史通训诂补注》，乾隆十二年，1747 年刻）黄叔琳校勘《史通》的特点如下：其一，用不同的版本进行校对；其二，修正前人注解失误之处；其三，对议论精当之处，加以圈点。这些圈点的地方，或是一段文字的提纲挈领之处，或是黄叔琳认为阅读《史通》应当留意之处；其四，对于前人注解的修正、补充之处，以"补"字标出，以示区别；其五，对《史通》本文的解释，或者附列对刘知己的评论意见。如"议论极当"、"此论当"、"其实是史法也"等。乾隆二十年（1755 年）春正月，84 岁，作《史通训诂补后序》。博野尹亨山嘉铨以本书疑古、惑经 2 篇为非圣无法，当行删去。公谓注家无删截本书之例，此二篇已于简端痛斥其谬，无容更定。然亨山卫道之意，甚严且正，因作后序以补之。

关于黄叔璥，康熙朝曾担任湖广道御史，后来又出任巡台御史。由于任职的关系，黄叔璥对有关御史制度的历史文献很感兴趣，居官之暇，披阅大量史书，从中辑录有关御史制度的史料，并分别于康熙末年、乾隆四年（1739 年）编成《国朝御史题名录》和《南台旧闻》。

又著《中州金石考》8 卷。此书作于乾隆元年（1736 年），当时57 岁的黄叔璥担任河南开归道一职，由于公职所在与便利，着手搜集河南一带金石史料，于乾隆六年（1741 年）成书。全书按照开封府、陈州府、许州府、归德府、彰德府、卫辉府、怀庆府、河南府、陕州、南阳府、汝宁府、光州、汝州共 10 府 3 州，府州之下又按县，以地域划分，分别辑录。金石资料包括"金"和"石"2 部分，"金"是指钟鼎、礼器、兵器、钱币等；"石"是指碑碣、墓志、摩崖、造像等石刻。《中州金石考》所收资料以石刻为主，有碑刻、墓志铭、石经等各种石刻资料。金文资料则比较少，只有"啸堂集古铜盘铭"、"汝帖铜盘铭"等少数金文。

还著有《南征纪程》、《台海使槎录》。这两部都是黄叔璥记录自己任巡台御史期间笔记。康熙六十一年（1722 年），黄叔璥被任命为首任巡台御史，当年二月从北京启程，六月到达台湾。其中，《南征纪程》逐日记载从北京到台湾赴任道路上每天的行程及游历见闻。《台海使槎录》记录在台湾任职两年期间的见闻。

四、翁方纲的史部著述

翁方纲的史部著述主要有：《元遗山年谱》3 卷附录 1 卷，《米海岳年谱》1 卷，《两汉金石记》22 卷，《粤东金石略》11 卷，《金陵石刻记》5 卷，《焦山鼎铭考》1 卷。

首先，值得一提的是《粤东金石略》。乾隆二十九年（1764 年）七月十二日，翁方纲奉命提督广东学政，至三十六年（1771 年）结束，前后 3 任 8 年。任职广东学政期间，翁方纲巡视各地，主持地方科举考试，也算兢兢业业。而在公务之暇，其主要精力是考察广东各地金石碑刻，最后完成了著名的《粤东金石略》一书。三十六年（1771 年）十月，在广州锓板《粤东金石略》12 卷，其自序说："方纲八年五周，历崖扪藓，则所得盖五百余种，录为十二卷。"[66] 卷首为清代皇帝御书碑，共 28 条；卷一为广州府 67 种；卷二为广州南海神庙金石 67 种；卷三为广州清远番峡山石刻 39 种、西樵山石刻 26 种；卷四为韶州府 22 种；卷五为韶州 26 种；卷六为韶州碧落洞石刻 24 种、南山石刻 27 种、泐溪石室 5 种；卷七为连州 44 种；卷八为肇庆府七星岩石刻 62 种、三洲岩石刻 15 种、阳春岩 2 种；卷九为惠州府 13 种、潮州府 33 种、嘉应州 2 种、高州府 3 种、廉州府 1 种、雷州府 5 种、琼州府 13 种。后附《九曜石考》上、下两卷，包括九曜石刻石 28 种，以及翁方纲有关九曜石的诗作数篇。

翁方纲在粤 8 年中，为官之暇，为搜求广东摩崖碑碣可谓不遗余力，足迹几遍广东各地。广东学政衙署位于石洲（今广州市教育路），乾隆二十九年（1764 年）九月翁方纲到任之初，便急欲拓摹衙署后园的九曜石，但因要巡试诸郡，未能如愿。至乾隆三十一年（1766 年）正月才得闲着手拓摹。翁方纲在《九曜石歌》后跋中说：

> 石与沙水相荡激，昔人题识渐就销沏。予于前年九月来视学，到署五日，出按诸郡，未暇以观。至今岁正月水缩，命工拓之，仙掌横卧老榕下，其露出之字为泥所没，洗刷数日而后辨之，石理湿不可著纸，火烘之，乃可拓，凡四日拓得大小纸十。[67]

九曜石相传是南汉时所移太湖石，石上多宋人题刻。翁方纲的夫人韩氏为了搜剔九曜石上的书刻，煞费周折。数百年来，由于刻石本身的重力作用，这 9 块巨石的基部已经深陷泥淖之中。要全部拓出石上的题刻，并非易事。有一年春天，在"仙掌石"下，翁方纲夫妇用戽斗汲水，连干3天，两人都筋疲力尽，水还没有汲干，无奈只好暂时作罢。入冬以后，地下水位下降，"仙掌石"下积水减少，正是搜拓题刻的最佳时机，而此时翁方纲已经离开广州主持地方考试，夫人韩氏便亲自动手。在几个家童的协助下，她浚探石底，发现一处空罅，还捉到了几升鱼，把水汲干后，在淤泥上铺垫木板，探身进去，仰卧扪索，发现在空罅处隐隐有字。反复洗刷之后，韩氏终于在此处拓出了南宋淳佑年间顾孺修、元朝至正年间韦德安、明朝成化年间萧子鹏留下的3条行楷石刻。翁方纲将此美事与前人偶然间得到《瘗鹤铭》相比。他说："昔人乘江水归壑时，入焦山之麓，藉落叶而读《瘗鹤铭》，此段风味，不谓于小园得之。"[68]翁方纲还挥毫写下了一首题咏"仙掌石"的诗。翁方纲得到古人题刻后的得意情状，以及他对夫人之参与金石搜访活动的赞许，在诗中充分地流露出来。翁方纲不但第一次拓摹了九曜石，而且在乾隆三十六年（1771年）离开广州学政任之前，他重新整理刻石，清理塘中淤泥，种植莲藕。

对于金石文字，翁方纲非常强调"以目见为真"。[69]为此，他除了寻访踏勘那些长期以来散弃于山崖墟莽间、未尝收拾的石刻外，对于那些已为世人所知的石刻，也尽可能地作实地考察，以求印证。如，翁氏在四年时间里搜寻米芾题"药洲"石。乾隆三十三年（1768年）九月，他终于在布政司衙署后堂东竹丛中发现了追寻四年有余的米芾书"药洲"题字，"石高三尺许"。[70]

又如，翁方纲曾七历寒暑访寻《重刻张九龄神道碑》。张九龄，号曲江，韶关人，唐代诗人，开元年间宰相，为官清廉，耿直敢言，后因得罪了晚年昏庸的唐玄宗而被贬，卒后葬于韶关。为搜寻徐浩所撰《重刻张九龄神道碑》，翁氏曾"问之官吏，问之土人，问之张氏子姓"，都说此碑久亡。后来，翁方纲再次来到韶关时，仍未放弃，终于在韶城曲江祠后发现此碑，"出诸土中，宛然丰碑而剥泐已甚"。[71]

翁方纲还曾5次到清远县清远峡，趁枯水时节拓摹"东坡钓矶"4字。又，宋代名相张浚贬连州时，曾经到列秀亭（故址在今连州公园内）眺览，留有《题列秀亭》石刻。翁方纲找寻了7年才获睹此碑，并因张浚书迹重出而兴奋作诗："我求此石今七年，荒亭败瓦空苍烟，斋厨垣倾讲肆侧，几载土复枯荄缠……"[72]

除了将所见之刻石一一摹拓外，翁方纲还根据前人所记，按图索骥，进行实地寻访。如，清初学者孙承泽曾经在《庚子销夏记》中说湛若水后人家中藏有《夏禹衡岳碑》一本。湛若水是明代增城甘泉都人，翁方纲到增城主持考试之暇，便"访之增城人，皆不知"。[73] 又如，清初金石学家张弨曾说广东从化黎民表曾经重刻《瘗鹤铭》。翁方纲来到从化时，便四处询问下落。在嘉应州主持考试时，寻访明代著名书法家、文学家祝允明在兴宁做官时所刻的《邑人罗孟郊墨池铭》。

寻访中，翁方纲利用最多的是南宋王象之的《舆地纪胜碑目》。凡是《舆地纪胜碑目》中地处广东的碑刻，翁方纲大多一一进行了实地寻访。如，王象之《碑目》载潮州碑记条下有《韩退之元和四年题名》并《大颠壁记》，又载《唐贞元三年李公亭记》，又《陈文惠公招韩辞》，经翁氏实地考察，以上碑石"今皆不可考"。[74] 又，王象之《碑目》钦州碑记条下云：州城外半里乌雷庙自唐以来所有碑记犹存，又有南轩张栻所撰《州学记》，翁方纲经过查访亦未找到原石。[75] 翁氏按图索骥，逐一寻访的目的是为了亲自拓摹，虽然大多湮灭不可得，但也为后人留下了宝贵的考证线索。

翁方纲在广东学政期间几乎跑遍了广东各地，不遗余力地搜集石刻，最后完成了《粤东金石略》，这对广东学术发展起了重要的推动作用，此后金石学者渐出。如吴荣光著《筠清馆金石文字》，梁廷楠著《金石称例》，吴兰修著《南汉金石志》，彭泰来著《高要金石略》以及黄培芳著《端州金石略》等。以上广东金石学的研究，皆得益于翁方纲的开创。

关于《两汉金石记》22卷，完成于乾隆五十四年（1789年）八月，锓于南昌使院。翁方纲在编著此书时仅以亲眼所见为记。卷一为金石年月表。卷二为目录，其后附有《欧阳文忠公〈集古录〉目次考》以及《洪文惠公〈隶释〉、〈隶续〉目次考》两篇文章。卷三为石经考，以所见的12段考其残字。卷四、卷五为器物文字考，共计考证器物18类192种。卷六至卷十七详考两汉碑铭题字，后附考《魏晋通褒斜阁道题刻》2种及《李君碑》、《陈德碑》各1种。卷十八附录三国魏、吴时期的碑文共计8篇。卷十九是补定南宋洪适所撰《隶释》、《隶续》2篇。卷二十考辨"隶"与"八分"。卷二十一乃补遗6篇7种。卷二十二考订娄机所著《班马字类》。

在翁方纲的心目中，辑录金石文字的主要目的不是当时那些考据学家所津津乐道的"考经正史"，而是"鉴赏书法"，"力穷书法原委"。翁方纲的金石学著述以《两汉金石记》和《粤东金石略》最具代表性，从中我们也不难看出翁方纲研治金石的主要思想就是"以金石证书法"。从两书关注的重点来看，主要是所见金石在以往金石目录中的著录情况、碑石之存亡、碑石所在地，拓本、摹本的源流传承、字画之阙泐以及书体特征、布局结体等。以《粤东金石略》为例,《广州府学元碑》"楷带篆法",《大鉴禅师殿记》"文与额皆正书",《嘉会楼记》"此碑笔法宛然白沙所书",《黎瑶石书从化三箴》"黎民表八分书,书与箴皆稳重不佻",《南海神庙碑》"此碑书字尚有晋人遗意"。诸如此类,不胜枚举。

五、雷学淇的《考订竹书纪年》

雷学淇是清代嘉道时期学者,由于其宦迹不显,著述流传不广,其学术成就一直湮没不闻。他在清代学术研究史上第一次辑录、校订古本《竹书纪年》,撰《考订竹书纪年》14 卷、《竹书纪年义证》40 卷,一反明清以来学术界对《竹书纪年》是伪书的贬斥态度,而极力为其正名,不仅认为此书不是伪书,而且认为它的史料价值足以补《史记》关于三代古史记载的缺陷。此外,雷学淇还撰有《古经天象考》11 卷《图说》2 卷,《夏小正经传考》2 卷,《本义》4 卷,《亦嚚斋经义考》若干卷。其治学态度谨严,而且颇具怀疑精神。可以说,雷学淇是嘉道时期一位值得重视的学者,其学术研究成果值得我们借鉴。

雷学淇自称:"岁在辛酉(嘉庆六年,1801 年),予述《纪年》,庚午(嘉庆十五年,1810 年)始卒业。"可见,经过 9 年时间,才撰成《竹书纪年》。其校订方法,首先是将原书的纪、传分开。雷学淇认为,《竹书纪年》原书的体例与《春秋》相同,即唐代房玄龄在《管子注》中所说的"周公之例",即所谓的春秋纪事体例。《竹书纪年》乃魏国史臣所作,在魏襄王未没时,为"以便省览",特意"纂辑古志及其国书","附辞纪下",因此形成了传文。故《竹书纪年》在晋代出土后所流传的本子中,既有纪文也有传文,但传文与纪文是分开的,传文旁见侧出。而后来的流传本,因从竹简书写方式改为绢、纸书写,纪文与传文逐渐混淆难辨。所以到晋杜预、郭璞时已是"纪传同称"。至于明清以来的传本更是"淆乱尤甚"。鉴此,雷学淇在校订中力图将混淆在一起的纪文、传文分开。纪文作大字,纪文内的传文以小字区别,附在后面的传文则低一格。

从校订依据来看,雷学淇更多使用各种古籍的引文,如《史记》、《汉书》、《太平御览》、《北堂书钞》、《艺文类聚》、《初学记》、《水经注》等,这些古籍也都是清儒进行古籍校勘、辑佚、辨伪所使用证据材料的主要来源。其版本也是清儒作考据时非常注重的对象,即利用不同版本进行字句校订,但雷学淇在校订《竹书纪年》中利用不同版本时，很少作为推论的依据。他认为《竹书纪年》的各种版本多错漏差舛，只有大字本，雷学淇较多地作为依据。

雷学淇相信《竹书纪年》不是伪书，所记史事"大略与《春秋》皆多相应"。而"唐人多斥纪年如瞽传者，亦太诬矣"。（《竹书纪年·略例》）因此，雷学淇对前人的这种误解进行了驳斥。

六、徐松的史部著述

徐松，原籍浙江，后占籍宛平。25岁应会试复中式，又以殿试二甲一名为进士，朝考一等一名为庶吉士，28岁授翰林院编修，入值南书房。29岁入全唐文馆，任提调官，第二年充任文颖馆总纂。从徐松的迅速升迁来看，当时他颇得嘉庆帝的宠幸。徐松利用职务之便，遍览府内藏书，为其一生著述奠定了扎实的基础。主要著述有：

《登科记考》。按，唐人撰《登科记》，不下十余家，而见于《新书》者，只3家，即：崔氏显庆《登科记》5卷、姚康《科第录》16卷、李奕《唐登科记》2卷，书久不存。至宋，复有郑颢所进《诸家科目记》13卷，乐史有《修定登科录》40卷，洪适有《重编唐登科记》15卷，今皆佚，间有散见各书中者。徐松乃辑而存之，复加参考，汇而成书，名为《登科记考》，仍用编年之体。

《宋会要》360卷，钞本。嘉庆十四年（1809年），徐松任《全唐文》馆提调兼总纂，利用当时图书资料的优越条件，在古籍整理、史料编辑方面都作出了重要贡献，其中规模最大的是从《永乐大典》中辑出了《宋会要辑稿》。此本按帝系至孝光朝止，系张从祖本，讹舛尚多。原稿旧为江阴缪艺风所藏，武进屠寄略有校语，展转归嘉荫堂，复从《十朝纲要》、《宋朝事实》、《玉海》等书所引《宋会要》增入若干条，分其目为360卷。

《河南志》。徐松于嘉庆十四年（1809年）纂辑《全唐文》时，从《永乐大典》卷九五七八中钞出，未作任何删改。据《永乐大典目录》，自卷九五五八至九五八九皆为"南"字韵，现有《永乐大典》"南"字韵只有卷9561，为河南布政使和河南府图，自卷九五六二至九五八九的内容全是"河南府"，共28卷。徐松所钞的卷九五七八为"河南府十七"古迹类，包括"京城门坊街隅古迹"、"周城古迹"、"后魏城阙古迹"、"隋城阙古迹"、"唐城阙古迹"、"宋城阙古迹"共9目，以《永乐大典》每卷的字数来计算，这9目应分为2卷，即卷九五七八和九五七九，后1卷漏钞卷次。

此书是研究自西周以来洛阳历代都城最重要的资料。徐松的《唐两京城坊考》东都部分便是以此书为基础而做成的。它之所以重要，是因为其中保存了大量久佚的宋敏求《河南志》的材料。

徐松卒后，此书归袁氏卧雪庐，光绪十年（1884年）袁氏藏书散出，又归翁同龢。缪荃孙《翁家录副》翁氏有意将此书刻印流传，曾托盛昱为之经营而未果。光绪三十年（1904年）缪荃孙始刻此书于金陵，厘为4卷，改题为《元河南志》，光绪三十四年（1908年）收于《藕香零拾丛书》中印行。

《唐两京城坊考》。嘉庆十四年（1809年），此时他正从事纂辑《全唐文》工作，积累了大量有关唐代两京的资料，特别是又从《永乐大典》中发现了《河南志》，使原来资料比较薄弱的东都洛阳的记载大大丰富起来，徐松决心编著《唐两京城坊考》。大概用了一年多的时间，全书已初具规模，在嘉庆十五年（1810年）四月写了序。但是，书的编辑工作并未结束，直至道光二十八年（1848年）二月下旬，徐松卒前四五天，还在补充材料。

徐松7年的新疆生活、周历南北的实地考察为其西北研究注入了难得的一手材料。在西北史地方面，徐松著有《西域水道记》、《新疆赋》和《汉书西域传补注》。

《西域水道记》是徐松最得意的著作，曾自比于郦道元《水经注》。他充分吸收了郦道元治《水经注》的方法，全文分记文、注释两部分，记文简约、释文周详。每卷之后，各附以图，使全文图叙互证，记释分明。由于新疆的河流受地势影响，多分流异趋，或注入湖泊，或伏入沙碛，异于中原南方河流终归于海。徐松创造性地以诸水所归的"淖尔"（湖泊）这一受水体来写，把全疆水系分成罗布淖尔、哈拉淖尔、巴尔库勒淖尔等11个湖区，再细写注入这些湖泊的河流，然后旁及流域其他情况。

《新疆赋》，是徐松在疆时所写的诗歌集，分南北二路，对于天山南北的自然风光做了记述和描绘。《汉书·西域传》是我国正史中关于新疆地区历史地理的最早记载，唐颜师古曾为其注，徐松以其亲历循文再注，成《汉书西域传补注》2卷，较颜注详尽切实。此外，徐松还利用元史资料，结合西北边疆史地研究，写成《元史西北地理考》、《宋元马政考》、《西夏地理考》等。徐松还是最早考证《元秘史》成书时间者。《秘史》是蒙古族最古老和珍贵的历史著作，该书不著撰人姓名，亦不著撰写年月。徐松研究后，认为该书用古维文书写，而元帝师八思巴的新蒙文创制于至元六年（1340年），因而《秘史》当成书于窝阔台汗时期，此说成为元史研究上的定论。

如果不是谪戍新疆，徐松得以亲历其地，恐怕其史地学研究，仍旧局限在考订、辑录的圈子里，其史地学恐怕仍旧是古代的史地学考证。正是由于这一经历，徐松的史地学赋予了当代史的内容，从而具有了"边疆"的意识，也使他的个人影响力几乎一夜蜕变，成为北京士人交游圈中的焦点人物，即如沈垚所言："海内读先生《赋》（指《新疆赋》）者，无不叹先生之才，惜先生之遇。垚窃谓国家有非常之功，开辟疆域，则必有宏博伟丽之才亲历其地，捃华扬藻，宣皇风而扬盛美，而遐陬之山川草木皆附鸿章巨制，以传示无穷。假令先生不亲至新疆，未必为之作赋，不作赋，则新疆之山川草木岂不黯然无色哉！然则天欲永遐陬物产不朽之传，故小谪先生，先生藉是略见其才，是亦先生之遇也。异日重登著作之庭，歌咏太平，润色鸿业，岂非剑以淬而益光，玉以磨而宜洁乎？"[(76)]

清朝嘉庆、道光年间，国势日渐衰凌，内忧外患接踵而至，中国边疆出现了不同程度的危机，尤以北方为甚。部分士子文人开始将眼光投向边疆地区，纷纷考究疆域形胜，探索治边良策，西北边疆史地研究之风悄然而起，并很快弥漫开来，成为一股引人注目的士林风尚。徐松就是一位在西北边疆史地研究中有开创之功且成就卓著的学者。

第四节　子部著述

清代京籍学者的子部著述也非常多，涉及金石碑帖、书画鉴赏、兵战地理、稗官小说等。清初孙承泽是收藏大家、精于鉴赏，其子部著述主要是以书画金石的著录、鉴赏为主，著有《庚子销夏记》等名著；王源作为清初实学的倡导者，著有《兵法要略》等兵学著作；刘献廷涉猎广泛，一生札记汇集为《广阳杂记》；康熙、雍正时期的黄叔璥藏书丰富，其读书笔记以《砚北杂录》最具代表；乾嘉学风广博、朴实，翁方纲的《苏斋笔记》是当时学者读书札记的典型，再加上翁氏精于书画碑帖的鉴赏，因此在子部艺术类方面也留下了很多著述。

一、孙承泽的子部著述

孙承泽精于收藏和鉴赏，尤其是书画金石和钟鼎彝器。据他自己说，收集金石字画也是缘于兴亡沧桑之感。他说："甲申后，铜驼在荆，玉碗亦出人间，二三同好日收败楮残墨，以寄牢骚。余有墨缘居，在室之东，或有自携所藏，间相过从，千秋名迹幸寓吾目焉。"[(77)]孙承泽生于易代之际，当时明宫中珍藏多散逸人间，睹物思旧，孙承泽便将许多珍迹名画购入家中，"以寄牢骚"。而且他与当时众多名流唱和往来，"各携所著名迹相玩赏"。[78]

谈迁于顺治十一年（1654年）到北京时，也从他人那里听说孙承泽收藏明宫流散之物。七月己酉，"午过吴太史、周子俶所。太史疾少间，云先朝节慎库内图书，俱宋宣和物，金人入汴，归于燕，元仍之。明初，徐中山下燕，封府库图籍。甲申之变，李贼遁，都入清宫。同年孙北海身入大内，见封识犹中山时也。今散佚无一存，向分赐诸臣书画，北海得大观殿法帖。"[79]

据《四库全书总目》著录，在金石字画方面，孙承泽著有《庚子销夏记》、《砚山斋珍赏历代名贤图绘集览》、《研山斋珍赏历代名贤墨迹集览》、《研山斋珍赏历代名贤法书集览》和《闲者轩帖考》（又名《庚子销夏录碑帖考》）等。其中，最后成书的只有《庚子销夏记》8卷，其余几部则是随手笔记，即《庚子销夏记》成书前的底本。

首先是《砚山斋珍赏历代名贤图绘集览》2卷，湖北省图书馆藏有清钞本。《四库全书》著录为"艺术类存目"。《四库全书总目》曰："不著撰人名氏，卷首有退翁小序。退翁，孙承泽别号也。然集中多称'先宫保公评'云云，疑承泽采掇旧文为古来画家作传，草创未竟，其后人抄录成帙，因以所作画跋附缀于后，成此编也。其书于古来画家先叙本末，后述所见真迹，附以跋语。上卷起顾恺之讫包鼎，共四十二家，末附不知姓名'洛神图'一则；下卷起苏轼讫邹之麟，亦四十二家，末附'总题明四家画册'一则及题冬日赏菊卷二则。自序称'八十二老人'，则又在《庚子销夏记》之后，为其晚年所记矣。原本目录以王宰、卫贤、边鸾三人连名，而以《石榴猴鼠图》、《花竹禽石图》、《高士图》三画并列。勘验书中所载，则宰迹不传。《石榴》、《猴鼠》二图属鸾，《高士图》属贤，与目互异。又目录终于明四家而书末冬日赏菊卷乃佚不载，当时草草编辑，此亦明验。且其文已多具《庚子销夏记》中，此特其随笔记录之稿，其中同异之处皆以《庚子销夏记》为长，故附存其目，不复录焉。"[80]

此书内容多录入《庚子销夏记》中，除了题识末尾的"以备披览"4字外，悉入《庚子销夏记》卷八《寓目记》之首，其他入于此卷各篇，只是语言更加简略，有的地方仅存跋语，故《四库全书总目》怀疑此书为孙承泽当时随笔记录的初稿。湖北省图书馆藏有《砚山斋珍赏历代名贤图绘集览》稿本2册，书中钤有"北海孙承泽思仁晚号退翁"、"北平孙氏珍藏书画印"、"孙炯之印"、"挈庵"、"文博"等印。文中讳"玄"字，不讳"弘"，亦此本成于康熙间一佐证也。

其次是《研山斋珍赏历代名贤墨迹集览》1 卷,《四库全书总目》著录艺术类存目,南京图书馆藏有清钞本。《四库全书总目》曰:"是书前有小序,即《庚子销夏记》之序。其文亦与《庚子销夏记》同,惟前后编次颇异,盖即《销夏记》之稿本也。后附元人破临安所得《宋书画目》一卷,前亦有承泽序,今本《销夏录》无之。核其所列,即元王恽《玉堂嘉话》之文,迨以与《秋涧集》重出,故殆载之而终删之欤?"[81]

再次是《研山斋珍赏历代名贤法书集览》3 卷,《四库全书》将此书与《研山斋珍赏历代名贤法书集览》1 卷一同著录为"艺术类存目"。湖北省图书馆藏有此书钞本,2 册。文中 3 处有"先宫保"字样。又,文中凡"玄"字缺笔,而"弘"字没有缺笔,可见此本当为孙承泽儿孙辈钞于康熙年间。抄录时内容上并没有增删,只是在所有孙承泽的评论前加上了"先宫保公云"、"先宫保云"或"先宫保跋"等。

通过排比其篇目,《研山斋珍赏历代名贤法书集览》的内容也大多收入《庚子销夏记》中,只是文字上略有异同,前后编次略有不同。大体上来说,本书卷一对应《庚子销夏记》卷四至卷六,卷三对应卷七,故《四库全书提要》疑其为《庚子销夏记》稿本。

《研山斋珍赏历代名贤法书集览》共 3 卷:卷一载"宋本淳化阁帖"等古代法帖、拓碑 67 条;卷二载"夏禹衡岳碑"等 25 条;卷三著录"柳公权神策军纪圣德碑"等 67 条,都是孙承泽个人所藏之物。无论法帖还是拓碑,孙承泽都是论以书学。而且他对金石碑帖的嗜好丝毫不亚于后来乾嘉学者的热情,但孙氏收藏鉴赏的兴奋点是书学,与乾嘉学者以金石文字佐证经、史的兴趣大相径庭。

此外,湖北省图书馆亦藏有 1 册稿本,内容分别是"历代图绘姓氏备考"、"历代图绘要论"、"历代图绘要决"、"历代图绘定评",书稿未题总名,该馆定名为《历代图绘挈要四种》。其中"历代图绘姓氏备考" 2 卷,存卷下,记金、辽、元、明四朝各等画家一千二百余人之姓名、籍贯、简历、擅长之画,各别还指明其授受师承,各朝代后附"女史"、"释"、"道",元代后附"外国"。该书稿未题撰者姓名,唯钤有"孙炯之印"、"文博"、"北平孙氏珍藏书画印"。而且与馆藏孙承泽的《研山斋珍赏历代名贤法书集览》、《研山斋珍赏历代名贤图绘集览》二书稿本的字体、纸张、版式、讳字等相同的,因此,也可以断定此书稿也是孙承泽未加整理的手稿本。

孙承泽在以上手稿基础上完成的是《庚子销夏记》8 卷。《四库全书》纂修官对孙承泽许多著述都颇有微词，唯独对此书评价颇高。

　　孙承泽还著有《砚山斋杂记》，也是关于文房四宝、文体和书画古玩的鉴赏札记，其中有关于眼镜的记载，记述眼镜的传入和发展。另著有《闲者轩帖考》，所记上自《兰亭序》，下至文征明的《停云馆帖》，一一考其源流。该书作于顺治四年（1647 年）冬，至顺治十七年（1660 年），因"失去大半"，又"取古石刻绪阅，重辑成书"，内容多为唐宋碑帖，故又名《庚子销夏录碑帖考》。当时，孙承泽正在撰写《庚子销夏记》，因此上书大部分内容被收入其中，只是文字稍有异同，前后编次也有变化。《四库全书总目》怀疑《研山斋珍赏历代法书集览》是《庚子销夏记》的稿本，是有道理的。

　　总之，《砚山斋珍赏历代名贤图绘集览》、《研山斋珍赏历代名贤法书集览》、《研山斋珍赏历代名贤墨迹集览》和《闲者轩帖考》、《砚山斋杂记》等，都只是孙承泽收藏金石字画的随手笔记，也可以说是《庚子销夏记》成书以前的底本。当时孙承泽闲居之时择取家中所藏披阅观赏，随手记述所见所闻，并按照古画、法帖、拓碑等不同类别分卷著录，逐渐形成了目前现在所流传的《砚山斋珍赏历代名贤图绘集览》、《研山斋珍赏历代名贤法书集览》和《研山斋珍赏历代名贤墨迹集览》等著述。顺治十七年（1660 年）四月至六月，孙承泽将这些内容汇总编辑，遂成了《庚子销夏记》8 卷。以上那些书画、碑帖的随手杂记在《庚子销夏记》成书以后，还有陆续增加、整理。正因为此，现存的这些著述钞本中有顺治十七年（即孙承泽 70 岁）以后所写的内容以及《庚子销夏记》中所没有的内容，而且出现了《研山斋珍赏历代名贤墨迹集览》序言与《庚子销夏记》序言完全相同的情况，同样也出现了《闲者轩帖考》自序中所记述时间前后不能吻合的现象。

　　孙承泽生前这些著述都未曾刊刻行世，所存钞本大都是孙氏子孙抄录。而且，以上内容在孙承泽著录时就已经以"销夏录"命名。这在《研山斋珍赏历代名贤图绘集览》中可以找到证据，其中有一句话说："先宫保《销夏录》载有元朝破临安所得《故宋书画》"，[82] 而现存《庚子销夏记》中并未著录"元朝破临安所得《故宋书画》"，可见这个"《销夏录》"的内容应当就是《研山斋珍赏历代名贤图绘集览》的内容。

二、王源的著述

　　王源一生提倡经世致用之学，早期著述尤以地理、兵战为诉求，晚年则受颜李学术影响，试图从制度层面探求能够永久"平天下"的治国之道。

在游历京师前后，著有《舆图指掌》、《兵法要略》等书。其《舆图指掌》序曰："余不自揆，尝有志于此，于是博览舆图，参考互证，辑为一编，名曰：舆图指掌。先以总论，后分京省，而每省亦各有总论以冠其端，九边即附于北直、山陕之后，江防、海防之要并详于沿江、沿海各省总论之中。其于诸郡，独载建置沿革，疆域形胜，属邑山川，他若宫室人物，无关于形胜者皆不录，而古人形势有足以证其地之轻重者皆附载焉。又按其方域远近要害，画为图，图成方丈，虽不能无误，然校之世俗所传者，固大不侔矣。呜呼！天下形势，总论详矣，一方形势，一省总论详矣，前贤之论列于前，余之绪论附于后，按图稽古，斟酌考订其于攻守之宜，或有一得焉。然而闭户造车，出门合辙，自古其难，未尝周行历览而但求之图籍之间，余终惧其不可恃也。"(83)

从王源自叙可知，原书先有总论，又有各省总论，还有诸郡建置沿革，并附载前人所论"有足以证其地之轻重者"。另外，还有一幅根据"方域远近要害"所绘制的图，有"方丈"之大。从王源的学术经历来看，此书当成于 40 岁游历京师之前。而且，从他自叙中所说的"闭门造车"、"未尝周行历览"、"余终惧其不可恃"等话来看，亦可见完成此书时尚未出游。

《舆图指掌》成书后，多以钞本存世，且流传甚少。国家图书馆藏有一刻本，此本仅有各省分论，没有"总论"，也没有图，可见原有的图在辗转抄录中已经散佚。该刻本后有跋，曰："是书专论山川形势，为兵家之实用，非如近今舆图家第详于山脉河流都邑物产已也。考其自叙，旧有全图一幅，纵横十余尺。总论一，各省分论十有五。顾以传抄日久，图既不可得见而总论亦阙焉。是年夏，友人以先生兵论付印局，更以是书之不可少而求其图与总论者，越百里外访之阅月不可得。噫！尚书合古今文而始备，礼经得汉儒之补缀而始完。古之名人凡有所传，或有所阙，岂文字为造物所忌，固应如是耶？虽然，良将行军有法术以为运用之妙，尤必据形胜以施攻守之宜。今既有《兵论》，则是书必相辅而行，虽其图不可得，而读先生之论，观世之图即可了然于心目，虽总论不复存，而读先生各省分论，总论亦可相见焉。因即付排印，赘数言于尾以俟后得全书而补之。"(84)

《舆图指掌》所列各省为：北京、南直、山东、山西、陕西、河南、浙江、江西、湖广、四川、福建、广东、广西、云南、贵州。其中，论"北京"形势曰："北京当天下东北隅，西界山西，南界山东，西南界河南，东南距海，东北俱临边，而自山海关迤北并塞而西复转而南，崇山复岭，绵亘千里，拱抱皇都。自京以南平原沃野，直达山东，真形胜之区，但密迩朔漠，故必以大宁为屏障，辽东为左辅，宣府为右辅。有大宁、宣、辽则京师安，无大宁则肩背寒，无宣辽则肘腋虚而京师危，此阻三面而固守之说也。若其南则又以山东为门户。盖山东者南北之咽喉，漕运之孔道，无山东则南北绝，漕运梗而藩篱失，此以一面临天下之说也。昔太祖北伐先取山东而元都遂不能守，成祖以大宁畀三卫而京师遂世受边患，非其明验欤？然则辽东、宣府、大宁、山东盖京师之四辅也。"[85] 王源还著有《兵法要略》。

《舆图指掌》、《兵法要略》是王源比较早期的著述，大约著于王源游历京师之前后。另，王源还撰写了《权论》、《将论》、《战论》、《八阵论》等文章，探讨兵战之法。可见，当时的王源确有"谈兵、考形势"的经世气概，因此，这两部书也反映了他当时的心境。

王源晚年在结识李塨、师从颜元之后，其经世思想从原先一味倾心于地理、兵战之学，转而开始从制度上探讨治国之道。所著《平书》未单独刊行，书稿由李塨订正，刊行时更名《平书订》。王源在自序中说："平书者，平天下之书也，一曰分民，二曰分土，三曰建官，四曰取士，五曰制田，六曰武备，七曰财用，八曰河淮，九曰刑罚，十曰礼乐，为文十有五首，分上中下三卷。大抵本三代之法，而不泥其迹，准今酌古，变而通之，以适其宜，参取后制，一洗历代相因之弊，而反乎古。要使民生遂，人才出，官方理，国日富，兵日强，礼教行，而异端熄，即使世有变迁，苟遵行之毋失，亦可为一二千年太平之业。嗟乎！此愚志也，而识未必逮也，世之君子，有与予同志，而补其不逮者乎？动而以顺行，复斯民于三代，予日夜望之矣。"[86] 可见，王源试图从制度层面找到一条能够"平天下"的治国之道。

三、刘献廷《广阳杂记》

刘献廷（1648—1695年），字君贤，"慕庄子之为人"，故自号"继庄"。祖籍本是苏州人，先祖在明朝时在北京任太医，后来遂入籍顺天大兴。父镳，为名医，母张氏、吴氏，曾祖以上俱无考。刘献廷19岁时，即康熙五年（1666年），父亲去世，遂离开北京南下，来到祖籍苏州寓居。康熙十二年（1673年），吴三桂起兵反清。刘献廷迁居太湖中的洞庭山。王源《刘处士墓表》曰："久之，西南大乱，民惶惑不聊生，处士乃入洞庭山，学益力。"[87] 出于避世的心态，刘献廷在寓居苏州以后，结交了很多僧人，自己也经常或独自或与友人结伴游历深山古刹。隐居的刘献廷原本以为自己就会这样终老江南的，然而却由于所结识的昆山徐氏，寂静的生活被打破了。昆山二徐是康熙时期重要的汉官领袖，两人先后负责《明史》和《一统志》纂修。为招揽人才，徐氏兄弟不惜重金聘请名士，而延揽刘献廷也正是在这个时期。刘献廷自康熙二十六年（1687 年）到京，至康熙二十九年（1690年）离开北京，前后 4 年。在这期间，他结交了众多新知，在《明史》馆中，刘献廷最要好的友人是王源、万斯同和戴名世。康熙二十九年，徐乾学、徐元文兄弟同时回到昆山，受聘于二徐的刘献廷也失去了立足之地，一同南归。离开北京南下，刘献廷一度到湖南，游览于长沙、衡山一带。康熙三十四年（1695 年）回到杭州，不久病卒。

刘献廷死后，门人黄宗夏辑录其一生札记，成《广阳杂记》5 卷。内容庞杂，自象纬、律历，以及边塞关要、财赋、军器之属，旁而岐黄者流，以及释道之言，无不留心，论识精当，记述精细，是清代子部著述的佼佼者。

四、黄叔琳《砚北杂录》

乾隆十六年（1751 年），黄叔琳 80 岁时完成了《砚北杂录》。《嘉业堂藏书志》卷三"子部"，缪荃孙撰《砚北杂录》条曰："是书上至天文、地理、史学、掌故、昆虫、草木，凡经史所载，旁及稗官小说，无不详采，附以己意。末皆格言，皆昆圃晚年读书有得之语。钞本，黑格，口上有'征草轩'三字。内中眉上，字迹古逸，其多改易添删，屡称渔洋师。即昆圃手笔，尤可珍也。"

卢文弨当时主黄叔琳家塾，应黄叔琳之请，编辑《砚北杂录》。卢文弨编辑完毕后，《砚北杂录》并没有刊刻。乾隆年间编辑《四库全书》时，励守谦献出家藏本，四库馆员将此书著录为存目。《砚北杂录》一部计书肆本，第一页序文有翰林院印一。汉阳叶氏钞本乃从石承藻家藏本过录石本，国家图书馆藏有清汉阳叶氏钞本。《四库全书总目》评论此书曰："是书上至天文地理，下至昆虫草木，凡经史所载，旁及稗官小说，据其所见，各为采录，亦间附以己意，大抵主于由博返约，以为考据之资。中多签题、粘补之处，皆叔琳晚年手自删改，盖犹未定之本也。"[88]

《砚北杂录》是黄叔琳平时读书的摘录笔记，其内容上自天文地理、经史考据，下至诗文典故、鸟兽虫鱼，内容广泛。全书 16 卷，分别以类编辑。主要特点如下：1. 内容以摘录为主，偶尔附以己意。2. 此书尚未定稿，多有签题、粘补之处。《砚北杂录》经卢文弨分类编辑之后并没有刊刻行世，此后黄叔琳又在原本上多加批注，或以浮签标注。3. 所摘引的著述众多，但大多都是经史考据类的著作。4. 全书几乎没有涉及理学心性之类的内容，足见当时的考据学风已经影响到那些尊奉理学的读书人。《砚北杂录》所立标题不是天文历法就是经史考据，不是人物典故就是名物考辨，至于黄叔琳早年所尊奉的理学概无涉猎。从《养素堂书目》可知，黄叔琳家藏有大量理学家的著述，因此这并不是黄叔琳看不到理学著作的原因，而是他读书兴趣转移的直接表现。

五、翁方纲的子部著述

首先是《苏斋笔记》19 卷。其中前 16 卷稿本，藏台北图书馆，收入该馆《清代稿本百种汇刊》中。又，上海图书馆藏《苏斋笔记》3 卷（存卷十七至十九），题为"苏斋存稿五种"17 卷，清沈树镛跋。又，上海图书馆有叶志诜校钞本，存 4 卷（四、七、九、十七）。宣统二年（1910 年），北洋官报印书局据手稿本影印《苏斋笔记》4 卷，即为台北藏稿本"十六卷本"的前 4 卷。

翁方纲晚年还将自己历年读书的札记心得整理成为《苏斋笔记》。嘉庆二十一年（1816 年），朝鲜学者金正喜致信翁方纲，希望能借读以前两人在通信中所提及的《苏斋笔记》。在回信中，翁方纲谈到了《苏斋笔记》的整理情况。他说："愚今年衰齿八十有四，眼昏不能多看，而嗜学之心计倍于往昔。每日卯刻起来，即取旧草稿轮流覆看，竟往往有自己脱误字句处。又或引绎未详审处，即于架上抽查。今又无人代查，每一条费几许功夫，每日清晨必有改增改删之一二处。此则焉能遽借出与友共商乎？家中无识字相助之人，亦思欲就其略可自信者，先就近觅一人写出，而其事尚未易就绪。去冬以来，就所忆诸经诸史以及诗文集，以及金石文字宜记出者，撮记为《苏斋笔记》十六卷，此内无一闲谈猥杂之俚语，若果写有底本，当以副稿奉鉴也。"[89] 虽然年事已高，眼睛又不好，但他每天很早就起来，反复推敲旧稿，尽管没人能帮助查核资料，但每天早上都能修改一二处。可见，翁方纲整理《苏斋笔记》是非常认真和谨慎的。翁方纲撰写的子部著述还有《苏斋兰亭考》8 卷，稿本，南京图书馆藏。又有部分底稿藏于国图，题为《定武兰亭考》4 卷，见《苏斋遗稿》23 卷。又有《法帖附记》10 卷（附《帖考附记》2 卷）、《晋楷偶记》、《乐毅论考》2卷、《乐毅论书势表》、《乐毅论海字本考》、《天际乌云帖考》等。

六、宗教类著述

（一）佛教类著述

清代北京的佛教著述仍时有出现，但其创新继元明以来逐渐衰落之后，更趋低下。清代最引人注目者，当为雍正帝以帝王之尊，著《御选语录》和《拣魔辨异录》。《御选语录》共 19 卷，前 11 卷 "正集" 编入僧肇、玄觉、寒山、拾得、灵佑、慧寂、从谂、文偃、延寿、重显、克勤、通琇、行森等 13 僧人，以及道教祖师张伯瑞的 "语录"。其中不包括禅宗传统六祖，也将 "禅门五家" 中临济、法眼、曹洞三宗排斥在外，只选了沩仰、云门两家。卷十二为《圆明居士语录》、《圆明百问》，卷十三为《云栖莲池盐宏大师语录》，卷十四至卷十八为《历代禅师语录》，卷十九为《当今法会》。这种编次，充分体现了雍正帝将专制政治和伦理原则贯彻于禅学的用意，试图以封建帝王的观点来阐释 "佛教诸宗合一" 等教义，达到排除异己的目的。而雍正十一年（1733 年）刊行的《拣魔辨异录》8 卷，主要针对密云圆悟派下之法藏及弘忍诸人，采用一一加以批驳的方式，来主张禅宗 "五宗同源"，称 "佛法不二，岂可执定三四，而更有密传三四之宗旨？" 对当时禅宗衰弊的现状，雍正帝更展开猛烈抨击："今其魔子魔孙，至于不坐香，不结制，甚至于饮酒食肉，毁戒破律，唯以吟诗作文，媚悦士大夫，同于倡优伎俩。" 并称 "若不剪除，则诸佛法眼，众生慧命，所关非细"，即使自己以帝王之尊，"实有不得不言，不忍不言者"（《御制拣魔辨异录》"上谕"）。其实是为维护其统治服务的。

清代北京著述丰富之僧，当为达天通理与智朴。达天通理（1701—1782 年），河北新河人，俗姓赵。达天博通律、净土、楞严、法华、华严等，受封为 "阐教禅师"，为清代华严宗匠。达天所著，有《楞严指掌疏》11 卷、《法华指掌疏》10 卷、《五教仪增注》5 卷、《金刚新眼》4 卷、《圆觉新义疏》4 卷，以及《心经合释》、《盂兰摘要》、《普门品别行疏》各 1 卷，称于一时。《楞严指掌疏》"凡例" 云："是疏自名指掌，取其明而且易，不避训诂。或涉繁蔓，智果超方，以任舍繁从要。立尚扶壁，且须由粗入微。勿嫌摘叶寻枝，莫便挂一漏十。资愧学知，智无兼人，未能遍扣高明，博览古著。疏中一言一句，多自胸襟流出。不善他文，未敢辄入。非有拣弃，勿强是非。全经脉络，有纲有目。"

智朴约生于明末崇祯年间，卒于康熙晚年，号拙庵，徐州人，俗张姓。十五岁左右出家，于大江南北锐意参访，学问日进。康熙十五年（1676 年）赴蓟州盘山，结茅于青沟，后声名鹊起。智朴经学诗词均有造诣，尤以诗名，称"诗僧"。康熙帝巡幸盘山时，曾与之唱和，文人大臣王士禛、朱彝尊、孔尚任、高士奇等更常与往来。智朴著有《谷响集》、《电光录》、《云鹤集》、《盘谷集》、《存诚录》、《游台集》、《盘山志》（详后）等多种。

其他僧人亦有撰述。广济寺万中海禄（？—1671 年），顺天府大兴（今北京）人，幼年学佛，后拜广济寺律学名僧玉光为师，戒行精严。所著《持戒科要颂》明白易晓，"幽燕弟子皆遵之"。又有《正法经》5 卷，广济佛法益盛，"游其门者，几二千人。"[90] 又潭柘寺恒实源谅所撰《律宗灯谱》亦有一定影响。源谅（1705—1722 年），河间东光人，初至潭柘寺从德彰道林学习律学，雍正九年（1731 年）回归故里。后复至北京，乾隆初主法席，得到清代帝后荣宠。受禅学影响，源谅仿其体制，撰《律宗灯谱》2 卷，记载律宗诸高僧之行实。[91] 其他有法源寺文海所著《南山宗统》、《瑜伽补注》、《施食仪规》等。而京北名刹红螺寺高僧际醒，著有《彻悟禅师语录》等，影响较大。际醒（1741—1810 年），字彻悟，又号梦东，河北丰润人，俗姓马。彻悟于潭柘等寺参学，遍习圆觉、法华、楞严、金刚诸经，后主持广通、觉生两寺，"当时法门为第一人"。退居红螺寺后，创建净土道场，声名远扬，朝鲜、东南亚僧人也慕名前来，世人称为"海内净土，首推红螺焉"。际醒被奉为净土宗第十二代祖师，有《彻悟禅师语录》2 卷，其弟子又整理有《梦东禅师遗集》。

此外，在明清积极编纂地方志书的刺激下，清代北京佛教界也着手编纂佛寺志书。佛教的发展和寺院有着密切关系，寺志即原始、详细而生动的佛教史料。清代北京寺志，主要有湛祐《弘慈广济寺新志》、智朴《盘山志》、达闻《上方山志》4 卷、神穆德《潭柘山岫云寺志》与义庵《岫云寺志续志》等，其中以《盘山志》最著名。智朴《盘山志》始于康熙十六年（1677 年），成于康熙三十年（1691 年），并经王士禛、朱彝尊等史学名士考订。《盘山志》全书 10 卷续 4 卷，分名胜、人物、建置、物产、游幸、文部、诗部、杂缀等，收录魏晋以来至清康熙年间的大量寺庙资料。州牧张朝琮在《序》中赞称"疏略简繁，悉得其宜；文质褒嘉，各极其至。约而赅，典而确。（盘山）天地磅礴之所钟，山川灵异之所萃，莫不了如指掌"。60 年后，乾隆帝又命蒋溥等纂修《钦定盘山志》，在智朴《盘山志》的基础上广搜博采，增补为 16 卷，首 1 卷。盘山两志前后相继，珠联璧合，名闻一时。

又，清代以少数民族入主中原，比较注意对满、藏文等民族文字佛教经典的翻译与整理，出版的藏传佛教数量较前代增多，质量也有提高。有汉、满、蒙、藏四体文《大藏金刚般若波罗蜜多经》，康熙至雍正年间的《藏文大藏经》，乾隆年间琢漾洛赞等校刊《药师七佛供养仪轨经》汉藏互译本，以及三世章嘉·若必多吉国师主持的《甘珠尔》满文翻译等。乾隆帝还抄写了《大白伞盖经》和《药师经》，成为雍和宫历代相传的珍藏。

（二）道教类著述

全真教经明代二百多年的衰隐后，终于在明清鼎革之际获得复兴良机，并出现相关道教著述。清代北京全真教复兴的关键人物，为道士王常月。王常月（？—1680 年），号昆阳子，山西长治县人，道内有文献称其生于明嘉靖元年（1522 年）。明末王常月得授龙门派"天仙大戒"，成为龙门派第七代律师，其师付以振兴宗门的"三百年独任之事"。[92]顺治十二年（1655 年）秋王常月北赴京师，据说得到清世祖推重，奉旨主讲白云观，"凡三次登坛说戒，度弟子千余人，道风大振"。[93]康熙初，王常月率弟子南下，在金陵、湖州、杭州及武当山等处广开戒坛，龙门派由此传播到江南等广大地区。王常月是全真龙门派复兴的关键人物，有清代"高士第一流人物"的美誉。他开创"律宗"，全真道风为之一新，所著有《龙门心法》（《碧苑坛经》）、《初真戒》等。《龙门心法》与《碧苑坛经》二书篇目相同，但编次与字数有所不同。《龙门心法》曾经龙门派第十代唐清善扩充，首题"王常月传，詹太林校，唐清善演"，原系钞本，同治十年（1871 年）由北京白云观出资印行，分上、下卷。《碧苑坛经》首题"龙门第七代王常月演，第八代施守平纂，第十一代闵一得订"，分卷首、卷上、卷中、卷下、卷末等 3 卷 5 部分，应是施守平整理本，经闵一得修订后编入所辑《古书隐楼藏书》中。《龙门心法》与《碧苑坛经》两种传本不仅篇目相同，内容、宗旨也大体一致，强调悟道以修正心性为先，因而并行于世，而以《龙门心法》流传更广。

清代中期以后道教日趋衰落，其间北京道教著述甚少。至嘉道年间，有显贵完颜麟庆及其子崇实、崇厚信仰道教，尤其崇敬白云观奉祀的丘处机及其弟子 18 宗师。道光二十八年（1848 年），完颜崇实与孟豁一共同编撰与刊行《白云仙表》一书。其内容主要是全真道 5 祖、7 真以及 18 宗师的传记，卷首载完颜崇实所撰序言，述此书编撰、镌刊经过，称其继先父遗志，与白云观监院孟豁一考究，"竟获根原十八人，中有专传者，有散见于他编者，因而综其事实，各立一传"，而

"志数典不忘之意"。

清末又有白云观住持高仁峒得一时之重。高仁峒（1840—1906年），字云溪，山东济宁人。出家后云游各地，同治十年（1871年）来京，受戒于白云观住持张云樵。高仁峒"洞悉经教"，又"广为利济"，出任白云观方丈以后经营有方，百废俱兴，声势"一度高涨于京都"。高仁峒所著，有光绪十一年（1885年）刊行的《云水集》。

清末民国年间，在北京西北桃源观（又名桃园观）创立千峰派的道士赵避尘，以及其师刘名瑞也均有著述。刘名瑞（1839—1933年），又作刘明瑞，字秀峰，号盼蟾子，别号敲蹻道人，顺天府宛平县人。为道教全真南无派第二十代传人，后任桃源观住持，光绪二十六年（1900年）后隐居于京东次渠村，灭迹藏形。刘名瑞所著有《敲蹻洞章》（又名《盐铁录》）、《瀊燼易考》、《道源精微歌》等3部丹经，均刊于光绪十五年（1889年），主旨在于阐发道教内丹思想，力主三教贯通之学。刘名瑞弟子赵避尘（1860—1942年），北京昌平阳坊镇人，道号一子，自号千峰老人。赵避尘幼病，至桃源观，"求庙内刘名瑞老师看病。因病痊愈，认为道师，赐名赵大悟"，从此拜入其门下。此后，他"遍访名师数十年"，得性命双修"全诀"，遂于民国九年（1920年）创立千峰派，民国十七年（1928年）开始弘传，"度弟子八百余人"，遍及北京内外，形成一个新的道教内丹法派。赵避尘著有《性命法诀明指》、《卫生性命生理学》、《内修秘要》等，在近代中国传统养生文化的传播发展史上有着特殊的意义。《性命法诀明指》，或作《性命法诀明旨》，其序中言撰述意旨云："今将所得于师及自己所曾经验者，尽情宣布。希望依法修炼者，证位仙班，或同登寿域，于愿足矣"。赵避尘胞兄赵魁一也是一位卓有成效的修炼者，经赵避尘批注的赵魁一著《三字法诀经》，也是关于先天派内修理论和方法的重要道书。

第五节　集部著述

清代北京学人众多，集部著述也不少。顺康时期主要有王崇简、王源等人的诗文集，反映了入清士人以及清初追求经世致用学者的人生经历与内心世界；康、乾时期主要有黄叔琳、朱筠、翁方纲等人的诗文集，这些生活在太平盛世时期的学人文集，记录了士大夫宏奖风流、悠游唱和的官游生涯，再加上朴学风气的影响，更多地带有"以学为文"的特点；嘉道时期主要有舒位、徐松等人的诗文集，由于内忧外患的出现，其诗文开始更多地关注社会现实。

一、王崇简《青箱堂诗文集》

《青箱堂诗文集》四十五卷，最初由长子王熙刻于京师，后来，子王燕任镇江府知府时期（于康熙三十四年（1695 年）授），"润州，东南冲隘，士大夫舟车往来如织，相见辄求公集，君所携既少，又卷帙繁重，道远不能数致，乃谋重刻诸京口，以应往来士大夫之求。"刻成，求序于钱澄之。据《聪山集》卷一《青箱堂诗序》："王敬哉先生诗集既有刻行世久矣。辛丑谢病上宗伯印林居清暇，乃汇丙申以后六年之诗，将续前刻。"可见，王崇简诗集也有初刻，续刻乃汇集丙申六年以后诗所成。"青箱堂"得名于明朝末年一位友人的赠诗，当时王崇简家在阜成门外息机园，赠诗曰"报国鸿名垂紫塞，传家燕翼载青箱。""青箱"是王彪故事，于是王崇简以之为室名。入清，王崇简家移居南城，仍用此名。[94]

王崇简还编撰有《畿辅诗存》，未见。有其《畿辅诗存序》和申涵光《聪山集》卷一《畿辅先贤诗序》，可见其内容之一斑。王崇简身历明清时代之变，目睹人物更替，风气变换，虽然他本人在新朝有荣遇之得，仍不免有"往者不可追"之兴叹。为此，他先后用十余年时间，或取自前人文集，或录自山间残壁，将有明一代畿辅前贤的诗文，钞成卷帙，为《畿辅诗存》。这一点颇类似于孙承泽的《畿辅人物传》，所不同的是王氏之书"以诗存人"，孙氏之书是"以人存史"。

二、王源《居业堂文集》

康熙四十九年（1710 年），王源客死淮安。所著诗文，生前没有刊刻，多藏于姻亲管世铭家，道光十一年（1831 年）其孙管绳莱将所藏王源文稿结集刊刻于金陵，是为《居业堂文集》20 卷。

王源生前仅刻有收录文章不多的《昆绳文集》。至于没有刊刻的稿本，后来一直藏于管氏家。管绳莱在《王氏茔记》附记中说："先曾祖母大父讳源，字昆绳，一字或庵，康熙癸酉举人，以文章著述名于时，尝与魏凝叔、方灵皋及李刚主、阎百诗诸先生交。所著《居业堂集》，藏余家，无力梓也。"[95]后经删减，管绳莱将所藏王源文稿结集刊刻，是为《居业堂文集》20 卷。虽然刊刻时已经删减，不是王源文稿的全部，但毫无疑问，管绳莱为王源著述的传世作出了巨大贡献，如果没有管氏此举，一位清代著名学者的著述就会散逸殆尽。

道光十二年（1832 年）管绳莱将自己刊刻的《居业堂文集》（"壬

辰十月，武进管孝逸大令赠，东树敬藏"）赠送与方东树。后来，方东树批注《居业堂文集》，他在册页上的题记中说："此集乃文献所寄，宇宙不朽之篇，非寻常文士之比，学者当共惜之。"[96]咸丰年间，萧穆又从方东树之孙方涛处得见方氏批注本，有所感，撰《跋居业堂文集》，论王源之学；又阅程鸿诏所著《有恒心斋文集》（国家图书馆有藏）中的《武进管君传》，于是撰《跋程伯敷太守武进管君传》以考证管氏与王氏两家的渊源。

王源不是遗民，但作为遗民子弟，因受父亲王世德、魏禧、梁以樟等师友的影响，有着明显的遗心态，自称："生平为文，论兵者居多，而表彰节烈亦不揣固陋，妄以为己任。"[97]王源非常留意对明清之际忠孝、节烈事迹的表彰，所撰《刘诚意伯传》、《于忠肃公传》、《于侍郎传》、《谭参政传》、《新乐侯传》（刘文炳）、《巩都尉传》、《姜都督传》、《李若连高文彩传》、《保定张氏兄弟合传》、《王将军传》、《司礼监高时明传》、《典国公传》、《诸天佑传》、《王义士传》、《关中二烈士传》、《金主事传》、《秦处士传》、《李处士传》、《五公山人传》、《颜习斋先生传》、《温孝懿先生传》、《李孝懿先生传》、《周孝廉传》、《曹太学传》、《周孝廉传》、《秦舍人传》、《姚少保传》、《隐侠传》、《徐烈妇传》、《曹烈妇传》、《高节妇传》、《吴节母传》、《陈孺人传》、《吴烈女传》、《吴节妇传》、《陈孺人传》、《周节女传》等，都是这一思想的反映。

三、翁方纲的集部著述

关于翁方纲的诗文集，早在乾隆五十六年（1791年），他在任职山东学政时就曾经于济南刊刻了《复初斋诗集》10卷。此后，一直未能续刻。嘉庆十三年（1808年），时任浙江巡抚的阮元为其续刻《复初斋诗集》至32卷。嘉庆十五年（1810年），翁方纲的门生、接替阮元任浙江巡抚的蒋攸铦在杭州继续阮元的未竟事宜，又为其续刻至62卷。就在续刻《复初斋诗集》时，阮元萌生了筹建图书馆并将《复初斋诗集》藏于其中的想法。

关于筹建灵隐书藏的缘起，阮元在所撰《杭州灵隐书藏记》一文中有详细说明。据阮元所言，其所刻《复初斋诗集》即将完工时，翁方纲致信当时杭州紫阳书院的院长石韫玉，请他将所刻《复初斋诗集》一部藏于灵隐寺。同年仲春，阮元与石韫玉（号琢堂）、顾宗泰（字星桥）、郭麐（号频伽）、何元锡（字梦华）以及刘春桥、顾简塘、赵晋斋等名士同游杭州灵隐寺。在吃饭的时候，谈及翁方纲希望将自己的

《复初斋诗集》藏于灵隐寺的话题，大家都表示赞同，而且主张扩大收藏范围。于是，在大家商议后，阮元在灵隐寺大悲佛阁后造木橱，按照唐代诗人宋之问的诗句"鹫岭郁岧峣"编排顺序，以云林寺玉峰、偶然二位僧人掌管钥匙。同时，制定藏书管理条例。可见，灵隐书藏之建的确缘于翁方纲，所以阮元说"盖缘始于《复初》诸集而成于诸君子立藏之议"。

阮元决定筹建灵隐书藏后，还曾经直接与翁方纲就此事进行沟通。嘉庆十五年（1810年）四月，翁方纲在给石韫玉的信中说："昨接阮公札云：云林经藏，先以拙集为之缘起。此愚初想不到者，念拙诗得与香厨庋阁，曷胜惭悚。"[101] 据翁氏此言，阮元在嘉庆十五年四月之前就征求了翁氏本人的意见。

不仅如此，阮元还请翁方纲用楷书写其所撰《灵隐书藏记》，镌之于石，以示纪念。翁方纲又赋《灵隐书藏歌》，记阮元《杭州灵隐书藏记》。对于自己的《复初斋诗集》即将入藏灵隐书藏一事，翁方纲兴奋之余，也极其慎重。为保证自己的诗集在刊刻中少出错误，他还不惜来回周折，认真校对了此次续刻的本子，并且以极其认真的态度用自己最欣赏的欧阳询楷书字体书写了阮元所撰的《灵隐书藏记》。同时，为保证自己所写的楷书能准确刻石，还与石韫玉商议邀请一位好手负责镌勒。为了保证刻石质量，翁方纲希望这位负责镌勒的工匠能随阮元或者叶云素一同到北京来一趟，亲自与他当面交流勾勒刻石事宜。与此同时，他为了用上乘的纸张书写，还请石韫玉在杭州寻找当时最好的虚白斋纸和亮油笺。十二月，翁方纲又手写《金刚经》1函，送灵隐寺。可以说，翁方纲对阮元筹建灵隐书藏是相当支持的。翁方纲与阮元等人筹建灵隐书藏，可谓清代藏书史上的一段佳话。然而，天不遂人愿，灵隐书藏在晚清的战火中化为青烟。

嘉庆二十三年（1818年）正月二十七日丑时，翁方纲卒于保安寺街家中，终年86岁。翁方纲去世时，他的6个儿子翁树端、翁树培、翁树昆等都已在数年前先后早卒，家中只有妇女和几个还未成年的孙子孙女，真可谓"茕茕弱孙，举目无亲"。[102]

由于家中困顿，甚至无人能经理丧事，翁方纲在京的诸多好友和门人为其料理后事。更重要的是，翁方纲身后留下了大量未及整理的手稿以及数十年间积累的金石碑拓，而当翁方纲一去世，便有琉璃厂商户勾串其家中佣人零售。为了能让翁方纲身后有继，并妥善保管大量的手稿，门人蒋攸铦特意致信翁的一位女婿戈翰林，进行商议。

据蒋氏所言，翁方纲卒后，家中皆老弱，无人能主事，由在京的门人吴慈鹤、汪守和、姚文田等人料理丧事。不仅如此，翁氏家务也是一片混乱，家中虽然是翁方纲晚年扶正的夫人主事，但外部事务都是由原来的佣人刘安管理，而刘安此人又不可靠。因此，蒋攸铦建议换去刘安，厘清家务。关于翁方纲的手稿，蒋氏建议分为两份，一部分由戈氏保存，一部分交由翁方纲的四儿媳保管。

家道衰落，子孙无继，固然可叹，然而正如清王朝的命运一样，一切都是明日黄花。幸运的是，翁方纲的大量手稿基本被保存了下来。当日蒋攸铦在与翁氏女婿戈氏商议时，曾计划将翁方纲的手稿分为两部分保管，但此计划并未如愿。后来，翁氏门人孙烺因出千金办理丧事，因此获得所藏手稿40册，后来又先后为魏锡曾、缪荃孙所有。刘承幹跋《复初斋集外文》云："（方纲）晚年颇窘，殁后仅存一子，诸孙幼弱。门人杭州孙侍御烺，赙以千金，完厥葬事，所藏精拓及手稿均归之。手稿四十钜册，按年编次，内缺十余年，诗文联语笔记全载，后归绩语堂魏君稼孙，再归之艺风堂缪丈小珊。艺风钞出《集外诗》二十四卷，承乾已锓之木。文定目一百余篇未钞，为人易去，仅存一目。今得魏氏积语堂钞本。文止一百二十一篇，分为四卷，而附其目于后。他日或能得之，当为全刻，书此以当息壤。"[103] 抗日战争爆发以后，战乱频仍，翁氏手稿的流散更加严重，以至于今天翁氏手稿散见于海内外各地。

四、朱筠《笥河诗集》、《笥河文集》

朱筠（1729—1781年），字竹君，一字美叔，号笥河，学者称为笥河先生。他是进士出身，历任侍读学士、顺天乡试同考官、安徽学政。是他，首先上书向清廷建议，从《永乐大典》中搜辑古佚之书、纂修《四库全书》。后来，他的建议被采纳，他也充任《四库全书》纂修官，并与修《日下旧闻考》。他还鼓励、培养一大批当时的士大夫进行辑佚和考据工作。在他的首倡和率领下，随着《四库全书》编纂工作的开展，便形成中国文化史上的乾嘉朴学考据之风。而乾、嘉以来著名的朴学家洪亮吉、孙星衍、江藩等都是他的弟子。所以，尽管朱筠本人著述不多，但却被史学家们公推为"乾嘉朴学的开国元勋"、"乾嘉朴学家的领袖"。朱氏兄弟宏奖风流，弟子众多，影响很大，当时甚至有"朱门弟子之目"。"乾隆间主持风会之人，宜当世奉为泰山北斗也。"[104]

关于朱筠的诗文集，其《笥河诗集》20卷、《笥河文钞》3卷先成，刊于嘉庆九年（1804年），由弟珪编辑并为之序，椒花吟舫刻。

嘉庆九年，朱珪在《笥河诗集》序言中说："先生之遗草几于龙蛇蟠屈，又参以六书，然珪于先生归道山后，辛酉（嘉庆六年，1801 年）之春，珪卧床赍者两月有余，夜半为兄校雠，无一字不能辨识者，尝自叹使死后无珪，则先生之集其不为别风淮雨、鲁鱼亥豕者几希！……珪既钞先生之诗，起甲子终辛丑三十八年，成二十卷。又附《笥河古文钞》三卷，共二十三卷。"[105]

相比于 3 卷的《笥河文钞》，内容更为丰富的《笥河文集》16 卷，朱锡庚自朱筠卒后便开始搜罗编辑，历三十余年，至嘉庆二十年（1815 年）始刊行。嘉庆二十年，朱锡庚在所作《笥河文集》卷首序言中，称朱筠"为文素不易稿，文成辄为人取去。乾隆辛丑（乾隆四十六年，1781 年）先子既没，锡庚抱守遗编，搜罗放佚，每得于所知之家，碑表志铭为多，萃合成集，得奏折十七篇，进呈诗文十四篇，次赋八篇，序十二篇，跋尾书后十九篇，记十三篇，书议铭赞并为杂著四十二首，行状六篇，碑记十一篇，神道碑一篇，墓志铭三十一篇，别传三篇，纪事九篇，哀辞四篇，祭文十九篇，合为十六卷，曰笥河文集。诗二十卷，别为集。已刊，故不录。锡庚编摩藏弆，宦游所至，必奉以行，度越山河，载历寒暑，盖于今三十年矣。癸酉（嘉庆十八年，1813 年）之夏，客济南，爰发箧，命工重写，编次校正，装订成帙。越三岁，乙亥（嘉庆二十年，1815 年）同龙溪李畏吾威覆加校勘，镂版于京邸。"[106]

由朱锡庚编定的朱筠诗文集是目前保存最多的。但总体来说，朱筠传世之文不多。王昶《蒲褐山房诗话》中说，朱筠"平日文移皆以草书书之，且涂乙十有七八，子弟不能辨别，故取其明晰者刻成四卷，余皆藏于家"。王昶所刻成的 4 卷文集刻本已经不见存世，其内容应当多是朱筠与王昶之间的书信往来。由于朱筠平日文字多草书，难于辨认，又不存稿，因此朱筠所撰之文多有遗佚。嘉庆十七年（1812 年），朱锡庚又将一些存稿编为遗编。

朱锡庚又曾编辑《笥河文集遗编》。朱锡庚《朱少河先生杂著·笥河文集遗编后序》："壬申（嘉庆十七年，1812 年）之夏，锡庚客济南，取行箧所藏先大夫文稿，编次成集，其未编入者十七篇，又祭文十六篇，别录一帙，目次如右。自《赠歙汪廷辅序》以下六篇皆系寿言。按，寿言始自明时，非古也。其《送沈赓起归秀水序》以下赠言、行状、志铭诸篇，或系少时作，或代人作，或一时酬应之文，未敢窜入正集，盖慎之也。外此尚有《福建乡试录序》，又《策问》，并福建、安徽考试生童经解、策问若干条，以及批示诸生呈词，俱未及抄录，更宜别为编次。先大夫生平为文多不存稿，锡庚所收辑之外尚多遗佚，姑就此册为遗编，以附正集之后，俟诸他日旁搜博访，陆续增次，再订续集可也。至于骈体文字及有韵之文如应试律、赋诸篇，别为外集。锡庚谨识。"[107]

从朱锡庚所言，此遗编的内容有上次未编入的文稿 17 篇、祭文 16 篇，又有寿言、赠言、行状、志铭，以及《福建乡试录序》、《策问》和在福建、安徽考试生童的经解、策问若干条。此外，还有若干骈体文字及有韵文字，拟编为外集。朱锡庚还计划日后"旁搜博访，陆续增次"，准备再订续集。很可惜，朱锡庚这次所编定的内容没有刊刻行世，其日后编撰续集的计划也没有完成。

五、朱珪《知足斋集》

朱珪于乾隆十三年（1748 年）成进士，当年才 18 岁，比其兄朱筠早 6 年，朱筠是乾隆十九年（1754 年）进士。朱珪 18 岁中进士，可谓少年早达，善为古文，文辞雅致，遇有朝廷典礼，即奉命撰文，以歌功颂德。从《知足斋进呈文稿》来看，朱珪撰有大量这样的文章。如《平定西域回部大功告成颂》、《平定两金川大功告成颂》、《圣驾五巡江浙乐府》、《恭庆皇上七旬万寿文》、《恭庆皇上御极六十年万寿文》、《御制回疆三十韵恭跋》、《御制十全老人之宝说恭跋》等。

朱珪晚年好服炼养生术，多读佛道典籍，撰有《摩诃般若波罗蜜多心经注解》1 卷、《心经注解》1 卷、《阴骘文注》1 卷；校读的典籍有：《元皇大道真君救劫宝经》1 卷、《文昌孝经》1 卷、《文昌应化元皇大道真君说注生延嗣妙应真经》1 卷等（以上朱珪校注本，国家图书馆均有藏）。

第六节　其他地方文献的编撰

一、地方志

清代是我国地方志纂修的鼎盛时期，这一时期，地方志种类多，数量大，体例更加严谨。除中国历代形成的修志传统外，这也与清代三次敕修《大清一统志》对地方志的纂修的大力推动有关。《一统志》的编纂始于元代，明代继之，但是清代《一统志》的编纂次数最多，体例最完善，对全国地方志编纂的促进作用也最大。清代多次敕修《大清一统志》，其目的是为了维护大一统的局面，但在客观上却推动了各地地方志的编纂。北京地方志的纂修工作正是在这种背景下开展的。北京地方志是地方文献的重要一种，它不仅是研究清代历史的重要史料之一，而且是研究其他各学科，包括自然科学的资料宝库。

清代北京地方志数量很多。按照行政区划可分为，府志和州、县志。其中，府志有：（康熙）《顺天府志》、《畿辅通志》、《日下旧闻》、《日下旧闻考》、（光绪）《顺天府志》、《清末北京志资料》。

州、县志有：（顺治）《延庆州志》、（康熙）《房山县志》、（康熙）《续房山县志》、（康熙十二年）《良乡县志》、（康熙四十年）《良乡县志》、（康熙）《昌平州志》、（康熙）《密云县志》、（康熙）《通州志》、（康熙）《宛平县志》、（康熙）《怀柔县新志》、（康熙十三年）《顺义县志》、（康熙五十八年）《顺义县志》、（康熙）《大兴县志》、（康熙）《平谷县志》、（雍正）《密云县志》、（雍正）《平谷县志》、（雍正）《通州新志》、（乾隆）《房山县志》、（乾隆）《延庆州志》、（乾隆）《通州志》、（乾隆）《平谷县志》、（道光）《潮县志略》、（咸丰）《房山志料》、（光绪）《良乡县志》、（光绪）《昌平州志》、（光绪）《昌平外志》、（光绪）《密云县志》、（光绪）《延庆州志》、（光绪）《通州志》、（光绪）《平谷县志》。按照记事范围划分为通志和专志。上述所列府志和州、县志为通志，专志专述一个门类，如志寺庙的《弘慈广济寺新志》和《潭柘山岫云寺志》，志名山的（康熙）《盘山志》，志水道的《永定河志》，志学校的（道光）《钦定国子监志》等。另外，由个人撰写的地方志书，如顾炎武的《昌平山水记》等，使得志书的形式更加丰富，内容更加精彩。

清代一大批北京地方志专著相继问世，使得方志达到一个新的水准。现仅略举几个代表性的方志著作进行论述。

1. 《光绪顺天府志》。清代所编的第一部府志为《康熙顺天府志》，而规模最大、对后世影响最大的是《光绪顺天府志》，被称为"北京地方志书中集大成之作"。[108]直隶总督李鸿章监修，吏部尚书兼管顺天府尹万青藜、顺天府尹周家楣为总裁，翰林院编修缪荃孙为总纂。本志于光绪五年（1879 年）十月二十八日开局草创凡例，至十二年（1886 年）刊刻成书，先后历时 8 年。国家图书馆、首都图书馆、北京大学图书馆等有藏。上海书店、巴蜀书店、江苏古籍出版社出版的《中国地方志集成》收有此志。

《光绪顺天府志》是对后世影响最大的一部方志，具有较高的史料价值。本志共 130 卷，约三百五十万字。分列 10 志，即京师志、地理志、河渠志、食货志、经政志、故事志、官师志、人物志、艺文志、金石志。每志下再设若干目，如京师志下设图、城池、宫禁、苑囿行宫、坛庙、祠祀、衙署、兵制、官学、仓库、关榷、厂局、坊巷、水道、寺观、风俗等目。地理志下设图、疆域、山川、城池、治所、祠祀、寺观、冢墓、邨镇、边关、风俗、方言、天文表、顺天府沿革表等目。河渠志下设水道、河工、津梁、水利等目。食货志下设户口、物产、田赋、旗租等目。经政志下设官吏、仓储、漕运、矿政、盐法、钱法、典礼、学校、营制、驿传铺等目。故事志下设时政、兵事、学派、祥异、杂事等目。官师志下设传、顺天府前代守土官表、前代治境统部官表、前代州县表、前代学官表、前代盐铁等官表、明督抚部院分司表、明司道同知通判表、前代武职表、国朝官师表、国朝监尹以下表、国朝州县表、国朝州同表、国朝县丞表、国朝州判表、国朝主簿表、国朝吏目典史表、国朝巡检表、国朝总督分司表、国朝道表、国朝同知表、国朝通判表、国朝大使表、国朝司狱表、国朝驿丞表、国朝闸官表、国朝学官表、国朝驻境都统提镇表。人物志下设先贤、杂人、鉴戒、方技、列女、释道、侨寓、选举、爵封表、昭忠表、乡贤表等目。艺文志下设纪录顺天事之书、顺天人著述等目。金石志下设御碑、历代等目。可见，本志全面记述了北京地区的自然地理、政治、经济、社会、文化、军事等各方面的情况，是一部方志巨著。

光绪年间重修顺天府志以前，万历年间曾修《顺天府志》但非略即舛，而元代《析津志》已佚，《永乐大典》中的《顺天府》又残缺不全，《康熙顺天府志》编者未见，所以，《光绪顺天府志》较之前代顺天府志无疑具有较高的史料价值，是当时一部北京方志的集大成之作。

本志不仅内容十分丰富，而且它还是《析津志辑佚》的重要资料来源。《析津志》又称《析津志典》或《燕京志》，作者熊自得，字梦祥，志书原本已经失传。1983 年 9 月国家图书馆对旧存《析津志》辑稿进行整理，并从《永乐大典》、《日下旧闻考》、《光绪顺天府志》等志书中，进行采录汇集，分类编辑和标点，重新出版，名为《析津志辑佚》。全书约十万余字，分城池街市、朝堂公宇、风俗、物产等 18 类，是研究元代北京的重要史料。

这部志书不仅具有较高的史料价值，更重要的是其所制定的体例与规范，具有集大成的作用。为使志书体例划一，纲举目张，信而有征，编纂之初，便制定了《修书略例》27 条。略例中的许多见解，如"宜典核"，"宜征实"，"以地为主"，"以官文书为据"，"古书宜备，今事有关土地、人民者详，余略"，"引书用最初者"，"群书互易者，宜考订","采用旧志及各书，须覆检所引原书","引书注明第几卷"，"关涉两门者，互见分详略","纪事须有首尾，具年月"，"生存人姓名、事实、著述不录","不得偏执独见"等，对后世修志都有借鉴和指导性的作用。李鸿章在序中曾云，"至其体例之善，文采之美，则九能三长，授简缀辞，极天下之选，以成一代之书，信今传后无疑也"，对本志大加褒扬，在某种程度上可以说是对此志书的客观评价。[109]

另外，值得一提的是本志书《艺文志一》"纪录顺天事之书"，由缪荃孙纂，经傅云龙复辑，以顺天府辖区为限，收录了上起周《燕春秋》下迄清《光绪昌平州志》在内的北京史志 229 种，对历代北京史志专书进行了简单勾勒，可说是一篇有关北京地方文献的书录。当然，由于条件所限，也有遗漏，如明代蒋一葵的《长安客话》、清康熙年间张吉年等人纂修的《顺天府志》等书皆未收入。

2. 《日下旧闻考》。于敏中等奉敕编纂，原名《钦定日下旧闻考》，共 160 卷。此书是在朱彝尊《日下旧闻》的基础上删繁补缺，援古证今，一一考证而成。"日下"即北京。朱彝尊（1629—1709 年），字锡鬯，号竹垞，浙江秀水（今嘉兴）县人。清代著名学者。康熙年间举博学鸿词科，授翰林院检讨，入值南书房，曾参加编写《明史》。朱彝尊学识渊博，通经史，善诗词，一生著作颇丰，《日下旧闻》便是其中影响最大的一种。本书完成于康熙二十五年（1686 年），分为 13 门类 42 卷，专述北京历史掌故，上起远古，下至明末。当时著名学者徐元文、徐乾学、姜宸英、张鹏、冯溥、唐梦赉、陈廷敬、高士奇等都曾为此书撰写序言，对此书褒扬有加。

康熙中后期至乾隆中叶，北京城市发生了很大的变化，朱彝尊所选录的，已有疏漏。因此，乾隆皇帝命重臣于敏中、英廉，名士李筠、窦光鼐等，对《日下旧闻》进行增补考订，成书后题名为《日下旧闻考》。《日下旧闻考》于乾隆三十八年（1773 年）开始编修，四十七年（1782 年）成书。

在体例上，《日下旧闻考》大体沿用《日下旧闻》的体例和编次目录，并适当增加"官署"和"国朝苑囿"等。朱彝尊原本分星土、世纪、形胜、宫室、城市、郊坰、京畿、侨治、边障、户版、风俗、物产、杂缀 13 门，掌列眉分，颇称详瞻。《日下旧闻考》各仍旧目。唯城市门首标京城总纪、皇城各卷，又各官衙署原本载入城市门。国朝官府建置视前代更昭美备，又八旗内务府各衙门均属创设，因此别立官署一门，以原有各条移入新分门目，而以现在体制增载于后。又城西玉泉、香山等处，原本俱列入郊坰门，今西郊为御园胜地，别立苑囿一门。

在篇幅和内容上，《日下旧闻考》较原本大为增加。新增"国朝宫室"20卷，"京城总纪"2卷，"皇城"4卷，"国朝苑囿"14卷；"官署"12卷从原"城市"门独立出来；"郊坰"由原6卷增为20卷；"京畿"由原20卷增为40卷。原本"侨治"门被删除。《日下旧闻考》篇幅大体是原本的3倍。书中标有"原"、"增"、"补"字样。原本所引各仍其旧，增补者续编于后。凡朱彝尊原引加"原"字，其子朱昆田补遗者加"补"字，新添加者加"补"字。书中朱彝尊原有按语加"朱彝尊原按"字样，新增考订按语加"臣等谨按"字样。

另外，本志皇家都城特色较为突出。康乾时期是北京地区大规模兴建皇家园林的时期。圆明园、静明园、清漪园、万寿山、昆明湖、北海、中海、南海等都是在这一时期兴建或修缮的。《日下旧闻考》中有关皇家的宫殿、官署、园林方面占了很大的篇幅，如卷九至卷二十八为国朝宫室、卷二十九至卷三十六为宫室、卷三十七至卷三十八为京城总纪、卷三十九至卷四十二为皇城、卷四十三至卷六十一为城市、卷七十四至卷八十八为国朝苑囿。

总之，尽管《日下旧闻考》未以志书命名，但其基本上是地方志的编纂体例，是研究北京历史、地理、宫室、苑囿、风俗、城坊、名胜等方面的重要地方志。《四库全书总目提要》评论说："因朱彝尊《日下旧闻》原本，删繁补阙，援古证今，一一详为考核。……履勘遗迹，订妄以存真，阙疑以传信。……务使有关考证，不漏不支。……千古舆图，当以此本为准绳矣"，对其作出较高的评价。[110]

3. 《光绪延庆州志》。何道增重修，张惇德纂，光绪七年（1881年）刻本。志书有4个序，即光绪五年（1879年）二月延庆知州何道增"重修延庆州志序"、光绪七年（1881年）六月知州荣恩序、光绪七年（1881年）闰七月胡振书序和同治十年（1871年）屠秉懿"延庆州志稿序"。

本志内容较为丰富，体例较为完备，志前所列凡例24条对志书的体例进行了严格的规范。卷首列诏谕、临幸、宸章。卷一分上下和卷二为舆地志，下设沿革、山川、里社、里屯、绰楔、风俗等目。卷三位赋役志，下设户口、田赋表、盐课、杂税、物产等目。卷四为学校志，下设州学、乡学、书院等目。卷五为经政志，下设庙祀、恤政、邮递、兵防等目。卷六为职官志，下设官制、职官表、治绩等目。卷七为选举志，下设科目表、例仕表、封赠等目。卷八为人物志，下设仕绩、忠烈、文学、孝行、耆寿、隐逸、流寓等目。卷九为列女志，下设节妇、贤妇等目。卷十为艺文志，下设著述、碑碣等目。卷十一为古迹志，下设废城堡、废署舍、冢墓、寺观等目。卷十二为杂稽志，下设事略、祥异等目。卷末分列识余、附录、订讹。

本志的另一大特点是大量采用图表，反映延庆社会各方面的历史变迁。如沿革表、职官表、选举表、田赋表、村镇表等。沿革表又分朝代、统部、州郡、州境。田赋表先分朝代，再分纪年、实在地、夏地、秋地、谷草。这种记述方式将所论内容简洁、清晰地呈现出来，给人一目了然的感觉。卷末的"订讹"对旧志中的讹误进行了纠正，考证十分精详。如对《乾隆延庆州志》中"建置"部分内容提出异议，对古长城位置进行修正。总之，该志"内容丰富，体例完备，考证精详"，是一部很有价值的北京地方志。

4.《昌平山水记》。顾炎武撰，分上、下卷。顾炎武（1613—1682年），初名绛，字忠清，后改炎武。江苏昆山人，明清之际著名史学家、思想家。他在地理学、史学、文学、哲学等领域造诣高深，清初称学有根基者，以顾炎武为最，学者称为亭林先生。[111]《光绪顺天府志》"记录顺天事之书"的作者认为顾炎武"博极群书，最明地理之学"，所著《昌平山水记》"考证详明，叙述有法"。[112]

顾炎武曾参加南方省份的反清斗争，失败后，遍游山东、河北、山西、陕西等地，顺治十六年（1659年）顾炎武由山东来到北京，自德胜门北行，遍访京东。他将沿途所见所闻，进行记述，写成《昌平山水记》，记述所经地方的山川、河流、古城、关隘、古迹、名胜、物产民俗等情况。

书中除对历史地理、民俗风情进行介绍外，对明代陵寝用了较多的笔墨，依次记述了长陵、献陵、景陵、裕陵、茂陵、泰陵、康陵、永陵、昭陵、定陵、庆陵、德陵及崇祯思陵的情况。对每一座陵寝的周围环境、主要建筑、附属建筑及祭祀制度等都进行了详细的介绍，对我们了解明十三陵提供了丰富的资料。

顾炎武治学注重经世致用，通过实地考察，对地理沿革进行考订。史称他所至之地，以两匹马载书，过边塞延障，呼老兵卒询曲折，有与平日所闻不合，即发书对勘；或平原大野，则于鞍上默诵诸经注疏。本书中也作了一些考辨，纠正了典籍中的记述错误，成为我们研究昌平、顺义、密云、怀柔等地建置沿革的重要历史地理著作。顾炎武的好友王宏撰称赞其"所著《昌平山水记》二卷，巨细咸存，尺寸不爽，凡亲对证，三易其稿，而亭林犹以为未惬，正使博闻强记或当有人，而精详不苟，未见其伦也"。

另外，在编写风格上，《昌平山水记》为个人所写，在体裁、体例方面没有严格的限制，对某些方面可以尽情挥洒笔墨，与地方衙门组织编写的地方志相比，更具有生动性、翔实性，可以与官方方志相补充，形成相得益彰的效果。

综上所述，清代北京地方志具有如下特点：

1. 志书数量多，修志频率高。清朝历代皇帝都十分重视编修地方志，北京方志在资政方面的作用更为明显，所以，清代北京地方志数量很多，府、州、县志多达三十多部，有的州、县还有多部方志问世。就清代各个时期而言，每个皇帝在位期间几乎都修过方志。就数量而言，康熙时期和光绪时期更多。就康熙时期而言，应该与社会稳定，对文化建设比较重视有关。光绪时期，应该与近代舆地观念的转变，地理学的逐步发展有关。

清代北京地方志纂修频率较高。顺治初期，清朝便下诏修志。此后各地包括北京地区逐步展开了修志活动。康熙时期，清廷命各地编纂方志，为编纂《大清一统志》提供资料。康熙时期北京多部志书问世。雍正七年（1729年）清廷下诏全国各省、府、州、县志，每隔60年重修一次，首次对修志频率做出正式规定。而大量现存北京地方志表明，很多州、县甚至隔二三十年就修志一次。这无疑可以及时更新、补充大量资料，使得特定区域内的历史沿革、社会文化发展更加连贯，更大程度地保证史料的真实性。

2. 种类多样，具有地域特色。清代北京地方志种类多样，依据行政区划可以分为府志和州、县志，按照记事范围划分为通志、专志。清代北京地方志在遵守纂修体例的同时，也注意突出地域特色。如通州是北京漕运的重要枢纽，故此《通州志》设漕运志，"记述历代所建的仓厂，如金置四仓、元置十三仓、明建四仓都有详记"。如密云县是清朝皇帝出巡承德避暑山庄的必经之地，设有刘家庄、密云、要亭及罗家桥等四处行宫。因此，在《密云县志》里对皇帝出巡的时间、次数、视察县城的情况，及对本地的蠲免赋役、散赈减粜等举措进行了详细的记述。

3. 大批著名学者跻身修志。各地方志是编修《大清一统志》的重要基础，清朝统治者对编修《大清一统志》的高度重视，带动大批学者跻身修志。清代北京地方志吸引了大批著名学者参加，如担任《光绪顺天府志》的总纂官缪荃孙为著名的目录、历史、金石学家。他不仅编写了疆域、乡贤、艺文、金石等卷，还审核全书。为保证志书质量，缪荃孙还延请当时名儒硕彦，如鲍恩绶、廖廷相、汪凤藻等担任各门分纂。他们在编纂过程中，广征博引，时任内阁学士兼礼部侍郎、署顺天府府尹的沈秉成曾在序中说，"盖自群经笺注，地理专著，正史别史，诸子文集，舆夫图经、志谱、公牍、访册，于古若今，数十万卷中，探讨而出。"[113]他们以严谨的学术态度，将学术研究与修志实践相结合，致力于修志事业。

4. 注重调查采访，资料的可靠性较高。在编修《大清一统志》的过程中，为确保资料的可靠性，清朝统治者明确下令各省、府、州、县调查户口、田赋、桥梁、仓廒、书院、古迹等各项，造册送馆。这种注重调查采访的方法对各地方志的志风具有较大的示范作用。北京方志的参加者在广泛搜集书面资料的同时，还非常注重实地调查。如《光绪顺天府志》"坊巷志"的作者朱一新，在写作过程中，每天步行于大街小巷，向百姓进行访问征询，这样写出来的著述自然可靠性较高。所以，清代北京地方志中各个篇目记述的自然地理、政治、经济、文化、社会、军事等方方面面的情况，至今仍是包括历史学在内的各学科的重要的资料来源之一。

二、风物著述

风物类著述是清代北京著述的重要内容之一。所谓"风物"包含内容较多，既有对北京的历史掌故、衙署旧闻、名人轶事、街巷琐闻、名人故居、园林寺观、名胜古迹的介绍，也不乏地区文化、戏剧、娱乐，独特的民俗、传统节日、土特产及风味饮食，花卉林木等方面的记载。其中有些著述记载风物的方方面面，内容较为丰富。有些对某一方面进行专门记载，详尽而深入。当然，专题性风物著述在记载时往往也涉及其他方面。所以，综合性和专题性只是相对而言的。本书所选多为专门描写北京的地方性风物著述，对那些全国性的著述中涉及北京的相关内容只做简单提及。清代北京风物著述的作者可能是京籍，也可能是非京籍的，但他们长期生活、工作在北京。即使那些作者在京时间较短的，所选著述也是他们在京期间所写的。

清代北京地区风物著述很多。一类是综合性风物著述。在众多北京风物书籍中，明末清初孙承泽的《春明梦余录》和《天府广记》是其中很重要的2部。孙承泽（1592—1676年），字耳伯，号北海，又号退谷。明末清初官员学者，生于北京大兴县采育镇。明崇祯时进士，曾经在明朝、大顺政权以及清朝做官，顺治十年辞官，结束宦海生涯。辞官后，孙承泽起先居住在前门外章家桥西，即孙公园。宅内有研山堂、万卷楼等古建筑。万卷楼内藏书甚多。研山堂是他和文人墨客交往的地方。许多达官显贵、知名人士如翁方纲、孙渊如等都曾来此。第二年，他来至西山卧佛寺旁水源头，即今樱桃沟，自此不问政事，潜心著书立说。他一生著作颇丰，其中《春明梦余录》和《天府广记》两部书最为著名。《春明梦余录》70 卷，侧重典章制度，《天府广记》44 卷，带有地方志性质。后者较之前者，地方色彩更浓，文字更为简练。但它们都是是研究北京地区宫阙、坛庙、衙署、风习的重要参考资料。

《北游录》是明末清初史学家谈迁留给后人的一部北京风物著述，此书的特点是内容丰富，言之有据。谈迁（1593—1657 年），原名以训，字仲木，明亡后改名迁，字孺木。谈迁为了写一部令人可信的明史，曾历时 27 年时间，6 次修改编成《国榷》，但书稿被盗，此后他下决心，重新编写，谈迁北游京师的目的便与此有关。为了搜集史料，补充和纠正《国榷》，谈迁北上入京，访问有关史事的人物，而《北游录》就是他顺治十年（1653 年）至十三年（1656 年），在京期间的经历见闻。全书共 9 卷，包括纪程、纪邮、纪咏、纪闻各 2 卷和纪文 1 卷。内容包括园林山水、名胜古迹、明帝陵寝、庙宇古刹、典章制度、社会生活、风俗人情、各种物产、名人轶事、历史掌故、传说故事等等。谈迁登山涉水，访寻遗迹，多次迷路，却乐此不疲。每到一地，"日对一编，掌大薄蹄，手尝不辍"。"或覆故纸背，涂鸦萦蚓，至不可辨。或途听壁窥，轶事绪闻，参楮圮碣，就耳目所及，无遗者。"[(114)]谈迁经讨辛勒捜访写出的《北游录》，言之有据，是一部十分严谨的史料笔记著述。

吴长元辑《宸垣识略》记录了北京的史地沿革和名胜古迹，是根据康熙年间朱彝尊编辑的《日下旧闻》和乾隆皇帝敕编的《日下旧闻考》体例编辑而成。吴长元，字太初，浙江仁和人。生平事迹不详。他于乾隆时期久居京师，为公卿士大夫仇校文艺，逐渐积累了广博的知识，编成《宸垣识略》。全书共 16 卷，卷一，天文、形胜、水利、建置；卷二，大内；卷三至卷四，皇城；卷五至卷八，内域；卷九至卷十，外城；卷十一，苑囿；卷十二至卷十五，郊坰；卷十六，识余。较之《日下旧闻》和《日下旧闻考》，该书"采掇大纲，事详语略"，方便易读。另外，该书考证精详，十分缜密，作者将旧闻中的文字加"原按"，补遗的文字加"补按"，《日下旧闻考》中的加"考按"，自己考证的加"长元按"。书前绘有包括城池、大内、皇城、八旗外城、西山等十八幅地图，可谓展卷了然，是较为精确的关于北京地区的旅游地图。该书对京师商业进行了详细的记载，如据《宸垣识略》卷九记载，连接东西城的是一条大街，"大街东边市房后有里街，曰肉市、曰布市、曰瓜子店，迤南至猪市口，其横胡同曰打磨厂。内稍北为东河沿，曰鲜鱼口，内有南北孝顺胡同，长巷上下头条、二条、三条、四条胡同；曰大蒋家胡同，东南斜出三里河大街，内有小蒋家胡同，冰窖胡同。此皆商贾匠作货栈之地也。"

震钧著《天咫偶闻》是记述清末北京地区政治、文化、典章制度和风土人情的重要著述。震钧（1857—1920 年），字在亭，自号涉江道人，出身满族官宦世家，其祖随多尔衮入关，世居京师。曾任江苏江都知县，执教于京师大学堂。他博学多闻，著述颇丰，有《庚子西行记事》、《渤海国志》、《八旗人著述存目》、《国朝书人辑略》等。他还将习闻琐事，著述成书，即《天咫偶闻》。该书共 10 卷，即卷一皇城，卷二南城，卷三东城，卷四北城，卷五西城，卷六外城东，卷七外城西，卷八至卷九郊坰，卷十琐记。

一类是专题性风物著述。京师风俗是风物著述描写的重要内容。《帝京岁时纪胜》是记述清代北京岁时风物的专书。作者潘荣陛，字在亭，大兴县人。曾在国史馆任职，有机会接触内府图书，致仕后，将所经历者，记录成帙，著有《工务纪由》、《月令集览》、《昏仪便俗》、《读礼须知》、《旷怀闲草》等，其中《帝京岁时纪胜》最为著名。该书以月份先后为序，记述了清代时期北京的元旦、中和节、清明、立夏、端阳、立秋、中秋、重阳、冬至、腊八等各种节日习俗。书中有关"喇嘛打鬼"、"琉璃厂店"、"岁时杂戏"、"丰台芍药"、"皇都品汇"、"烟火"、"都城隍庙"、"关圣庙"、"时品"、"滑擦"、"蹴鞠"、"市卖"和"窖冰"等内容的记载，为我们展开了一幅乾隆时期京师生活的画卷，为了解清代北京提供了宝贵的资料。清代民间娱乐活动较为丰富。据《帝京岁时纪胜·岁时杂戏》载"闲常之戏则脱泥钱，踢石球，鞭陀罗，放空钟，弹拐子，滚核桃，打尜尜，踢毽子。京师小儿语：'杨柳青，放空钟。杨柳活，抽陀螺。杨柳发，打尜尜。杨柳死，踢毽子'。"而且，当时有些人踢毽子的水平已经较高，"都门有专艺踢毽子者，手舞足蹈，不少停息，若首若面，若背若胸，团转相击，随其高下，动合机宜，不致坠落，亦博戏中之绝技矣。"

《燕京岁时记》是描写京师风俗的另一部重要著作。作者富察敦崇，满族，清代学者，同治、光绪时人。博学多识，撰述颇丰。其中以《燕京岁时记》最为著名。该书以时令先后为序，实录北京风俗、礼仪、游览、物产、技艺等，是记述北京岁时风物的专著。清代庙会已经较为发达。清代寺庙除进行宗教活动外，还是人们进行娱乐和集市贸易的重要场所。护国寺和隆福寺庙会十分热闹，被称为东西庙。据《燕京岁时记》"东西庙"记载，"西庙曰护国寺，在皇城西北定府大街正西。东庙曰隆福寺，在东四牌楼西马市正北。自正月起，每逢七、八日开西庙，九、十日开东庙。开庙之日，百货云集，凡珠玉、绫罗、衣服、饮食、古玩、字画、花鸟、虫鱼以及寻常日用之物，星卜、杂技之流，无所不有。乃都城内之一大市会也"。酸梅汤是北京传统的消暑饮品。"酸梅汤"条，对其所用原料和制作方法记载："酸梅汤以酸梅合冰糖煮之，调以玫瑰木樨冰水，其凉振齿"。以前门九龙斋及西单牌楼邱家者为京都第一。"栗子、白薯、中果、南糖、沙琪玛、芙蓉糕、冰糖葫芦、温朴"条对京师风味饮食进行了记载："京师食品亦有关于时令。十月以后，则有栗子、白薯等物。栗子来时用黑砂炒熟，甘美异常。青灯诵读之余，剥而食之，颇有味外之味。白薯贫富皆嗜，不假扶持，用火煨熟，自然甘美，较之山药、芋头尤足济世，可方为朴实有用之材。中果、南糖到处有之。沙琪玛乃满洲饽饽，以冰糖、奶油合白面为之，形如糯米，用不灰木烘炉烤熟，遂成方块，甜腻可食。芙蓉糕与沙琪玛同，但面有红糖，艳如芙蓉耳。冰糖葫芦乃用竹签，贯以葡萄、山药豆、海棠果、山里红等物，蘸以冰糖，甜脆而凉。冬夜食之，颇能去煤炭之气。温朴形如樱桃而坚实，以蜜渍之，既酸且甜，颇能下酒。皆京师应时之食品也。"

该书对放风筝、踢毽子、敲太平鼓、抖空竹等都有记载，"京师十月以后，则有风筝、毽儿等物。风筝即纸鸢，缚竹为骨，以纸糊之，制成仙鹤、孔雀、沙雁、飞虎之类，绘画极工。……有带风琴锣鼓者，更抑扬可听，故谓之风筝也。毽儿者，垫以皮钱，衬以铜钱，束以雕翎，缚以皮带，儿童踢弄之，足以活血御寒。……太平鼓者，系铁圈之上蒙以驴皮，形如团扇，柄下缀以铁环，儿童三五成群，以藤杖击之，鼓声冬冬然，环声铮铮然，上下相应，即所谓迎年之鼓也。空竹者，形如车轮，中有短轴，儿童以双杖系棉线拨弄之，俨如天外晨竹"。赏花也是京师娱乐活动之一。《燕京岁时记·十刹海》记载"十刹海俗呼河沿，在地安门外迤西，荷花最盛。每至六月，士女云集，然皆在前海之北岸。他处虽有荷花，无人玩赏也。……凡花开时，北岸一带风景最佳：绿柳垂丝，红衣腻粉，花光人面，掩映迷离，直不知人之为人花之为花矣"。

清朝皇帝和满洲贵族大臣也有娱乐活动，如《燕京岁时记·拖床》记载："冬至以后，水泽腹坚，则十刹海、护城河、二闸等处皆有冰床。一人拖之，其行甚速。长约五尺，宽约三尺，以木为之，脚有铁条，可坐三四人。雪晴日暖之际，如行玉壶中，亦快事也。至立春以后，则不可乘，乘则甚危，有陷入冰窟者，而拖者逃矣。近日王公大臣之有恩命者，亦准于西苑门内乘坐拖床，床甚华美……"

《人海记》是一部记载地方史和宫廷史的笔记。作者查慎行（1650—1727 年），字悔余，号查田、他山，晚号初白庵主人，浙江海宁人。康熙四十二年（1703 年）进士，曾在内廷供职，任武英殿修书总裁。他学问浑灏，文章丽则，尤工于诗，著述颇丰，有《敬业堂集》、《敬业堂续集》、《苏诗补注》等。所著《人海记》中记述北京名胜古迹、风俗习惯的内容较多，如万岁山白塔、元旦堂祭、定水带、于经墓、护驾松、弘光佛阁、鲍公寺白松、秘摩崖古柏、大功德寺、鹿园、卢沟桥石狮、于忠肃祠、西苑松桧、文庙古柏、天坛榆钱、报国寺矮松、昌平古槐、大内瓜子、西苑烟火、南海淀、北京宫殿灯、灯市等。

此外，如让廉撰《京都风俗志》，王养廉、李开泰辑的《大兴岁时志稿》和《宛平岁时志稿》、杨静亭的《都门纪略》和李虹若的《朝市丛载》等对清代北京地区的市井风情、名胜古迹及梨园掌故等都有记述。

很多著述对北京城郊景物，园林寺观、陵墓祠宇、名胜古迹进行记载。高士奇著《金鳌退食笔记》是研究明清御苑以及北京史地风物的重要著作。高士奇（1645—1740 年），字澹人，号江村，浙江平湖人，清代著名官员、学者。他学识敏达，能诗，善书法，精考证，善鉴赏，收藏名迹，与孙承泽相垺。生平著述有《春秋地名考略》、《左传纪事本末》、《春秋讲义》等，其中《金鳌退食笔记》是他入侍内廷，赐居西安门内时所作。该书共 2 卷，详于西而略于东，纪其兴废而复杂以时事。记述内容包括西苑太液池、瀛台、乐成殿、紫光阁、芭蕉园、玩芳亭、承光殿、琼华岛等处景物，卷下记述大高玄殿、乾明门遗址、玄都胜境、藏舟浦、雪池、五龙亭、凝和殿、迎翠殿、西海神祠、乾祐阁、大西天经厂。书中所记，包括西苑皇家御园的历史沿革、主要建筑、掌故轶闻、赐游纪实、苑囿风光、宫廷生活等。该书证据详明，纤悉必备，且为作者亲身经历与闻见。

励宗万的《京城古迹考》是他于乾隆十年（1745 年）奉皇帝之命，对京城内外名胜古迹进行调查核实后写成的。励宗万（1705—1759 年），字滋大，号衣园，直隶静海人。康熙六十年（1721 年）进士，曾任侍讲学士、山西学政、国子监司业、工部左侍郎等职。他工书善画，好赋诗词，曾著《衣园遗稿》等。该书依方编续，记录东城、南城、西城、北城古迹共 46 处。每记述一处古迹时，先征引志乘及文集杂著，再按籍访核。如在"万柳堂"中，作者引用《天府广记》和《辍耕录》相关记载交代昔日万柳堂沿革，再记述万柳堂现状。阙名《日下尊闻录》5 卷，按标目末字上平、下平、上、去、入五声排序，对宫苑中的重要古迹进行了介绍。

戴璐的《藤阴杂记》对典章制度、科举情况、文坛掌故等进行介绍的同时，占用较大篇幅记述京城及京郊坊巷、官署、寺观、祠墓的分布情况。戴璐（1739—1806 年），字敏夫，号菔塘，又号吟梅居士，浙江归安人。乾隆二十八年（1763 年）进士，曾任都察院给事中、工部郎中、太仆寺卿等职。他博文多识，尤熟于清朝掌故，著作等身，有《国朝六科汉给事中题目录》、《国朝湖州府科第表》等。《藤阴杂记》是作者任工部郎中时所著，因所居槐市斜街院中，有"新藤四本，渐次成阴"，故名。全书共 12 卷，其中第五至十二卷，记述京师五城及郊垌名胜。该书考据精审，是作者平日"目见耳闻，随手漫笔。及巡视东城，六街踏遍，凡琳宫梵宇，贤踪名迹，停车咨访，笔之于书。"另外，如北京宛平人芳喆所著《国门近游录》，对房山普济寺、云居寺进行记载。李铠撰《玉河纵马记》，详细介绍了詹事府署的建筑格局，因詹事府衙门在玉河东堤，故名。

此外，值得一提的是，道光以后，北京地区涌现出大量富有生活气息的竹枝词。这些竹枝词用通俗的词句，七言四句的诗体，描述了当时的风土民情、生活时尚等等。较为著名的如杨米人的《都门竹枝词》、康熙年间著名文人孔尚任等做的《燕九竹枝词》、嘉庆时期硕亭的《草珠一串》、道光年间杨静亭的《都门杂咏》和宣统年间的《京华慷慨竹枝词》等等。这些竹枝词生动、真实地反映了清代北京的市民生活和社会风貌。如孔尚任曾写过一首竹枝词，描述儿童在白云观外放风筝的情景："结伴儿童裤褶红，手提线索骂天公。人人夸你春来早，欠我风筝五丈风。"另一首写燕九庙会风情的，京师以正月十九为燕九之会，相传元时丘长春于此日仙去。在这一日，远近道流，皆于此日聚城西白云观。此日，车骑如云，游人纷沓，上自王公贵戚，下至舆隶贩夫，无不毕集。孔尚任等也于此日前来，并做竹枝词，对社会各阶层人们的生活状态进行揭示："七贵五侯势莫当，挨肩都是羽林郎，他家吹唱般般有，立马闲看州戏场。玉洞隔凡尘，藏得乞儿疠癞身。绝粒三旬无处诉，被人指作丘长春。"

另外，一些并非专论北京的著作，在文中对北京风土人情也有所涉及。如，吴振棫撰《养吉斋丛录》卷十三至卷十五记宫中各类节庆活动，如端午龙舟竞赛、上元圆明园烟火、冬日冰嬉等。卷十七至卷十九记宫殿苑囿。卷二十一至卷二十六记宫中所食山珍海味、所用绸纱皮革等。赵翼的《檐曝杂记》卷一"大戏"（内府戏班），"烟火"（圆明园）。卷二"梨园色艺"。为清人赵翼所撰零散笔记文字的汇辑，记述作者京城官场见闻交往，出仕两广、云贵经历闻见，以及读书心得等，共计6卷、续1卷。姚元之撰《竹叶亭杂记》卷三记载各地的风光物产，其中包括对北京的大觉寺、4座天主教堂等的介绍。

　　综上，我们可以看出，北京风物著述涉及内容广泛，涉猎广泛的社会生活。尤其是它们提供的关于京师一般百姓娱乐、饮食等方面的生活资料是弥足珍贵的。有些习俗至今仍然延续，如踢毽子、抖空竹、放风筝已经成为一种常见的体育锻炼方式。再如酸梅汤成为老北京传统的消暑饮料，沙琪玛已经由满族饽饽变成京城百姓的美味糕点。同时，这些著述体例不一。很多著述的作者是长期生活、供职于京师的学者、官员，他们将习闻所见，著述成书。他们或按方位，或按区划，或按音调，或按时令记述，并无严格的体例要求。但这并未损减著述本身的史料价值。作者所记往往是他们亲身经历的，或实地考察过的，而非道听途说，与根据传闻著书者有根本区别。他们记述时，还广泛引用官方书籍和私人札记，并能够以自己的学识对不一致之处进行深入考证，提出自己的意见，知识性较强。而且，这类著述一般语言较为流畅，通俗易懂，富于趣味性，可读性和知识性较强。通过它们，让我们对清代京师的社会习俗、生活方式、风土人情有了一些生动、具体的了解。

三、西人关于北京的著述

　　至清初在耶稣会士的笔下，西方人终于得以看到北京比较清晰的形象。其中描述最为详细的当属1668年葡萄牙传教士安文思出版的《中国新史》。该书用5个章节介绍了北京之宏伟。如"北京的内城被称为满城，外城被称为汉城，在内城之内还有皇城和紫禁城。紫禁城内是皇宫，其体量之大俨然是一座城市，红墙黄顶，气度非凡，置身于其中便自觉渺小。""到处都是人群，除欧洲的市集和游行外简直没有可与之相比的。""北京的街道整齐，商业繁华，但是黄土路面带来许多不便，大队人马经过时，尘土飞扬，遮天蔽日，看不清五步以外的人和物。"安文思最后总结道："我们所述的建筑物都盖以黄绿蓝色大厚瓦。屋脊总是从东到西，高出屋顶约一矛的高度。末端饰以龙虎狮及其他动物的躯体和头部造型，它们沿着整个屋脊盘绕延伸。从它们的口和耳中，涌出各种花朵及奇形怪状的东西及其他悦目的装饰，一些装饰就依附在它们的角上。由于这些宫殿都漆上上述的色彩，当太阳升起时，从老远看去，如我多次所观察到的，它们都是用纯金制成，至少是镀金，以蓝绿色做彩饰，产生非常美妙、华丽、庄严的景观。"[115]

另一位耶稣会士李明，自复初，是耶稣会早期来华传教士，他曾著有《中国现势新志》，该书虽非专记北京之书，但其中约有三十几页讲到了北京，据该书所记，"北京位于北纬四十度，坐落于一距长城不远的肥沃平原之上。……该城以前几乎呈正方形，周长约四大法里，后来满人占领了该城，并将汉人赶到城外，于是他们又建了一座新城。该城是个不规则的长方形……两城合计周长六大法里……"。作者特别注意到北京众多的人口，他指出北京需要足够的粮店以供 200 万人口之需，而且在巴黎可住 10 个人的地方在北京要住 20 个人。作者又对北京为何显得人口众多的原因归纳为 4 点：一是由于北京缺乏河流，运输主要靠大车、小车、骆驼等，每天一早，刚一开城门的时候及晚上快关城门的时候，都十分拥挤。二是北京的工匠绝大多数都在他们自己家里工作，每天在城里到处找活，增加了城市人口的流量。三是在北京，无论什么人，甚至是一些穷人，出门也要骑马、坐轿，还要带上随从。四是每当有重要官员和皇亲走过的时候，由于他们带上很多随从，更使城市显得拥堵。作者也用一定篇幅描写了北京街道（指出街上看不到妇女）和宫殿的情况以及观象台上的各种测绘工具。就笔者所见，该书记载北京的篇幅虽然不多，但很有特色，全为作者亲眼所见，史料价值很高，对研究北京城市人口和城市建设史很有启发意义。

最为全面搜集整理耶稣会传教士有关中国著述的著作是 Du Halde（杜赫德）的《中华帝国全志（中华帝国和华属鞑靼地区的地理、历史、年代、政治及自然情况的描述）》。该书在国图有 3 个版本，2 个法文本，1 个英文本。该书的史料价值毋庸再提，它可以称得上 17 世纪西方汉学研究的集大成之作。此书的编纂者为杜赫德，全书共分 4 卷，按省级行政区划排列，对北京的描述主要集中在该书的 133—148 页。该书主要介绍了汉城、满城，城内街巷的分布，皇宫的内部结构，一些坛庙的概况。由于该书的主要资料来源于在华传教士信件，因此算不上第一手史料。但是因其根据的许多信件目前很难看到，此书保存了大量耶稣会传教士书信中记载的非常重要的史料，价值不可小视。

此外，还有两部旅行家游记也对北京有比较详细的描述。一部是

《北京、马尼拉及法兰西岛旅行记（1784—1801 年）》。该书作者为 18 世纪法国著名汉学家德经，虽然此书并不是专记作者在北京的活动，但也有相当篇幅记载了当时北京的社会状况。德经从广宁门进城，首先看到了高大的城墙，据他的记述，城墙高 25 法尺，底部宽 20 法尺，顶部宽 12 法尺。作者进城后对城市内店铺之多感到很吃惊，但更令他吃惊的是尘土飞扬的大街。他提到走在路上甚至无法分辨十步以外的景物，街上到处都是农民、大车、挑夫，以及许多盖上了白布的二轮车；满城比汉城的城墙要高，宣武门正对着满是店铺的大街，在其中央有一块空地搭了一些帐篷，据说是为新年时卖羊作准备的。宣武门中央有一洞口，该城门由巨大的石块建成，高约 25—30 米，城门楼顶由一点向四面倾斜，屋顶上覆盖着琉璃瓦，门楼上有 3 个出口。其后作者又参观了皇城，从西直门出城，看到了许多松树和坟墓。作者在城内闲逛时，注意到街上人非常多，许多穿着羊皮袄的苦力在街上走来走去，尤为引人注意的是女人在街上自由的行动，有的走路，有的坐车，而且她们没有裹小脚。

另一部是苏格兰人约翰·贝尔的《从俄罗斯圣彼得堡到亚洲各地旅行记》，其中提到："从北大门入城，前面是一条宽阔的街道，街道笔直，一望无际。我们路过时的扬尘即刻被洒上水，空气非常清新，有五百位骑士专门为我们开路，这些士兵并不像其他东方国家那样粗鲁对待百姓，其态度温和而且有人情味。"

有别于对中国的赞颂，在整个 18 世纪，欧洲也出现了对中国及北京朝廷批判的声音，这方面的最早著作是荷兰东印度公司特使约翰纽霍夫的《从荷兰东印度公司派往鞑靼国谒见中国皇帝的外交使团》。他在书中指出，"在北京举行的招待外国使节宴会上，满清显贵们像野兽而不是文明人那样扑在肉食上。有些官员压根儿没有餐具或盘子，而是直接就着他们面前的菜盘吃。更有甚者，一位高级官员还问荷兰使节是否想将剩菜打包带回，当得到否定的答复时，翻译立刻将使节桌上的残羹冷炙包卷一空带回家，在此过程中散发出一股令人闻之欲呕的可怕气味。"[116] 1670 年，葡萄牙人比门特尔曾经面见康熙皇帝，在中国羁留了 3 年时间。回到澳门后，他用纪实的手法报道了他在北京的见闻："北京夏天温度极高，更苦的是风沙极大又极细。只要一上街，我们的头发和胡子就变得和磨坊主人一样，全盖上一层白粉。水质很差，到了晚上，衣服里会钻进一大堆虫子，到处都是苍蝇，而且会紧逼叮人，蚊子就更别提了。东西样样贵。街道什么也没铺，据说以前还有石板，后来鞑子下令挖掉石板，以方便马匹行走，也因为如此，到处都是风沙，一旦下雨，就变得泥泞一片。读者们听说这个城市很大，很可能会联想到里斯本、罗马、巴黎，但是千万别被误导了。我必须警告他，一旦进入此城，他会以为到了葡萄牙的某个穷乡僻壤。由于规定高度不得超过宫墙，房屋都盖的很低，质量更是差劲，墙壁几乎都由泥巴或灰泥糊上竹条盖成。很少用到砖头。"

19 世纪以后，随着西方国家的强大和清王朝的衰落，北京在西方人的著述中逐渐成为贬值的东方偶像，批评性的负面评价逐渐增多。这类著述的早期代表就是马嘎尔尼使团来华后写作的诸多游记。在这些游记中，斯当东的《英使谒见乾隆纪实》颇有代表性。斯当东虽然说："这样匆促的走马观花无法得出一个恰当的判断。不过，大家的共同感觉是，实际所看到的一切，除了皇宫以外，远没有未到以前想象的那么美好。"他们为证明自己的看法无误，还推测，"尽管整个北京约比扩建的伦敦大三分之一"，[117]但"假如一个中国人观光了英国首都之后做一个公正的判断，他将会认为，无论从商店、桥梁、广场和公共建筑的规模和国家财富的象征来比较，大不列颠的首都伦敦是超过北京的"。[118]由此可见，北京在西方人心目中的地位已经开始滑坡，大不如以前了。

"1840 年是西方人旧的中国观念瓦解和新的认识逐渐形成的一个转折点，这种新认识是由 19 世纪的零碎观念慢慢积累起来的。"[119]鸦片战争以后，描写北京的著作大量涌现，这些著述一反耶稣会士们塑造的北京形象，北京再也不是理想的首都，而处于一种不断衰败停滞的状态中。西方著述中的北京变得令人厌恶和恐惧。1858 年 4 月 19 日天主教梅纳尔神父致阿尔布朗的一封书简可以让我们看到传教士眼中的北京与 150 年前相比，发生了怎样的变化："这座如此闻名的首都除了我下面要介绍的几处地方外，就没有其他别的特殊之处了。第一，我们穿过了四座异乎寻常大的宫门，每座宫门都有五层高。第二，有一座十分迷人的山，名叫煤山。其周围是高墙，位于第二道皇城的中央。山上有一片令人惬意的小树林，山顶上或建有漂亮雅致的观赏亭，或建有镂花凉棚。第三，一座漂亮的桥，名叫御河桥。第四，一座辽阔，富丽堂皇的庙宇，名叫帝王庙。第五，一些成圆形的宝塔，宝塔很高，尖顶，顶上安装有一个漂亮的镀金球。其中有一座宝塔的塔顶和四周都有宽阔的阳台，阳台配有别致的栏杆或铁栅栏，好像给这座古塔戴上了一顶轻飘飘的花冠。我们穿过的一些街道既宽又直，但不很平坦，没有铺路石，较脏。"显然，这已经不是那座耶稣会士们笔下的理想帝都。

1840 年之后来华的西人首先注意到的就是北京的肮脏。1859 年，丁韪良陪同英法使团来到北京。在他眼中，北京"在各方面都显得腐败肮脏。商店十分简陋，街道尽管十分宽敞，却异常肮脏。没有一座建筑超过一层楼高"。到了 19 世纪末英国公使夫人苏姗汤利曾经评价："北京是世界上最脏最臭的城市，'气味浓烈的北京'真是个恰当的外号。"[120] 八国联军总司令瓦德西也认为："北京城在各种旅行笔记中，常被认为世界第一污秽之城市，可谓一点不错，北京街上之污浊，真是令人可怕，城中并无公家清道夫之设，所有一切残物皆随意抛在街头，以听犬鸟前来为之扫除。"[121] 英国社会学家诺曼对北京肮脏的环境进行了重点地批判。"在北京的所有特征中，有一点非常突出，也非常可怕。我指的是北京的污秽。北京是人们能够想象得到的最为肮脏的地方，这种可怕至极的肮脏真是无以形容。这座城市简直就是一座巨大的臭水沟。"[122] 对北京的负面描述最为详尽的应该是洛蒂的《北京最后的日子》这本书。洛蒂是一位法国作家，他曾在八国联军占领北京期间获准进入北京皇城内部活动，对皇城和宫城都有详细的描述，下面列举其中的一些片断以展示这位作家眼中的北京究竟是什么样子的。

关于皇城的外部景观，洛蒂写道："我们一路颠簸着穿过血红色的高墙。墙那边的北京毁坏的没有那么厉害。有些街道的房屋仍然保留着烫金的木饰门面以及房脊上一排排的怪兽。另一道同样血红的城墙上有一扇琉璃瓦盖顶的大门，我们将从那里进入。我们走了进去。我大吃一惊。里面并不是城市，而是一片林子。那林子阴森晦暗，树的种类和天坛一样，有雪松、侧柏和柳树。全部是百年古树。在雪松林之间，每隔一段距离就建有一座琉璃瓦顶的亭子。在我们面前是望不到头的双重城墙，一样血红的颜色，环城修了壕沟。我们在参天古树间行进，路两边的林中可以看见一座座与世隔绝的宫殿，有'云仙殿'，'宁寿宫'或'圣山恩泽殿'。我的伙伴告诉我前面就是'莲花湖'和'汉白玉桥'。但是看看这里！这泥泞而凄惨的沼泽地，只有被严寒冻得焦红的枯叶盖在上面！此外，这人工挖的湖远远比我想象的广阔得多，一直通向那个忧伤的彼岸，在那里，古塔矗立砸灰暗天空的老树林下。这片多少世纪以来对于那些帝王们是如此赏心悦目的莲田可能很快就没了，联军已把湖中的水抽到了连接北京和海河之间的运河里去了。"

洛蒂描述北海说："玉岛其实是一块磐石，浮于莲池之中——在此石之巅，伫立着一个塔形的建筑，图案怪异而神秘。这座极度中国化的建筑以其特有的轮廓控制着整个北京城。塔的高处有一个可怕的飞禽雕塑，恐吓的姿势及死神般的狞笑罩住了全城——那雕塑被我们的士兵称为'中国的巨鬼'。今天早晨，我上去参观了这个巨鬼。飞架莲花和芦苇之上的汉白玉拱桥直通向玉岛。岛的沿岸在松柏的浓荫下是笔直的峭壁，在古树之间设置着一系列大理石平台，上面摆放着铜制香炉，还有建得晦暗的宝塔，在塔的深处无数的镀金菩萨在暗处闪闪发光。在山巅的塔楼下，有一座琉璃瓦顶的大理石庭。我进了巨鬼的住处，里面有可怕的人像。它比普通人高一些，是铜制的，他有五六个凶恶的面孔，各式各样的狞笑让人无法忍受。他带着骷髅穿制的项链，张牙舞爪，四十多只手臂拿着各种刑具或砍下的头颅。"

注释：

（1）王士禛：《池北偶谈》卷十五《退谷论经学》。

（2）孙承泽：《研山斋珍赏历代名贤墨迹集览·朱元晦先生城南二十咏》。

（3）孙承泽：《藤阴札记》。

（4）孙承泽：《山书》卷五《王文成》。

（5）黄虞稷、周在浚：《征刻唐宋秘本书目》。

（6）孙承泽：《五经翼》，后记。

（7）《四库全书总目提要》卷三十四《五经总义类存目》。

（8）孙承泽：《藤阴札记》。

（9）孙承泽：《孔易》，自序。

（10）孙承泽：《藤阴札记》。

（11）孙承泽：《春秋桯传补》。

（12）孙承泽：《尚书集解·序》。

（13）孙承泽：《尚书集解·序》。

（14）《四库全书总目》卷九十七。

（15）陆陇其：《三鱼堂剩言》卷十一。

（16）顾炎武：《日知录》卷十八。

（17）张能鳞：《西山集》卷一《大学衍义补删序》。

（18）《西山集》卷六《孝经命题议》。

（19）《西山集》卷五《征理学姓氏引》。

（20）张能鳞：《儒宗理要》，吕宫序。

（21）《儒宗理要·凡例》第一条。

（22）关于张烈生卒年，根据陆陇其在《王学质疑·后序》中所言："先生已于乙丑十一月捐馆舍矣。"乙丑，即康熙二十四年（1685年）；《清史列传》、《光绪顺天府志》、《国朝先正事略》、《北学编》等传记资料记载张烈终年64岁，以此推算，张烈当生于明天启二年（1622年）。

（23）张烈：《王学质疑》，张烈自序。

（24）管绳莱：《王昆绳家传》，见（清）王源：《居业堂文集》卷首。

（25）黄叔琳：《砚北杂录·姚培谦序》。

（26）黄叔琳：《夏小正注·凡例》。

（27）《四库全书总目》卷九《经部九·易类存目三》。

（28）《四库全书总目》卷十八《经部十八·诗类存目二》。

（29）《四库全书总目》卷三十一《经部三十一·春秋存目二》。

（30）翁方纲：《复初斋文集》，第2485页。

（31）《复初斋文集》，第2498页。

（32）《复初斋文集》，第2713页。

（33）翁方纲：《诗附记》，第5页。

（34）翁方纲：《翁氏家事略记》，《乾嘉名儒年谱》第八册。

（35）《复初斋文集》，第3875页。

（36）《致金学莲》，《复初斋文集》，第3873页。

（37）《致曹锡麟》，《复初斋文集》，第3873页。

（38）翁方纲：《诗附记》，第5页。

（39）徐世昌：《清儒学案小传》卷二十。

（40）徐世昌：《清儒学案小传》卷二十。

（41）雷学淇：《古经天象考》卷首。

（42）谢国桢：《增订晚明史籍考·自序》。

（43）谈迁：《北游录·纪游上》，第55页。

（44）《嘉业堂藏书志》卷二。

（45）《四库全书总目》卷一百二十二。

（46）《四库全书总目》卷一百二十二。

（47）孙承泽：《天府广记·朱彝尊序》。

（48）谈迁：《北游录·纪游上》，第55页。

（49）《嘉业堂藏书志》卷二《史部》，董康稿。

（50）《天府广记》，出版说明。

（51）《山居随笔》，邓实题记。此书后世仅存孙承泽手写本，一直没有刊刻行世。此写本曾经为颐园太仆所藏，嘉庆丁巳翁方纲作跋，近代又为邓实所得。收入邓实所辑《风雨楼秘笈留真》12种。

（52）《四库全书总目》卷六十三。

（53）孙承泽：《畿辅人物志·自序》。

（54）《北游录·纪游下》，第117页。

（55）《北游录·纪游下》，第119页。

（56）孙承泽：《畿辅人物志·成克巩序》。

（57）孙承泽：《元朝人物略·自序》。

（58）孙承泽：《元明典故编年考·自序》。

（59）孙承泽：《尚书集解》卷六《禹贡》，自注。

（60）孙承泽：《九州山水考》，后记。

（61）孙承泽：《河纪》，跋语。

（62）陆陇其：《三鱼堂日记》卷上。

（63）《王学质疑》卷首，陆陇其按语。

（64）《王学质疑》，陆陇其后序。

（65）《王学质疑》附《读史质疑》，陆陇其前序。

（66）翁方纲：《粤东金石略·自序》。

（67）翁方纲：《复初斋诗集》卷二《九曜石歌》后跋。

（68）《粤东金石略》附录一《九曜石考》上。

（69）翁方纲：《苏斋题跋》。

（70）《粤东金石略》附录一《九曜石考》上。

（71）《粤东金石略》卷四。

（72）《复初斋诗集》卷八《张魏公列秀亭题字一石，今始得之连州学舍废垣下，赋此》。

（73）《粤东金石略》卷九。

（74）《粤东金石略》卷九。

（75）《粤东金石略》卷九。

（76）沈垚：《落帆楼文集》卷二《答徐星伯中书书》。

（77）孙承泽：《闲者轩帖考》，自序。又，孙承泽在书画题记中经常以"沧桑"指代明清鼎革。如"沧桑后，西川柳凤占收得，余借之，上石后回扬州，竟归余"（《研山斋珍赏历代名贤墨迹集览·王右军裹鲊》）。

（78）易宗夔：《新世说》卷七。

（79）谈迁：《北游录·纪游上》，第66—67页。

（80）《四库全书总目》卷一百一十四《子部二十四·艺术类存目》，《研山斋图绘集览》提要。

（81）《四库全书总目》卷一百一十四《子部二十四·艺术类存目》，《研山斋墨迹集览》一卷《法书集览》三卷提要。

（82）孙承泽：《研山斋珍赏历代名贤图绘集览》卷上，"王维"条。

（83）《居业堂文集》卷十二《舆图指掌序》，又见《舆图指掌·自叙》。

（84）王源：《舆图指掌》跋。

（85）《舆图指掌·北京》。

（86）《居业堂文集》卷十二《平书序》。

（87）《居业堂文集》卷十八《刘处士墓表》。

（88）《四库全书总目》卷一百三十三《子部四十三·杂家类存目十三》。

（89）《致金秋史》卷二，转引自《翁方纲题跋手札集录》，第543页。

（90）《广济寺新志》卷中《万中传》。

（91）《潭柘山岫云寺志》卷二《恒实传》。

（92）闵一得：《金盖心灯》卷一。

（93）完颜崇实：《昆阳王真人道行碑》。

（94）王崇简：《青箱堂诗文集》卷六《青箱堂夏秋夕集记》。

（95）管绳莱：《王氏莹记》，见《居业堂文集》附。

（96）萧穆：《敬孚类稿》卷五《跋程伯敷太守武进管君传》，第110—111页。

（97）王源：《居业堂文集》卷六《复陆紫宸书》。

（98）黄叔琳：《文心雕龙辑注》，自序。

（99）黄叔琳：《文心雕龙辑注》，自序。

（100）黄叔琳：《文心雕龙辑注》，自序。

（101）见浙江省图书馆藏：《朋旧尺牍真迹》，转引自《翁方纲年谱》，第439页。

（102）《叶志诜致韩国友人金正喜札》，转引自《翁方纲年谱》，第490页。

（103）刘承幹：《跋复初斋集外文》，转引自《翁方纲年谱》，第493页。

（104）《清儒学案小传》卷九《大兴二朱学案》。

（105）朱筠：《笥河诗集》，朱珪序。

（106）《笥河文集》，朱锡庚序。

（107）朱锡庚：《朱少河先生杂著·笥河文集遗编后序》。

（108）冯秉文主编：《北京方志概述》，第31页。

（109）《光绪顺天府志·李鸿章序》。

（110）《四库全书总目提要》卷六十八《史部二十四·地理类一》。

（111）《清史稿》卷四百八十一《列传》第二百六十八《儒林二》。

（112）《光绪顺天府志·艺文志·纪录顺天事之书》。

（113）《光绪顺天府志·沈秉文序》。

（114）《北游录》，"朱序"。

（115）安文思：《中国新史》，何高济、李申译，第170页。

（116）Nieuhof, *An embassy from the east – india company to the Grand Tartar Amsterdam*, 1665 English：1673， p. 168。

（117）斯当东：《英使谒见乾隆纪实》，叶笃义译，第305页。

（118）斯当东：《英使谒见乾隆纪实》，叶笃义译，第295页。

（119）马森：《西方的中华帝国观1840—1876》，杨育山等译。

（120）Susan Townley, *My chinese notebook*, London Methuen, 1904, p. 234。

（121）瓦德西：《瓦德西拳乱笔记》，王光祈译，第83—84页。

（122）诺曼：《龙旗下的臣民：近代中国社会与礼俗》，刘君等译，第242页。

第二编　民国时期
北京地区的著述

第一章　政治法律著述

民国时期，先后出现过多个性质迥异、对峙并存的政权。这些政权存在期间，制定颁布了大量法律、法规和其他规范性文件，亦有不少政治法律著述，从不同角度反映了当时的政治风貌。

各种笔记资料记载了清末民初及民国时期北京政治的方方面面。汪康年的著作《汪穰卿笔记》，系集其笔记而成，记述了作者的亲身见闻，是探求清末民初政治、经济及社会风貌不可多得的资料。祁寯藻、文廷式、吴大澂等著《〈青鹤〉笔记九种》，选辑有关近代笔记、典章、掌故，均系清末民初之事，内容涉及政治要闻、枢廷秘事、名人逸事、科举掌故、文人名士诗作等多方面。胡思敬著有《退庐疏稿》4卷（附《附录》1卷）、《驴背集》4卷、《丙午厘定官制刍论》2卷（附《附录》1卷）、《戊戌履霜录》4卷、《王船山〈读通鉴论〉辨正》2卷、《盐乘》16卷、《国闻备乘》4卷、《大盗窃国记》1卷等。其中，《国闻备乘》，记述了清末民初掌故、轶事，叙事翔实，为研究清末民初北京政治提供了十分有价值的史料。

记录民国初年北京政治形势的有国事新闻编辑部编辑《北京兵变始末记》（国事新闻社1912年铅印本）、高劳著《帝制运动始末记》（商务印书馆1923年印行）、介北逸叟编著《癸丑祸乱纪略》（2卷，上海有益斋1913年石印本）、谷钟秀编著《中华民国开国史》（1914年上海泰东图书局铅印本，1册）、天忏生编《洪宪宫闱秘史》（1919

年明华书局铅印本，4 册)、王建中著《洪宪惨史》(1925 年北京铅印本，1 册)、王艺辑《洪宪宫闱奇案》(1922 年上海会文堂书局铅印本，1 册)、侯毅著《洪宪旧闻》(3 卷，附"项城就任秘闻"1 卷，1926 年云在山房铅印本，1 册)、白蕉著《袁世凯与中华民国》(1936 年上海《人文月刊》社出版)、黎乃涵著《辛亥革命与袁世凯》(1949 年三联书店再版)等。许指严的《新华秘记》详细记述了袁世凯称帝时的各种逸闻及袁世凯的私人生活，包括《瘦马阴谋》、《小王爵》、《京津兵变》、《修改新华宫》等六十多篇。

关于民国时期逊清小朝廷史事的著述有上海文艺编译社编辑的《复辟始末记》(上海文艺编译社 1917 年印行)、京华归客、天忏生合著之《复辟之黑幕》(上海翼文编译社 1917 年印行，系从《鹣龛随笔》中摘出，所记为民国初年袁世凯的某些政治活动与张勋复辟，其中许多为作者亲身经历)、许指严撰《复辟半月记》(又名《指严旅京实录》，1917 年铅印本，记述了 1917 年张勋复辟时复辟派的活动、复辟派与讨逆军的战况、北京地区的社会动态等)。此外还有翘生撰《复辟纪实》(1917 年铅印本，1 册)，袁懋庵著《复辟详志》(1917 年铅印本，1 册)，清室善后委员会编《清帝宣统出宫始末记》(清室善后委员会 1924 年印行)，清室善后委员会编《甲子清室密谋复辟文证》(清室善后委员会 1925 年印行)等。

刘楚湘编撰的《癸亥政变纪略》，以亲身经历详述曹锟贿选总统的经过，书中保存了大量的各方函电及当时的新闻报道，尤其是保存了反映南下与留京两派议员之间的论争、观点以及他们与各系军阀之间的关系等方面的有关材料。吴廷燮所撰《段祺瑞年谱》，记述了段祺瑞从出生到辞世每一年的事件，各个年度的内容详略不一，为研究北洋军阀统治时期的一些重要活动提供了线索。谢彬撰著的《民国政党史》、戴天仇等撰写的《政党与民初政治》，记述了民国初年及北洋军阀统治时期各主要政党团体的兴起与分化，其间的相互矛盾、相互渗透及其发展与变化，并论述了同一时期政党与国会、政党与军阀的关系。丁文江的《民国军事近纪》，记述北洋军阀统治时期北洋各派系的形成、北洋各师旅建制与沿革，直皖、直奉、江浙战争经过，各地方小军阀的派系起源及其相互间的混战，商务印书馆 1926 年出版。古蔚孙所撰《甲子内乱始末纪实》，记述了 1924 年江浙战争、第二次直奉战争的前后经过，按时间顺序，对奉张的整军备战、直系的武力统一政策、各派军阀间矛盾斗争、曹锟贿选总统、北京政变等均有较详细的记述。南海胤子所著的《安福祸国记》，记述了皖系安福俱乐部和安福国会活动，对安福俱乐部缘起及其把持政治、操纵选举以及该部重要成员简历等均有记载。相关著作尚有温世霖的《段氏卖国记》。陈瀚一之《睇向斋秘录（附二种）》，主要记述清末政坛人物轶事，《睇向斋逞臆谈》主记民国初年政界人物及政治活动，《睇向斋谈往》记述张学良幕中之见闻。汪德寿撰著的《直皖奉大战实记》记述了作者在直皖战争、两次直奉战争中的经历，透露了许多政治事件的内幕。吴虬的《北洋派之起源及其崩溃》、张一麐的《直皖秘史》，记述了民国初年北洋军阀统治时期各派军阀间的矛盾和斗争、政局内幕、重大事件的发展线索及其起因等历史，诸如辛亥革命、北洋派之起源、袁世凯之野心、袁世凯死后北京政局、直奉战争等重要事件。刘成禺的《世载堂杂忆》（1卷，上海新闻报副刊本）、刘以芬的《民国政史拾遗》（1卷）、陶菊隐的《政海轶闻》（1卷，上海文明书局1934年出版）、张梓生的《壬戌政变记》（1924年上海商务印书馆再版铅印本，1册）、储祎编的《军阀变乱》（1936年上海大众书局铅印本，1册）等，都是了解民国年间北京政局轶闻、人物事迹、政治制度与社会变革的重要资料。

沃邱仲子著有《民国十年官僚腐败史》，记述民国初年北洋军阀政府的机构设置，尤其是官员官僚，结党营私、贪污腐败情况，所记涉及北洋军阀统治时期从中央到地方，各重要部门如公府、国务院、外交部、内务部、财政部、陆军部、海军部、司法部、教育部、农商部、交通部、参谋部、将军府、审计院、平政院、大理院（附总检察厅）、税务处、蒙藏院、盐务署、全国烟酒公卖局、文官高等惩戒委员会（附司法官惩戒委员会）、国史馆、清史馆、币制处、全国水利局、步军统领衙门、京师警察厅等机构设施、内部关系及黑幕，所举揭官衙秽行，揭示了民初社会官场种种丑恶之怪现状。正群社编辑的《北京官僚罪恶史》（1922年正群社铅印本），记述民国初年官场腐败情状，共分内务、外交、交通、财政、农商。陆海军、司法、教育各部及国务院、参谋本部等10篇，比较全面地揭示了民初官场、政治的黑暗。现仅见第一册"内务部官僚罪恶史"，其中所披露的内务部情况，如内务部之沿革及其腐败原因、内务部过去及现在之人物、内务部总务厅、民治司、警政司、土木司、职方司、卫生司、礼俗司的内容具体，事实详细，并有统计数字。

曾友豪编纂的《中华民国政府大纲》，介绍中华民国政治、各级政府组织及政治问题等，1926年由商务印书馆出版。章熊著有《中华民国的内阁》，内分英美日三国内阁与中国内阁之比较、民国十五年来内阁之纵分析——内阁更迭史、民国十五年来内阁之横分析——十五年来之国务总理、内阁制与中国等6章，附录《民国历任内阁阁员一览》等，1928年北平古城书社编译所出版。白陈群所著《发展北平之根本政策》，1929年由达诚印刷所印行，分总论、北平之设备、工商业发展之可能性、开放北平后之利益、开放北平之标准办法、税收、土地、工程问题、结论等部分。李剑农的《戊戌以后三十年中国政治史》，对于了解北京政治史有极大帮助。[1]顾敦鍒所著《中国议会史》，叙述自清末资政院至民国各届议会情况，附录议会组织法、议员选举法等，由木樨心正堂于1931年刊印。王之相编著的《北平育婴堂概览》，内含文书统计等项资料，包括规章、养育、统计、表格、经费、公牍等7项，北平养蜂夹道育婴堂1932年刊印。1936年，北平市回民各团体临时联合会编辑发行了《北平教案始末记》，记录了20世纪30年代发生在北平的国民党军报刊侮辱穆斯林的严重事件之经过、处理办法、善后措施、各地穆斯林声援情况等。北平市政府所编《北平市自治之过程及将来》，内收《北平市一年来改革地方自治之经过情形》、《变更区坊闾邻制度之基本观念》、《改革自治过程中市自治之基本精神》、《市民与自治》4篇，附《内政部咨送北平市自治改进办法大纲》、《内政部咨送改进地方自治原则审查结果》，1934年由北平市政府刊行。

有关五四运动的著作有陈志端的《五四运动之史的评价》（1936年由生活书店出版发行）、章炼烽的《五四运动与知识青年》（东北书店1947年出版）、蔡晓舟等编《五四》（1919年北京同文印书局铅印本）、匡互生的《五四运动纪实》（1933年上海立达学会铅印本）、丁作韶等的《五四运动史》（1939年青年出版社铅印本）、朱谦之等著《五四运动之史的考察》（1940年公益书局铅印本）、包尊彭著《五四运动史》（1946年南京青年出版社铅印本）等。

其他与北京相关的政治著述还有《救亡运动报告书》（清华大学学生自治会就国委员会编，1936年印行）、《北京大学示威运动专刊》（国立北京大学非常学生会编，1932年铅印本）、《陷落后的平津》（莫青等撰，1937年上海时代史料保存社铅印）、《铁蹄下的平津》（阿英等著，战时出版社铅印本）、《沦亡的平津》（长江、小方等编著，1938年生活书店出版）、《北平来去》（王浩著，1949年铅印本）、《四九血案》（国立北平师范学院"四九"血案抗暴委员会编，1948年印行）、《反饥饿反内战大游行专号》（北京大学快讯社编，1947年油印本）、《学风与学潮》（北平华北日报社编，1947年铅印本）。

关于解放战争前夕国都建设的著作有丁作韶的《我们一致主张建

都北平》，1946 年北平铅印本、《新中华》杂志社编辑的《中国战后建都问题》，1946 年上海中华书局铅印本、《北平解放报》1949 年刊行的《北平市目前中心工作》等。

此间，国外对民国政治问题研究著作亦颇为丰富。其一是关于议会问题的研究，主要著述有贝尔（H. T. Montague Bell）和伍德赫德（H. G. W. Woodhead）所编的《中国年鉴》，记载了议会的活动和议员的状况。日人佐藤三郎、井上一叶编著《民国之精华》，1916 年由北京写真通讯社出版，正文部分介绍了民初参、众两院 455 名议员的出身、学历、经历等简况，附录部分为简要的日文版的《中华民国议会史》。安德鲁（J. Nathan Andrew）所著《北京政治 1918—1923》，研究了民国北京政府时期因党派纷争和军阀混战导致建立宪政及议会制度失败的历史。此外还有（法国）包士杰编著《拳时北京教友致命》（1916 年北京天主教会救世堂铅印本）、日人螺冈居士撰《燕京形势》（1932 年铅印本）等。

民国时期的法律著述特点表现为对日本法学的引进。在近代中国社会变革中，日本成为一个重要的学习样板。1877 年，黄遵宪跟随中国第一任日本公使何如璋出使日本，并担任清朝驻日使馆参赞。他多方收集日本明治维新的资料，并撰写成《日本国志》和《日本杂事诗》。《日本国志》卷二十七到卷三十一之《刑法志》部分，将日本明治十三年（1880 年）颁行的《治罪法》（480 条）和《刑法》（430条）全部翻译为中文，并对不易理解的条款加上自己的注解。尤其是1894 年中日甲午战争之后，向日本学习，借以富国强兵，几乎是朝野上下的一致呼声。随着戊戌变法时期维新派对日本近代政治、经济和思想文化的全面介绍，清末所有的改革几乎都在不同程度上吸取了日本的经验和营养。1901 年后清廷推行法制改革，日本成为借鉴的模本。从 1901 年到 1911 年的 10 年间，日本的法学著作大量涌入中国。

晚清的法制改革涉及官制、行政法规、商法、民法、刑法等许多方面，引进日本法学成为朝野共识。一则翻译日本法律文献，[2] 二则派人亲赴日本考察，[3] 三则聘请日本法律专家来中国，[4] 四则派遣留学生赴日学习，[5] 五则在国内创建法制学堂，培养人才。[6] 光绪三十二年（1906 年）九月，京师法律学堂正式开学。这是中国近代第一所由中央官办的法律专门学校。其章程规定学堂以"造就已仕人员，研精中外法律，各具政治智识，足资应用为宗旨。并养成裁判人才，期收速效"。[7] 京师大学堂师范馆聘请了岩谷孙藏、杉荣三郎、法贵庆次郎、冈田朝太郎和织田万。京师法政学堂聘请 11 名日本教习，高等巡警学堂则聘请 19 名。熊元翰之《京师法律学堂笔记》和汪庚年之《京师法律学堂讲义》（1918 年北京法学编辑社铅印本），主要介绍日本法律专家所解释的法律概念、名词和术语。

民国时期，与北京历史相关的法律著述有：《中华民国国会组织选举法浅释》，商务印书馆 1912 年出版。《京师第二监狱报告书》、《京师第二监狱京外改良各监狱报告录要》，司法部监狱司 1919 年出版。《旧京地方官印》，北平特别市公署旧存，1928 年铅印本。《北京司法部犯罪统计的分析》，张镜予著，1928 年燕京大学社会学系铅印本。关于民主宪政的著述有《中华民国宪法史》，吴宗慈著，东方印书局 1924 年出版。《近代中国立法史》，杨幼炯著，商务印书馆 1936 年出版。《中华民国立法史》，谢振民编著，张知本校订，上海正中书局 1937 年出版。《中国民主宪政运动史》，平心著，亚洲进化书局 1947 年出版。

注释：

（1）李剑农（1880—1963 年），湖南邵阳县人。1904 年在长沙湖南中路师范史地科学习，1906 年加入中国同盟会，1910 年赴日本早稻田大学研读政治经济学。1911 年武昌起义爆发后弃学回国参加革命活动。1925 年起致力于中国近代政治史研究，1930 年写成《最近三十年中国政治史》，后由作者删去导论和最后一章，改名《戊戌以后三十年中国政治史》，被美国著名学者费正清誉为"对中国近代政治史的最清晰、唯一全面的评述"，并译成英文在国外出版。另著有《中国近百年政治史》、《明清史讲稿》等。

（2）沈家本带领修订法律馆馆员翻译出一批数量可观、质量较高的外国法典和法律图书。1905 年，《删除律例内重法折》中，统计翻译 4 个国家 12 种法典和著作，译自日本法的有 7 种。1907 年，沈家本在《修订法律情形并请归并法部大理院会同办理折》中总结翻译 11 个国家 33 种法典和法学著作，日本有 15 种。1909 年，沈家本统计翻译共计 10 个国家的 45 种法典和法学著作中，日本占 13 种。

（3）1905 年，沈家本、伍廷芳专折奏请清廷派员赴日考察法政。次年四月，考察人员到达东京。十二月，赴日考察诸人先后回国。1907 年，沈家本奏"调查日本裁判、监狱情形"，进呈调查清单。

（4）沈家本主持修律期间，前后共聘请四名日本法律专家（冈田朝太郎、松冈义正、志田钾太郎和小河滋次郎）。1908 年冈田朝太郎的《大清刑律草案·大清违警律》由北京有正书局发行。

（5）1896 年，清廷首次派出 13 名留学生前赴日本。辛亥革命以前毕业于法政大学的中国留日学生计 1364 人。参见李喜所：《近代留学生与中外文化》，天津人民出版社 1992 年版，第 196 页。

（6）1905 年，沈家本、伍廷芳上《删除律例内重法折》，并附奏片，提出"新律修订，亟应储备裁判人才。宜在京师设法律学堂，考取各部属员入堂肄业，毕业后派往各省，为佐理新政、分治地方之用"。参见《学务大臣议覆专设法律学堂并各省课吏馆添设仕学速成科折》，《大清光绪新法令》（第十三册），上海商务印书馆，宣统元年排印本，第9页。

（7）《东方杂志》1906年10月。

第二章　文化教育著述

　　民国时期的北京不仅是一个富有历史意味的古城，还是近代教育的发源地，当最盛的时候，国立研究院有两个（北平研究院及中央研究院之一部），国立大学有 3 个（清华大学、北京大学、北平师范大学），专科尚不在内。私立大学有 5 个（燕京大学、辅仁大学等），而独立学院尚不在内。此外，还有数量众多的中小学，全国最大的图书馆，而其他专门的文化机关不能悉数。这里云集了当时国内众多的名流学者、高质量的出版物、难得一见的古书。1927 年国民政府建都南京之后，北京虽在政治上逐渐失去往昔地位，但在文化教育方面仍保持着极高的水平，即使在日伪时期，北京作为中华文化的血脉也一直延续。可以说，在整个民国时期，北京一直是全国文化发展的中心之一，文化著述十分丰富。

　　《何者为北平文化之灾》，华南圭著，1932 年铅印本，1 册。华南圭早年留学法国，学习土木工程，回国后曾担任京汉铁路总工程师。新中国成立后，担任北京都市计划委员会总工程师。本书是作者于1932 年在清华大学演讲的底稿。作者认为，北平城内如果没有三海，城外如果没有昆明湖，则毫无佳趣。三海、昆明之源皆在玉泉，"玉泉分散即是北平文化之灾"。

　　《复兴北京文化刍议》，唐家帧著，桥川时雄、武田熙校正，东方文化事业总委员会 1937 年 12 月铅印，北京市第一社会教育区民众教育馆 1938 年印行。本书是作者初任北京市第一社会教育区民众教育馆长时拟定的一篇"刍议"，从宗教、教育、艺术、出版、保管五方面提出"复兴北京文化"的建议。教育方面，作者主张加强礼仪教育，统一学生思想，反对以前"只知努力排外，不思敦睦邦交"；在艺术方面，主张"创设影片公司，提倡礼让教育，振兴五常三纲"等。

《北平学术机关指南》，北京市第一普通图书馆馆长李文琦经过两年社会调查完成此书。该书弁言指出："北平一市，学术机关甲于全国，其原因固由于历代都会所在，实亦文化之中心区也。国内外人士莅此故都，欲谋咨询，苦无可作寻检之工具，本编之辑，正所以供给咨询检之资料。"其书将当时北京的学术机构分为学会、研究院、博物院及陈列所、图书馆、大学及专科学校5部分，分门别类加以介绍，记述翔实，对于研究民国时期北京文化教育具有重要的史料价值。

《北平文化学术机关综览》，李文琦、武田熙合编，北京新民印书馆1940年印行。此书是当时北京各种文化学术机关的总汇，分文化机关、社会教育、学术教育、附录4篇，共收文化教育机构一千一百余个，比《北平学术机关指南》范围更广。

在现有关于民国时期北京教育的著述中，分量最大的当属对各校情况的介绍，涵盖范围既有众多一流大学，也有许多中小学以及一些专科类学校，内容包括各校的人数、师资、校舍状况、学科设置、规章制度等等，见表1。

表1

书名	作者或出版者	出版时间（年）
《北京中国大学概览》	中国大学概览社	1922
《清华生活》	北京清华周刊社	1923
《国立北京大学概略》	国立北京大学总务处	1923
《北京孔教大学校纪略》	张仲锐	1924
《崇实学校一览》	北京崇实中学	1924
《北师附小概览》	北京师范学校附小编辑部	1924
《北京师大附中各项细则》	北京师范大学附属中学	1924
《畿辅大学概览》	私立畿辅大学	1926
《国立北京师范大学附中一览》	国立北京师范大学附中	1926
《国立京师大学校要览》	国立京师大学校	1927
《北京清明中学概览》	清明中学清明季刊编辑部	1927
《北京中法大学要览》	中法大学	1928
《北平文史政治学院要览》	北平文史政治学院	1929
《国立清华大学一览》	国立清华大学出版事务所	1930

续表

书名	作者或出版者	出版时间（年）
《辅仁大学》	辅仁大学	1930
《革新后之北平安中》	安徽中学校刊编辑委员会	1930
《国立北平大学一览》	国立北平大学秘书处	1931
《翊教女子中学一览》	翊教女子中学	1931
《北平财商学院一览》	北平财商学院	1931
《北平文治学院及文治中学要览》	北平文史政治学院秘书处	1932
《国立北平师范大学研究所略史》	国立北平师范大学	1932
《北平市普励小学校概览》	北平市普励小学校	1932
《国立北平大学附属高级中学概览》	国立北平大学附属高级中学校	1932
《国立北平师范大学附属中学一览》	国立北平师范大学附属中学	1932
《国立北京大学校史略》	北京大学志编纂处	1933
《朝阳学院概览》	汪有龄等	1933
《国立北京大学一览》	北京大学	1934
《北平西北公学一览》	北平西北公学	1934
《北平市立报子胡同实验小学概况》	北平市立报子胡同实验小学	1934
《国立北京大学研究院暂行规程》	国立北京大学研究院	1935
《北平市立师范附属小学校一览》	北平市立师范学校附小	1935
《燕京大学研究所概况》	北平私立燕京大学	1936
《北平师范大学近况》	国立北平师范大学	1936
《北平辅仁大学附属中学概况》	辅仁大学附属中学	1936
《北平市市立第三中学校概览》	北平市市立第三中学校	1937
《私立北平辅仁大学一览》	辅仁大学	1937
《国立北京大学理学院一览》	北京大学理学院	1939
《国立北京女师附小学校大事记》	国立北京女师附小	1940
《国立北京大学文学院一览》	北京大学文学院	1940
《立华小学校一览》	北京立华小学校	1941
《中华新闻学院概况》	中华新闻学院	1942
《私立燕京大学一览》	北平私立燕京大学	1944
《法勤中学一览》	法勤中学校	1947
《北大院系介绍》	北大讲师讲员助教联合会	1948
《燕大三年》	燕京大学学生自治会	1948

除此之外，也有许多著述，综合介绍民国时期北京教育情况，比如各校的入学情况调查、平民教育、中小学教育概况等，见表2。

表2

书名	作者或出版者	出版时间（年）
《北京入学指南》	通俗教育研究会	1917
《北京中等以上学校职教员联合会会务报告》	北京中等以上学校职教员联合会	1919
《北京市各学校调查报告》	北京市教育局	1921
《京师教育概况》	中华教育改进社	1923
《北京平民教育之现状》	邝震鸣	1923
《北京各大学入学指南》	北京弘达学院	1924
《北京各大学入学调查录》	北京高等教育访问社编辑股	1924
《北平各大学的概况》	新晨报丛书室	1929
《北平教育的整理与扩充》	王捷侠	1930
《北平市教育概览》	北平市政府社会局教育科	1933
《北平市教育法规汇编》	北平市社会局教育科	1933
《北平文化团体联合会一览》	北平文化团体联合会	1933
《北平小学教育》	北平市立小学校长会	1934
《北平市政府检阅市立各级学校报告》	北平市政府秘书处	1934
《北平市政府第二次检阅市立各级学校报告》	北平市政府	1935
《北平市各级教育机关一览》	北平市教育局统计室	1936
《北平市教育处所一览》	北平市社会局第三科	1937
《北京市教育视察团报告》	北京特别市公署教育局	1938
《北京特别市私立各校馆概况统计一览》	北京特别市教育局	1941
《北平市教育工作概况》	王季高	1947

　　民国时期保留下来的许多学校的纪念刊、纪念册也是重要的教育历史著述，内容涉及学校的历史沿革、当时的发展现状等，见表3。

表3

书名	作者或出版者	出版时间（年）
《国立北京大学廿周年纪念册》	徐宝璜	1918
《北京大学廿五周年纪念刊》	北京大学	1923
《北京师范大学附属中学校辛酉一班卒业纪念册》	萧瑾、王治	1925
《北平汇文第一小学校六十周年纪念刊》	北平汇文第一小学校编修纪念刊委员会	1930
《艺文中学校七周纪念刊》	艺文中学校	1932
《北京大学卅五周年纪念刊》	北大学生会三十五周年纪念筹备会出版委员会	1933
《北平市立第一女子中学校一九三一班纪念册》	北平市立第一女子中学校一九三一班	1934
《北京汇文第一小学七十周年纪念刊》	孙敬修	1940
《国立北京师范大学附属中学校成立第四十周年纪念特刊》	国立北京师范大学附中	1941
《北京私立崇实中学校七十五周年纪念刊》	崇实中学校纪念刊委员会	1941
《平郊一个社区教育的调查》	薛素珍	1947
《北京大学五十周年纪念特刊》	北京大学	1949

第三章　社会经济著述

　　现今留存的有关民国时期北京社会经济方面的著述数量众多，这些著述分门别类，涵盖金融、商业、税务、货币、木业、粮食、自来水、纺织、印刷等诸多领域，几乎对当时北京各个行业的经济状况都有记录。

　　《北京典当业之概况》，中国联合准备银行调查室于 1940 年编纂发行。典当业在旧中国是调剂庶民经济的金融机构，与下层社会关系密切，它与普通商业不同，记载这一行当的专著也寥寥无几。此书涵盖了典当业的起源、历史沿革、兴衰、现状及与庶民的关系等。对于当物的种类、估价、销售、利息计算方法、收当取赎及挂失、营业季节、营业时间、职员待遇等细节问题也做了详细描述。

　　《北平市木业谈》，王槐荫著，北平市木业同业公会于 1935 年发行。该书内容包括旧都 40 年来之木业、生料木厂之经营、北平木商的现在与将来、北平销售木料产地情形之调查等等。

　　《北平市工商业概况》，池泽汇、娄学熙等人共同编纂，由北平市社会局 1932 年出版印行。该书分为 5 编，即特品、服饰、饮食、器用、杂项等，不仅保留了大量经济史资料，也包含了丰富的社会史内容。作者娄学熙时任北平市社会局局长。

　　《调查北京工厂报告》，王季点、薛正清联合编写，1924 年出版。该书内容涵盖火柴业、啤酒业、电气及自来水业、地毯业、织布业、印刷业、铁工业、景泰蓝业、瓷器制造业、玻璃器制品业、机器面粉业、杂项工业等等，是当时北京工业情况比较全面的一个记录。

　　《北京庙会调查报告》，王宜昌等编写，1937 年由北平私立民国学院印行。该调查报告主要内容侧重在庙会经济方面，是"经济调查丛刊"之一，内容包括：庙会的词义、起源、分布、场所、商业等。卷首有隆福寺、土地庙、东岳庙等庙会食品摊位情况图。

《整理北京市计划书》，张武著，1928 年发行。该书内容涉及都心及分区、改造区域、房屋改造、公园化之都市、交通、警察、卫生、防火、水、工商业发展政策、归农运动、救济贫民、婚丧制度、市财政及改造经费等。

《北平税捐考略》，雷辑辉著，北平社会调查所 1932 年出版。本书综述了北平税捐种类与实施时期、北平国市两税之增减、北平之直接税与间接税、北平市民税捐之负担、北平市税制度之刍议等内容。其中关于税种是重点。其中国税包括崇文门常关税、平绥路货捐、烟酒税、印花税、验契费、出口邮包税、奢侈特品用户捐、军事特捐、支应捐等。市税包括车捐、铺捐、市政公益捐、乐户捐、妓捐、戏艺捐、牲畜捐、屠宰税、猪羊小肠兽骨税、牙税、当税、田赋、契税、铺底税、证券交易登记费、平汉正阳门火车货捐、卷姻吸户捐、牲畜验费、房捐、警饷附加捐、四项加一捐、弹压费、公厕捐、粪厂捐、贫民捐、慈善捐、长途汽车捐、电车市政捐、广告捐、自治公益捐等。该书还包括几个附录：《北平税务监督公署所属平门各局卡概况表》、《北平税务监督公署所属外口各局卡概况表》、《北平税捐新旧章则索引》、《本书参考之各种刊物表》。

《北京社会调查》，甘博（S. D. Gamble）著。此书包罗万象，涉及历史、地理、政府、人口、健康、教育、商业、娱乐、娼妓、贫穷与救济、监狱、宗教等，并配有 47 帧黑白照片及 38 张图表。对于书中所列举的大量的统计数字，已经很难考证其准确性了。然而，作者对北京百姓生活之生动描述，令人有身临其境的感觉。在后来的中国社会学者眼里，这是"本着科学的精神，以研究北京社会状况为科学的研究中国社会状况的第一书"。

《二十五年来北京之物价工资及生活程度》，孟天培、甘博著，国立北京大学出版部 1926 年发行。内容包括一些商品的物价、家庭生活费的分配及指数、铜元兑换、实际工资水平等，并附有《二十五年来大事表》。

《北京的行会》，步济时著，1928 年在纽约出版。步济时（John Stewart Burgess，1883—1949 年）时任燕京大学社会学系主任，基督教北京青年会干事，被称为"中国社会工作之父"，最早将社会学研究的田野调查方法带到国内。《北京的行会》是中国社会学开拓性的著作，是关于国内行会研究的集大成者。该书是在对北京 42 个行会的成员、组织、集会、财务、功能等进行田野社会调查的基础上完成的，全面介绍论述了行会的起源、历史、经济、慈善和宗教活动以及未来趋势。全书 14 章，包括研究的方法和范围、行会的起源和历史、北京 3 个行会的描述性研究、行会的数量、行会会所和行会事务所、行会成员、行会组织、行会会议、行会经济、学徒制度、行会的慈善事业、行会的宗教活动、行会的作用、行会的现代趋势和未来等问题，附录 2 个，即行会问卷和行会的历史资料，表格 19 个。全书既有综合性的论述，也有具体的个案考察。作者深入考察了行会这个社会经济组织的历史、会员、管理方式、功能、行会之间的关系等方面。

《北平郊外之乡村家庭》，李景汉著，商务印书馆 1929 年印行。本书为《社会研究丛刊》第三种，由 2 部分组成。绪论部分介绍了调查的目的与范围、方法与手续、调查进行时的情形以及挂甲屯的概况。第一部是"挂甲屯村一百家之社会的及经济的调查"，包括人口与家庭（住户的来源、种族的分配、家庭的大小与亲属关系、人口的年龄与性别、结婚的年龄）、家庭的收入、家庭的生活状况与支出（食品、衣服、住房、燃料、杂项）、村民其他状况（健康与卫生、教育与知识、风俗与习惯）5 章和 50 个表。第二部是"黑山扈村马连洼村与东村六十四家之社会的及经济的调查"，包括人口与家庭（调查的手续与范围、居民的种族与来源、家庭的大小与亲属关系、人口的年龄与性别、结婚的年龄、教育与知识）、家庭的产业与收入（田产、房屋、其他产业、职业与收入、借贷与典当）、家庭的生活状况与支出（食品、住房、衣服与燃料、杂费、一切支出总论）3 章和 50 个表。另有各种调查表 100 幅以及当时北京西郊的略图，调查时间为 1926 年，从书中可以了解民国时期北京郊区农村的种种现象。

《北平郊外之乡村家庭》一书分为上述 2 部分的原因，主要是因为村民的职业构成不同。李景汉先生对此在该书的绪论部分做了说明："挂甲屯村距京较近，村人的生活与北京城外关厢居民的生活相似。村人主要的职业为各种工匠、车夫、仆役及政府机关的差事，少有种地为业者。故将在挂甲屯所调查的一百家分开整理，即本书的第一部。其他三村彼此相隔不过一里多路，距京较远，靠近西山，性质相同，村人多以种地或在山间打石为生，颇与农村的生活相近，故另归一部整理，即本书之第二部。"上述的安排，更重要的是与该调查的目的和范围分不开的。挂甲屯的调查是"以村民的生活费为主要研究目的"的一种调查。因为实地调查工人的生活费是要达到改良工界的生活、解决劳动问题这个目的程序的第一步工作。《北平郊外之乡村家庭》一书，提供了可资对比的翔实材料。据此我们可以从一个侧面知道，旧中国的生活状况如何，中国传统型社会是什么样的，并从一个方面判断，经过多年，中国社会变迁和进步到了什么程度。

在《北平郊外之乡村家庭》一书中，李景汉沿用了以往都市调查中的方法，只做客观的记录和统计，少有个人主观的分析和结论。虽然没有其日后对定县的调查深入和细致，而且调查中还存在一些疏漏和错误。但这次调查，为了解北京郊区劳工阶层的生活情况提供了资料，反映出诸如劳工收入低、教育水平低、医疗卫生差、缺乏有效的保障等问题。这次调查也为李景汉从城市调查转入农村调查积累了经验。特别是在 20 世纪二三十年代，由于乡村建设运动的兴起，使更多的社会调查家关注农村的调查，而忽略了劳工阶层，这次调查记录了当时挂甲屯村劳工家庭的情况，特别是一些数字的统计与对比的表格，是当时深入研究劳工阶层的重要资料。

《北平生活费之分析》，陶孟和著，商务印书馆 1930 年印行。北平社会调查所初期工作重点是调查北京市劳工阶层的生活和工作状况。当时，知识界普遍认为，中国大多数人民的生活水平极低。而社会学者要回答的问题是：人民的生活到底低到什么程度，他们实际上到底怎么活着。若说提高，究竟应当提高多少才算合适。1926 年至 1927 年间，陶孟和带领所内工作人员对北平中下层民众的生活状况做了系统的调查，写成了《北平生活费之分析》。全书共分 9 章：1. 绪论；2. 调查范围与步骤；3. 名词之解释；4. 工人家庭之普通情形；5. 收入与支出；6. 食品消费；7. 住宅家具与衣服；8. 人力车夫；9. 小学教员。附录："四十八家六个月内各种食品之消费量与所含之滋养料"、"十二家小学教员家庭一个月内各种食品之消费量与所含之滋养料"、"四十八家中两个家庭衣服用具调查表"。

全书调查的重点是工人家庭和小学教师家庭生活费的收入和支出，同时也涉及了所调查家庭的籍贯、种族、人口、年龄、性别、职业、消费的种类等方面。调查反映了北平大部分家庭的生活状况，反映了北平手工业工人家庭结构，反映了北平手工业工人家庭消费构成，调查对北平工人家庭与小学教员家庭作了比较。此书是了解和研究民国时期北平市民生活情况的重要资料，一经出版便引起了社会学界的广泛关注和重视。

以往的社会调查大多采用访问法，陶孟和最初对北平手工业家庭的调查中也采用了此方法，但访问中设置的问题常流于表面，并且受到人的主观意识干扰较多。随着调查的深入，陶孟和运用了记账的方法，选取若干个家庭，以求获得关于手工业家庭生活程度精确之知识。记账法在当时已经被一些国家的社会调查者应用于对工人家庭生活的调查中，但在我国，账簿仍是商人用以明细收支所做的私人记录，普通的工人家庭中的日常账簿非常罕见。以记账法分析工人的生活情况在我国尚属首例。

《清河村镇社区》，北平燕京大学社会学系 1933 年发行，主要包括总论、农村经济、社会服务、乡村卫生、社会研究等内容。

《北京犯罪之社会分析》，严景耀著，1928 年北平燕京大学社会学系铅印本。严景耀 1924 年进入燕京大学主修社会学，对犯罪学及刑罚学开始产生极大的兴趣。当时社会动荡不安，犯罪问题严重，但当时有关中国的犯罪学研究还处于草创阶段，犯罪学的著作十分缺乏。"除了王元增先生著的《监狱学》以外，其余的书籍都是舶来品。讲犯罪的现象，是欧美的犯罪现象；谈犯罪的原因，是欧美人犯罪的原因；讨论救济与预防的方法，也是为欧美各国社会病所开的药方，绝对谈不到中国的问题。"有感于这一现状，严景耀下决心要为中国的犯罪学开拓新领域，建立、完善、发展我国自己的犯罪学学科理论和体系。为搜集研究材料，严景耀 1927 年暑假经学校介绍进入北京京师第一监狱做一名志愿"犯人"。在暑假开始之前，严景耀已早早开始作当"犯人"的准备，他反复思索筛选，编印好"与犯人谈话"问题表。在三个多月的铁窗生活中（其中半个月在北京感化学校调查儿童犯），严景耀和犯人同住、同食、同劳动，与犯人作详尽细致的交谈，按事先编印的问题表用个案方法作认真翔实的调查，了解犯人的历史、家庭情况、社会背景以及犯罪的过程。很多犯人为他的实事求是、热情诚挚的精神所感动，与他建立了非常信任的友好关系，敢于和他谈心，甚至把埋藏在心底很久、从未向法庭供认过的情况都讲给他听。这段铁窗生活给了严景耀极其丰富的收获。此后，他写成了《北京犯罪之社会分析》、《中国监狱问题》、《北平监狱教诲与教育》等多篇论文。乃至 1934 年留学美国芝加哥大学撰写博士论文《中国的犯罪问题与社会变迁的关系》时，也大量运用了这段铁窗生活所积累的调查资料。

《北平工会调查》，于恩德著，燕京大学社会学系丛刊丙组第三十一种，1930 年出版。作者对北平城市 26 个行业的工会进行了数月的调查。全书分 13 个章节，记述了北平工会组织的历史、成立之动因、目的、概况、组织结构、会员情况、经济状况、法律基础等，并总结了工会的影响及存在的困难，是最早对工会组织进行的调查研究。

《北京印刷局概况》，北京印刷局编纂会编印，1937 年铅印本。本书分沿革、组织、设备、出品、计划等几个方面，简单介绍了北京印刷局的情况。

《北平粮市概况》，张铁铮著，1937 年《社会科学》杂志第八卷第一期油印本。全书分为 6 部分。1. 供给与需要；2. 交易场所；3. 各运销机关的组织及活动；4. 食粮运输；5. 今年食粮价格的变动；6. 结论。

除上述著述外，有关民国时期北京社会经济著作可参见表4。

表4

书名	作者或出版者	出版时间（年）
《京师商会众号一览表》	京师商务总会	1911
《直隶省商品陈列所第一次实业调查记》	直隶省商品陈列所	1917
《京师总商会成绩报告》	赵怀青	1918
《京都市政汇览》	京都市政公所	1919
《京兆直隶棉业调查报告书》	刘家璠	1920
《京师总商会行名录》	京师总商会工商调查处	1921
《北京厂甸春节庙会调查与研究》	王卓然	1922
《北京商业银行营业报告》	北京商业银行	1923
《北京地毯业调查记》	朱积权、包立德	1924
《京津沪商业汇编》	天津益智书报馆	1924
《考察北京自来水公司报告书》	刘翔云	1927
《北平化学工业考察记》	欧阳诣	1929
《北平制革业之研究》	张铨、周乃赓	1930
《一个市镇调查的尝试》	许仕廉	1931
《北平市四郊农村调查记》	孙葆琦等	1931
《北平市契税征收章程》	北平市财政局	1932
《实业部北平国货陈列馆一览》	北平国货陈列馆	1933
《平津工业调查》	杜文思	1934
《北平之财政》	朱炳南、严仁赓	1934
《北平市四郊农村调查》	北平市政府	1934

续表

书名	作者或出版者	出版时间（年）
《北平警政概观》	姜春华	1934
《北平市牙行营业章程》	北平市财政局	1934
《北平游览区建设计划》	北平市政府	1934
《北平西郊六十四村社会概况调查》	杨汝南	1935
《北平市田赋征收章程》	北平市财政局	1935
《北平市统计要览》	北平市政府秘书处第一科统计股	1936
《北平市书业同业公会划一图书售价实施办法》	北平市书业公会	1936
《北平市救济商业贷款审查委员会工作报告书》	北平市救济商业贷款审查委员会	1936
《北京市商会临时救济会报告书》	北京市商会临时救济会	1938
《北京特别市工商业统计一览》	北京特别市财政局	1938
《北京市商品交易价额之推测》	中国联合准备银行	1939
《北京市工商业指南》	余天休	1939
《北京市之铺底权》	沈鸿勋	1941
《燕市商标目录》	闲园鞠农著，张江裁校	1943
《燕市贾贩琐录》	张大都	1943
《北京钱业商会规则》	北京钱业商会	1943
《北京西郊挂甲屯家计调查》	华北综合调查研究所	1944
《北京警察沿革纪要》	蔡恂	1944
《北平市统计总报告》	北平市政府秘书处	1945
《北平之市政工程》	北平市工务局	1946
《北平市市场概况》	北京市政府	1946
《北平市工人生活指数》	北平市社会局统计室	1947
《北平市地价及建筑改良物价指数》	北平政府地政局统计室	1948
《北平制革工业调查报告》	魏庆元	1948
《南苑华美庄调查》	陈永龄等	1949

第四章　地方风俗著述

民国时期，记述京华风土、掌故成为风会所趋，即如近人铢庵（瞿宣颖）于民国二十三年（1934 年）四月在《北梦录》序言中所说："余自民国甲子撰《北京建置谈荟》，刊于《星报》，次年编辑《北京历史风土丛书》，不数年售千余册。自此以后，燕都人士请求掌故，遂成风会。庚午为北平研究院创《北平志例》，写集材料，又复不少。偶思此事，忽忽已历十春；而赫赫名都，千年胜迹，遂有沦为榛莽之惧。箧中故纸，久不编次，亦恐将为尘蠹所湮。爰徇吾友之意，仿退谷竹垞之例撰为兹录。《春明梦余录》、《日下旧闻考》、《顺天府志》诸书，博矣精矣，然衡以近今情势，俱不相合。庚子以后，有震钧之《天咫偶闻》，近数年来，有陈宗蕃之《燕都丛考》。自余零篇断简，短卷小言，亦指不胜屈。独惜无汇为一偏者。至于报纸杂说，非不洋洋，但驳而不纯，来历未敢遽信。兹编主旨，在于兼取众长，语必有本，庶几不乘著作体例。端居杜户，闻见未周，方闻君子正其谬而补其阙，固所祷祀以求也。"相关著作多如牛毛，体裁各异，内容各有侧重，一致的特点是：饱蘸着对故都北京的深厚情感。

《北京风俗》，陈师曾画作，完成于 1914—1915 年间。陈师曾（1876—1923 年），又名衡恪，号朽道人、槐堂，江西义宁（今修水）人。湖南巡抚陈宝箴孙，陈三立长子，陈寅恪之兄。善诗文、书法，尤长于绘画、篆刻。该书主体为 34 幅水墨人物画，画老北京的人与事，多描绘底层人物如收破烂者、吹鼓手、拉骆驼、说书、喇嘛、卖糖葫芦的、磨刀人等等，人物的生活色彩浓厚。

《清稗类钞》，徐珂编撰。是关于清代野史和当时新闻报刊中刊载的有清一代的朝野轶事遗闻、社会经济、学术文化及人物事迹、民情风俗的资料汇编。徐珂（1869—1928 年），原名昌，字仲可，别署中可、仲玉，浙江杭县（今余杭）人，清光绪间举人，曾任袁世凯幕僚，未几辞退。后任上海商务印书馆编辑。徐珂长于文学，善诗词。他从清人、近人的文集、笔记、札记、报章、说部、家藏秘笈、传闻异辞与报刊资料中，广搜博采，仿清人潘永因《宋稗类钞》体例，分门别类，按性质、年代，事类相从，编辑而成《清稗类钞》。时间上起顺治，下迄宣统，全书 13 册，计分 92 类，一万三千五百余条。举凡军国大事、典章制度、社会经济、学术文化、名臣硕儒、疾病灾害、民情风俗、古迹名胜，皆囊括其中，内容丰富，分类清晰，检阅方便，为研究清末民初北京地方风俗提供了丰富的史料。

瞿宣颖先生关于北京风俗的资料汇编颇多。瞿宣颖（1892—1968 年），湖南善化（今长沙）人，晚清军机大臣瞿鸿禨之子，别名益锴，字兑之，号铢庵，晚号蜕园，上海复旦大学毕业，精通英文，早年任北洋政府国务院秘书、国史编纂处处长、印铸局局长、湖北省政府秘书长等职。后在南开大学、燕京大学、清华大学、辅仁大学任教。解放后任上海市政协委员。他精于诗词书画，尤精通文史掌故，编著辑录有《汉代风俗制度史前编》、《人物风俗制度丛话》、《燕都史迹索引》（1936 年钞本，12 册）、《北京历史风土丛书》（1925 年北京广雅书社石印本）、《北京掌故》稿本、《钝庐所闻录·故都闻见录》、《燕都览古诗话》等，颇为丰富。其中，《北京历史风土丛书》辑有清末民国介绍北京历史、民俗、建置的随笔、杂记 7 篇，分别为《京师偶记》、《燕京杂记》、《日下尊闻录》、《藤阴杂记》、《北京建置谈荟》、《天尺偶闻》、《燕京岁时记》。《燕都览古诗话》咏览燕都，以诗系文，诗文并茂，仅关于什刹海地区的诗文即有 15 篇。

邓之诚先生的《骨董琐记》，1926 年 11 月由北京富文斋、佩文斋发行问世以来，成为北京风俗的重要著述。邓之诚，字文如，号文如居士，江苏南京人，北京大学教授。他爱好收藏，尤其是收集旧照片，所藏故都旧影约四千余帧。著有《中华二千年史》、《清诗纪事初编》、《东京梦华录注》、《桑园读书记》、《骨董琐记》等。《骨董琐记》是邓之诚查阅二百余种书籍辑录而成，书前有邓之诚赋诗 3 首，并云："《琐记》将刊成矣，书此以志吾过。文如居士戏题。《琐记》分八卷，每卷有小题百余，小巧富生趣，如'银价米价'、'藏书印'、'葫芦器'、'羊脑笺'、'日本刀'、'女子篆刻'等等。有人有物有事有史，增广见识，悦目消闲，真乃天下第一等'闲书'也！"《骨董琐记》出版后第二年，邓之诚又将积稿整理成《骨董续记》4 卷，1933 年与再版之《骨董琐记》合为 6 册 1 函。1941 年，邓之诚又完成《骨董三记》6 卷，脱稿付排，但因时局艰危，未能面世。直至 1955 年，三联书店将"琐记、续记，三记"汇辑为《骨董琐记全编》，经作者略加修改后出版。

夏仁虎先生亦是有关北京风俗掌故的著述大家。夏仁虎，字蔚如，自号枝巢，别署啸庵。晚年人称蔚老，因行四，人又称夏四爷。清末，历任刑部，商部，邮传部的七品、六品京官。民国时，任国会议员，官至北洋政府的财政部次长代总长、国务院秘书长，直到 1928 年北伐军抵京，张作霖垮台。夏仁虎先生的著作多达四十余种，其中有关北京风习、民俗、朝野掌故著作有《旧京琐记》。该书原题枝巢子，原为手钞稿本，2 册，1970 年由林海音主持的台北市纯文学出版社出版，书后有何凡的"校读后记"，认为"旧京历数百年为帝王都，人文荟萃，多彩多姿，自本书可见一斑"。"所记既翔实可靠，足资研究当时民俗仪制者的参考。"全书共 10 卷，分为习尚、语言、朝流、宫闱、仪制、考试、时变、城乡、市肆、坊曲。

张次溪先生也是北京民俗大家。张次溪，名涵锐，号江裁，别署燕归来主人、张大都、张四都。主编有《北京史迹风土丛书》，1934 年由中华风土学会印行，该书简述了古都北京的古迹、文物庙宇、民俗、岁时、工商百业及一些诗词歌咏等。目录包括：《北京庚戌桥史考》、《北京岁时志》、《北京礼俗小志》、《燕城胜迹志》、《北京庙宇征存录》、《北京天桥志》、《燕城花木志》、《燕市商标誉录》、《燕市贾贩琐录》等。1937 年，国立北平研究院史学研究会铅印了张次溪编辑的《北平史迹丛书》（二种），细目含有《京师五城坊巷集》（张爵撰）与《帝京岁时纪胜》（潘荣陛撰）。张次溪还编辑了《京津风土丛书》，1938 年双肇楼铅印本，细目包括：《北京形势大略》、《燕都名胜志稿》、《旧京遗事》、《燕都访古录》、《琉璃厂书肆记》、《北京崇效寺训鸡图志》、《大兴岁时志稿》、《宛平岁时志稿》、《春明岁时琐记》、《燕市货声》、《燕市负贩琐记》、《燕市百怪歌》、《津门百咏》、《天津杨柳青小志》、《东莞袁督师后裔考》、《兴化李审言先生与东莞张次溪论文书》、《燕居修史图志》共 17 种，内容涉及北京历史名胜、岁时风俗、商业等方面，为我们研究北京民俗文化提供了丰富的资料。张次溪还编有《燕都风土丛书》1 册，1939 年北京燕归来簃铅印本，目次含《燕京记》（清顾森辑）、《燕都杂咏》（清樊彬撰）、《旧京秋词》（民国夏仁虎撰）以及作者自撰之《东莞袁督师遗事》，内容为叙述北京历代建置，地域及职官设置、歌咏北京的名胜古迹，风俗民情、抗清名将袁崇焕的生平事迹。又著有《北京小掌故汇编》（又名《北京古迹遗物之传说》）、《北京琐志》、《次溪野录》（又名《北京景物小志》，内记北京城内外名胜古迹及民间传说的小掌故约千余则）、《辛亥以来记述北京历史风物书录》（见张静庐主编《中国现代出版史料》乙编）、《记述北京历史风物书录补》（见张静庐主编《中国现代出版史料》丙编）、《记述北京历史风物书录补遗》（见张静庐主编《中国现代出版史料》补编）等，都是研究北京风俗的重要史料。

李家瑞等主编的《北平风俗类征》，上海商务印书馆 1937 年出版。全书近四十万字，收录了许多书籍中关于北平地区的民俗资料，分岁时、婚丧、饮食 13 个类别，按时间顺序编排各类资料，是一部较为详细而系统地搜集北平民间风俗的丛书。

关于北京风俗的其他著述，不胜枚举，如上海商务印书馆《北京宫苑名胜》（1914 年珂罗版影印本）、蔡省吾《燕尘偶记》（1921 年，上卷记北京古迹，下卷记植品）、陈莲痕《京华春梦录》（1925 年上海广益书局铅印本）、习庵《三十年来燕京琐录》（1928 年上海金马书堂铅印本）、沈太侔《京华琐录》（1928 年天津北洋广告公司图书部铅印本）、陶亢德《北平一顾》（1936 年上海宇宙风社铅本）、李霖《燕南琐记》、闲园鞠农《燕市货声》（1938 年北京中华风土学会铅印本）、杨掌生《京尘杂录》、《帝城花样》、逆旅过客《都市丛谈》（1940 年北京文奎堂石印本）等。

以上北京风俗著述，为广泛了解、探究北京地区传统的社会、政治、文化、风俗变迁提供了丰富、翔实的资料。

第五章 历史著述

　　黄濬所著《花随人圣庵摭忆》，是民国时期出版的一部笔记资料，原稿最初连载于《中央时事周报》，续刊于《学海》，起迄于 1934 年至 1937 年 8 月。积时既久，汇成巨帙。该书所记内容包罗万象，十分丰富，由于作者居京多年，书中多有涉及北京之事。从以下列出的有关北京的简要目录，可一窥其书作为北京著述方面的史料价值：

　　1. 北京西黄寺。2. 京师清净化城。3. 京西二石经山。4. 宝竹坡纳妓弃官。5. 石景山斜阳暮景。6. 北京五塔寺。7. 雍和宫四门专学。8. 雍和宫大佛像。9. 清末朝政紊乱。10. 赛金花往事。11. 旸台山赏花。12. 《三十年来燕京琐录》订误。13. 赛金花事传闻不实。14. 《金銮琐记》咏庚子诗并注。15. 北京悟善社。16. 北京觉生寺华严钟。17. 阜成门外磨盘松。18. 袁崇焕里居。19. 古服饰杂用胡俗。20. 北京玉泉山。21. 北京法源寺。22. 昆明湖与瓮山。23. 光绪甲午翰詹大考。24. 珍妃之死。25. 再谈珍妃之死。26. 文芸阁《闻尘偶记》有稗史事。27. 《景善日记》记内廷事。28. 京西戒坛寺。29. 光绪帝欲留京办交涉。30. 清德宗死因之谜。31. 光绪帝选后不能自主。32. 潭柘寺。33. 懿珍两妃各劝其主上留京。34. 北京狱卒谈数十年来狱。35. 西山避暑。36. 《闻尘偶记》有关甲午二事。37. 琉球使臣流寓京师。38. 房山游踪。39. 《闻尘偶记》记内廷事。40. 吴小城与樵风别墅。41. 《庚子秋词》故实。42. 明清京师十库。43. 何平斋谈京通仓之弊。44. 李木斋谈清宫廷事。45. 同光间南北派系。46. 王静庵《颐和园词》。47. 明清宫室兴作规模。48. 故宫真武庙明代旗竿。49. 周印昆《颐和园杂题》诗。50. 周印昆《题两石船》诗。51. 恭亲王之进退关系朝局。52. 吴挚父记同治旨革恭王事。53. 同治大兴园工原委。54. 传说同治帝欲杀恭王。55. 赛金花所异于士娼者。56. 恭亲王出军机之原因。57. 恭亲王琐事汇钞。58. 张芍岩《颐和园词》。

在《花随人圣庵摭忆补篇》中，也有许多记北京之事。如圆明园被焚之记载、徐叔鸿《〈圆明园词〉序》、绮春园、圆明园焰火彩灯及园内珍物、李莼客所记琉璃厂殴官案、郑叔问跋王湘绮《圆明园词》、北京上元灯景、鲍辛圃《琉璃厂春游诗》、李若农谏阻重修圆明园、圆明园之建筑与景致、谭组庵跋王湘绮《圆明园词》、北京灯火、北京饮馔、清同治帝之死因、咸丰帝之才略与失德、宣南洗象、京师洗马等。

黄濬年少即如京城，居京 30 年，熟习北方风土人情。在京期间，同权宦显要交往密切，"周旋唱和，殆无虚日"。耳濡目染，见识日广，对清代民国之史事掌故与人物轶事，详为记述，或加考订，或予议评。推而及之，远及上古，旁涉海外，于军国大政、宫廷秘史、财政金融、人际交往、旅游山水、生产环保乃至社会万象，林林总总，不仅内容丰富、议有见地，且文字生动，委婉传神。说者谓，其"所据资料，除杂采时人文集、笔记、日记、书札、公牍、密电以及有关的一些外国人著述外，亦多本人亲身经历和目睹耳闻者"，故有稗史事，良可征引。《摭忆》一书作为笔记史料之价值，难能可贵。

《北平指南》，北平民社编辑，计分 10 编，记述北平的地理、街巷地名、法规、名胜古迹、政治机关及社会团体、交通、风俗习尚、食宿游览、街巷地名及名胜古迹，1929 年由北平民社民国出版。

瞿宣颖编辑或撰著的北京历史著述颇多，主要有《北游录话》、《北平史表长编》、《同光间燕都掌故辑略》、《北京建置谈荟》。《北游录话》是瞿宣颖先生分期刊载在杂志上的一篇介绍北京风土的文章，对北京故实深入浅出、娓娓道来，后编入辽宁教育出版社"新世纪万有文库"《铢庵文存》一书。其书约三万五千字，共分 10 个部分，但是只有 5 处有小标题，如琉璃厂的面面观、北平的季候美、北平的园林、文化城的文化、北平的命运，其余只有号码，没有标题。其文字流畅华美，立意新颖脱俗，能够用基本的事实与史实概括出人的性格，比较突出的是从北平的饮食习惯和结构上论述北平的性格；以及提出北平是文化中心这一命题。《北平史表长编》，2 册，国立北平研究院史学研究会 1934 年印行，是一部记述从辽太宗会同元年（938 年）到清光绪二十五年（1899 年）北京史迹的年表。依朝代年月顺序，扼要记述北京地区的自然灾害、历史事件、典章制度、人物踪迹、城垣、宫苑、街巷、沟渠、廨署、庙宇、仓库、营舍等的兴废等。资料摘自各朝正史以及《东华录》、《顺天府志》、《皇朝文献通考》、《会典事例》等。虽失之简略，但此乃编写北京历史年表的第一次尝试，可称为北京史的一部简明工具书。《同光间燕都掌故辑略》，世界书局 1936年发行。本书辑录了李越缦、翁文恭、王湘绮三家日记中关于北京故实之记事，分故事、园林、陵墓、第宅、名胜、庙宇、宫苑等纲目反映了当时的社会情况。《北京建置谈荟》1 卷，北京广业书社 1925 年印行，主要记述古今北京形势、历代建筑北京的工师、城门名称和城垣建筑沿革以及金元明三代宫阙概况、明代以来宫禁沿革大略等。为研究北京地方史志的参考资料。

《光宣小记》，金梁著，出版者不详，1933 年印行，记载了作者于光绪、宣统年间在京奉两地任职时的亲历亲见、亲闻亲感。包括：考场经历、士林风尚、公私报刊、京都旧事、内廷官署、朝章国故、档案图集等。

《北京建都一千年经过年代表》，北京特别市公署编写，1938 年发行，本年表分为西历、民元、干支、国号、帝号、年号、年数等项，始于辽太宗会同元年（938 年），迄于 1938 年。

《燕游异闻随录》，佚名辑录，出版者不详，本书系清末民初居京之某家塾教师读书报之杂钞，有一定的史料价值。

《清宫夜谈录》，[美] 德龄原著，百新书店股份有限公司 1949 年发行。目录包括禁城河百老汇、白狐狸、中国家庭一日记、金玲、吉卜林说得对吗、荷花女、金城里、黄鸟、悲剧里的女神、梅花的舞彩、白蛾的奴隶、不朽的伊莎多拉·邓肯、泰厚的珠宝等内容，并伴有插图数页。

《燕都丛考》，作者陈宗蕃，北京古籍出版社 1991 年出版。该书义例严整，取材广博。全书由正文、附注及按语 3 部分组成，这 3 部分互为补充，浑然一体，造端宏大，有条不紊。书中共引各类书籍报刊二百余种，包括正史野史、地方志书、私家笔记、档案文牍、碑刻资料、会典事例、诗词杂记、专题论文等，涉及沿革、城池、宫阙、苑囿、坛庙等内容，注重调查考证。

《旧都文物略》，汤用彬主编，1935 年出版，是一部系统介绍北京古都风貌和文化传统，图文并茂的历史知识读物。全书共分 12 部分。1. 城垣略（城垣沿革、内城、旧皇城、外城、旧宫城）；2. 宫殿略（前三殿、故宫）；3. 坛庙略（天坛、地坛、社稷坛、朝日坛、夕月坛、先农坛、神祇坛、先蚕坛、清太庙、孔庙、雍和宫、大高玄殿、堂子、帝王庙、关岳庙、都城隍庙、黄寺、东岳庙）；4. 苑囿略（中山公园、中南海公园、北海公园、景山、颐和园、玉泉山静明园、南苑）；5. 坊巷略（内城 6 区、外城 5 区）；6. 陵墓略（陵 14、衣冠冢 1、墓 25、僧塔 5）；7. 名迹略·上（内外城名迹 51）；8. 名迹略·下（效外名迹 40）；9. 河渠关隘略（城效河渠支脉、长城、居庸关）；10. 金石略（劝学 18、弘法 27、表忠 24、清游 4、考古 7、名笔 31、韵事 3）；11. 技艺略（建筑、雕漆、景泰蓝、地毯、玉器古玩、纱灯造花、镌刻、塑像绘画、杂艺）；12. 杂事略（礼俗习尚、生活状况、戏剧评话、市井琐闻）。每一略后，除文字说明外，最值得重视者，即为所附照片，大约四百余幅。编辑者是当时的"北平市政府秘书处"，印刷者是故宫博物院印刷所。但作者均系著名文化人，引征典籍广泛。此书序言中指出了编撰的主旨："主旨在发扬民族精神，铺陈事实，借资观感。文则辩而不哗，简而能当，诚一时合作。览古者倘手兹一编，博稽往烈，固不止为导游之助，而望古兴怀，或亦于振导民气，发扬国光，有所裨乎"。该书是研究和了解老北京最全面、最权威的著作之一。

《北平一顾》，陶亢德编辑，宇宙风社 1936 年发行。本书是将发表在《宇宙风》杂志 1936 年第 19 期、20 期上的关于北平的文章结集出版。包括北平的好坏、想北平、难认识的北平、北平的歌谣、北京话里的比喻、北平的四季、北平的气候、北平的风水、广和楼的捧角家、北平的巷头小吃、北平的货声、北平的公园、中山公园的茶座、北平的市场、古城古学府、西郊两大学、从厂甸买书说到北平的旧书业、北平的公寓、北平早晨的吊嗓子、菜市口、北平的庙会、北平的洋车夫、北平的乞丐生活、北平话旧、闲话中华门、北平的土药店等 41 篇文章，内容包罗万象但杂乱无章。作者多为京华名人，且熟悉北京，所记为耳闻目睹，对了解民国时期北平的社会生活、风俗人情等有重要的参考价值。

《故都变迁纪略》，余启昌主编，10 卷，附录 1 卷，1941 年铅印本，本书以记北京变迁为主，从 1900 年义和团运动至 1937 年卢沟桥事变，主要内容为名称、城垣、旧皇城、内城、外城等。

《燕京风土录》（上下卷），主要包括《旗族旧俗志》、《北平寺庙记》、《北平庙会调查》、《旧京旧记》、《京师街巷记》等。

《北京繁昌记》，［日］中野江汉著，1922 年印行。译者序称："日本人在京设立支那风物研究会，专门调查我国风俗文物及社会一般之事情"。此书即该会出版物。作者序称历时 7 年，而成此书。分 13 则，内容包括景山、数字之城壁、驼铃、文天祥祠、谢叠山祠、松筠庵、七间楼、墨盒儿、伪物店、雍和宫、欢喜佛、喇嘛之奇药、北京之佛像店等，其中尤以记雍和宫之数则占主要篇幅。

《京华春梦录》，陈莲痕著，广益书局 1925 年发行。本书分为 8章，即：掌故、冶例、雅游、香奁、丽品、谐趣、轶事、琐记。一直以来都受到研究娼妓史者的重视。除前述 8 章之外，该书还记风俗、胜迹、游览等，虽与主题有一定的背离，但颇翔实。旧日关于北京的笔记杂著中，此书以声色为主，且全面系统，为我们提供了众多旧日北平的民俗与社会生活史料。

第六章　地理著述

　　以今日的概念划分，现今存世的有关民国时期北京的地理著述可分为自然地理与人文地理两类。自然地理主要记录北京的地质结构、环境、河流、气候等事，而人文地理方面的著述涉及范围更广，凡街巷、名胜、风景、建筑、旅行游记等等，不一而足。

　　自然地理类主要有：《大中华京兆地理志》，林传甲编，京师中国地理学会 1919 年印行。该书为林传甲总纂《大中华分省地理志》的 1 册，介绍直隶省各县地势、水系、物产、实业、户口、教育、城市、乡镇、交通等。

　　《北京西山地质志》，叶良辅著，农商部地质调查所 1920 年出版。叶良辅（1894—1949 年），字佐之，浙江杭州人，著名地质学家。他毕生致力于地质调查研究和教学工作，历任北京地质调查所调查员、中央研究院地质研究员、浙江大学教授、中国地质学会理事长等。在北京地质调查所工作期间，他与十余位青年地质工作者对北京西山进行地质考察及测绘。1919 年，叶氏将野外调查资料加以汇集整理，并编成此书。全书共分 5 章，依次说明北京西山的地层系统、火成岩、构造地质、地文、经济地质等。此书是我国地质学家撰写的第一部有重要学术价值的著作，在地质学界有重要影响。

　　《永定河疏治研究》，张恩祐著，1924 年印行。全书共分 11 章，内容包括永定河之源流、永定河历代之变迁、永定河之支流、河防之概要、京兆永定河河务局官制及经费、京兆永定河河务局每年例办各项要政、京兆永定河河防联合会之组织、顺直水利委员会整理永定河计划大纲、永定河治本治标办法之我见、永定河之水利等。

　　《直隶五大河源流考》，不著撰人，民国年间铅印本，内容包括

5 部分：1. 北运河；2. 永定河；3. 大清河；4. 子牙河；5. 南运河；末附蓟运河。

人文地理类主要有：《西山名胜记》，田树藩著，西山八大处柳西山房 1936 年发行。全书分 4 章：第一章写颐和园，第二章写玉泉山，第三章写香山、碧云寺及周边，第四章写八大处及周边寺庙，并有插图。《北京街衢坊巷之概略》，北京特别市公署编。此书按时间顺序，记述北京管辖制度的沿革，上起明代，下迄 1928 年，对北京街衢坊巷的变迁，附以图说，间有涉及历史掌故者，则夹注于地名之下，并参以图画，点缀风景，是了解民国时期北京街道胡同名称沿革、管辖源流等方面的参考资料。

《北平地名典》，李炳卫、童卓然编辑，北平民社 1933 年印行。这是一部有关北京的地名录。本书是在 1929 年完成的《北平指南》的基础上重经调查、订补而成。除城区街巷外，尚包括郊区村镇。依笔画排列其名，下注隶属，尤详出口，即与相接街巷之关系。

《元大都宫殿图考》，朱偰著，商务印书馆 1936 年发行。该书作者根据直接材料，折中各家之说，将元大都故城制为地图，并作了详细考证。本书共分 6 章：导言、史料之选择及其批评、元大都故城考、元宫城之四至及诸宫之地点、宫殿坛庙分叙、结论。其中第五章"宫殿坛庙分叙"记述得最为详细，包括宫城诸门、大明殿、延春阁及玉德殿、御苑、万寿山或万岁山、太液池、兴圣宫、降福宫及西御苑、不可考之诸殿、太庙及社稷二坛。

《北京宫阙图说》，朱偰著，商务印书馆 1938 年发行。北京宫殿园苑是当今中外旅游者所向往的旅游胜地。该书着重介绍了紫禁城、御花园、养心殿、养心殿、奉先殿、斋宫、建福宫、重华宫、毓庆宫、慈宁宫、宁寿宫、寿康宫、寿安宫、大高玄殿及皇史宬、景山等宫殿、园林，并附有示意图。

《北平导游概况》，北平市政府编，1936 年印行，实用性强，涉及城垣、故宫、坛庙、公园、城郊名迹、汤山、十三陵、长城等。

《白云观志》，［日］小柳司气太编，东方文化学院东京研究所发行 1934 年发行。此书由日本作者小柳司氣太写于昭和年间。以讲述白云观为主另附以东岳庙志。分别介绍了白云观建置沿革、白云观记事、诸真宗派总簿、白云观碑志、东岳庙志、东岳庙 76 司考证等。书前附有景观简介，图文并茂。

《北平护国寺残迹》，刘敦桢著，中国营造学社发行 1935 年发行，内容包括护国寺略史、现状、千佛殿、舍利塔、透龙碑、明成化年碑、垂花门、延寿殿菱槅花、天王殿雀替以及插图多幅。

《都门名胜》，寄蜉编辑。该书记述了原太液池后划分为北海、中海、南海的历史渊源，以及三海的历史事件，三海的长、宽及所属范围，三海所属各景致的建造年代，地理环及所处位置的自然环境等。

《房山纪游》，陈诜撰著，1924 年发行，以时间先后为顺序，作者在不同时间到达不同地点，依据所见所闻而记述。内容包括寺庙、石经、奇石险峰、动物等，详实具体，种类繁多，可从中了解房山一带地区的各种情况。

《简明万寿山游览指南》，记万寿山昆明湖之沿革，分别介绍了山前路之八大处、山前之六小处、山后路之各处、园外之各名迹，并附有万寿山各处对联录要以及插图多幅。

《辽金京城考》，周肇祥著，出版者与出版时间不详，是一部研究辽金时期北京城池沿革的书。书中记载了北京城池的历史沿革、名称的更易、变迁，如北京在唐代称为幽州，辽升为南京，又改称燕京，金灭辽后，于贞元元年（1153 年）定都燕京，改燕京为中都。还考证了辽南京及金中都的大城、内城、皇城和子城的建制和方位四至，并对一些史料中所记载的金中都周长 75 里说捉出疑问。作者在考证过程中参阅了大量的史料，对一些辽、金城池的遗址作了实地考察。该书对于了解和研究北京的城市历史具有一定的参考价值。

《妙峰山指南》，金禅雨编辑，天津名胜导游社 1936 年发行。该书是游客游览妙峰山的指南，书中记述了作者查到的有关妙峰山的文献考证，妙峰山的坛庙、殿阁和山道，香客和香客进香的情况；同时，还附有娘娘庙全图和山道群图，可供游人参考。

《妙峰山琐记》，奉宽著，国立中山大学民俗学会 1928 年发行。妙峰山曾是北京一带民众的信仰中心，自明代兴建碧霞元君庙以来，逐步成为庙会热闹场所。本书分 4 卷介绍妙峰山：第一卷记述从德胜门、西直门到阳台山一路的风物；第二卷记登山道路——中道和中北道；第三卷记登山道路——南道、滴水岩、北道和中南道；第四卷记妙峰山情形、灵感宫、五元君、各处茶棚和朝山社火。

《妙应寺白塔历略》，不著撰人，出版者不详，1935 年印行。俗名该寺为白塔寺，此记寺中白塔。

《三海见闻志》，适园主人著，商务印书局 1924 年发行。所谓三海北海、南海、中海。本书考其兴废之迹，详其递嬗之原。民国初年，三海为政府接管。南海，中海成为民国总统办公之地及居所，书中对民初历任总统的行居皆有记载。此外，本书还收有大量匾额、诗文，它描述详细，层次清晰，有关民国时期的记载虽有待考证，但仍有一定的参考价值。

《北海公园景物略》，北海公园事务所编，1925年印行。该书以北海公园为背景，记述了公园内的情况。首先，整体介绍北海公园的历史由来及主要规划情况；其次，通过碑文分别描述了各主要景观的历史渊源和主要特点，以白塔、北海各殿宇最为详尽，此外，附录部分还记述了关于北海静心斋的历史。

《北海纪要》，所记以北海公园内的各寺庙最为详细，如永安寺记、阐福寺记、修建阐福寺碑文、白塔山总记、修建白塔碑文、北海旧文丛载、北海各殿宇联额汇录，还附有北海开放建设公园纪要等内容。

《北海沧桑史》，老鹤著，世界日报1935年发行。该书以历史时间为序，通过对大量文献资料和古迹的考证，详细记述了北海在辽金、元继元之后、元末、明清、清末、嘉靖不同时期的自然环境变化、人为景观建造的情况等，其中主要介绍了北海的琼华岛及太液池。

《谈北海》，松寿著，京报社1928年发行。该书主要记述了从辽金至清时期琼华岛及太液池命名的历史由来，又分别对琼华岛上的建筑和垒石等景致进行介绍，主要包括殿、亭、阁等，通过大量的文献资料对其进行考证。

《颐和园导游》，许星园主编，颐和园事务所1947年发行，包括颐和园略史、官守、前山、后山、谐趣园、南湖、沿堤、各桥等纲目。

《天坛纪略》，内政部北平坛庙管理所编，内政部北平坛庙管理所1932年发行。该书是一部记述天坛历史、沿革、祀典、古迹的书。书中分别对天坛的区划、建筑（包括圜丘坛、祈谷坛、斋宫、神乐署、牺牲所等）、沿革、祀典、古迹、轶闻、金石作了较详细的记载。书后附祭器、乐器说明及陈设图。是了解明、清两代天坛旧貌及历史沿革的重要史料。

《万寿山名胜核实录》，吴质生著，和济印刷局1920年发行。这是一本记述颐和园内名胜及园外名迹的读物。概括了颐和园、万寿山、昆明湖、园外各名迹的沿革。书中将园内景观分为13个大条目，所有景致按类规条，条目清晰。园外名胜的圣化寺、耶律楚材墓等亦分别例条目记述。

《我一游记》，庄俞著，商务印书馆1936年发行。此书与北京相关的内容有《京华记》、《太和殿武英殿记》、《南海中海记》、《京华续记》、《旧都新记》、《戒坛谭柘记》、《居庸关记》、《十三陵记》诸篇。

《西郊游记》，许兴凯著，北平师范大学 1934 年发行。此书是一部游记，作者以第一人称的手法记述。作者选择在冬天游览西郊，按一定的游览路线记录了一路上的自然风景和人文环境，包括从香山到温泉、黑龙潭上、汤山洗澡、西山避暑、从温泉到大觉寺、金仙庵到妙峰山、滴水崖前、山僧说佛法、妙峰山朝顶进香等篇，并描述了作者的不同见闻及心理变化。

《西山八大处风景记》，史觉甦著，1925 年发行。此书内容包括长安寺、灵光寺、三山庵、大悲寺、龙王堂、香界寺、宝珠洞、秘摩崖、宏德寺、天台山避暑记。

《闲话西郊》，白文贵著，1943 年发行。此书记录了西郊的自然风景和人文环境。西郊的名园巨刹，有的已经废圮，此书追而述之，为求对修志者做参考，为喜欢帝京景物、郊游者提供资料。全书后附一篇《潭柘寺山岫云寺游记》。

《香山名胜录》，吴质生著，斌兴印书局 1934 年发行。这是一部记录香山及西山地区名胜古迹的专著。全书分为 5 部分，即：香山之沿革、静宜园之沿革、园内 28 景、28 景外之各处，附园外各名迹，内容非常丰富。书中概述从金世宗建永安寺至清乾隆建静宜园的香山历史沿革，描绘了静宜园中的 28 景，并对景观的历史沿革及现状加以附录说明。如：勤政殿，附录静宜园女校及万松野人之梗概；丽瞩楼，附录香山慈幼院及董事会当时与前任会长等梗概；学古堂，附录兰亭董其昌及学古干训之梗概；香山寺，附录永安寺之梗概。除静宜园 28 景之外，本书对香山的西山晴雪、梯云山馆、重阳亭、宗镜大昭之庙、眼镜湖、观音阁等名胜景点，也有详尽地描述。该书最后还记载了园外的部分著名古迹，如：碧云寺、卧佛寺、演武厅、梵香寺、法海寺、香界寺、大悲寺、证果寺、潭柘寺、戒台寺、万安公墓等。此书所记，多为作者亲身所历，是研究香山历史等方面的珍贵史料。

《燕京纪游》，张肇松撰，1914 年发行，出版者不详。内容包括颐和园游记、安定门孔庙即景诗、游琼岛记、除日雪霁游万生园一律、重游颐和园记、游圆明园诗序、雍和宫书感诗、陶然亭怀古二律、游昌平明陵记、白云观感事诗、西山游记、静明园记游诗 25 首并引、香山碧云寺即景 18 韵、卧佛寺感怀 1 首、静宜园游记。

《幽燕奥室》，艺林月刊编辑，艺林月刊发行所 1933 年发行。该书是据六先生游百花莲花诸山后所作游记、题名诗篇而著。六先生生性好游览，善于学问文章，他们是江安傅沅叔、绍兴周养庵、吴兴徐森玉、长汀江翼云、建始周立之、泰县凌直友。书中所插图画碑刻共 36

幅，皆为江翼云、周养庵两先生拍摄。

《游燕小记》，〔日〕井上钢太郎撰，1940 年印行。该书记述了一位日本人游览北京名胜古迹的见闻，主要包括紫禁城、故宫博物院、北海公园、景山等地，介绍了这些地方的建筑特点、建筑结构及内饰等内容。

《北京地名志》，〔日〕多田贞一编写。该书成书于民国初年，1944年 9 月由新民印书馆出版，为东方民俗丛书之一种。1985 年，由张紫晨先生译为中文，1986 年 4 月由书目文献出版社出版。该书内容对北京城的地名状况、生活风貌多有记述，并附有"北京内外城略图"。

《元大都宫苑图考》，阚铎著，营造学社 1930 年印行。此书参以诸书及遗迹，考订而成。书中所绘图纸多依陶录所记方位尺度绘定。涉及元大都的宫阙制度、诸作及铺设、太庙及社稷坛、工料特色、经始设计之工师名匠及工官、河流、宫殿轶名、与辽金制度比较等，为研究元代建筑提供了重要文献。

《燕都名园录》，韩溪著，新民报 1938 年发行。该书介绍了北京的私人名园的情况。总体上分为东、西、南、北 4 城，并把每个城区著名的私人园林一一介绍。主要包括园林建造的年代、建造的地址、园林原属主人及园林内部构造等。

《玉泉山名胜录》，吴质生著，斌兴印书局 1931 年发行。这是一部介绍京郊玉泉山名胜古迹的书籍。京西是北京名胜聚集地，而燕京八景之一的"玉泉趵突"就位于西山。朝代的兴衰更迭，也使玉泉山历经沧桑。书中记载了玉泉山的简史和与之相连的静明园的沿革，描绘了园内 16 景，即：裂帛湖光、翠云嘉荫、玉泉趵突、云外钟声、玉峰塔影、峡雪琴音、竹炉山房、芙蓉晴照、廊然大公、圣因综绘、绣壁诗态、溪田课耕、清凉禅窟、采香云径、风篁清听、镜影涵虚，及其所属的斋馆楼阁、寺庙，如：清音斋、心远阁、华滋馆、龙王庙、罗汉洞、香严寺、观音洞、冠峰亭、进珠泉、仁育宫、写琴廊等景观。同时收辑了 16 景外各处和园外名迹，如：甄心斋、涵漪斋、妙高寺、楞伽洞含经堂、南无西方极乐世界、安养道场及界湖楼、影湖楼、功德寺、明景黄帝陵、金山宝藏寺。书中还附录了清圣祖御制《玉泉赋》和清高宗御制静明园内外古今体诗数十首。此书为了解西山名胜古迹与玉泉山的历史沿革提供了丰富的参考资料。

《圆明园考》，程演生编辑，中华书局 1928 年发行。该书不分卷目，按其内容大致分为 2 部分：1. 前人有关圆明园的兴建、宫殿、建筑、规制、沿革的著述。2. 咸丰年间圆明园被劫掠的史料记载。本书是考察圆明园史的重要参考资料。

《圆明园遗闻》，笑然著，1931 年发行，出版者不详。内容包括圆明园之故址考、园门之名称、西洋楼下捕草虫、毁家报效园墙之奇案、福寿池之石鱼、安佑宫悬影、安河试马、筛土贼、万佛楼之流砖、福海泛舟听相声、藤架、斗蟋蟀、同乐园教戏、顺山殿官员听戏皆给坐、双鹤斋打十番、敷春堂子孙葫芦、礼仪院素筵、什方院太监出家、开门放宫女、土地庙之无稽谈等。

《圆明园遗物与文献》，中国营造学社编，中国营造学社 1931 年发行。内容包括圆明园遗物文献展览略目、圆明园遗物文献之展览、圆明园罹动七十年述闻等等。

《中央公园二十五周年纪念刊》，中央公园委员会编，中央公园事务所 1939 年发行。内容包括中央公园创办之经过、施工次第、章制摘要及人事变迁、景物历史的说明、公园风景照片、公园花事节季及花鸟鱼虫之种类、艺文金石略、历年收支概况、公园董事题名等。

《北京名园记》，张次溪著。本书要目包括张园、万春园、刺梅园、怡园、寄园、官菜园、封园、祖氏园、梁家园、冯园、芦草园、张园、什锦花园。

《京西名胜汇编》，胡乃庸辑，1928 年发行，出版者不详。京西名胜冠天下，虽散见各书却求不到一本专集，作者希望能弥补此缺憾，故将其所知京西名胜景点逐一作以介绍，并汇集成册。包括：1. 静宜园；2. 碧云寺；3. 玉皇顶；4. 卧佛寺；5. 实胜寺；6. 来远寺；7. 宝相寺；8. 宝谛寺；9. 福慧寺；10. 八大刹；11. 颐和园；12. 耶律楚材墓；13. 毓春园；14. 刚丙墓；15. 青龙桥；16. 静明园；17. 高水湖石坊；18. 桂芳碑；19. 黑龙潭；20. 董四墓；21. 西苑；22. 景泰陵；23. 量水台；24. 象鼻子沟；25. 一溜边山府；26. 卢师山；27. 香山；28. 碉楼；29. 蓝靛厂；30. 七真洞；31. 潭柘寺；32. 戒台；33. 苏州街；34. 巴沟；35. 万寿寺；36. 五塔寺；37. 乐善寺；38. 倚虹堂；39. 高梁桥；40. 利玛窦墓。

《周知玄西山游记》，周大封撰，出版时间不详。本书所记燕京西山的名胜古迹，以禅刹、洞府居多，其中包括潭柘寺、戒坛寺、西峪寺、极乐峰、上峰山等，详细描述了这些地方的命名由来及周围的自然地理环境。

《房山游记汇编》，王毓霖编纂，中原书店 1937 年发行。内容包括《游小西天记》、《上方山记》、《游红螺嵝记》、《游房山记》、《云水洞》、《石经山》、《芯题上方二山纪游》、《游上方山记》、《游房山红螺

峪记》、《重游上方山及红螺峪记》、《北平附近的一大奇迹》、《记石经
山西峪寺》、《华北之地势与地质》、《房山西域云居寺碑目》、《游览余
言》，书后附有图录。

《故都胜迹辑略》，侯仁之编，燕京大学历史学系 1940 年发行。此
书是以城郊名刹为限的著作。全书分为佛刹、道观、回寺、喇嘛寺、
坛庙 5 大类。介绍名刹 15 余处，涉及卧佛寺与碧云寺、高梁河畔诸佛
寺、天宁寺、法源寺、白云观、东岳庙、广仁宫、火德真君庙三、故
都清真寺、雍和宫、白塔寺、坛庙、天坛、太庙、大高玄殿等。

现今保留下来的民国时期有关北京地理方面的著述尚有很多，详
见表 5。

表 5

书名	作者或出版者	出版时间（年）
《京师坊巷志稿》	朱一新	
《西山续游纪行》	周熊涛	1913
《北京宫苑名胜》	上海商务印书馆	1914
《西陵胜迹》	京汉铁路局调查组	1914
《燕京纪游》	张肇崧	1914
《直隶省京华游览记（本国新游记）》	庄俞等	1916
《京绥铁路旅行指南》	曹景皋	1916
《北京指南》	中华图书馆	1916
《京奉铁路旅行指南》	京奉铁路管理局总务处编查科	1918
《北海公园游记》	袁链人	1918
《万寿山名胜沿革录》	遁夫	1919
《西山》	蒋维乔	1920
《北京指南》	徐珂	1920
《京兆游记》	陈善伟	1920
《三山游记》	怡漪	1921
《大房山》	蒋维乔	1921

续表

书名	作者或出版者	出版时间（年）
《香山风景》	北京香山慈幼院摄影编辑	1922
《北京便览》	姚祝萱	1923
《中央公园记》	朱启钤	1925
《京兆公园纪实》	京兆公园事务所	1926
《北京张园志》	张伯帧	1926
《北京游览指南》	金啸梅	1926
《圆明园考》	程演生	1928
《居庸关地理沿革考》	薛志鹏	1929
《燕北游览小志》	黄金波	1931
《简明北平游览指南》	金文华	1932
《上方山游记》	陈兴亚	1932
《长城明陵游记》	李慎言	1934
《西郊游记》	许兴凯	1934
《北平旅行指南》	马芷庠	1935
《天宁寺建筑年代之鉴别问题》	梁思成、林徽因	1935
《颐和园简明图说》	北平市管理颐和园事务所	1935
《北平历史上平民游赏地纪略》	金受申	1935
《燕京纪行》	孙宝田	1935
《北平市中山公园风景集》	北平市中山公园事务所	1935
《增订故宫图说》	国立北平故宫博物院	1936
《北平街巷志》	马芷祥	1936
《燕北游览小志》	黄金波	1936
《北平指南》	田蕴瑾	1936
《北平导游概况》	北平市政府	1936
《房山游记》	李书华	1936
《燕都名山游记》	李慎言	1936
《房山游记汇编》	王毓霖	1937
《恭王府沿革考略》	单士元	1938

书名	作者或出版者	出版时间（年）
《北京城垣变迁经过》	北京特别市公署	1938
《最新北京游览指南》	齐家本	1939
《北京景观》	北京特别市公署社会局观光科	1939
《燕城胜迹志》	闲园鞠农	1943
《北平旅居向导》	北平社会服务处	1947
《北平名胜游览地图》	邵越崇	1948
《北京诸山泉记》	泉慎蒙	—

第七章 文学著述

　　进入民国之后，旧体诗歌在内容上革新，以白话文小说为代表的新文学样式的出现，北京文学的体裁进一步丰富。

　　诗词仍是民国初年最重要的文学著述形式。这些诗词作者多为清朝遗老，在退出政坛后拥有清闲的时间以及较好的物质生活条件，为创作诗歌提供了前提，其诗词多咏前朝往事、个人际遇等，感时伤怀。主要著述有：

　　《清宫词》，惟一居士编，上海广益书局1913年出版。此书收录描绘清代宫廷秘闻的宫词55首，多有注释。作者及注者都为清末词界名流，内容多为清宫秘史，如孝庄太后下嫁多尔衮、顺治帝出家、庚子之变中珍妃被投入宫井之中等等，许多事件并不能得到史料的验证，但在民间流传极广。

　　《清宫词》，吴士鉴等撰。本书收集清代宫词9种，近七百首。附录7种描述宫禁旧闻的非宫词体的诗歌，包括王闿运《圆明园诗》、王国维《颐和园词》、张怀奇《颐和园词》、过园老人《宫井词》、邓镕《颐和园词》、《清孝定景皇后挽词》、《崇东陵词》，都以清代宫廷为中心，旁及典章制度，内容采自正史以及私人笔记，所咏多为作者个人亲身经历或见闻。

　　《清宫词》，魏程搏撰，李珍注，1939年铅印本。魏程搏，字莲裳，湖南湘乡人。本书收集清代宫词101首，从满族起源写起，涵盖有清一代宫中见闻，旁及清代典章制度等等。魏程搏弟子认为该书"妍绵清丽"，故为其作注，以备查考。

　　《清宫词》，上下2卷，夏仁虎著，上卷述帝后、妃嫔、皇子、公主以及侍臣、监御、宫中逸事；下卷记宫苑典礼、令节风尚杂事，逐首各附以注。此书虽记清宫人、事，但多处涉及北京习尚景物。1986年由纯文学出版社出版。作者还著有《啸庵诗存》6卷、《枝巢编年诗稿》13卷、《枝巢新乐府》4卷等。

《前清宫词》，佚名著，上海中华书局1915年《清朝野史大观》本。书中多为宫廷琐闻，涉及宫内生活的各个方面，尤其对于研究清代宫廷史有参考价值。虽然涵盖清初、清中期，但以清末为重点。

《旧京秋词》1卷，夏仁虎著，张次溪校，用竹枝词的形式，仿《东京梦华录》，记旧京掌故，署"江宁夏仁虎蔚如著东莞张江裁次溪氏刊"，收入"燕都风土丛书"，可见作者对老北京生活、风习、掌故之熟悉，1939年铅印本。

夏仁虎先生又将他60岁前的诗作896首集为《枝巢编年诗稿》，共13卷，记有龙泉寺、崇孝寺赏牡丹，大觉寺看杏花，颐年堂、萃锦园赏海棠，中南海观荷，广安门外泡观荷，什刹海、北海漪澜堂"修禊"雅集等。

《方家园杂咏纪事》是一部记载晚清逸闻的纪事诗，共有20首，以"二十咏为纲，而分纪各事于其后"，另外，有15首诗后除纪事外，还有附记；篇末有杂记数则，以及3个人读罢全诗之后的题诗，主要内容是清末光绪皇帝与慈禧、隆裕太后之间的复杂关系。作者王照，字小航，河北宁河（今天津市）人，1894年中进士，由庶吉士改官礼部主事。"百日维新"期间，他奏请变法，言词激烈。光绪帝赏给三品顶戴。变法失败后，流亡日本。

《古燕诗纪》10卷，马钟琇编撰，味古堂1915年铅印本。此书收燕地诗人诗歌，从黄帝时期始，一直到民国初年，近三百余家，并于每诗开头述作者小传，是一部地方诗史。所谓燕地特指今北京以及周边，包括天津以及河北的一些地区。编者马钟琇，字仲莹，号箸羲，河北安次（今属廊坊市）人。清末历官刑部山东司、法部制勘司主事，派充主稿。民国二年（1913年）选为第一届国会众议员，公府顾问。他"嗜古工诗"，除《古燕诗纪》外，还有《清诗征》、《曲学书目举要》、《马氏文录》、《味古堂集》、《国会同人诗钞》等多种著作。

《北游吟草》，黄端履撰，出版者不详，1935年出版。作者于1935年被任命为国民政府行政院驻平政务整理委员会专员，在北平居住一个月，每日寻幽选胜、记诸诗歌，描述了20世纪30年代的北京风貌，作诗六十余首，结集此书。

《东华尘梦》，灵峰补梅翁撰，1919年铅印本。灵峰补梅翁，原名周庆云，南浔著名商人，以经营丝、盐为主，兼办教育、编辑方志以及组织诗社等1917年游遍北京城内各个著名景点，每到一处都作诗，后集结成此书，为一部纪游诗集，内容大多有关北京，涉及卢沟桥、中央公园、天坛、先农坛、故宫、三海、国子监、十三陵、居庸关、陶然亭、法源寺、万寿寺、崇效寺、白云观、香山、卧佛寺、八大处等。诗后多有注释，叙其沿革。

《北海闲咏》，沈时敏撰，北平震东印书馆1932年铅印本。作者原名沈凤，女性，出身商人家庭，自幼多病，但天赋禀异，上学期间常与同学泛舟北海，并在诗歌中寄思才情。该书分赛船、赛美、惊秋、赏月4类，展现了20世纪30年代北平学生尤其女学生的整体形象，对于研究民国时期北京教育史颇有价值。

《戊戌诗存》，陈止著，1920年刻本。陈止，字孝起、霞章，今江苏仪征人。先后居京师19年，1925年病故于京师，时年58岁。陈霞章善诗，每日为诗，攒眉耸肩，争一字得失，不以为苦而以为乐，著有《戊丁诗存》和《戊戌诗存》2卷行世。本书收作者在清末民初10年间所作之诗，描写此间作者的居京生活。包括《观镇兵成列》、《除夕记一岁之事》、《袁大总统哀词》、《觉生寺大钟》、《崇效寺看花》等。

《驴背集》，主要内容为咏述庚子事变。作者记述庚子事变前后的亲身经历，从义和团入京写起，记述八国联军占领北京时烧杀掳掠、义和团在京情况、清廷的应对等。庚子前后的事件都被作者谱之诗歌，对研究清末史事具有很高的史料价值。该书作者胡思敬，字漱唐，号退庐，江西新昌人。历任吏部考功司主事，辽沈道监察御史，广东道监察御史。宣统三年（1911年）挂冠离京，定居南昌，潜心著作，校辑图书。还著有《退庐疏稿》、《戊戌履霜录》、《国闻备乘》等。

《庚子秋词》，2卷。光绪二十六年（1900年）八国联军攻破北京，慈禧太后带领光绪皇帝出逃，京中百官以及士大夫亦仓皇逃命。王鹏运身陷危城之中，足不出户，闭门而居。在这段时间中，为抒发感慨，与来此寄居的友人朱祖谋、刘福姚唱和填词。联军退去后有光绪刻本，共收315首，上海有正书局1923年再出石印本。叶恭绰称王鹏运"词学独探本源，兼穷蕴奥，转移风会，领袖时流"。

《洪宪纪事诗本事簿注》，刘成禺撰，北京京华印书馆1934年铅印本。此书是以袁世凯称帝为题材的纪事诗，收约三百首。作者自居北京，以其见闻随笔记录，原名《后孙公园杂识》，据此写成《洪宪纪事诗》200首每。30年代列为《愚生四唱》之一种，刊行于世。1936年合成《洪宪纪事诗本事簿注》，每首诗后附长篇注释，有的是著者叙述的当时事实经过，有的则是摘引当时他人的记述。书前有孙文的"叙辞"、章炳麟的序，以及赵蕃、陈嘉会的题诗。本书凡例中提到分4卷刊行，但实际只有1、2两卷。

《颐和园词》，王国维作，边敷文注。该书为长诗，于民国初年写于日本，借颐和园写清代兴亡。边敷文注释主要是补充事实以及典故出处。该书对清史研究有一定的史料价值。

《春明胜迹百咏》，袁藻楼著，1935年铅印本，系作者在北京游玩时的即兴之作，内容包括宫禁22首，为紫禁城、宫门、太和殿、中和殿、保和殿、文华殿、武英殿、传心殿、浴德堂、宝蕴楼、南熏殿、乾清宫、宁寿宫、御花园、西花园、慈宁花园、故宫博物院、午门博物馆、珍妃井、断虹桥、中海、南海、北海、团城、瀛室、景山。城郊26首，包括天坛、地坛、日坛、月坛、社稷坛、先农坛、太庙、历代帝王庙、孔庙、雍和宫、碧云寺、卧佛寺、陶然亭、天然博物馆、中山公园、城南公园、市民公园、圆明园旧址、天桥、亮马桥、什刹海、未名湖、西山八大处、玉泉山静明园16景等。

《北平赋》，陈宗藩著，小糊涂斋钞本。此书主要歌咏北京的历史与现状。在历史考证方面，从《禹贡》时期冀州写起，建都又从辽代南京、燕京开始。涉及各代的建制沿革、饮食、民俗、文化娱乐、宫殿建筑等，为北京历史提供了丰富的史料。

《丁丑杂咏》，张篁溪著，1939年刻本，本书记七七抗战开始后北京事迹。

《枣花怀古录》，张篁溪编，本书记北京崇效寺故事。

《落叶集》，孙雄著，1926年铅印本，本书系咏1924年溥仪被逐出宫事。

《北京景物诗录》，张次溪编，8册，主要选辑元代以来记述北京历史景物的诗篇。

《金銮琐记》，名非宫词，但仍是以"宫词"形式写出，每首七言四句，一首只记一事，多为宫廷旧事秘闻。以纪事诗体裁记述清末宫廷情况，共有诗137首，每首加注说明。作者为清人高树，号珠岩，在清末以军机章京的身份，接近清政府的枢机大臣和部院大臣，了解清末政情，熟悉宫廷内幕。所记系耳闻目睹和亲身经历，其中记载戊戌变法、义和团运动，以及袁世凯的活动等，为一般史料所少见，史料价值较高。

民国时期，竹枝词仍然比较流行，其中保存着大量的社会史内容。

《清代北京竹枝词（13种）》，杨米人等著，路工编选，1962年北京出版社铅印本，包括以下 13 种：《燕九竹枝词》（孔尚任等）、《都门竹枝词》（杨米人）、《燕台口号一百首》、《草珠一串》（得硕亭）、《续都门竹枝词》（学秋氏）、《都门杂咏》（杨静亭）、《燕台竹枝词》（何耳）、《增补都门杂咏》（李静山）、《都门纪变百咏》（畇西复侬氏青村己庐氏）、《京华百二竹枝词》、《京华慷慨竹枝词》（兰陵忧患生）、《百戏竹枝词》（李声振）。

《京都新竹枝词》，老羞编，1913 年石印本。全书收竹枝词一百六十余首，是一部收集民初歌咏京都生活的诗词集，刻画了民国初年北京城内的许多新现象，内容包括民国初年的政治、军事、经济、地理、文化、市政、漕运、社会生活、梨园戏曲等方面，是当时社会生活史的集中展现。

《故都竹枝词》，黎承福等著，1935 年铅印本，共收集诗歌二百五十余首，主要描写北伐成功之后国府南迁之后北京城的衰落景象。

《京华慷慨竹枝词》，吾庐孺撰，北京开智书局 1910 年石印本。内容描写辛亥革命前夕的北京，刻画出清末种种社会现象，具有一定的史料价值。

此外，还有《京都竹枝词》（1 卷，薛献廷辑，1921 年石印本）、《京华百六竹枝词》（戚震瀛撰，1911 年刊本）、《忆京都词》（严辰著，1940 年誊印本）、《春明竹枝词》（燕南芳草词人著，记民国六年北京政变故事）、《北京清吟小班竹枝词》、《妙峰山竹枝词》（仲侯著）等。

陶然亭为康熙年间工部郎中江藻所修建，亦称江亭，地处城南，清时为外城，特殊的地理位置与科举制度结合，使得陶然亭成为清朝、民国时期知识分子经常光顾之地。慈悲庵内品茗饮酒，窑台顶上登高临远，碑碣之间吊古伤怀。从有清一代，直到 20 世纪三四十年代，有关陶然亭的诗、书、画、文字等多有流传主要有：

《乙丑江亭修禊分韵诗存》，樊增祥等撰，出版者不详，1925 年铅印本。1925 年（民国十四年）三月三日，樊增祥（樊樊山）与梁鸿志、庄蕴宽等邀请 109 人，在陶然亭集会吟咏。来者多为当时政府要员以及社会名流、文人墨客。此书为此次修禊的结集。对当时社会的许多方面都有刻画，展现了特定阶段的历史风貌。

《江亭秋兴诗》，汪曾武等著，天津华新印刷局 1935 年铅印本。此书是 1935 年两批人在陶然亭相遇所作的纪游诗。这些人多为当时北京的文人学者，诗歌内容有对世事的感慨，有对往昔的追溯，有对美景的描绘，对于研究当时文人的心态有很大的参考价值。

《癸丑修禊集》，梁启超编，1913 年铅印本。戊戌变法之后梁启超流亡海外，1913 年回到北京，召集当时政客三十余人在万牲园（今北京动物园）修禊雅集。他们的诗歌以写景、抒情为主，关注点仍为北京政坛。

《辛壬修禊诗草》，曹经沅、李宣偁辑，出版者不详，1933 年出版。1931 年三月三日上巳节，曹经沅、李宣偁等 38 人在什刹海酒楼修禊饮酒。次年上巳节，李宣偁等 72 人再集于什刹海会贤堂，用白居易《三月三日诗》分韵赋诗。这两次集会，参与者多为当时社会名流，诗集的成书背景也比较特殊。北伐结束之后国民政府定都南京，大批官僚南迁，北京不复国都地位，降格为一地方性城市，这一定位的变化对北京城市发展带来了很大影响。同时，日本占领东北，华北危急，北京的局势也不稳定。诗集中所收诗词，有描述什刹海景色，有对时政的观感，有对往昔的怀恋，为研究这一时期的文人心态提供了恰当的文本。

接续晚清发端的新文学运动，文学样式丰富，文学著述种类繁多，产生了一些代表性人物以及经典作品。

林纾是清末民初北京城一位非常有代表性的小说家与翻译家。他创作的文言小说在当时独树一帜，在 1922 年由商务印书馆出版的《畏庐漫录》，包括《欧阳浩》、《绿娥》、《唐豹》、《柳亭亭》等篇目。他还创作了中长篇小说《剑腥录》（又名《京华碧血录》）、《金陵秋》、《劫外昙花》、《冤海灵光》、《巾帼阳秋》（又名《官场新现形记》）等。

老舍因其对北京市民生活的生动而深刻的描写而闻名，同时这也成为其作家身份的典型特征。他发表于 20 世纪 20 年代的作品有《赵子曰》、《老张的哲学》。发表于 30 年代的有《断魂枪》、《二马》、《离婚》、《骆驼祥子》。这些作品既流露出作者对北京这座城市的深刻情感，更加深刻的则是对城市性格以及生活在其中的人物性格的严峻批判。

《新华春梦记》，作者杨尘因（1889—1961 年），名道隆，号雪门、烟生，安徽人，1916 年由上海泰东书局出版。此书是一部描写袁世凯复辟帝制始末的历史小说，全书 100 回，计 70 万字，多以史实为据，主要声讨袁世凯，并用较多的笔墨描写了蔡锷讨袁之举以及蔡的爱情生活，每回末张冥飞均作校评。

《北平夜话》，味橄著，原名钱歌川（1903—1990 年），亦称钱慕祖，该书为其处女作，是一本散文合集。1920 年，钱歌川以公费赴日本留学，入读日本东京高等师范学校，1926 年末回国，不久即入中华任编辑，主编《新中华》半月刊。1932 年他到北平开会，回来后写成了《最初的印象》、《飞霞妆》、《帝王遗物》、《游牧遗风》等 10 篇有关北平的散文，用笔名"味橄"先在杂志上刊出，再加上 10 幅插图，汇集成《北平夜话》，于 1935 年由上海中华书局出版。

《象牙戒指》，庐隐著，盛京书店发行，1942 年出版。这部小说是五四时期众多爱情悲剧中的一个简略而生动的缩影。这是一部以真人真事为素材创作的中篇小说，人物原型为早期共产党人高君宇和石评梅，大致情节是：沁珠（石评梅）在遭受了爱情的欺骗之后封闭了自己的情感，任由曹子卿（高君宇）炽热的情感仍然无法融化她内心的坚冰，直至曹子卿咳血而死，沁珠才终于明白自己失去了一生的爱人，追悔莫及的沁珠终日以泪洗面，不久也追随曹子卿而去，死后两人合葬在北京陶然亭公园。

《北京乎》，孙福熙编，开明书店 1927 年出版。《北京乎》收录《北京乎》、《故宫博物院》、《清华园之菊》等 36 篇文章。孙福熙，浙江省立第五师范学校毕业后在家乡小学任教。1919 年与其兄孙伏园一起到北京，经鲁迅介绍到北大图书馆工作，常得到李大创、鲁迅等人指导。次年到法国，考入法国国立美术专科学校。1925 年回国后出版第一本散文集《山野掇拾》，1926 年至 1927 年任北新书局编辑，出版散文集《归航》、《北京乎》、《春城》。

《北京城》，周作人编，开明图书公司，1942 年出版。此书是一部散文合集，辑录了周作人、老舍、郁达夫等名家关于北京城的人文、历史、文化、生活、风俗等各个方面的散文佳作。包括老舍《北京城》、《难认识的北京》，毕树堂《北京话里的比喻》，李素《北京的歌谣》，郁达夫《北京的四季》，周作人《北京的春天》，朝英《北京的气候》，何容《北京的风水》，宋春舫《我不小观京剧》，绿英《广和楼的捧角家》，徐霞村《北京的巷头小吃》，果轩《北京的豆汁之类》，方邑《北京的货声》，魏兆铭《北京的公园》，孟起《蹓跶》，张玄《北京的庙会》，太白《北京的市场》，衷若霞《天桥》，刘小蕙《打小鼓的》，柳絮《北京的乞丐生活》，蔽帝《买书在厂甸》，徐崇寿《北京的公寓》，钟杖《我的公寓生活》，陈启选《北京早晨的调嗓子》，驯羊《北京传说》等。

其他民国时期文学类北京著述，参见表 6。

表6

书名	作者	出版时间（年）
《华都斌》	吕博文	1913
《古燕诗纪》	马钟琇	1915
《潭柘寺游诗》、《南湖集古诗》	廉泉	1917
《圆明园词序》	（清）徐树钧	1917
《潭柘寺游诗》	廉泉、吴芝瑛	1918
《都门唱和集》	熊泰封	1918
《东华尘梦》	灵峰补梅翁	1919
《京师城南游艺场并蒂莲诗》	樊增祥	1919
《京都竹枝词》	薛献廷	1921
《圆明园词》	（清）王闿运	1921
《东陵诗草》	吴性浑	1924
《京华梦》	陈一梦	1924
《话梦集》	何刚德	1925
《妙峰唱和诗》	习叟、杨昀谷	1926
《圆明园词》	戴启文	1926
《北京俚曲》	殷凯	1927
《北平歌谣集》	李萨雪如	1928
《北平歌谣续集》	李萨雪如	1930
《北平儿童歌谣集》	张国璘	1928
《燕京岁时杂咏》	周贞亮	1931
《旧京诗存》	孙雄	1931
《北京歌谣》	张则之编译	1932
《北海闲咏》	沈时敏	1932
《听春新咏》	留春阁小史	1934
《颐和园名胜百咏》		1934
《宣南梦》	南海胤子	1934
《瑶台小咏》	王韬	1934
《故都竹枝词》	靳仲云等	1935

书名	作者	出版时间（年）
《东陵纪事诗》	陈毅	1935
《乾隆以来北平儿歌嬗变举例》	李家瑞	1936
《三朝宫词》	（清）陈长春	1936
《赛金花》	熊佛西	1937
《消寒新咏》	铁桥山人、问津渔者、石坪居士	1937
《燕市百怪歌》	无名氏著，张次溪校	1938
《忆京都词》	严辰	1940

第八章　艺术著述

　　1930 年，日人正木青儿所著《支那近世戏剧史》问世，由于作者非本国人，"究竟生活悬殊，见闻太狭，不能说明中国戏剧之底蕴。"京剧名家程砚秋感叹"中国的问题需要中国人自己来解决，同样地，中国的戏剧史还非中国人自己来着手编著不可！"待到 1934 年冬，北平邃雅斋书店出版了张次溪《清代燕都梨园史料》，计收《燕兰小谱》、《日下看花记》、《听春新咏》、《金台残泪记》、《片羽集》、《莺花小谱》、《燕台鸿爪集》、《辛壬癸申录》、《长安看花记》、《丁年玉笋志》、《梦华琐簿》、《云波》、《法婴秘笈》、《明僮合录》、《增补菊部群英》、《评花新谱》、《菊部群英》、《群英续集》、《宣南杂俎》、《撷华小录》、《燕台花事录》、《凰城吕花记》、《怀芳记》、《侧帽余谭》、《菊台集秀录》、《新刊菊台集秀录》、《瑶台小录》、《情天外史》、《越缦堂菊话》、《异伶传》、《哭庵赏菊诗》、《鞫部丛谈》、《宣南零梦录》、《梨园旧话》、《梨园轶闻》、《旧剧丛谈》、《北京梨园掌故长编》、《北京梨园金石文字录》共计 38 种。

　　《清代燕都梨园史料续编》，1937 年北平松筠阁书店排印本，线装，4 册，每种单独计页，均可单行，收《云郎小史》、《消寒新泳》、《众香国》、《燕台集体》、《燕台花史》、《檀青引》、《菊部明僮选胜录》、《杏林撷秀》、《闻歌述亿》、《北平梨园竹枝词荟编》、《燕都名伶传》、《燕归来移随笔》、《九青图咏》共 13 种。两集新辑著述，自清乾隆、嘉庆、道光、咸丰、同治、光绪、宣统跨民国间各朝鞫部文献共 51 部。其中有的是张次溪费尽心力向冷摊觅得的孤本、珍本。如吴长元的《燕兰小谱》，是记述乾隆朝北京梨园艺事的名作，著名藏书家叶德辉于清末辑刻《双梅景阁丛书》时，仅得其翻刻本，而张次溪据以翻印的却是钤有作者名章的原刻本；成书于咸丰五年的《法婴秘笈》，到同治末虽为时不过十余年，已被视为难觅之珍物，而张次溪却能于数十年后搜得付印。此类事甚多，不赘举。有的是他亲自实地调查所得，如他纠合同志方问溪、王芷章，调查北京梨园金石文字，只为记取雍正十年梨园馆的碑文，4 次去陶然亭实地勘察，极尽披荆剔醉之劳。又经访梨园新馆、松柏庵、盆儿胡同、天宁寺等处，耗时 1 年，辑成《北京梨园金石文字录》。有的是他根据需要从各类著作中摘录汇集的，如汇集自嘉庆迄民初 20 家竹枝词中涉及梨园者编为《北京梨园竹枝词荟编》，取李慈铭《越漫堂日记》中有关梨园的记述辑成《越缦堂菊话》，选易顺鼎有关梨园之诗咏编为《哭庵赏菊诗》，集笔记文献中之梨园史料汇为《北京梨园掌故长编》。有的则是他经广泛调研后亲自撰写的，如《燕都名伶传》、《燕归来随笔》等。

两编出版之后，在梨园界引起了极大的反响。郑振铎谓此"诚是一大快事。研究戏剧史得之，尚可有左右逢源之乐"。顾颉刚为此书作序中言："晚近风气稍开，国人颇知一切社会活动皆是表征文化，模声绘色原非仅以娱人也。"同为莞人的伦明为此书作序并题诗数首，兹录其一："小唱风沿四百年，污泥何碍产青莲。教坊故事旗亭句，不取幅苏山木篇。"程砚秋也为此书作序。

张次溪终生致力于历史及社会风土民俗资料的搜集整理，在国内社会学界、民俗学界及日本汉学界有着较大的影响，而鸿篇巨制《清代燕都梨园史料》正、续编，是他的成名作，也奠定了他在中国戏曲史学界举足轻重的地位。

《清升平署志略》，王芷章编纂，北平研究院史学研究会历史组1937 年发行，2 册。升平署为清内府所属机关，职司宫廷演剧（并附杂戏百乐）。此书分 5 章，叙升平署及其自身之历史与内情。不仅为该署之志，且关系清代戏曲之演变、宫廷规制。目录包括略序、题辞、引论、沿革（南府、景山、南府景山之合并）、升平署之成立（总管、内学、中和乐、钱粮处、档案房）、分制、职官太监年表附民籍学生年表、署址等。

《几礼居戏曲丛书四种》，周明泰撰。周明泰别号几礼居主人，他于 1932 年至 1933 年年初先后编撰 4 种戏曲丛书。第一种《都门纪略中之戏曲史料》，作者简述了清杨静亭所编《都门纪略》的缘起和版本情况，并就书中"词场"一门，以图表形式，列举了从道光二十五年（1845 年）的初刻本至光绪三十三年（1907 年）经后人增补、重刻的6 种版本中记载的戏曲史料，其中就有对程长庚演剧的记载。第二种

《五十年来北平戏剧史料》，第三种《道咸以来梨园系年小录》，第四种《清升平署存档事例漫钞》，关涉戏曲内容十分广泛，均为流派研究的重要参考史料。

《道咸以来梨园系年小录》，周明泰编，上海商务印书馆1932年印行。此书收集了嘉庆十八年（1813年）至1932年北京戏曲界的资料，包括近人小说中对歌场往事的谈论以及报刊中戏曲前辈对梨园掌故的记述。

《五十年来北平戏剧史料》，刘半农、周明泰合辑，1932年铅印本。此书分前后两编。前编是刘半农购买的1册《戏簿》，内容是从1882年至1911年北京各个戏班演出的剧目。下编是周明泰仿照《戏簿》的体例，根据报端戏目，把民国20年间的重要戏目做了一个续编。

《整理升平署档案记》，朱希祖著，燕京大学出版社1931年铅印本。此书记述作者对1926年在北京宣武门外大街汇文书局所购升平署档案及一千多册钞本戏曲进行整理的情况。这些材料是溥仪退出故宫时，由升平署的太监带出。全书分为10章：1. 升平署档案之来源。2. 升平署之制度。3. 升平署之沿革及地址。4. 升平署档案之种类及数目。第五章至第九章分别为演戏单、花名档、中和乐、钱粮处及档案房、大典礼等几种档案提要。第十章为档案间断之缘由。

《京剧之变迁》，齐如山著，北平国剧学会1935年印行。此书为《齐如山剧学丛书》之二。作者汇集自己历年登载于报刊的评论文章，按剧本、角色、戏园、戏班等类别分辑而成。在反映百余年来京剧历史变革的同时，作者通过流派代表在唱、念、做、打以至整个演出形式上发生的变革，说明社会的发展变化是京剧艺术嬗变之动力所在。这是很有远见卓识的。作者主张京剧革新，书中对谭鑫培唱腔变化给予了社会心理角度的分析，表现了非同寻常的历史眼光。

《瑶台小咏》，分上中下3编，王韬撰。王韬，字玉遐，又字紫诠，晚年号天南遁叟，苏州人，光绪初年曾居于北京。《瑶台小咏》辑录清末北京梨园部分伶人的简历，并皆以诗词赞咏之。上编辑录16人（实际上为17人，徐宝芳、徐宝荃共1条）。中编辑录9人（实际为13人）。下编系上、中编的补遗，除补述外，又新增加若干人。读后可对光绪中叶梨园状况悉数了解。

《消寒新咏》，铁桥山人、问津渔者、石坪居士同著，1937年铅印本。此书最初作于乾隆五十九年（1794年）、六十年（1795年）的冬春之间，故题之为"消寒"。但并无吟咏，仅汇集了当时苏州、扬州、安庆等地来京的 7 个戏班、18 位童伶的情况，并比之以各种花鸟。词里抽象，且属一家之言，但可了解这些伶人的风韵和技艺，提供了乾隆后期，昆腔外地班社在北京的演出情况。同时，从所列其擅演的剧目中，也可以看到当时流行的剧目，亦可看出剧坛演变的趋势。

《北京女伶百咏》，又题《京师女伶百咏》，燕石著，都门印书局1917 年出版。作者选择当时在北京戏院、剧场演出的各剧种名女伶100 人，分别咏以七绝诗以及八言评语，并详记其演技、艺品、表演特色及事迹等，既可为近代北京戏曲表演艺术史之参考，亦可借以略窥20 世纪初京华艺场掌故之一斑。燕石，本名韩志正（1865—1934 年），字元方，笔名燕石、石隐等，江苏徐州人。生前著有诗集 20 余本，但大都散轶，仅有《北京女伶百咏》、《韩元方先生六十感归诗》存世。

其他有关民国时期北京戏曲方面的著述，参见表7。

表 7

书名	作者	出版时间（年）
《燕京花史》	吴蔼航	1911
《梨园佳话》	王梦生	1915
《伶史》	穆辰公	1917
《京师女伶百咏》	燕石	1917
《梨园原》	梦菊居士	1918
《最近一百名伶小史》	顾曲周郎	1921
《梨园影事》	徐慕云	1928
《梨园话》	方问溪	1931
《燕市名伶起居志》	谢素声	1933
《名伶世袭表》	宋凤娴编辑，张笑侠校订	1936
《清代伶官传》	王芷章	1936
《梨园轶话》	唐友诗	1938
《同光朝名伶十三绝传略》	金佩山撰，朱书绅编辑	1943

第九章　报纸期刊的编辑出版

报纸期刊，以刊载新闻和时事评论为主，定期向公众发行，是大众传播的重要媒介，具有反映和引导社会舆论的功能，"报章，通称为新闻纸，或排日出版，所以报告社会及政治上之事项者。赵升《朝野类要》：'朝报每日门下后省编定，请给事判报，方行下都进奏院，报行天下。其有所谓内探、省探、衙探之类，皆中私小报，率有漏泄之禁，故隐而号之曰新闻。'则宋时已有此称也。日报所载事项，由各地访事员日记其所见闻而报之，常者报以书，要者报以电，得之外国者，则辗转而译述之。于是中外要事无不归类排比，详细分列，可一目了然矣。报纸所载事项极多，一时不能得其要旨，故有主笔著为社论，以明大势之所趋，或于一事一人著有时评，俾利害分明，阅者无待于稽考。不出一室而能周知世界者，实以此也。月报、旬报、星期报体例亦略同。"[1]

北京作为帝都，是传统报业的中心，既有以邸报为代表的朝廷官报，也有《京报》等民间报刊。随着中国近代历程的演进，北京的报刊杂志也不断涌现。为说明民国时期报刊杂志的演变脉络及特点，本章在阐述民国北京报刊杂志的编辑出版时，上溯到近代北京报刊杂志的出版。

"邸报"是我国古代最早的报纸，亦称"邸钞"、"朝报"、"京报"、"科钞"、"阁钞"，是钞发上谕、诏令、各部行文、臣僚奏议的朝廷官报，以皇帝诏书、官员迁黜赏恤、科举考试、民变骚动、军事外交等朝廷政事信息为主，偶有怪异及灾异等社会新闻，每日由京师定期发行，递送地方，是官员、士人了解朝廷、京师与政治动态的最重要渠道。邸报只在官员内部发行，受众范围有限，如戈公振《中国报学史》所云："我国之有'官报'，在世界上为最早，何以独不发达？其故盖西人之报乃与民阅，而我国乃与官阅之。"

邸报的派生物是京报，属民营官报。明中叶后，北京、南京等地始设民办报房，选录邸报内容，刊印成册，公开出版，统称"京报"。清代，民间报房主要集中在北京，北京民间报房所出报纸，亦通称京报，其编排、内容基本与邸报一致，包括宫门钞、皇帝谕旨、臣僚奏章三大部分，报道朝廷消息、刊登皇帝谕令、刊载群臣奏议。但不能自行采写新闻、撰写稿件，不准发表评论、广告及其他副刊文字。京报一般为日刊，由报房决定其印刷、发行事宜，可自由接受订户。初时，读者绝大部分仍为朝野官绅和士大夫阶层，至清末，市井、商贾、富户也订阅京报，买京报、读京报在北京习见。晚清京报发行遍及全国，并出现翻印京报的报房。清末，京报报房停刊。

从 19 世纪 80 年代起，内忧外患交迫之下，自强运动开展起来，科技知识传播不可或缺。1872 年 8 月，由京都施医院主持的京师近代第一份综合性科技期刊《中西闻见录》创刊，以京师同文馆为依托，由美国传教士丁韪良（William Alexander Parsons Martin）、英国教士艾约瑟（Joseph Edkins）和包尔腾（John Burdon）等任主编。该刊设有天文、地理、物理、化学、医学、机械工程技术及各国新闻、近事等栏目，曾刊有介绍电报、瓦斯工业、铁工业、照相术、蒸汽机用途及预防水灾方法等文章，并附插图，每月免费发行千份。1875 年停刊，1876 年 2 月，易名《格致汇编》，迁往上海。

甲午战败及《马关条约》的签订，民族危机日深，康有为、梁启超等维新派开始办报，呼吁变法维新。1895 年 8 月 17 日，强学会在京创办《万国公报》，刊载上谕、外电、各报选录、译报、评论，编译西电西报，介绍列强政治、经济情况和清廷奏章。该报随"邸报"附送在京官绅，在朝野震动极大。该报是第一份政治团体机关报，具有政党报纸性质，"若前之《时务报》，《知新报者》，殆脱一人报之范围，而进入于一党报之范围也。""以一人或一公司之利益为目的者，一人之报也。以一党之利益为目的者，一党之报也。以国民利益为目的者，一国之报也。以全世界人类之利益为目的者，世界之报也。"[2] 同年 11 月，康有为、陈炽等在北京组织"强学会"，陈炽为会长，梁启超为书记员，会员包括文廷式、沈曾植、丁立均、徐世昌、袁世凯等，湖广总督张之洞、两江总督刘坤一和直隶总督王文韶各以 5000 两白银相赞。京师强学会是一个具有政党性质的社团。同年 12 月 16 日，《万国公报》改名《中外纪闻》，成为强学会机关报，由梁启超、汪大燮任主编，选录邸报、外电、译报和各报内容，报上文章基本出自梁启超。1896 年初，御史杨崇伊上奏弹劾强学会"专门贩卖西学书籍"、"植党营私"、"将开处士横议之风"，请求查禁。1 月 20 日，京师强学会被封，《中外纪闻》停刊。该报开启了近代政治家办报和政党报刊的发端，[3] 在"思以二三报馆之权力以变易天下"思路下，"报馆之议论，既浸渍于人心，则风气之成不远矣。"[4]

《辛丑条约》后，清廷宣布"新政"，各地改良派报刊迅起，一时间，北京新闻报馆林立，报人放言议论朝政，敦促立宪。但是，所用文字皆文言文，平民百姓看不懂，于是，提倡白话文、开民智、开女智，宣传西政、西学为宗旨的白话报兴起。

1901 年，彭翼仲创办北京第一个创办白话报《白话学报》，用白话启发民智。[5] 同年 10 月，日本东亚同文会中岛真雄在京创办了第一份汉文日报《顺天时报》（初名《燕京时报》），日出对开 2 张，最高日销量曾达 12000 份。1902 年，彭翼仲创办《启蒙画报》，1904 年 8 月，又创办《京话日报》。该报通篇概用京话，以浅显之笔，述朴实之理，纪紧要之事，设有演说、要紧新闻、本京新闻、各省新闻、宫门钞、告示、专电、演说、时事新歌、小说、讲书、外省新闻等栏，专登京师以外新闻和消息，提倡社会改良，提倡大办蒙学堂、女学堂。彭翼仲在该报"演讲"栏中阐述办报宗旨说："本馆同人，很想借这报纸，开通内地的风气，叫人人都知道天下的大势。……因此又想一法子，决计用白话做报，但能识几个字的人，都看得下去。就是不识字，叫人念一念，也听得明白。""我们出这《京话日报》的本心，原为的是我四万万同胞糊糊涂涂的倒有一多半，不知如今是怎样一个局面。外国人的势力一天增长一天，简直要把我中国人当做牛马奴隶……所以赔钱费功夫做这《京话日报》，就是想要中国的人都明白现在的时势，知道外国人的用心，要人人发愤立志……不要把国家的事当作与自己无干。"该报相继发文，揭露和抨击帝国主义侵华罪行。《辛丑条约》签订后，《京话日报》发起应对庚子赔款的"国民捐"运动，得到各方响应。1906 年 9 月 28 日，被封。1913 年彭翼仲返京，《京话日报》复刊，旋被袁世凯查封。袁世凯死后，在吴梓箴主持下再度复刊，1922 年终刊。

1904 年 12 月 7 日，彭翼仲在京创办《中华报》，又名《中华日报》，设宫门钞、时事要闻、中央新闻、阁钞等栏，旨在用文言以启发官智。1906 年 9 月 29 日，被以"妄议朝政、捏造谣言、附和匪党、肆为论说"等罪名查封，主编杭辛斋递解回籍，彭翼仲被发配新疆。

甲午战败后，清政府广征善后之策，来华传教士纷纷提议由清政府创办报纸。英人李提摩太建议创办官报："国家日报，关系安危。"[6] 1896 年，刑部侍郎李端棻在《奏请推广学校折》中提议政府在全国设立报馆，登载外国知识和本国政情，以开通风气。[7] 同年，北京强学书局经总理衙门奏准改为"官书局"后，译刻各国新书，并刊行《官书局报》与《官书局汇报》，是最早出现的新型官报。1901 年，御史张百熙在《敬陈大计疏》中指出，创立官报是目前"最关紧要刻不容缓者"之一，"惟有由公家自设官报，诚使持论通而记事确，自足以收开通之效，而广闻见之途。"[8] 1907 年，清廷发行《政治官报》。

1905 年 4 月，北京东文学社创办《普通京话报》。8 月 16 日，《北京报》更名《北京日报》。9 月 21 日，张展云创办北京最早的妇女报纸《北京女报》并任社长，设世界新闻、时事要闻、京内外新闻、益智学、西学入门等栏，用白话文普及医学、生物、化学、物理、气象等知识，提倡女学、倡导妇女文明生活。本年，《军事白话报》、《白话普通学报》、《金台组报》、《公益报》、《京师公报》、《京话官报》、《白话学报》、《正宗爱国报》、《进化报》、法文报纸《北京回声报》相继在京创刊。

1906 年 11 月 16 日，回民丁宝臣创办《正宗爱国报》，辟设"演说"栏，评论热点问题。同年，《京话广报》、《宪法白话报》、《京话实报》、《白话公益报》、《公理报》、《京话公报》、《京话汇报》、《开通画报》、《星期画报》、《中央白话报》等相继创刊，10 月 16 日，京师巡警总厅制定《报章应守规则》、《大清报律》。

1907 年 3 月 14 日，中国妇人会主办的《中国妇人会小杂志》在京创刊，采用"官音白话，介绍文化知识，鼓吹爱国热情"。3 月 28 日，汪康年在京创办《京报》，自任编辑，分政论、新闻两栏。因涉及杨翠喜案，被勒令关闭。6 月 29 日，改良派在东京创办《大同报》，由日本大同报社编印，北京大同报社发行，设有图画、论说、论著、评著、来稿等栏。主要撰稿人有留日学生宗室恒钧、乌泽声、穆都哩、佩华、隆福等。主张建立君主立宪政体、开国会以建设责任政府、满汉人民平等。1908 年 3 月 27 日，《大同报》改为《大同日报》，在京出版，由恒钧等主办，后与宁调元等主编的《帝国日报》合并为《帝国大同日报》。1908 年 11 月初，《北京白话画图日报》创刊，报道京城奇闻轶事。1910 年 2 月，中国地学会主办的《地学杂志》在天津创刊，1913 年 1 月移到北京。设有论丛、杂俎、内编、外编、说郛、邮筒、本会纪事、绍介图书等栏，专门介绍地质地理知识。1910 年 7 月，国会请愿同志会的机关报《国民公报》创刊，此外还有《大同报》、《宪报》、《京师日报》、《官话政报》。1910 年 11 月 2 日，汪康年设立《刍言报》，一身兼任编辑、核对、发行，内编设有谘告、评论、研究等栏，外编设有调查、事案、掌故等栏，侧重政治评论及记载旧闻。1911 年，北京中国国民禁烟总会《中国国民禁烟总会杂志》创刊，设有谕旨、章奏、法制、论说、文版、调查、译丛等栏。

1909 年底至 1911 年辛亥革命时期，资产阶级革命派在京出版了《帝国日报》（1909 年，宁调元等主编）、《国光新闻》（1909 年）、《国风日报》（1911 年，白逾桓主编）等，鼓吹反清革命，宣传民主共和。1912 年 3 月，南京临时政府颁布了《中华民国临时约法》，规定人民有言论、著作、刊行、集会、结社自由，成立政党和办报形成高潮，全国报纸猛增至 500 家，北京作为当时的政治文化中心，报馆达百家，新创办的报纸最多达 50 家。

1913 年二次革命后，袁世凯颁布《报纸条例》、《出版法》。1913 年 4 月，宪法新闻社的《宪法新闻》创刊发行，设宪论、宪史、杂纂 3 栏。1914 年，陈友仁创办英文《京报》，1917 年 5 月 19 日，因发表《出卖中国》，批评段祺瑞政府，以妨碍公务罪被捕入狱，报纸被查封。

1916 年 8 月 15 日，梁启超、汤化龙在京创办《晨钟报》。创刊初期，李大钊曾任主编，并写代发刊词《晨钟之使命》。主撰有胡适、蒋梦麟、张申府、丁文江等。该报设新闻、社论、时评和广告等栏，并设"警语"栏，摘引中西哲人名言语录。

1917 年该报发表《俄国政变与欧战》，首次向国人披露了十月革命胜利的消息。1918 年 9 月被查封。12 月 1 日，复刊。1919 年 2 月，李大钊重回该报，协助蒲伯英改革第七版，增加"自由论坛"和"译丛"2 栏，介绍"新修养、新知识、新思想"，宣传新文化，宣传思想解放和社会改造，介绍俄国革命和苏俄社会主义建设，成为新文化运动的阵地。1921 年 10 月 12 日，第 7 版正式单行，名为"晨报副刊"，与《觉悟》、《学灯》、《京报》副刊被称为五四运动时期的四大副刊。1915 年 9 月 15 日，陈独秀在上海创办《新青年》。1917 年 1 月，应聘北京大学任教，《新青年》随同迁往北京。1918 年 1 月，改用白话文，大量刊登批判旧伦理道德、旧文学的文章，大力提倡新道德、新文学，介绍外国新思潮。1918 年 12 月 22 日，《新青年》编辑部创办了《每周评论》，以"主张公理、反对强权"为宗旨，设国内外大事述评、社论、文艺时评、随感录、新文艺、国内劳动状况、通信、读者来论、新刊批评、选论等栏，附设"对于新旧思潮的舆论"、"对于北京学生运动的舆论"等"特别附录",批评时事。1919 年 8 月,被查禁。

1919 年 1 月 1 日,北京爱国学生组织学生救国会主办《国民》杂志,由邓中夏等人编辑,1921 年 5 月停刊。同时创刊的《新潮》杂志,傅斯年、罗家伦、周作人先后任主编,介绍西方近代思想,反对封建礼教。同年,刘师培、辜鸿铭创办《国故》月刊,提倡旧学,反对新文化。1920 年 11 月,北京共产主义小组创办了《劳动者》,宣传马克思主义、推动工人运动。1921 年 5 月,又创办《工人周刊》。1922 年 1月,北京社会主义青年团创办《先驱》半月刊。1922 年 9 月,中共中央机关报《向导》周报在上海创刊,同年 10 月迁往北京,1927 年停刊。1924 年 4 月 27 日,中国共产党创办的《政治生活》周刊在京创刊,1926 年 7 月停刊。

1917 年前后,北京已有民生通讯社、北方通讯社、华英亚细亚通讯社、新闻交通通讯社。1918 年,邵飘萍在京创办了新闻编译社,采编本国新闻和择译外电。1924 年,北京的通讯社发展到 54 家,以时闻社、国闻社、复旦社、电闻社等最为著名。

1918 年 10 月 5 日,邵飘萍与潘公弼创办《京报》及附刊《北京报》,邵飘萍自任社长兼主编。他在《京报》发刊词《本报因何而出世乎》中阐明其办报宗旨说:"必使政府听命于正当民意之前,是本报之所作为也!"《京报》报道真实,词锋犀利,时事性强,很快成为京师最大的畅销报。1919 年 8 月,被段祺瑞政府查封,邵飘萍流亡日本,1920 年曹锟、吴佩孚上台后回国。同年 9 月 17 日复刊,邵氏手书"铁肩辣手"悬于编辑室,激励报馆同人秉笔直书,宣达民意,名声倾动一时。1926 年"三一八"惨案发生后,《京报》连续一个月详细报道北平学生的抗议行动,刊载各民众团体的通电、宣言,邵飘萍并发表数篇评论,要求严惩凶手。段祺瑞下令通缉邵飘萍,准备查封《京报》。4 月 24 日,邵飘萍被拘,26 日凌晨,被奉系军阀张作霖以"勾结赤俄,宣传赤化"罪名枪杀于天桥。同日,《京报》被封。1928 年,邵飘萍遗孀汤修慧恢复出版了《京报》,因时局动荡,《京报》时停时出,直至 1937 年 7 月"七七事变"后停刊。

截至 1924 年前,北京的日报已有《晨报》、《京报》、《北京日报》、《顺天时报》、《北京舆论报》、《日知报》、《京津时报》、《北平小报》等,晚报亦有 17 家之多。1924 年 4 月,成舍我创办《世界晚报》,曾连续 57 个月刊载张恨水的《春明外史》,轰动京城。1925 年,成舍我创办《世界日报》,该报于"七七事变"后停刊,1946 年 3 月在京复刊。

1927 年，中国伊斯兰教综合性月刊《震宗报》创刊，以"宣传回教真谛，巩固回教基础，俾以导人类于乐园的'伊斯兰'在世昌明永存"为宗旨。设有社评、教义、译述、论著、漫谈、研究、问答、教育、实业、体育、卫生、史传、纪事、调查、笔记、文艺、小说、笑林、琐闻等栏，介绍北方穆斯林民间风俗和人物传说，在当时华北穆斯林中影响很大。

北伐战争开始后，北方舆论界陷于沉闷。1926 年邵飘萍遇难，1926 年 8 月 6 日《社会日报》社长林白水被奉系军阀张宗昌杀害，成舍我亦入狱。1927 年后，沪宁成为全国报刊中心。1928 年北京改为北平特别市。10 月，管翼贤创办《实报》，政治性强、社论短小精悍，深受欢迎。同月，由胡雄飞发起并邀陈灵犀、姚吉光等 10 人集资创办了《社会日报》。1929 年《华北日报》创刊，由国民党中宣部特派张明炜主持，李石曾任社长，刊登政治、经济和党务要闻，附出《华北画刊》、《现代国际》、《边疆周刊》专刊。1930 年 3 月 18 日，被阎锡山查封，10 月 10 日复刊。抗战爆发后，改出《武德报》。[11] 1930 年《时言报》创刊，刊载新闻时事、市井小说及趣闻轶事。

1935 年"一二·九"运动中，北京出现了许多由学生创办的以救亡为宗旨的刊物，如北平市大中学生联合会创办《学联情报》（后更名《学联日报》）、清华大学创办《清华周刊》、燕京大学学生自治会创办《燕大周刊》。另有北师大的《师大学生》、北京大学的《北大旬刊》、平民大学的《救亡》等。

1937 年至 1945 年，北平沦陷时期，日伪报刊占据北京报界主要位置，共有 30 多种，如《实报》、《武德报》、《新民报》等。1939 年 1 月，日伪在北平创办《新生》、《新秩序》杂志。2 月，日伪在北平创办《民众画报》。6 月，日伪复刊《北平晨报》。7 月，日本人在北平创办日文《艺术社会》月刊。10 月，日伪在北平创办《改造》杂志。本年，日本人在北平创办日文《东亚新报》。1940 年 4 月 1 日，日伪在北平创办《华北新报》，《新民报》并入该报。1945 年 8 月 8 日，天津《纪事报》更名《明报》，在北平复刊。8 月中旬，北平《新闻要闻》创刊。9 月 1 日，北平《正报》创刊。

1945 年 9 月 2 日，抗战胜利，许多迁往后方的报刊纷纷迁回北平，如《华北晚报》、《国民新报》（北平参议会主办）、《北平时报》（国民党人李泽民主办）、《经世日报》（经世学社主办）、《平明日报》、《道报》、《新生日报》、《市民日报》等，《世界日报》、《新民报》亦复刊。1945 年 10 月 1 日，国民党复刊北平《华北日报》。10 月，《青年文化》、《剧世界》、《文教论坛》、《新世界》创刊。12月，新华社北平分社设立。12月1日，《大地周报》创刊。是年冬，《民主青年》、《人民世纪》、《人言周刊》相继创刊。

1946年1月，北平民主出版社创办《民主》周刊、《人民文艺》半月刊。1月13日，新华社北平分社成立。北平《政治向导》旬刊创刊。2月，中共中央在北平创办机关报《解放报》，亦称《北平解放报》，主要刊登新华通讯社的评论、消息、通讯和《解放日报》、《新华日报》的重要社论以及读者来信等。创刊时发行量为1万份，后达5万份，是当时北平发行量最大的报纸。4月3日，北平警察局逮捕《解放报》和新华社北平分社的工作人员39名，《解放报》停刊。经抗议交涉，获释，4月5日，复刊。5月18日，北平《国民新报晚刊》日刊创刊。5月29日，北平市警察局查封77家报社、杂志社和通讯社，新华社北平分社撤离北平，《解放报》亦停刊。而《民主周刊》、《民主星期刊》、《人言周刊》、《人民世纪》、《民主青年》等则仍然活跃在北平地区。7月，《建国日报》、《新中国报》等4家报纸复刊。8月5日，《国民新报晚刊》复刊。8月15日，《建国公论》创刊。10月，《联美》周刊创刊。本年，华北学联在北平创办《反饥饿反内战快报》。

1947年1月10日，北平《民生月报》创刊。5月，北平《中国广播月刊》创刊。6月16日，北平《全民报》复刊。7月15日，北平《真理晚报》创刊。12月1日，北平《国风杂志》创刊。1948年1月1日，《纪事报》更名《明报》。12月1日，华北人民政府秘书厅在北平创办《华北政报》月刊。12月18日，解放军包围北平。12月25日，北平《华北日报》增出晚刊。

1949年1月，北平和平解放。1月31日，人民解放军接管北平《华北日报》《北平日报》、北平广播电台和中央社北平分社。2月2日，共产党北平市委创办《人民日报》北平版。3月中旬，中共中央华北《人民日报》社迁入北平，15日，华北《人民日报》在北平出版。同日，中共中央华北局和北平市委决定，《人民日报》北平版不再出版，编辑出版《北平解放报》。6月6日，北平市公安局创办《人民公安报》。6月16日，民主同盟在北平创办《光明日报》。7月15日，北平《大众日报》更名为《工人日报》。7月31日，北平《解放报》停刊，并入《人民日报》。8月1日，北平《人民日报》改组为共产党中央机关报。

注释：

（1）徐珂：《清稗类钞·著述类·日报、月报、旬报、星期报之始》。

（2）梁启超：《本馆第一百册祝辞并论报馆之责任及本馆之经历》，《清议报》1901年12月21日。

（3）丁淦林：《中国新闻事业史》，第107页。

（4）梁启超：《论报馆有益于国事》，《时务报》1896年8月9日。

（5）彭翼仲，名治孙，号子嘉，祖籍江苏长州，1864年生于北京。祖父彭蕴章曾是咸丰年间领班大臣，父辈家道中落。彭翼仲仕途不顺。母亲去世后，弃官回家，客居京城。他自幼遭遇磨难，青年时期又逢遇甲午战争、维新运动、义和团运动、八国联军入侵北京等重大历史事件，目睹了侵略者的种种暴行，遂在其堂弟彭谷孙的大力支持下，"毁家办报"。

（6）戈公振：《中国报学史》，第42页。

（7）朱寿朋：《光绪朝东华录》第四册，第3993—3994页。

（8）王延熙、王树敏辑：《皇朝道咸同光奏议》卷六下，第18页。

（9）《东方杂志》，"教育各省报界汇志"，第四年第三期。

（10）徐珂：《清稗类钞·著述类·日报、月报、旬报、星期报之始》。

（11）1945年10月1日，复刊。1948年12月25日，增出晚刊，1949年2月1日，停刊。

第十章　其他著述的编纂与出版

民国时期，各级行政机构都极为重视方志的价值。从 1914 年开始，中央政府便三令五申地要求各地修志，形成了民国初期的修志热。整个民国时期，时局动荡、战事纷扰，基本上长期处于兵荒马乱的局面，因此修志工作时断时续，民初的 15 年，基本上是恢复时期，成书不多，创新者亦十分有限。南京国民政府 1929 年颁布了《修志事例概要》，督促各地修志。《概要》颁布后的十余年间，方志纂修进入全面发展阶段，各省市县修志局馆普遍建立，并且多有学者名流参加，于是方志成书逐年递增。但抗日战争的爆发打断了这一进程，方志编纂陷入低潮期，这种状况一直持续到新中国成立前。

北京地方志编纂当以隋时的《幽州图经》为首开先河，元末熊自得的《析津志典》可称为真正意义上的北京地方志。历经唐、宋、元、明、清至民国，修志代有传承。合各类专和已佚志书，近百种之多。奠定了历史上北京地方志编纂的理论框架和体例，积累了大量有特色的地方志和史料。据调查统计，北京地区现存的府志、州志、县志大约有 68 种之多（仅限区域志，不包括专志与杂志）。其中，《中国地方志联合目录》（增订本）收 55 种，包括元代 1 种，明代 7 种，清代 33种，民国 14 种；未收的有 13 种，包括明代 4 种，清代 5 种，民国 4种。现存方志按时代计：包括元代 1 种，明代 11 种，清代 38 种，民国18 种。按地区分：北京市 6 种，大兴 2 种，宛平 3 种，房山 11 种（包括良乡 5 种），昌平 9 种，通州 8 种（包括潞县 1 种），顺义 5 种，怀柔 2 种，平谷 6 种，密云 6 种（包括古北口志 1 种），延庆 10 种（包括隆庆志 1 种，永宁县志 1 种，居庸关志 3 种）。

一、北京地方志的修纂

（一）《北平志》

1928 年，南京国民政府改北京为北平，设北平特别市。翌年，北平特别市古迹古物评鉴委员会倡议遵令修志，傅振伦撰写了《编纂北平志蠡测》。9 月 9 日，国立北平研究院正式成立。11 月，于院内设以吴敬恒、李宗侗、张继、沈尹默等为常务委员的史学研究会。

史学研究会第一次会议确定编纂《北平志》，并由陈垣、马衡、朱希祖、徐炳昶、顾颉刚、李宗侗、翁文灏 7 人组成编定委员会。之所以决定编纂《北平志》主要是因为："《日下旧闻》、《日下旧闻考》、《光绪顺天府志》的《京师志》，虽在旧志书中为较好的著作，而不足语科学的历史，不足为社会科学作基础。况即使后者距今也已四五十年了，历史观已变，旧日的制度风俗，日渐消亡，如不趁早把它们收集记录之，对后世的学者将是很大的损失。"[1]（《北平半月刊·发刊词》，1928 年 12 月。）

史学研究所编纂《北平志》的消息传出后，傅振伦发表了《编纂北平志蠡测》一文，详细论述了编纂工作的重要性："北平，元大都故址也。初营建甚陋，诚不足重。自明永乐迁都北京，历经拓修，其制始宏。沿及近世，且成为政治、军事之中心。自国都南徙，且成为文化之焦点。其间，时政、军事、文化、学术，以及社会之风尚，百业之消长，均应详志，备掌故而资考镜。夫时易境迁，沧桑多变；故封域虽旧，而景象已非。人事既与日俱积，文献亦有增靡已。苟不及时探撰，编为书志，则时日旷渺，献征无由得而详考矣。"对于《北平志》所包含的范围，傅振伦指出，《北平志》应略古详今，侧重现代；修志重在叙沿革、明因果，重视社会变迁。[2]因此，编纂《北平志》，对保存历史文献、为后代提供研究史料都极具意义。

1930 年 11 月 22 日下午召开关于编纂《北平志》的第一次会议，李书华、陈垣、瞿宣颖、马衡、顾颉刚、鲍汋、徐炳昶等出席，会议讨论了编纂体例等内容。瞿宣颖草拟的《北平志编纂通例》中提出："北平志之编纂以记述北平近代之史迹为主旨，尤注重于社会状况之变迁。"[3]内容分为 6 略：疆理略、营建略、经政略、民物志、风俗略、文献志。

疆理略：记述地理，包括位置、气候、地质、地形、自然物产、建制沿革等内容；

营建略：包括城垣、故宫、公务机关（衙署、营房、仓库、使馆）、文化机关（学校、观象台、辟雍、孔庙）、宗教建筑（佛道寺观祠宇、耶回教堂，即其他宗教建筑）、慈善机关（医院、孤儿院、粥厂）、会所（会馆公所）、点肆（市场及私家商店）、娱乐处所、园宅（名人故居）、街巷、河渠、郊苑、家墓；

经政略：记述北平地方行政设施，包括行政制度、财政、警察、交通、公共设施；

民物志：记述社会状况，包括户籍、职业、货殖、氏族、教育、救济事业（贫穷犯罪及娼妓之调查）、卫生、宗教事业（宗教信仰者之统计及各教在北平活动之历史）、新闻事业；

风俗略：记述民俗调查情况，包括语言（方音及谣谚）、礼仪、乐歌、信仰、娱乐（戏剧、舞蹈、赌博、岁时游览）、服食、器具；

文献志：记述北平史料内容，包括史乘（顺天府志例，专载记述北平事之书目而撰为提要）、诗文、传闻（以上二者皆用旧制通例，但数量过多，只能编目要而注明出某书某卷、某种版本）、金石、年表、旧志牵引。

此后研究所便开展了相关内容的调查、整理与研究工作，工作人员相继调查了北平城内外及西郊九百余处庙宇，每到一处，都进行测绘地图、摄取影像、椎拓金石，记录过去和现在情况的工作，随后对材料进行整理与研究，并在《庙宇志》、《金石志》、《风俗志》、《戏剧志》等方面取得了较突出的成就。

1.《庙宇志》。在对北京城内外庙宇进行调查前，史学研究所同仁先将北平市社会局所藏全市大小庙宇清册复制全份，作为调查依据；然后实地考察，并椎拓各寺碑刻，拓本一式两份，另一份存于社会局；重要庙宇如法源寺、清真寺、雍和宫等则作全面调查，除有详细记录外，还对庙中所存特殊佛像、佛前供器、珍贵文物等照相。

第一次调查始于 1930 年 3 月，将北平市内外城各寺庙划成 10 区，姚彤章、常惠、李志广、吴世昌、张江裁、许道龄等分区负责调查。在工作过程中，力求做到绘图精确、记录翔实，佛像、法物、供器、建筑等有历史研究价值者均进行照相。至 1932 年 6 月调查完毕，共得记录八百余份，绘图七百余张，照相 3000 张，碑褐拓片一千七百余种，金石拓片 4000 张。其他调查还包括 1933 年 12 月 13 日赴北平近郊调查坛庙庵观寺院、许道龄调查妙峰山灵感观音寺等。

这种大规模的调查工作自明清以来无人从事，是史学研究所的创始之举。通过调查，既发现了历代史籍未记载的内容，又可补充原来某些比较简单的记载。这些工作使新编《庙宇志》具有较高的学术价值。经过对调查所得材料的整理，发现《北平志》的编纂绝非一时所能完成。首先，对以前各庙记录进行重新调查后，发现有些记录与实况有不符之处；其次，各寺原有照片混杂，未加注明，因此需要重新鉴别；再次，室内佛像、藏经册页、古物法器等数量巨大，需花大量时间著录。

许道龄还单独编纂了《北平庙宇通检》一书。他将明清两代 16 种关于北平著作中的庙宇部分择要汇钞，分条编订，并略记其沿革；然后将典籍中的记载与调查所获的材料相互对照，并编辑索引及绘制地图，资料非常丰富。吴世昌则侧重于对各庙的调查记录作相关研究，如对密宗佛像进行考证，内容包括由印度传入中国，自元代以迄现代，其间名称及外表的变化等情况。

《庙宇志》的内容比旧志书大为扩展，如《法源寺志》中增加了营造、组织、规律、僧历、佛事各篇，并特别注意寺僧的经济状况和生活方式。由于当时的学术界很少旁及佛教与庙宇的研究，因此这项研究常常涉及一些从未发现或从未解决的问题。史学研究所对此领域的开拓，不仅丰富了《北平志》的内容，而且开辟了新的研究领域，意义深远。

2. 《金石志》。金石大部分散见于庙宇中，同时也作为庙志材料的一部分，因年代久远，聚集史料丰富，遂成为单独的一门学问。除了作为北平庙宇调查的部分内容外，还进行过几次专门调查，例如 1930 年 11 月模拓历史博物馆所藏金石等。调查结束后，随即进行相关的整理与研究。

高静涛将所拓碑褐金文与原拓本进行校勘，改正错误，并注重政治社会史料的搜集。刘厚滋将拓本依时代进行排比，并根据著录别加签记，编成《法源寺金石图志》，计分图、志、录文、考据 4 部分，三万五千余字，图 50 张，志 54 张。

其他金石拓本的整理，包括崇效寺 7 种，善果寺碑刻 14 种，均经过校勘，并一一进行考证。但总共不过一万字左右，不能独立成书，因此只能留待以后收入《北平金石全志》。

3. 《风俗志》。作为《风俗志》的一部分，张江裁编纂了《北平岁时志》、《北平天桥志》。《北平岁时志》是记录北京民间风俗的专著。作者疏理辽金以来有关北京史籍三十余种，将其中有关岁时的部分按月日分条排比，每条后注明资料来源。按 1 年 12 个月，分 12 卷编排。所节录各书，均不加增削，以存原貌，是研究北京风俗及社会变迁的重要参考资料。此书记载详备，考证缜密。

《北平天桥志》记述明清六百多年来天桥逐渐繁荣的历史变迁。天桥为百工所集、众流所聚，是中下层人民社会生活状态的缩影，因此治风俗史，不可忽略天桥志。编纂采取了文献与调查相结合的方法：既参阅大量书籍中的有关记载，又作实地调查，并在社会局商业科的档案中寻觅涉及天桥的内容。但因时局不定，此书未能问世，作者仅将其提纲发表在《院务汇报》上，名为《北平天桥志》。此文记述了学者、诗人眼中的天桥，再现了天桥热闹的场景及丰富的历史涵蕴。张江裁在以后的研究生涯中，又陆续撰写了很多有关北京天桥的民间曲艺杂技、艺人及民俗生活的文章，如《天桥一览》、《天桥杂技考》、《天桥丛谈》、《天桥景物图录》等。新中国成立后，他将研究天桥的成果加以总结，编著成《人民首都的天桥》一书，于 1951 年出版。这部书细致地刻画了活灵活现的艺人及令人叹为观止的绝技。另外还以天桥历史风情的展现为重点，介绍了天桥的摊贩情况及天桥的特色小吃。资料丰富翔实，历来为研究曲艺、杂技、戏曲等艺术及方志学、民俗学、社会学、北京史的学者所重视。

4. 《戏剧志》。北京历来为各种戏剧演出的大舞台。但自元明以来，不论正史还是笔记杂纂，涉及戏剧方面的记载寥寥，且其中多为伶人的私生活，作为戏剧史研究资料远远不够。只有在王国维的《宋元戏曲史》问世后，戏剧研究才成为一门专门的学问。史学研究所对北京戏剧情况进行了调查、汇辑，为戏剧研究史提供了可贵的史料。

戏院表分建筑及管理两大类。建筑分为外部建筑、剧院建筑、舞台建筑、附属建筑（如经理室、售票室等）、座位及食物等为附录。管理分为经理、交际、文书等十余部。每部之下又各分细目，如什物的质料、色泽、花纹等。

演员表分履历、现状、生活、收藏、经济等项，每项下分若干目，再各分子目。如现状一项，既有现工、旧戏、本戏、剧作家、导演、助理（分被助、助人两部）、师承、学生等目，又各分演员、场面、后台等。

演剧表则侧重于搜集戏剧史料。其中虽只录所演的剧名，但从中可以看出剧院的盛衰、艺员是否当红、剧本的兴废及其与艺员的关系，并能旁及到风俗的变迁以及市面荣枯等方面，许多戏剧史上的问题皆可从中窥见一斑。此表按时间分为 4 期：昆剧期、清代皮黄期、北京皮黄期和最近期，调查的时段为元明至 1935 年。因为搜集戏报困难，因此材料来源主要为报纸上的戏剧广告，而以戏报作为广告之副或偶补广告之缺。

　　在民国编修方志热大背景下，《北平志》的编纂重视运用各种科学方法和体例创新，修志宗旨从资治垂训转向注重民生和社会经济，关注社会发展，内容上体现多样性，反映出北京作为古都的地方特色。

　　在编写《北平志》过程中，注重运用社会调查的方法。为编写《庙宇志》，史学研究会先后对北平城内外进行多次调查，每一次都详细记录，在院务汇报上连续发表了13篇《调查北平庙宇碑记报告》、10篇《调查北平寺庙碑目》和1篇《调查北平四郊寺庙碑目》。在编纂过程中又将调查记录进行统计整理，详细列出所拓碑碣数、绘图数和照相数，并统计出北平城内外的庙宇总数，令研究者一目了然。编写《风俗志》与《戏剧志》时也非常注重实地调查，尤其是《戏剧志》，先设计好调查表，使调查工作具有针对性。这对以后编写地方志都有借鉴作用。

　　凡例是编纂工作的纲领，起着规范和指导作用，可以避免抵牾，提高工作效率。成书后，凡例可使阅读者把握要领，便于阅读，是阅览者的指南。历代旧志凡例大多有修志体例和编纂方法等内容。《北平志》编纂也相当注重凡例的编写。1930年11月13日史学研究所召开编定委员会谈话会，拟定编写《北平志》编纂体例。后于11月22日召开编定委员会第一次会议，到会学者畅所欲言，纷纷发表自己的看法和建议，并通过了瞿宣颖的《北平志编纂通例》，该通例规定了编纂的内容和要点，是《北平志》的重要组成部分。

　　史学研究所在编写《北平志》前所作的准备工作就是编《北平史表长编》。此编先取辽金元明诸史及《东华录》诸书中有关北平史迹部分，并参考其他档案材料，依年代进行辑录，从中可以非常清晰地看出北平成为近代文化中心的源流和兴亡交替的变化。

　　《北平志》在编写上虽然有许多优点与创新之处，但缺点与不足也很多。最大的缺失便是没有完成全书，只有阶段性的成果。造成这一现象的原因是多方面的，首先是工程浩大，编纂需要人员、资金等多方面的保障。虽然史学研究所的正式会员不少，但因同时进行的研究工作较多，所以实际参与《北平志》编纂的人员并不多，且编定委员会最初所聘定的委员后来大多未参加纂修。由于研究所同人认真负责，前期的调查研究工作费时过长，直接影响到了《北平志》本身的编纂进度。

　　时局恶化也影响了工作进程。正当研究所各项工作积极进展之时，华北地区的战争乌云使得人心惶惶，难免影响工作。1937年"七七事变"爆发，北平沦陷，史学会收集的大量文献、图书资料散失，研究所濒临解散，研究人员各奔东西，《北平志》编辑工作被迫停顿，难以恢复。不过，尽管有上述种种不尽如人意之处，《北平志》编纂工作取得的阶段性成果仍然相当可观。

（二）《北京市志稿》

1938 年秋，日伪"北平特别市"决定编纂北平地方志，设"北平市修志处"，邀集了原清史馆总纂吴廷燮、民初国务院秘书长夏仁虎、原清会典馆编纂处总纂夏孙桐、民国国史编纂处处长瞿宣颖等，由吴廷燮任总纂。该书所记地域范围为北平城区及大兴、宛平二县，时间为远古至 1938 年，重点在清末至民国初年新的材料收集和记取。此间出现的巡警、学校、城建、市井民情等该书均有详细记述，特点为详近略远。及至 1939 年秋，为经费所限，全书匆匆告成，凡 196 卷，现存 157 卷，合订为 56 册，约四百万字，无序跋，有残缺。这是继清光绪年间编纂《顺天府志》后，一直到卢沟桥事变前后全面反映北京社会情况的一部大作。当时仅为稿本，未能刊印成书，大部分稿件保存在夏仁虎先生手中。

20 世纪 50 年代，夏仁虎年事已高，又心存戒虑，1953 年被聘任中央文史馆馆员时，把保存了十多年的旧作《北京志》初稿捐给了北京市，由时任北京市副市长的吴晗批示给北京市文物调查研究组保存。此后，该书稿便一直收藏在文物管理部门。在 20 世纪 80 年代初召开的一次北京史研究会年会上，中央民族学院（今中央民族大学）教授苏晋仁先生谈到，日伪时期北平特别市政府曾组织一批文化名人编撰了一部大型志书，名为"北京市志"。苏晋仁的发言引起了时任市文物研究所所长、北京史料学专家于杰的重视，当即邀请苏详谈，并再度检视其稿。其后，立即组织所内研究人员组成书稿校勘组，开始对书稿进行整理、校勘。同时，该小组向北京市哲学社会科学规划办公室提出立项申请，以获得经费支持。出于对其价值的重新认识，1986 年北京市将整理点校此书的工作列为市哲学社会科学规划"七五"重点研究项目，课题组专家们历经十几年，进行了认真的标点、校勘审订。

1995 年，《北京档案史料》第一期公布了日伪时期编纂《北京市志》的有关文件，指出该书准确编纂时间是在 1938 年 6 月至 1939 年 7 月。修志工作由北平特别市公署秘书处直接负责，修志共筹集经费大洋 1 万元，分 10 个月交付，每月大洋 1000 元。修志初定纲目为 12 志，即：1. 舆地志，内容子目有地形、沿革、疆界、区划、街衢、坊巷、村医治、山川、池沼；2. 建置志，内容子目有城垣、官署、坛庙、苑囿、营屯、沟渠、道路工程、水电工程；3. 前事志，内容子目记述自三代以来及辽、金、元、明、清、民国政治上变革，兵刑变革及外交上的大事；4. 民政志，内容子目有户口、农事、荒政、卫生、自治、凡现警察局所管、卫生局、自治监理处所管皆属之；5. 文教志，内容子目有历代学制、学科、国子监学、旧书院、清宗学、官学、各图书馆及其他文化机关团体，各级学校；6. 礼俗志，内容子目有吉礼、表礼、嘉礼、祭礼、祠祀、岁时、风俗、各宗教仪式；7. 宗教志，内容子目有释（喇嘛）、道、回、西教、寺院源流、教堂、各杂教；8. 实业志，内容子目有农业、工业、商业、矿业、林业（均附物产出口表）；9. 艺文志，内容子目有经史子集、文征、金石拓本；10. 古迹志，内容子目有宫殿、陵墓、雷锋寝、各城垒废址、名胜、祠庙、乡里；11. 人物志，内容子目有宦绩、耆献、儒林、文苑、忠义、孝友、方要、流寓、释道、隐逸、列女，并附表；12. 杂志，凡无类可人者皆属之。纲目列有3表，即氏族表、职官表、选举表，总计152卷。

此书规模巨大，保留了很多当时的资料。为此做序的中央民族大学苏晋仁教授归纳该书的5个特点为：1. 收集史料重点在《光绪顺天府志》后至1931年这段纷乱时期，保存了许多已经散失的史料。2. 只修前史，不记当代。3. 将已经融入北京土著的八旗人士与北京土著一样看待，分别写入志中。4. 无论营建、被服、饮食、器用等手工业，还是税收、银行、公私立各类学校及多达数百种报刊杂志、古迹名胜等资料，均予以保存。5. 详载了北京从宣统至1932年的户口数目、寺庙户口、教别、历年外侨的国别、历年犯罪人数、破案统计、马路修建、自来水、电车、环城铁路等社会资料。[4]

《北京市志稿》作为一部未定稿，存在体例不一、材料无出处、引用未校勘等问题，舛误也很多，但内容十分丰富。作为民国官修的一部较全面的北京地方史志，该志稿采用简单大段照录的体例特色，不仅广泛汇集了前代的文献资料，最可贵的是大部分材料源于正史典章、档案材料和实地调查，一些材料现已罕见。尤其是民国初年的大部分实录材料，可以说是续补了《光绪顺天府志》后的空白，实为难得。因此，该书有着其他同类文献无法比拟和不可取代的价值。同时，该志稿在文体上也有很多创新。全书记录民国以前沿循了旧志体例，即转录原始文献及档案资料，而民国时期的材料因文体已转为半文半白，与所录前代文言文形成了鲜明的比照。这种新旧文体并存的局面，恰好反映了新旧文化交替的文风变迁。

由于书稿基本是未经整理的手稿，其中有的内容只是材料堆积，未经编排；有的内容虽经整理誊清，但未做复核，错误之处常可发现。

当年的纂修者仅完成了体例拟定、数据汇集、书稿誊录等前期工作，留下的四百多万字的手稿，均用毛笔字书写在统一制作的稿纸上，每页稿纸上字迹密密麻麻，既有工整的楷书，又有行草字体，繁简字掺杂。在一些稿纸上面，还附加有补充、说明的段落或字条。因此，重新整理校勘比预先设想的难度要大得多，工程之浩大，实不逊于当年纂修的全过程。课题组核对了大量古籍文献，对疑难问题、缺漏段落作了勘误和补遗，为保持书稿原貌，校勘时一律不做文字加工，只是在后面作出注释。直至 20 世纪 90 年代中期方得以完成，1996 年由北京燕山出版社出版。应当说，这是继《光绪顺天府志》成书近半个世纪之后，又一部关于北京史志的具有标志性的成果。

民国时期，除《北京市志稿》外，先后修撰了《密云县志》、《良乡县志》、《平谷县志》、《房山县志》、《顺义县志》、《昌平政治古迹概略》及其后修的《通县志要》等，还有《居庸关志略》、《古北口志》、《成府村志》。这些县志、村志和专志，多成书仓促，错误较多，但记录了民国时的一些资料。据统计，民国时期北京地方志（包括府、市、州、县、村、镇志）约有十五种。[5]这些方志都从某一个角度不同程度地记载和保存了有关北京的史实，为我们留下了宝贵的历史遗产，对北京史的研究具有重要的价值。

二、宗教著述

（一）佛教著述

民国年间，北京佛教界为了适应社会的发展，采取了一些改革举措。一批有社会影响的居士和高僧著述，充分反映了这一时代潮流。同时，学者的佛学研究也日渐兴起，取得了大量优秀成果。

民国年间的四大高僧弘一、虚云、太虚、印光，多在南方弘法，但其中两人曾涉足北京。一为虚云（1873—1959 年），字德清，祖籍湖南湘乡，俗姓萧。虚云初在福建鼓山涌泉寺剃度，后离寺云游浙、苏、皖等地。光绪二十六年（1900 年）、三十二年（1906 年）曾两次来京活动。虚云编撰有《楞严经玄要》、《法华经略疏》、《遗教经注译》等十余种著述。一生讲经说法，后人编为《虚云和尚法汇》、《虚云和尚法汇续编》等，记载其生平事迹者有《虚云和尚事迹》、《虚云和尚年谱》、《虚云和尚画法集》等。一为印光（1861—1940 年），法号圣量，俗姓赵，陕西合阳县人。光绪年间，印光赴京北红螺寺焚修净土，后协助将《龙藏》运回浙江普陀山，随于法雨寺藏经楼闭关潜修，遂设立净土道场，名声大著。印光著述，有《净土决疑论》、《宗教不宜混滥论》及《嘉言录》等，后人编为《印光法师文钞》初编、续编、三编。初编成于民国十六年（1927 年），续编有民国二十八年（1939 年）版，1950 年居士罗鸿涛又辑印光遗稿为三编，存于苏州灵岩山寺。印光为净土宗的重要中兴人物，被誉为"民国以来第一尊宿"，列为净土宗第十三代祖师，著述行于一时。

又有名僧敬安（1851—1912 年），字寄禅，号八指头陀，湖南湘潭人，俗姓黄。敬安同治七年（1868 年）出家，后遍参江浙名宿。光绪三十二年（1906 年）以各地侵扰寺产，敬安曾与虚云赴京上诉，获得成功。辛亥革命后，敬安任中华佛教总会首任会长。时各地攘夺僧产情形严重，敬安欲加以根本挽救，于十一月到达北京，与嗣法弟子道阶前往内务部约谈无果，忧愤成疾，十二月二日圆寂于北京法源寺。敬安是近代著名的诗僧，各体诗作都有佳句，流传的有《八指头陀诗集》10 卷与《续集》8 卷、《文集》2 卷、《语录》2 卷。《八指头陀诗集》收同治十二年（1873 年）至光绪十四年（1888 年）间之诗，前 5 卷由义宁陈伯严校刻行世。后 5 卷由湘潭叶德辉续刻，卷末附敬安自述平生幻迹及学诗缘由。民国八年（1919 年），敬安法嗣、法源寺方丈道阶及湘潭杨度，复将《八指头陀诗集》与敬安续集之 8 卷，合辑刊行。

民国年间的北京佛教著述，以居士与学者的佛教研究更引人注目。名于一时者，属韩清净及其门人朱芾煌、周叔迦等。韩清净（1884—1949 年），原名克宗，又名德清，河北河间人。幼年习儒经，清末曾中举人，后转而研习佛学。辛亥革命以后，民国十年（1921 年），韩清净与朱芾煌等发起组织"法相研究会"，后又到云居寺闭关潜修，大为精进。民国十四年（1925 年），韩清净在日本东京召开的东亚佛教大会上宣读所著《十义量》一文，深得赞许，奠定了他在国际佛教学界的崇高地位。次年韩清净与朱芾煌等人创办"三时学会"，讲学、刻经并重。讲学专重唯识学，对六经十一论都作了深入研究；所刻佛教经典则以校勘精细著称，影印 120 册《宋藏遗珍》深得教界称道。韩清净为中国近代著名的佛教学者，与南京主持"支那内学院"欧阳渐齐名，号称"南欧北韩"，毕生致力于法相唯识，成为唯识巨擘。著述颇丰，有《唯识三十颂诠句》1 册、《唯识三十论略释》1 册、《成唯识论讲义》2 册、《唯识指掌》2 册、《大乘阿毗达磨集论别释》7 册、《般若波罗蜜多心经略释》1 册、《解深密经分别瑜伽品略释》1 册、《十义量》1 册、《摄大乘论科文》1 册等。韩清净毕生心血，则集于《瑜伽师地论科句披寻记》，唯其生前未能出版，到 1959 年方由三时学会整理印行，"后记"详述其成就及撰书缘由云："此论性相赅摄，义解精详，万象包罗，为大乘佛法教理渊海。公元 7 世纪间，玄奘三藏即为求取此论而西行游学。归国后，便宣译此论及《十支论》等，并盛行弘讲，传制疏记，形成中土大乘法相学派。但自唐以后，义学渐衰，千余年来，讲习式微，传钞刊印，亦有讹略。清净居士有鉴于此，因发弘愿，详加校订，撰成《瑜论类句》40 万言，并又融会本论前后文义，综考所有关论著疏释，撰成《瑜伽论披寻记》70 万言，以阐发《瑜伽大论》奥义。本会前理事朱芾煌居士于此撰业，襄助甚多。书成后，韩、朱两居士先后逝世。本会马一崇居士又就遗著《科句》、《披寻记》加以会编，并准备刊印。马居士又于去年逝世。同仁以此书刊印不容再缓，因用打字印刷百部行世。"

朱芾煌（1877—1955 年），四川江津县人。1901 年考中秀才，1909 年在日本加入同盟会，辛亥时期有功于南北和议，后出南京临时政府总统府秘书等职。民国十一年（1922 年）退居北京，参究佛学，追随韩清净组织"法相研究会"、"三时学会"等，用功甚勤。1949 年韩清净辞世后，朱芾煌致力整理韩清净遗著《瑜伽师地论科句披寻记》。朱芾煌的代表性著述，为三百余万字的《法相辞典》，始纂于民国二十三年（1934 年），3 年后书成，1939 年由商务印书馆出版。这是中国第一部法相学辞书，极大地方便了法相唯识学的研究。《法相辞典》"弁言"略称："诸佛语言施设虽多，然约行相，皆此二摄。今此辞典所集名句，虽依字数画数以为先后，但顺世俗，为易检查，更无意义。若为闻思作方便时，亦应以其二种行相，思惟一切，观察一切。由是因缘，能遍了知一切所知境界。所谓事边际觉，及如实觉。非唯依此训释名言，起语义觉；即为究竟。如是寻求；如是观察；功无唐捐；行无失坏。彼以法相难入易忘生怖畏者，由怖畏故，无觉了欲亦于如来所未生净信。有此方便，应可除遣，应可生信。诸有智者，当共许之。"

韩清净另一著名弟子为周叔迦。周叔迦（1899—1970 年），原名明夔，字志和，笔名演济、云者等，安徽至德（今东至）县人。周叔迦出身官宦世家，祖父为清代两广总督周馥，父亲周学熙曾任北洋政府财政总长。民国七年（1918 年），周叔迦肄业于上海同济大学，后转向佛学。民国十九年（1930 年）后历任北京大学、清华大学、中国大学、辅仁大学等校教授，讲授中国佛学。民国二十五年（1936 年），周叔迦任华北居士林理事长，开办佛教图书馆、佛画研究班，又设立佛学研究会。民国二十九年（1940 年），周叔迦在北平创办中国佛教学院，任院长。又创办《佛学月刊》、出版《中国佛教学院年刊》等佛教刊物。周叔迦学识渊博，会通华梵，学贯古今，研究范围很广，涉及佛教史、因明、唯识、佛典注释、敦煌学、房山石经、佛教目录学，以及佛教学术考证、佛经研究法、修行讲语、佛学答问、佛教常识等多个方面。民国年间，就有《牟子丛残》（1930年）、《中国佛学史》（1930年）、《因明学》（1931年）、《释家艺文提要》（1931年）、《唯识研究》（1934年）、《订正两京新记》（1936年）、《因明新例》（1936年）、《隋书经籍志佛经序论勘误》（1940年）、《历代佛教史料汇编》稿本（1941年）、《净土经典研究法》（1944年），以及《佛学月刊》各期的"佛学答问"等大量佛教著述。周叔迦是佛教居士中的楷模，更是教界学术研究的典范。他将佛教信仰、教义弘扬，与学术研究有机结合，取得了巨大成就。又将深奥的佛教理论，用通俗易懂的语言进行弘扬，影响也非常巨大。周叔迦著述，今人整理为《周叔迦佛学论著全集》，将其历年散见于报刊杂志上的文章、已刊行的专著及未发表的手稿，汇集成7册，由中华书局出版印行。

民国学者对佛教进行研究的，则有熊十力、陈垣、汤用彤等人。熊十力（1885—1968年），号子真、逸翁，湖北黄冈（今团风）县人。曾参与辛亥武昌起义等革命活动，后走出政治，"专力于学术，导人群之正见"，成为著名哲学家、国学大师，新儒家的开山祖师。民国九年（1920年），熊十力在"支那内学院"从欧阳渐研习佛学。两年后（1922年），经梁漱溟等人推荐，熊十力到北京大学主讲佛家法相唯识，逐渐由怀疑而展开批判，开始构造其"新唯识论"的哲学体系。民国二十一年（1932年），熊十力推出竭十年之力而成的煌煌巨作《新唯识论》（文言文版），标志着其蜚声中外的"新唯识论"哲学体系的诞生。书甫出，被其师欧阳渐视为"灭弃圣言"。欧阳弟子刘衡如更著《破新唯识论》，对之书进行系统批驳。熊十力亦著《破〈破新唯识论〉》，加以辩护。而蔡元培、马一浮等人，却对熊十力《新唯识论》一书推崇备至，评价甚高。蔡元培甚至因此誉称熊十力，为"二千年来以哲学家之立场阐扬佛学最精深之第一人"。熊十力又有《佛家名相通释》，始于二十五年（1936年）八月撰述的"佛学名词释要"，及当年秋天完稿。次年由北京大学以《佛家名相通释》为名印行。《佛家名相通释》分2卷，"卷上依据《五蕴论》，综述法相体系。卷下依据《百法》等论，综述唯识体系。"[7]

汤用彤（1893—1964年），字锡予，祖籍湖北黄梅，生于甘肃渭源。汤用彤毕业于清华学堂，后留学美国，在汉姆林大学、哈佛大学深造，获哲学硕士学位。回国后，汤用彤历任东南大学、南开大学教授。民国十九年（1930年）出任北京大学哲学系教授，民国二十三年（1934年）起任哲学系主任。抗日战争爆发后，转往后方任西南联大哲学系主任。民国三十五年（1946年）随北京大学复返北平，担任哲学系主任和文学院院长。次年当选为中央研究院院士、评议员，兼任中央研究院历史语言研究所北平办事处主任。汤用彤治学严谨，精通内外经典，又接受过系统的外国哲学、语言和治学方法的严格训练，因而在佛教研究方面取得了很大成就。汤用彤著有《汉魏两晋南北朝佛教史》、《隋唐佛教史讲义》等重要著作。《汉魏两晋南北朝佛教史》成于民国二十七年（1938年），是一部叙述佛教汉代传入中国，魏晋南北朝时期发展的佛教史著作。共分20章，其中第一章至第五章为"汉代之佛教"，以下15章为"魏晋南北朝佛教"。书末之跋明示"撰述缘起"称："彤稍长，寄心于玄远之学，居恒爱读内典。顾亦颇喜疏寻往古思想之脉络，宗派之变迁。十余年来，教学南北，尝以中国佛教史授学者。讲义积年，汇成卷帙。自知于佛法默应体会，有志未逮，语文史地，所知甚少。故陈述肤浅，详略失序，百无一当。惟今值国变，戎马生郊，乃以其一部勉付梓人。非谓考证之学可济时艰，然敝帚自珍，愿以多年研究所得作一结束。惟冀他日国势昌隆，海内乂安，学者由读此编，而于中国佛教史继续述作。"可知此书为作者积十余年教学与研究的之成，而激于民族大义的悲愤力作，至今仍是国内外学术界公认的权威经典著作。

　　陈垣是民国时期另一佛教研究大家。陈垣（1880—1971年），字援庵，又字圆庵，笔名谦益、钱罂等，广东新会人。宣统三年（1910年）毕业于光华医学院，然自幼好学，靠刻苦自学，终于成为著述宏丰的国学大师。民国二年（1913年），陈垣自广州移居北京，先后任国立北京大学、北平师范大学、辅仁大学的教授、导师，又担任辅仁大学校长及京师图书馆馆长、故宫博物院图书馆馆长等职。陈垣治学广泛，在宗教史、元史、考据学、校勘学等方面均成绩卓著。佛教著述有《释氏疑年录》、《中国佛教史籍概论》、《清初僧净记》、《明季滇黔佛教考》等，均成于八年抗战坚守北平期间，蕴涵抒志表微、讽今喻世之微意。《释氏疑年录》成于民国二十七年（1938年），为查检历史上著名僧人生卒年代的工具书，其《小引》称始于康僧会，终于清初以生于明者为限，"按生年编录，无生年或年过一百三十年未可遽信者则略以卒年为次，生卒年俱阙者，虽有岁数弗录也。凡得二千八百人，分十二卷"。《明季滇黔佛教考》完成于二十九年（1940年），自称"六卷十八篇,凡十五万言,专论明季滇黔佛教之盛",其实更寓有强烈的政治关怀,陈寅恪《明季滇黔佛教考序》言为:"然自来史实所昭示,宗教与政治,终不能无所关涉。即就先生是书所撰述者言之,明末永历之世,滇黔实当日之畿辅,而神州正朔之所在也,故值艰危扰攘之际,以边徼一隅之地,犹略能萃集禹域文化之精英者,盖由于此。及明社既屋,其地之学人端士,相率遁逃于禅,以全其志节,今日追述当时政治之变迁,以考其人之出处本末,虽曰宗教史,未尝不可作政治史读也。"该书以扎实的史料、精到的考证,与《清初僧诤记》(1941年)、《中国佛教典籍概论》(1942年)等,共同成为陈垣佛教史研究的名著。

民国时期北京的寺志,有溥儒编著的《戒台寺志》、《上方山志》、《白带山志》,以及王树枬编著的《法源寺志》。溥儒(1896—1963年),河北宛平人,原姓爱新觉罗,字心畬,清宗室,自幼究心艺事,书法透逸,画工山水,与张大千齐名。溥儒所纂《上方山志》,分山水、释儒、考工、碑碣、物产、艺文及书画等共十卷。溥儒《白带山志》亦为10卷,首1卷,为白带山首部志书,对其周边环境及物产进行了详细记述。王树枬也是清末民国年间著名学者,曾任《清史稿》总纂,其他著述亦宏富。《法源寺志》署"新城王树枬、崇仁黄维翰同纂",凡6卷,为兴建、法系寺产、名迹上下、遗事6篇,凡士大夫等题词吟咏则附于各篇各事之下。现存卷四、卷五"名迹"上下篇。王树枬《法源寺志》分类严谨,记事周详,人誉为"条理井然,乃志乘中最简洁之佳作"。王树枬又与释道阶、喻谦等倡修《新续高僧传》,自民国八年(1919年)始,历经3年,成书65卷(又说为66卷),集录北宋至民国初计九百余年间之高僧事迹。

(二)道教著述与研究

"辛亥革命"之后,白云观第二十一代传戒律师陈明霦为了适应社会的发展,邀约全真教代表以"信教自由,载在约法",筹备成立"道教会"。道教会拟定《宣言书》、《大纲》与《请求国民政府承认条件》3份文件,呈请立案,不久得到批准。其组织机构,为北京设立中央道教总会,本部在白云观,各省设总分会,城镇乡设分会,"道教信士及一切善男信女(不限种族、不限国籍、不限行业),志愿助扬道教、度化众生者,皆可入会"。道教会《宣言书》、《大纲》与《请求国民政府承认条件》,是陈明霦等全真教道士为顺应时代潮流、挽救道教颓势而作出的努力。此期白云观还编印了《诸真宗派总簿》,止于清宣统末年(1911年),排列有86派,究其实则只有80支派。述道教各派祖师及字辈排行，亦或寓助于联络振兴之意。此后代理白云观住持的安世霖，则著有《白云观志稿》（手稿，现存《神像考》）、《白云观道范》（白云观印）2 书。1944 年至 1945 年间，安世霖又口授《白云观道教经韵二十六首》，由王君仅用工尺谱记录，保留了"北京道韵"的宝贵资料。

进入民国以后，随着政治制度的更新以及思想解放运动的推进，中国知识界开始对道教进行批判。与此同时，也有部分学者展开对道教的研究，成为北京道教著述的主流。

1900 年至 1949 年，卿希泰先生称之为国内道教研究"起步奠基的第一阶段"。其时，一些史学和哲学研究的学者开始关注道教，并撰写具有开创意义的道教论文，如刘师培《读道藏记》（1911 年）、刘澄园《东岳庙七十六司考证》（1917 年）、顾颉刚《东岳庙的七十二司》（1924 年）、王国维《长春真人西游记校注》（1926 年）、陈寅恪《天师道与滨海地域之关系》（1933 年）、汤用彤《读太平经之所见》（1935 年）、胡适《陶弘景的真诰考》（1935 年）、王国维《长春真人西游记校注》（1937 年）等。论著则有翁独健《道藏子目引得》（1935 年北平燕京大学哈佛燕京学社刊行），纠正此前中西文《道藏》工具书的缺点。许道龄《北京庙宇通检》（国立北平研究院史学研究会 1936 年出版），分上、下编，按当时行政区划排列，收录北京历代庙宇的名称、地址、沿革史略等，书末附索引。汤用彤的《魏晋玄学论稿》为抗战时期在西南联大撰写的系列论文（1957 年出人民出版社汇集印行），提出了以"自然名教"之争、"言意之辩"、"有无、本末之辩"等来概括魏晋的主要思想论争，由此考察各派思想的演变，揭示其发展的主线。陈垣《南宋河北新道教考》（1941 年《辅仁大学丛书》第八种），以碑刻、文献资料为依据，对南宋初华北地区新出现的全真、大道、太一等道教教派发生发展的历史作了系统考察，以此激励民族气节。另外，日本学者小柳司气太编纂了《白云观志》（1934 年），后附《东岳庙志》；吉冈义丰撰有《白云观与道教》（1944 年）。

更引人注目的，是许地山、傅勤家、王明、陈国符等人开始的专业性道教研究。许地山（1893—1941 年），出生于台湾，民国六年（1917 年）考入燕京大学文学院，民国九年（1920 年）毕业留校任教。曾与瞿秋白、郑振铎等人主办《新社会》旬刊，"五四运动"前后从事文学创作活动。许地山后赴英国牛津大学研究宗教学、印度哲学等，民国十六年（1927 年）学成归国，在燕京大学文学院任教。许地山是著名作家，但其宗教研究尤其是道教研究也有很大影响，著述有《佛藏子目引得》、《道教思想与道教》、《道教史》上编、《云笈七签校异》、《摩尼之二宗三际论》、《道教之根本思想及其对人生的态度》、《今日中国之道教》、《道藏子目通检》等多种。《道教史》上编共 7 章，述道家及预备道教时期的种种法术，内容包括道的意义、道家思想的建立者老子、老子以后的道家等，是许地山在吸取众多成果的基础上写成的有关道家、道教知识的讲义，影响一时。

傅勤家于民国二十二年（1933 年）在商务印书馆出版了《道教史概论》，包括：道之名称及含义、道教之形成、道教之隆盛、道教之修养、道藏、结论等，计 17 章。在此基础上，傅勤家又撰写了《中国道教史》，由商务印书馆于民国二十六年（1937 年）出版。该书结构完整，内容包括外人对于道教史之分期、道之名义与其演变、道教以前之信仰、道教之形成与发展、道教之神、道教之规律、道教之流传海外、道教经典之编纂与焚毁、宫观及道徒等，凡 20 章，被学界视为"中国第一部道教史"。至于王明在北大读书期间编写的《太平经合校》（1960 年由中华书局出版）、陈国符《道藏源流考》（1949 年由中华书局印行），也成为民国时期中国道教研究的经典著述，在国内外学术界产生了极大影响。

三、西人著述

民国以来，一些长期生活在北京的外国人撰写了一定数量以北京为主题的书籍，或研究北京历史文化，或记录自己的感受经历，如彼俄润的《北京概述》，芮尼的《北京和北京人》，哈勃的《北京游记》，布莱斯纳德的《北京研究》，艾德肯的《北京近貌》，何德兰的《北京旅行指南》，斐文的《京师地志指南》，胡琛的《北京及其近郊》，杜波斯科的《在北京的天空下》，赫伯特华特的《美丽的北京》，斯韦罗的《北京生活一瞥》，甘博的《北京社会调查》等。下面介绍几位当时生活在北京的西方人眼中的北京。

在此首先介绍的一位法国汉学家莫里斯的中国游记《北京》。莫里斯是法国东方语言学院的一位汉语教授，出于对古老中国文化的向往，他于 19 世纪 80 年代初来华进行了一次长途旅行，所经地区主要包括上海、天津和北京，其中在北京逗留时间很长。在北京居住期间，他走访了许多大街小巷。在他的这本游记中记下了他对北京许多街巷的直观印象，特别对前门大街两侧的店铺进行了详细的描述，他甚至还特别讲到了北京当时一些风味小吃。除了街巷，此书还用相当篇幅介绍了北京城的城墙、坛庙寺院（主要有天坛、成寿寺和雍和宫）。他曾在成寿寺和庙中一位僧人进行了如下对话，他问道："你们是否已得到许多铜板？"僧人答："几乎没有。现在汉人很少到我们这庙里来；只有蒙古人还信佛，但他们只把钱拿给那些穿黄袍子的喇嘛，至于我们这些穿紫袍子的和尚都快要饿死了。"[8] 在此，我们可以见到佛教僧人的实际心态。莫里斯还曾专门拜访雍和宫，该书对其中景物有详细的描写。作者同当时的萨伽活佛也曾有过交往，书中记述了他们的对话。作为一个外国人，莫里斯对当时北京的军事防御设施及当时防卫北京的清军装备和军事部署也进行了记载。通观全书，在 19 世纪众多的西人在华旅行记中是少有的内容丰富，记载详细的著作，特别在目前中外关系史学界对有关中国的法文著述不甚注意的情况下，此书的史料价值尤为引人关注。

其次是 LOUIS CARPEAUX 的《逝去的北京》。［法］作者用了一个颇有一些伤感的名字来命名本书，事实上该书不仅记载了清末北京城的许多景物，甚至对当时北京的社会风俗也有详细的描写。该书的主要内容包括：北京的街道、天坛、黄寺、雍和宫、孔庙、颐和园、北堂，一个北京家庭的生活、一次死刑的执行。该书的主要特点在于作者相当熟悉北京，比起那些走马观花的旅行者更能注意到北京与众不同的细微之处。

第三是伯希和的《北京小记》。该书作者为法国著名汉学家伯希和，他写作此书时年仅 22 岁，当时他从河内来到中国，准备进行学术考察，但恰逢八国联军与义和团的冲突，他不得不进入法国公使馆避难，在此期间，他记录下了在北京的所见所闻，由于完全是亲身感受，价值很高，对于研究义和团时期北京社会状况很有帮助。

第四是樊国梁的《北京历史和描述》。该书作者为遣士会士樊国梁，此人 1862 年来华，在北京生活了 43 年，他对中国文化极有兴趣，本人的知识也很渊博，此书正是他心血的结晶。该书以景物为纲，对北京城内的主要建筑物均进行了详细的描述，主要有北馆、雍和宫、安定门、德胜门、西直门、平则门、钟楼、鼓楼、东直门、西华门、西堂、后门、西什库、北堂、北海、白塔、旧北堂、御河桥、南海、中海、紫光阁、皇宫、天坛、先农坛、永定门、左安门、彰义门、沙窝门、东便门、南堂、哈德门、前门、各国军营等。作者不仅仅是对它们进行直观的描述，特别对它们的历史沿革进行了详细的介绍，其中包括了樊神父自己的许多心得。这部书不仅对我们了解、研究清末北京城内的职能建筑很有裨益，而且它本身就具有相当的学术价值。

第五是 HENRY CASSEVILLE 的《北京——永恒的城市》。此书更像是一部北京旅游指南，全书由历史上的北京、北京的寺庙和现实中的北京3部分组成，第一部分主要介绍皇城内的主要职能建筑和东西南北四堂，第二部分对内外城的主要寺庙进行了介绍，例如太庙、雍和宫、孔庙、历代帝王庙、白塔寺、隆福寺、天坛、先农坛、法华寺、蟠桃宫、华严寺、牛街清真寺等。第三部分则重点介绍了法国人在北京的主要活动，例如兴建北京饭店、建有轨电车及天主教传教团的活动。除此以外，作者还介绍了北京的主要饭馆、剧场和节日。其中第一、二部分不是第一手资料，史料价值不高，但第三部分的一些记载中文史料很少提及，比较重要。

第六是 Bouillard 的《雍和宫》。作者布雅是位法国铁路工程师，他于民国初年来华，因其对北京的历史、地理、宗教兴趣十分浓厚，他系统地对北京城内、城外的各种人文景观进行了调查和研究，留下了大量很有学术价值的调查报告，其中对雍和宫的调查与研究从藏传佛教入手，展示了他渊博的学识，充分体现了他的学术水平，具有很高的价值。该书首先回顾了藏传佛教发展的历史及其同雍和宫的复杂关系，然后细致入微地对雍和宫内的各个殿堂进行介绍，据笔者所见，该书对雍和宫的描述应该在法人著述中是最详尽的。

总体而言，此时对北京的描写开始走向精确的科学考据。如果说19世纪以前是从西方城市看北京，那么此后则是从北京看北京，专业化的北京研究正式产生了。马可波罗当年认为汗八里，方圆24英里，每边长6英里，这大约相当于方圆70华里。但喜仁龙和布莱斯纳德都认为这个数字超过实际情况。喜仁龙认为北京当时不会超过方圆50华里，布莱斯纳德也认为应该在50华里左右。

注释：

（1）傅振伦：《编纂北平志蠡测》，《地学杂志》1931年第19卷第1期。

（2）《史学研究会概况》，《院务汇报》第1卷第4期。

（3）吴廷燮，江苏江宁（今南京）人，号向之，室名景牧堂。清光绪时举人，民国时任清史馆总纂，一生纂辑甚丰。

（4）吴廷燮等纂：《北京史志稿》，苏晋仁"总序"。

（5）阎崇年：《北京方志探述》，《燕史集》，第268页。

（6）《本院筹备经过及组织》，《院务汇报》第1卷第1期。

（7）熊十力：《〈佛家名相通释〉撰述大意》。

（8）Maurice Jametel, *PEKIN_ SOUVENIRS DEL' EMPIRE DU MILIEU PARIS*, 1887, p. 184.

结　语

第一节　北京著述的学术源流变迁及学术价值

考察北京著述史，名家辈出，著述如林，学派迭兴。结合古代北京著述的发展源流和历史承续，可以观照其学术演进的主要特征和学术流变的主要脉络。

北京有着悠久的文化传统，而且在不同时期有不同的学术风貌。这种流变与北京城市功能的不断变换同步进行，在不同时期吸纳着大量人才，从而形成独特的学术流变与文人特质。

春秋战国时期，是幽燕学术的奠基时期。燕国历史悠久，但在很长时间内却是相对小而弱的封国。燕王哙时，齐国乘燕国内乱攻入蓟城，燕国几遭灭国之灾。燕昭王欲振兴燕国，报齐国灭国之仇，励精图治，大量招徕人才。燕昭王筑黄金台招贤纳士，邹衍、苏秦为首的文士纷纷入燕，燕国形成了以神仙、方士与游侠、纵横名家为主的文化特质与学术脉络。邹衍原是齐国稷下学宫的著名学者，其学说以天道推衍人事及政治，人称"谈天衍"。他入燕后，燕昭王拥彗先驱，请列弟子之座而受业，邹子学说大兴。

从秦汉至隋唐五代，统一和分裂的政治格局交替，幽燕地区成为北方军事重镇，其学术既要适应中原王朝的需要，又要为少数民族政权服务。西汉文景之时，采取黄老无为而治政策，幽燕虽地处边塞，但当时匈奴与中原的矛盾和战事主要在西北，蓟城周围相对平静，自秦末楚汉战争以后便多有文人避乱其间，燕地学术有超越齐鲁之势。其学术转以经学为主，并辅以经世致用的天文、地理、博物等各种杂学。燕人韩婴多有著述，特别是以史事说《诗经》，创《韩诗》之学，为天下所宗。东汉中兴，光武帝刘秀到幽州征辟宿儒，幽蓟出现许多名儒学者，如崔骃、崔瑗、崔寔祖孙三人以《易》学为主；涿郡卢植以古文经学为研究重点。魏晋时期，范阳卢氏以儒学、经史为北方学宗，幽州张华是著名的博物家，幽燕学术大有领军之势。到十六国北朝之时，幽燕世家大族如范阳卢氏家学、无终阳氏家学深厚、昌盛，培养了大批著名学者。幽州地区一时学者云集，成为北方少数民族政权的人才库。幽州学者以经学为主，非常注重各门实用之学，有慷慨悲壮的忧国忧民气节，许多幽燕文人学者文武兼习，或领兵打仗，或为少数民族政权的谋士，并出现了著名历史地理学家郦道元。幽燕学者长期与北方民族混居处，不少北方民族学者跻身学林，大家频出，多种学术格局并存。

辽金元明清时期，是北京历史地位大规模提升、逐步成为全国政治文化中心的时期，也是北京古代著述最为辉煌的时期。这些朝代除明朝之外都是少数民族建立的政权，虽以传统儒学为主，但亦重视儒道佛间的共存与交融。且这些少数民族统治者不拘一格，广纳人才，各方人才，辐辏京师。金朝建国时文化水平不高，在迅速灭辽、破北宋，与南宋对峙之后，面临复杂的军事、政治局面，大量招揽甚至强制抢夺人才，如在夺取幽燕后尽俘燕京辽朝文人以为己用；与南宋议和后，又经常扣留使者强为己师。到金中都建立时，燕京文士数量已颇可观。元明清之时，北京已真正成为全国文化与学术中心，其文化不仅继承了中原的传统，还增加了许多北方民族的实用、务实、求变和刚劲之风。官修史书的大量涌现，全国文化精英集聚北京，使得北京的学术与文化与主流文化保持了一致。

辛亥革命推翻清朝统治，是我国历史和北京历史上一个非常重大的社会转型时期，无论从思想观念还是到社会制度都发生了深刻的变化。这一时期，北京地区政治与社会处于大动荡、大变革之中，北京学术的流变与文化积淀也发生了异于前代的改变。这一切体现在民国时期的政治经济历史文化教育风俗著述中，尤其体现在报刊杂志的编辑和出版上。

了解北京著述的基本内容与学术源流，是从事北京史研究、不走或少走弯路的必由之路。因此，北京著述，具有丰富珍贵的史料价值与较高的学术价值。

第二节　北京著述的特点、地位和影响

历史上燕人或北京人著述历史的特点，可以归纳如下：

第一，内容具有广泛性。燕人并非仅仅局限于地方文献的著述，他们的眼界很开阔，具有很大的包容性，许多人几乎是在好几个方面都有十分突出的成绩，像三国人高诱经史子三部都有为人称道的作品。这是一座城市、一座京城所应具备的基本文化条件。

第二，具有十分明显的家族性。幽州范阳一带是历史上很多名门望族的发源地，著名的有卢姓、阳氏、邹姓等。魏晋南北朝至隋唐五代的八百年间，卢氏生于斯长于斯，是卢氏繁衍的摇篮，是孕育卢氏文化的沃土，卢氏家族作为北方大族，儒学渊源深厚，人才辈出，著述丰富，在北京著述史上占有重要地位。这种家族性，为北京文化的不断延续、积累和发展提供了保障。

第三，著述历史源远流长，连绵不断。北京著述可上溯至西周春秋时期，历朝历代几乎都有著述，"在燕地最为动荡的时期，也正是燕地人著述最为繁盛的时期之一。翻开三国、南北朝、五代十国时期的史书，我们可以发现，燕人对文化的执著。……燕地还有像卢照邻、贾岛这样的清贫文人，他们用自己的笔书写着，燕人的人生际遇。……达观，眼界开阔，一代接一代，著述广泛而连续不断，可以说是燕人著述的最大特点。"[1]

第四，著述种类非常丰富。按《四库全书》史部的分类，有编年类、杂史类、传记类、地理类、政书类等。从燕人历代著述来看，可谓是著述遍及四部，并且部部都有传世精品。

第五，著者身份多样繁杂。或为官府，或为帝王、史臣，或为使臣，或为北京地方官，或为北京人、或为外地游客，还有僧道、太监、西人等。

第六，著述数量呈平稳上升趋势。相对而言，唐五代以前的北京历史著述数量较少，辽金宋代著述也不如元明清数量多。

第七，北京著述与主流文化距离最近。这是由于帝都的地位所决定，也是由于官修史书的大量出现，它决定着北京著述的独特性、无可比拟性。

第八，北京著述的政治性特别敏感，与现实的冲突和融合最为明显。例如，"魏晋南北朝时期政权对立、民族矛盾尖锐复杂和门阀居于主导地位的政治形势对这个时期历史观念、历史撰述形式都有很大影

响，现实政治斗争在历史撰述中往往有直接反映。首先，南书谓北为'索虏'，北书指南为'岛夷'，这是政权对立与正闰之争在历史撰述中的表现，是正闰问题的一种重要表现形式。魏晋南北朝时期皇朝史撰述中以一系相承或一脉相传为特征的正闰问题，虽然仅是史家历史撰述时的一种笔下安排，但在这个时期已经超出历史撰述方法的学术范畴而成为一种政治方法，在当时有着特别重要的政治意义。"[2] 在这种正统观念下，《晋书》对于少数民族政权的处理就采取了本纪与载纪的处理方法，以本纪记中原政权之帝王，以载纪记录少数民族如前秦等政权的君主。辽金宋时期，宋使纪行之著述中，多以宋朝为正统，称宋为中国，称辽金为夷虏、虏酋，政治色彩浓厚；元代官修辽金宋三朝国史时，面临着激烈的正统与非正统之争，最终确立了平等看待三史，一朝并修三史的原则，确定了少数民族政权的正统性与合法性。

第九，北京著述中官修史书发达，数量、质量、规格、学术意义与政治意义上都远超其他地方。元世祖时纂修《大元大一统志》1300卷，全面描述元朝疆域概貌，是中国古代史上篇幅最大的一部官修地理志书，开官修地理总志先河。《元一统志》的纂修，被此后的明清统治者所效仿，遂有了《明一统志》、《清一统志》的纂修。元文宗时纂修的《皇朝经世大典》（简称《经世大典》），为明清统治者所效仿而有了明朝《永乐大典》和清朝《古今图书集成》及《四库全书》的纂修。《永乐大典》是中国古代规模最为宏大的官修类书，多达两万两千余卷，先藏于南京文渊阁。成祖迁都北京后，又运至北京藏于大内文楼。嘉靖三十六年，皇宫遭受火灾，经此一变，世宗决定将《永乐大典》重录备份，即"副本"。自清以来，陆续从《永乐大典》中辑出佚书 590 种，其中经部 93 种，史部 124 种，子部 175 种，集部 198 种。[3]《寰宇通志》、《大明一统志》两部全国性总志也为清代撰修《大清一统志》提供了可资参考的摹本。康熙年间陈梦雷编纂的《古今图书集成》，是仅次于明代的《永乐大典》、现存最大的一部综合性类书，雍正六年（1728 年）印行，共印 64 部以及样书 1 部，分订为5025 册，函装成 522 函，分流到全国各地。

清代官办书局众多，汇集了当时众多著名学者，他们能够目睹丰富的、其他地方或者渠道无法见到的文献档案，从而促进了学术交流与发展。清代官修著述活动多发生在北京，极大地促进了清代学术的形成与发展。例如，清初《明史》纂修馆，可以说是清初南北学者交游的重要机缘。而且这一纂修工程持续近一个世纪，对学术大发展有相当的影响。明史开馆之初，首先是征集史料，尤其是崇祯一朝的史料，由于朝廷征集史料的需要，众多曾经在明崇祯朝做过官的人纷纷著书，或者将自家所藏文献档案，呈送《明史》馆，以备纂修所用。清代京籍学者也受此影响，如孙承泽著《山书》、王世德著《崇祯遗录》等；京籍学者张烈、王源、刘献廷也都曾参与了《明史》纂修。清初《明史》修纂，为学术交流提供了很好的机会。《明史》修纂不止为史馆人员的学术交流提供了机会，还通过带动作用影响了其他众多学者，甚至在学术兴趣上发生了转移。又如，《全唐文》纂修馆。在辑录过程中，严可均深感唐以前没有文章总集，为与《全唐文》接续，便立志广泛搜罗三代至隋朝的文章，历经九年完成初稿，又经10余年补遗，最终完成了《全上古三代秦汉三国六朝文》。最典型的当属《四库全书》纂修馆。乾隆三十七年（1772年）十一月，时任安徽学政的大兴人朱筠向乾隆皇帝建议开馆从明《永乐大典》中辑录佚书。朱筠此奏得到乾隆皇帝的认可，接着便诏令将所辑佚书与各省所采及武英殿所有官刻诸书，汇编在一起，名为《四库全书》。乾隆三十八年（1773年）二月，正式设立四库全书馆。参与《四库全书》纂修的学者前后有数千人之多，几乎将当时的著名学者网罗殆尽。《四库全书》纂修对乾嘉时期考据学的兴盛和学术交流起到推动作用。

由官方组织或支持编纂、刻印与刊行的北京历史文献不仅搜罗详尽、内容丰富，且影响巨大、流传广泛，如《日下旧闻考》、《光绪顺天府志》等。

从元代开始，北京已经成为全国的政治、经济、文化中心。这种特殊而重要的政治地位与得天独厚的文化资源，为文人学者的学术研究、著书立说提供了有利的条件。各地文化精英汇集到此，在北京居住、考察、交游，从事各种文化创作与著述活动，他们的著述与学术思想，不仅增加了北京著述的数量，也提高了北京著述的质量，对后人著述产生了积极而深远的影响。元代，中国"戏剧史和文学史上的重大事件"元曲（散曲和杂剧）的创作最具代表性，不仅在当时影响显赫，而且在几千年的中国文学发展史上，也占有突出的地位，后人将其与楚辞、汉赋、唐诗、宋词并列，成为元代北京文化发展的标杆。

这样的特点，决定了北京著述的地位和影响，"看一个城市的文化品位，无论过去还是现在，著述是一个很能说明问题的东西，不管你出版多少书，也不管你印刷量有多大，如果你这个城市里的人，没有或是很少著述，那么最起码在文化品位上，你这个城市就输于他城了。燕—京，这里为什么要这么写，中间要加一个小横杠，因为历史上这里是燕，后来是京，不论是燕的时代，还是京的时代，这里的人们一直没有放弃过对文化的承诺，一直没有放弃过对文化的责任，一直没有放弃过对文化的痴情。"[4]

如果这部《北京著述史》能够把历史上北京人的著述或关于北京的著述史加以梳理，那么它不仅是对历史上北京人的表彰，更是北京文化史上的盛事。

注释：

（1）元尚：《燕人著述遍四部》，《京报网—北京日报》2007 年 6 月 3 日。本节文字受该文启发颇多。

（2）李传印：《魏晋南北朝时期历史撰述与现实政治》，《南都学坛》2004 年 1 月。

（3）崔文印：《〈永乐大典〉概说》，《史学史研究》1995 年第 3 期，第 78—79 页。

（4）元尚：《燕人著述遍四部》，《京报网—北京日报》2007 年 6 月 3 日。

主要参考引用书目

一、正史编年史

1. （西汉）司马迁：《史记》，中华书局，1982 年。

2. （东汉）班固：《汉书》，中华书局，1975 年。

3. （南朝宋）范晔：《后汉书》，中华书局，1962 年。

4. （西晋）陈寿：《三国志》，中华书局，1959 年。

5. （唐）房玄龄等：《晋书》，中华书局，1974 年。

6. （南朝梁）沈约：《宋书》，中华书局，1974 年。

7. （南朝梁）萧子显：《南齐书》，中华书局，1972 年。

8. （唐）姚思廉：《梁书》，中华书局，1973 年。

9. （唐）姚思廉：《陈书》，中华书局，1972 年。

10. （北齐）魏收：《魏书》，中华书局，1974 年。

11. （唐）李百药：《北齐书》，中华书局，1972 年。

12. （唐）令狐德棻等：《周书》，中华书局，1971 年。

13. （唐）魏征等：《隋书》，中华书局，1973 年。

14. （唐）李延寿：《南史》，中华书局，1975 年。

15. （唐）李延寿：《北史》，中华书局，1974 年。

16. （后晋）刘昫等：《旧唐书》，中华书局，1975 年。

17. （宋）欧阳修、宋祁：《新唐书》，中华书局，1975 年。

18. （宋）薛居正等：《旧五代史》，中华书局，1976 年。

19. （宋）欧阳修：《新五代史》，中华书局，1974 年。

20. （元）脱脱等：《宋史》，中华书局，2000 年。

21. （元）脱脱等：《辽史》，中华书局，1974 年。

22.（元）脱脱等：《金史》，中华书局，1975 年。

23.（明）宋濂等：《元史》，中华书局，1976 年。

24.（民国）柯劭忞：《新元史》，中国书店，1988 年。

25.（清）金门诏：《补三史艺文志》，中华书局《二十五史补编》本，1955 年。

26.（清）黄仁恒：《补辽史艺文志》，中华书局《二十五史补编》本，1955 年。

27.（清）王仁俊：《辽史艺文志补正》，中华书局《二十五史补编》本，1955 年。

28.（清）钱大昕：《补元史艺文志》，中华书局《二十五史补编》本，1955 年。

29.（清）张廷玉等：《明史》，中华书局，1974 年。

30.（民国）赵尔巽等：《清史稿》，中华书局，1977 年。

31. 武作成：　《清史稿艺文志补编》，国家图书馆出版社，2009 年。

32. 王绍曾：《清史稿艺文志拾遗》，中华书局，2000 年。

33.（宋）司马光等：《资治通鉴》，中华书局，1956 年。

34.（宋）李焘：《续资治通鉴长编》，中华书局，1995 年。

35.（宋）徐梦莘：《三朝北盟会编》，上海古籍出版社，1987 年。

36.（宋）李心传：《建炎以来系年要录》，中华书局，1985 年。

37.《明实录》，中央研究院历史语言研究所校勘本。

38.（清）阮元等：《续资治通鉴》，中华书局，1957 年。

39. 朱寿朋：《光绪朝东华录》，中华书局，1958 年。

二、政书档案

40.（元）马端临：《文献通考》，中华书局影印本，1986 年。

41.（元）王士点等：《元秘书监志》，江苏广陵古籍刻印社，1988 年。

42. 元代官修：《大元圣政国朝典章》，中国广播电视出版社影印刊本，1998 年。

43.（明）姚广孝等：《永乐大典》，中华书局影印本。

44.（明）王圻：《续文献通考》，《续修四库全书》史部第七百六十一册。

45.（明）张居正等：《大明会典》，明万历刻本。

46.（清）乾隆：《钦定续文献通考》，浙江书局刻本，1887 年。

47.（清）乾隆：《钦定皇朝通志》，浙江书局刻本，1882 年。

48．王延熙、王树敏辑：《皇朝道咸同光奏议》，上海久敬斋石印本，1902年。

三、地方志

49．（北魏）郦道元：《水经注》，岳麓书社，1995年。

50．（宋）乐史：《太平寰宇记》，文渊阁《四库全书》本。

51．（元）孛兰肹等：《元一统志》，赵万里辑本，中华书局，1966年。

52．（元）熊自得：《析津志辑佚》，北京古籍出版社，1983年。

53．《（永乐）顺天府志》，《永乐大典》残本，北京大学出版社影印本，1982年。

54．（明）陈循等：《寰宇通志》，明景泰刻本。

55．（明）李贤等：《大明一统志》，文渊阁《四库全书》本。

56．（明）沈应文等：《（万历）顺天府志》，中国书店影印本，1959年。

57．（明）马永亨等：《（万历）房山县志》，明刻残本，藏于国家图书馆。

58．（明）杨行中等：《（嘉靖）通州志略》，明刻本，首都图书馆有复制件。

59．（明）谢庭桂等：《（嘉靖）隆庆志》，上海古籍书店影印本，1962年。

60．（明）崔学履：《（隆庆）昌平州志》，钞本，首都图书馆藏。

61．（明）史国典等：《（万历）怀柔县志》，明刻本，国家图书馆藏。

62．（明）吴仲撰：《通惠河志》，段天顺、蔡蕃点校，中国书店，1992年。

63．（明）《（正德）莘县志》，《天一阁藏明代方志选刊》，上海古籍书店，1965年。

64．（明）《（万历）重修寿昌县志》，《国家图书馆藏明代孤本方志选》，北京：中华全国文献缩微复制中心，2000年。

65．（清）于敏中等编纂：《日下旧闻考》，北京古籍出版社，2001年。

66．（清）周家楣、缪荃孙：《光绪顺天府志》，北京古籍出版社，1987年。

67．（清）何道增等：《（光绪）延庆州志》，清刻本。

68．（清）《（光绪）六合县志》，光绪九年刻本。

69. 李鸿章等：《畿辅通志》，河北人民出版社，1989 年。

70. 王芷章：《清升平署志略》，北平研究院史学研究会历史组，1937 年发行。

71. （清）释智朴：《盘山志》，中国书店，1997 年。

72. （清）蒋溥等：《盘山志》，杜洁祥主编：《中国佛寺志》，台北明文书局，1980 年。

73. 神穆德：《潭柘山岫云寺志》，北京燕山出版社，2007 年。

74. （清）释湛祐：《弘慈广济寺新志》，康熙四十三年刻本。

75. （清）别室天孚和尚辑：《广济寺新志》，《中国佛寺志丛刊》，广陵书社，2006 年。

76. 王树枏：《法源寺志》，五洲传播出版社，2009 年。

77. 《北京天桥志》，上海书店出版社，1994 年。

78. 吴廷燮等纂：《北京市志稿》，北京燕山出版社，1998 年。

79. 《北京志》，北京出版社，2007 年。

80. 李养正编著：《新编北京白云观志》，宗教文化出版社，2003 年。

81. 《康熙山西通志·艺文志》，文渊阁《四库全书》本。

四、类书资料集

83. 文渊阁《四库全书》影印本，台湾商务印书馆，1983 年影印本。

（又一种：上海人民出版社电子版）

84. （清）陈梦雷等：《古今图书集成》，上海中华书局，1934 年。

85. （清）纪昀等：《四库全书总目提要》，中华书局，1965 年。

86. 《四库全书存目丛书》，齐鲁书社，1997 年。

87. 《续修四库全书》，上海古籍出版社，2002 年。

88. 《四库未收书辑刊》，北京出版社，2000 年。

89. 《丛书集成初编》，中华书局，1985 年。

90. 《丛书集成新编》，台北：新文丰出版公司，1985 年。

91. 《丛书集成续编》，台北：新文丰出版公司，1989 年。

92. 《畿辅河道水利丛书》，道光四年刻本。

93. （清）阮元：《十三经注疏》，中华书局，1980 年。

94. 程树德等撰：《新编诸子集成》，中华书局，2009 年。

95. 明代纂修：《正统道藏》、《万历续道藏》。

96. （清）董诰等：《全唐文》，中华书局，1983 年。

97．（清）曹寅等：《全唐诗》，文渊阁《四库全书》本。

98．（宋）王应麟等：《玉海》，中华书局、江苏古籍出版社，1987 年。

99．（宋）李昉等：《太平御览》，文渊阁《四库全书》本。

100．陈述辑校：《全辽文》，中华书局，1982 年。

101．佚名：《宋史全文》，文渊阁《四库全书》本。

102．（清）陈焯：《宋元诗会》，文渊阁《四库全书》本。

103．（清）张金吾辑：《金文最》，中华书局，1990 年。

104．（元）苏天爵：《国朝文类》（即《元朝文类》），中华书局影印本，1962 年。

105．（清）顾嗣立：《元诗选》，中华书局，1987 年至 2001 年。

106．（清）乾隆《御定佩文斋咏物诗选》，文渊阁《四库全书》本。

107．（清）乾隆《御定历代题画诗类》，文渊阁《四库全书》本。

108．（清）乾隆《御选宋金元明四朝诗》，文渊阁《四库全书》本。

109．徐珂：《清稗类钞》，中华书局，1984 年。

110．闵一得：《金盖心灯》，《三洞拾遗》第十六册，黄山书社，2005 年。

111．瞿宣颖编辑：《北京历史风土丛书》，北京广雅书社，1925 年石印本。

112．瞿宣颖编辑：《同光间燕都掌故辑略》，上海世界书局，1936 年铅印本。

113．张次溪主编：《中国北京史迹风土丛书》，中国华风土学会，1934 年印行。

114．张次溪：《清代燕都梨园史料》，北平邃雅斋书店，1934 年。

115．张次溪：《清代燕都梨园史料续编》，北平松筠阁书店，1937 年。

116．李家瑞等主编：《北平风俗类征》，上海商务印书馆，1937 年。

117．《北平史迹丛书》二种，国立北平研究院史学研究会，1937 年。

118．《北平岁时志》，国立北平研究院史学研究会，1936 年。

119．《京津风土丛书》北京中华风土学会，1938 年。

120．《清代稿本百种汇刊》，台湾文海出版社，1974 年。

121．张星烺：《中西交通史料汇编》第一册，中华书局，1977 年。

122．《翁方纲题跋手札集录》，广西师范大学出版社，2002 年。

123．柏克莱加州大学东亚图书馆编：《翁方纲经学手稿五种》，上海古籍出版社，2006 年。

五、杂传野史

124．（汉）高诱注：《战国策》，台北艺文印书馆，1974 年。

125．（梁）释慧皎：《高僧传》，《大正新修大藏经》本。

126．（唐）释道宣：《续高僧传》，《大正新修大藏经》本。

127．（唐）释义静：《大唐西域求法高僧传》，《大正新修大藏经》本。

128．（宋）释赞宁等撰：《宋高僧传》，《大正新修大藏经》本。

129．（明）朱棣：《神僧传》，《续修四库全书》，上海古籍出版社，2002 年。

130．（明）释如惺：《大明高僧传》，《续修四库全书》，上海古籍出版社，2002 年。

131．（明）释明河：《补续高僧传》，《续修四库全书》，上海古籍出版社，2002 年。

132．（民国）喻谦：《新续高僧传四集》，北洋印刷局，1923 年。

133．（梁）释宝唱：《比丘尼传》，《大正新修大藏经》本。

134．（民国）释震华：《续比丘尼传》，1942 年刻本。

135．（元）释念常：《佛祖历代通载》，北京图书馆出版社，2005 年。

136．《卍续藏经》，台北新文丰编审部，1983 年。

137．蓝吉富主编：《大藏经补编》，台北华宇出版社，1986 年。

138．（清）厉鹗：《辽史拾遗》，中华书局，1985 年。

139．（元）佚名：《元朝秘史》（又称《蒙古脱卜赤颜》），中华书局，1985 年。

140．（元）佚名：《圣武亲征录》，《续修四库全书》本，上海古籍出版社，2002 年。

141．（明）权衡：《庚申外史》，商务印书馆，1922 年。

142．（元）佚名：《元氏掖庭记》，群学社，1936 年。

143．（元）夏庭芝：《青楼集》，中国戏剧出版社，1959 年。

144．（元）钟嗣成：《录鬼簿》，中国戏剧出版社，1959 年。

145．（清）李元度：《国朝先正事略》，岳麓书社，2008 年。

146．徐世昌：《清儒学案小传》，《清代传记丛刊》，台湾明文书局，1986 年。

147．王钟翰点校：《清史列传》，中华书局，1987 年。

六、文集笔记

148．（西汉）韩婴：《韩诗外传》，文渊阁《四库全书》本。

149. （东汉）高诱：《淮南鸿烈解诂》（存十三篇），明正统《道藏》本。

150. （晋）张华：《博物志》，文渊阁《四库全书》本。

151. （晋）张华：《神异经注》，龙威秘书本。

152. （晋）卢谌：《杂祭法》，玉函山房辑佚本。

153. （北魏）寇谦之：《云中音诵新科之诫》，明正统《道藏》本。

154. （北魏）阳承庆：《字统》，玉函山房辑佚本。

155. （北齐）阳休之：《韵略》，玉函山房辑佚本。

156. （唐）卢照邻：《卢昇之集》，文渊阁《四库全书》本。

157. （唐）贾岛：《长江集》，《全唐诗》本。

158. （唐）姚汝能：《安禄山事迹》，上海古籍出版社，1983年。

159. （辽）释行均：《龙龛手鉴》，中华书局，1985年。

160. （辽）释非浊：《随愿往生集》，《三宝感应要略录》，《大正新修大藏经》本。

161. （辽）王鼎：《焚椒录》，群学社，1936年。

162. （宋）路振：《乘轺录》，上虞罗氏墨缘堂石印本，1936年。

163. （宋）叶隆礼：《契丹国志》，上海古籍出版社，1985年。

164. （宋）沈括：《梦溪笔谈》，中华书局，1985年。

165. （宋）陈准：《北风扬沙录》，商务印书馆，1927年。

166. （宋）张汇：《金房节要》，《长白丛书》本，吉林文史出版社，1990年。

167. （宋）张棣：《金图经》，《长白丛书》本，吉林文史出版社，1990年。

168. （宋）张棣：《正隆事迹》，《四库全书存目丛书》本，齐鲁书社，1996年。

169. （宋）许亢宗：《宣和乙巳奉使金国行程录》，吴县王氏铅印本，1939年。

170. （宋）浩皓：《松漠纪闻》，上海古籍出版社，2001年。

171. （宋）楼钥：《北行日录》，上海古书流通处，1921年。

172. （宋）范成大：《揽辔录》，中华书局，1985年。

173. （宋）周辉：《北辕录》，见《说郛》（商务印书馆本）。

174. （宋）释文莹：《湘山野录》，中华书局，1984年。

175. （宋）洪迈：《容斋随笔》，中华书局，2005年。

176. （宋）洪适：《盘洲文集》，文渊阁《四库全书》本。

177. （宋）张端义：《贵耳集》，中华书局，1985年。

178.（金）佚名：《大金吊伐录》，中华书局，1985 年。

179.（金）宇文懋昭：《大金国志》，中华书局，1986 年。

180.（金）王寂：《拙轩集》，文渊阁《四库全书》本。

181.（金）韩玉：《东浦词》，天津古籍出版社，1989 年。

182.（金）赵秉文：《滏水集》，文渊阁《四库全书》本。

183.（金）刘祁：《归潜志》，文渊阁《四库全书》本。

184.（金）元好问：《遗山集》，文渊阁《四库全书》本。

185.（金）元好问：《续夷坚志》，山西人民出版社，1990 年。

186.（金）元好问：《中州集》，中华书局，1959 年。

187.（元）丘处机：《丘处机集》，赵卫东辑校，齐鲁书社，2005 年。

188.（元）耶律楚材：《湛然居士文集》，中华书局，1986 年。

189.（元）耶律铸：《双溪醉隐集》，文渊阁《四库全书》本。

190.（元）刘秉忠：《藏春集》，文渊阁《四库全书》本。

191.（元）胡祗遹：《紫山大全集》，文渊阁《四库全书》本。

192.（元）王恽：《秋涧大全集》（包括《承华事略》、《中堂纪事》、《乌台笔补》、《玉堂嘉话》等），文渊阁《四库全书》本。

193.（元）李治：《敬斋古今注》，文渊阁《四库全书》本。

194.（元）李衎：《竹谱》、《息斋老子解》，《道藏辑要》本。

195.（元）鲜于枢：《困学斋集》，《元诗选》本。

196.（元）鲜于枢：《困学斋杂录》、《笺纸谱》，见《说郛》（商务印书馆本）。

197.（元）陈孚：《陈刚中诗集》，文渊阁《四库全书》本。

198.（元）刘敏中：《中庵集》，《平宋录》，文渊阁《四库全书》本。

199.（元）程钜夫：《雪楼集》，文渊阁《四库全书》本。

200.（元）赵孟頫：《松雪斋集》，文渊阁《四库全书》本。

201.（元）袁桷：《清容居士集》，文渊阁《四库全书》本。

202.（元）吴澄：《吴文正公集》，文渊阁《四库全书》本。

203.（元）揭傒斯：《文安集》，文渊阁《四库全书》本。

204.（元）齐履谦：《春秋诸国统纪》，文渊阁《四库全书》本。

205.（元）保八：《易源奥义》、《周易原旨》，文渊阁《四库全书》本。

206.（元）虞集：《道园学古录》、《道园类稿》，文渊阁《四库全书》本。

207.（元）黄溍：《金华黄先生文集》，文渊阁《四库全书》本。

208.（元）欧阳玄：《圭斋集》，《四部丛刊》本。

209. （元）许有壬：《至正集》，文渊阁《四库全书》本。

210. （元）马祖常：《石田文集》，文渊阁《四库全书》本。

211. （元）萨都剌：《雁门集》，文渊阁《四库全书》本。

212. （元）迺贤：《金台集》，文渊阁《四库全书》本。

213. （元）陶宗仪：《南村辍耕录》，中华书局，1959 年。

214. （元）高克恭：《房山集》，《元诗选》本。

215. （元）卢挚：《疏斋集》，《元诗选》本。

216. （元）宋本：《至治集》，文渊阁《四库全书》本。

217. （元）宋褧：《燕石集》，文渊阁《四库全书》本。

218. （元）李士瞻：《经济文集》，文渊阁《四库全书》本。

219. （元）李继本：《一山文集》，文渊阁《四库全书》本。

220. （元）何失：《得之集》，《元诗选》本。

221. （元）张昱：《可闲老人集》，文渊阁《四库全书》本。

222. （元）齐履谦：《春秋诸国统纪》，《通志堂经解》本。

223. （明）萧洵：《故宫遗录》，北京古籍出版社，1980 年。

224. （明）佚名：《北平录》，《丛书集成初编》本。

225. （明）郭造卿：《燕史》，钞本，首都图书馆藏。

226. （明）孙国敉：《燕都游览志》，王灿炽辑录：《燕都古籍考》，京华出版社，1995 年。

227. （明）陆容：《菽园杂记》，中华书局，1985 年。

228. （明）叶盛：《水东日记》，中华书局，1980 年。

229. （明）沈榜：《宛署杂记》，北京古籍出版社，1982 年。

230. （明）徐昌祚：《长安里语》，见《燕山丛录》浙江巡抚采进本。

231. （明）蒋一葵：《长安客话》，北京古籍出版社，1982 年。

232. （明）徐贞明：《潞水客谈》，中华书局，1985 年。

233. （明）陈僖：《客窗偶谈》，《昭代丛书》本。

234. （明）叶子奇：《草木子》，中华书局，1959 年。

235. （明）郎瑛：《七修类稿》，上海书店，2009 年。

236. （明）王世贞：《史乘考误》，明刻本。

237. （明）董斯张：《吴兴备志》，文渊阁《四库全书》本。

238. （明）沈德符：《万历野获编》，中华书局，1959 年。

239. （明）文秉：《先拨志始》，《借月山房汇钞》本。

240. （明）刘若愚：《酌中志》，北京古籍出版社，1994 年。

241. （明）吕毖：《明宫史》，北京古籍出版社，1980 年。

242.（明）史玄：《旧京遗事》，北京古籍出版社，1986 年。

243.（明）于燕芳：《燕市杂诗》，《丛书集成初编》本。

244.（明）张爵：《京师五城坊巷胡同集》，北京古籍出版社，1983 年。

245.（明）刘侗、于奕正：《帝京景物略》，北京古籍出版社，1982 年。

246.（明）姚广孝：《逃虚子诗集》、《逃虚类稿》，《四库全书存目丛书》，齐鲁书社，1997 年。

247.（明）姚广孝：《净土简要录》，《卍续藏经》本。

248.（明）李贽：《九正易因》，《四库全书存目丛书》经部第六至第七册。

249.（明）李贽：《藏书》、《续藏书》，《四库全书存目丛书》本。

250.（明）陈济生：《再生纪略》，《丛书集成续编》本。

251.（明）杨士聪：《甲申核真略》，《明季史料丛书》本。

252.（明）钱士馨：《甲申传信录》，《中国历史研究资料丛书》本，上海书店，1982 年。

253.（明）冯梦龙：《燕都日记》，《记载汇编》本。

254.（明）朱棣：《普济方》，文渊阁《四库全书》本。

255.（明）刘君锡：《来生债》，《元曲选》本。

256.（明）释德宝：《笑岩集》，震源斋刻字铺本，1923 年。

257.（明）释德清：《憨山老人梦游全集》，文物出版社，1989 年。

258.（明）释真可：《紫柏尊者全集》，《禅宗全书》本，北京图书馆出版社，2004 年。

259.（清）孙承泽：《五经翼》，《四库全书存目丛书》经部第一百五十一册。

260.（清）孙承泽：《春明梦余录》，北京古籍出版社，1992 年。

261.（清）孙承泽：《天府广记》，北京古籍出版社，1983 年。

262.（清）孙承泽：《畿辅人物志》，《四库全书存目丛书》史部第一百一十九册。

263.（清）孙承泽：《元朝人物略》，《清代稿本百种汇刊》第二十八册，台湾文海出版社，1974 年。

264.（清）孙承泽：《元朝典故编年考》，文渊阁《四库全书》本。

265.（清）孙承泽：《藤阴札记》，《四库全书存目丛书》子部第十九册，齐鲁书社，1997 年。

266.（清）孙承泽：《山书》，《续修四库全书》史部第三百六十七册，上海古籍出版社，2002 年。

267．（清）谈迁：《北游录》，中华书局，1960 年。

268．（清）顾炎武：《日知录》，文渊阁《四库全书》本。

269．（清）顾炎武：《昌平山水记》，北京古籍出版社，1982 年。

270．（清）顾炎武：《肇域志》，《续修四库全书》史部第五百八十六册。

271．（清）王崇简：《青箱堂诗文集》，《四库全书存目丛书》集部第二百零三册。

272．（清）萧穆：《敬孚类稿》，黄山书社，1992 年。

273．（清）张能鳞：《西山集》，《四库全书存目丛书》集部第二百一十六册。

274．（清）张能鳞：《儒宗理要》，《四库全书存目丛书》子部第二十一册。

275．（清）张烈：《王学质疑》，《四库全书存目丛书》子部第二十三册。

276．（清）张烈：《读史质疑》，《四库全书存目丛书》子部第二十三册。

277．（清）张烈：《读易日钞》，文渊阁《四库全书》本。

278．（清）王士禛：《池北偶谈》，中华书局，1982 年。

279．（清）陆陇其：《三鱼堂剩言》，文渊阁《四库全书》本。

280．（清）陆陇其：《三鱼堂日记》卷上，台湾商务印书馆，1982 年。

281．（清）朱彝尊：《曝书亭集》，《四部丛刊》本。

282．（清）钱大昕：《潜研堂文集》，《续修四库全书》集部第一千四百三十八册。

283（清）朱筠：《笥河诗集》，《续修四库全书》集部第一千四百三十九册。

284．（清）朱筠：《笥河文集》，《续修四库全书》集部第一千四百四十册。

285．（清）朱锡庚：《朱少河先生杂著·笥河文集遗编后序》，国家图书馆藏本。

286．（清）朱珪：《知足斋集》，《续修四库全书》集部第一千四百五十一册。

287．（清）黄叔琳：《研北杂录》，《四库全书存目丛书》子部第一百五十八册。

288．（清）黄叔琳：《周礼节训》，《四库全书存目丛书》经部第八十五册。

289. （清）黄叔琳：《夏小正注》，《四库全书存目丛书》经部第一百零三册。

290. （清）黄叔琳：《文心雕龙辑注》，中华书局，1957 年。

291. （清）黄叔琳：《史通训诂补》，上海古籍出版社，2006 年。

292. （清）黄叔璥：《广字义》，《四库全书存目丛书》子部第二十七册。

293. （清）黄叔璥：《近思录集朱》，钞本，藏国家图书馆善本部。

294. （清）黄叔璥：《中州金石考》，《续修四库全书》史部九百一十二册。

295. （清）黄叔璥：《南征纪程》、《台海使槎录》，文渊阁《四库全书》本。

296. （清）刘献廷：《广阳杂记》，中华书局，1997 年。

297. （清）王源：《居业堂文集》，清刻本，国家图书馆藏。

298. （清）王源：《舆图指掌》，清刻本，国家图书馆藏。

299. （清）翁方纲：《复初斋文集》，稿本影印本，台湾中研院文哲研究所，2002 年。

300. （清）翁方纲：《粤东金石略》，《续修四库全书》史部第九百一十三册，上海古籍出版社，2002 年。

301. （清）翁方纲：《两汉金石记》，《续修四库全书》史部八百九十二册。

302. （清）翁方纲：《经义考补正》，《四库未收书辑刊》第二辑第二十八册。

303. （清）翁方纲：《苏斋笔记》，《清代稿本百种汇刊》，台北：文海出版社，1974 年。

304. （清）翁方纲：《苏斋题跋》，《丛书集成新编》第五十二册，台北：新文丰出版股份有限公司，1985 年。

305. （清）雷学淇：《古经天象考》，《四库未收书辑刊》第四辑第二十六册。

306. （清）雷学淇：《夏小正经传考》，《清代稿本百种汇刊》，台北：文海出版社，1974 年。

307. （清）雷学淇：《考定竹书纪年》、《竹书纪年义证》，道光三年（1823 年）亦嚣嚣斋刻本。

308. （清）徐松：《登科记考》，中华书局，1984 年。

309. （清）徐松：《宋会要辑稿》，《续修四库全书》史部第七百七十五册。

310．（清）徐松：《河南志》，辑本，《丛书集成续编》第五十四册，台湾新文丰出版公司，1991年。

311．（清）徐松：《唐两京城坊考》，《续修四库全书》史部第七百三十二册。

312．（清）徐松：《西域水道记》，《续修四库全书》史部第七百二十八册。

313．（清）查慎行：《人海记》，北京古籍出版社，1989年。

314．（清）高士奇：《金鳌退食笔记》，北京古籍出版社，1980年。

315．（清）励宗万：《京城古迹考》，北京古籍出版社，1981年。

316．（清）戴璐：《藤阴杂记》，北京古籍出版社，1982年。

317．（清）吴长元：《宸垣识略》，北京古籍出版社，1982年。

318．（清）震钧：《天咫偶闻》，北京古籍出版社，1982年。

319．（清）番潘荣陛：《帝京岁时纪胜》，北京古籍出版社，1981年。

320．（清）富察敦崇：《燕京岁时记》，北京古籍出版社，1981年。

321．（清）杨米人：《都门竹枝词》，北京古籍出版社，1981年。

322．（清）孔尚任等：《燕九竹枝词》，北京古籍出版社，1982年。

323．（清）杨静亭：《都门杂咏》，北京古籍出版社，1982年。

324．（清）沈垚：《落帆楼文集》，《续修四库全书》集部第一千五百二十五册。

325．（清）易宗夔：《新世说》卷七，《清代传记丛刊》第十八册。

326．（清）赵翼：《檐曝杂记》，中华书局，1982年。

327．（清）吴振棫：《养吉斋丛录》，中华书局，2005年。

328．（清）郑方坤《五代诗话》，文渊阁《四库全书》本。

329．（清）孙殿起：《贩书偶记》，上海古籍出版社，1980年。

330．《清宫词》上下卷，纯文学出版社，1986年。

331．（清）释通理：《楞严指掌疏》，江宁藏伦芳刻本。

332．（清）释源谅：《律宗灯谱》，《频伽大藏经续编》，九州图书出版社，2000年。

333．（清）释际醒：《彻悟禅师语录》，《禅宗全书》本，北京图书馆出版社，2004年。

334．（清）王常月：《龙门心法》，崂山白云洞，1931年。

335．（清）完颜麟庆等：《白云仙表》，道光二十八年（1848年）刻本。

336．（清）高仁峒：《云水集》，光绪十一年（1885年）刻本。

337.（民国）马钟琇：《古燕诗纪》十卷，味古堂 1915 年铅印本。

338.（民国）灵峰补梅翁：《东华尘梦》，1919 年铅印本。

339.（民国）袁藻楼：《春明胜迹百咏》，1935 年铅印本。

340.（民国）敬安：《八指头陀诗集》，1919 年。

341.（民国）赵避尘：《性命法诀明指》，徐兆仁主编《先天派诀》，中国人民大学出版社，1990 年。

342.（民国）张祖翼：《清代野记》，中华书局，2007 年。

343.（民国）汪康年：《汪穰卿笔记》，《近代史料笔记丛刊》，中华书局，2007 年。

344.（民国）胡思敬：《国闻备乘》，上海书店出版社，1997 年。

345.（民国）罗瘿公：《鞠部丛谈》，《清代燕都梨园史料》，中国戏剧出版社，1988 年。

346.（民国）罗瘿公：《庚子国变记》，《民国笔记小说大观：罗瘿公笔记选》，山西古籍出版社，1997 年。

347.（民国）古蓨孙：《甲子内乱始末纪实》，《近代史料笔记丛刊》，中华书局，2007 年。

348.（民国）王独清：《庚子国复变记》，神州国光社，1946 年。

349.（民国）刘楚湘：《癸亥政变纪略》，《近代史料笔记丛刊》，中华书局，2007 年。

350.（民国）谢彬：《民国政党史》，《近代史料笔记丛刊》，中华书局，2007 年。

351.（民国）丁文江：《民国军事近纪》，商务印书馆，1926 年。

352.（民国）张梓生：《壬戌政变记》，上海商务印书馆，1924 年。

353.（民国）正群社编辑：《北京官僚罪恶史》，正群社，1922 年。

354.（民国）宣南吏隐：《绘图民国官场现形记》，1922 年印行。

355.（民国）汪德寿：《直皖奉大战实记》，《近代史料笔记丛刊》，中华书局，2007 年。

356.（民国）章熊：《中华民国的内阁》，古城书社编译所，1928 年。

357.（民国）白陈群：《发展北平之根本政策》，达诚印刷所，1929 年。

358.（民国）顾敦鍒：《中国议会史》，木槵心正堂，1931 年。

359.（民国）沃邱仲子：《民国十年官僚腐败史》，中华书局，2007 年。

360.（民国）王槐荫：《北平市木业谈》，北平市木业同业公会于 1935 年发行。

361．（民国）池泽汇等：《北平市工商业概况》，北平市社会局，1932 年。

362．（民国）王宜昌等：《北京庙会调查报告》，北平私立民国学院，1937 年。

363．（民国）雷辑辉：《北平税捐考略》，北平社会调查所，1932 年。

364．（民国）孟天培、甘博：《二十五年来北京之物价工资及生活程度》，国立北京大学出版部，1926 年。

365．（民国）步济时：《北京的行会》，1928 年在纽约出版。

366．（民国）李景汉：《北平郊外之乡村家庭》，商务印书馆，1929 年。

367．（民国）陶孟和：《北平生活费之分析》，商务印书馆，1930 年。

368．（民国）严景耀：《北京犯罪之社会分析》，北平燕京大学社会学系，1928 年铅印本。

369．（民国）张次溪：《燕京访古录》，北平中华印书局，1934 年。

370．（民国）夏仁虎：《旧京琐记》，台北市纯文学出版社，1970 年。

371．（民国）黄濬：《花随人圣庵摭忆》，上海古籍书店，1983 年。

372．（民国）瞿宣颖：《北平史表长编》，国立北平研究院史学研究会，1934 年。

373．（民国）瞿宣颖：《同光间燕都掌故辑略》，世界书局，1936 年。

374．（民国）金梁：《光宣小记》，1933 年，出版者不详。

375．（民国）陈宗蕃：《燕都丛考》，北京古籍出版社，1991 年。

376．（民国）汤用彬：《旧都文物略》，1935 年。

377．（民国）陶亢德：《北平一顾》，宇宙风社，1936 年。

378．（民国）陈莲痕：《京华春梦录》，广益书局，1925 年。

379．（民国）林传甲：《大中华京兆地理志》，京师中国地理学会1919 年印行。

380．（民国）叶良辅：《北京西山地质志》，农商部地质调查所，1920 年。

381．（民国）张恩祐：《永定河疏治研究》，1924 年印行。

382．（民国）田树藩：《西山名胜记》，西山八大处柳西山房，1936 年。

383．（民国）胡乃庸：《京西名胜汇编》，1928 年发行，出版者不详。

384．（民国）适园主人：《三海见闻志》，商务印书局，1924 年。

385．（民国）吴质生：《香山名胜录》，北平斌兴书局，1934 年铅印本。

386．（民国）张肇松：《燕京纪游》，1914 年发行，出版者不详。

387．（民国）吴质生：《玉泉山名胜录》，斌兴印书局，1931 年。

388．（民国）程演生：《圆明园考》，中华书局，1928 年。

389．（民国）中国营造学社编：《圆明园遗物与文献》，中国营造学社，1931 年。

390．（民国）侯仁之编：《故都胜迹辑略》，燕京大学历史学系，1940 年。

391．（民国）周作人编：《北京城》，开明图书公司，1942 年。

七、工具书

392．（宋）王尧臣等：《崇文总目》，文渊阁《四库全书》本。

393．（宋）晁公武：《郡斋读书志》，上海古籍出版社，1990 年。

394．（宋）陈振孙：《直斋书录解题》，上海古籍出版社，1987 年。

395．（宋）尤袤：《遂初堂书目》，中华书局，1985 年。

396．（明）杨士奇等：《文渊阁书目》，文渊阁《四库全书》本。

397．（明）白云霁：《道藏目录详注》，文渊阁《四库全书》本。

398．（清）乾隆：《钦定天禄琳琅书目》，文渊阁《四库全书》本。

399．（清）钱谦益：《绛云楼书目》，中华书局，1985 年。

400．（清）黄虞稷：《千顷堂书目》，上海古籍出版社，2001 年。

401．（清）张金吾：《爱日精庐藏书志》，中华书局，2006 年。

402．（清）张之洞：《书目答问》，上海古籍出版社，2001 年。

403．缪荃孙等：《嘉业堂藏书志》，复旦大学出版社，1997 年。

404．翁独健：《道藏子目引得》，北平燕京大学哈佛燕京学社，1935 年。

405．许道龄：《北平庙宇通检》，国立北平研究院史学研究会，1936 年。

406．王灿炽：《北京史地风物书录》，北京出版社，1985 年。

407．《北京地方文献报刊资料索引（地理、名胜古迹部分）（1904—1949）》，首都图书馆北京地方文献组编，1985 年。

408．《北京地方文献报刊资料索引（历史部分）》，首都图书馆北京地方文献组编，1987 年。

409．郗志群主编：《北京史百年论著资料索引（1900—1999）》，北京燕山出版社，2000 年。

410．谭烈飞主编：《北京方志提要》，中国书店出版社，2006 年。

411．韩朴主编：《北京文献工具书辞典》，中国书店出版社，

2010年。

412. 韩朴主编：《北京历史文献要籍解题》（上下册），中国书店出版社，2010年。

413. 朱蒂煌：《法相辞典》，国家图书馆全国图书馆文献缩微中心，2006年。

414.《乾嘉名儒年谱》，北京图书馆出版社，2006年。

415. 沈津：《翁方纲年谱》，台北：台湾中研院文哲研究所，2002年。

416. 李炳卫、童卓然：《北平地名典》，北平民社，1933年印行。

八、译著

417. 马可波罗：《马可波罗行纪》，冯承钧译，上海书店出版社，2001年。

418. 鄂多立克：《鄂多立克东游录》，何高济译，中华书局，1981年。

419. 道森：《出使蒙古记》，吕浦译，周良霄注，中国社会科学出版社，1983年。

420. 利玛窦、金尼阁：《利玛窦中国札记》，何高济译，何兆武校，中华书局，1983年。

421. ［日］窪德忠：《道教史》，萧坤华译，上海译文出版社，1987年。

422.《东方诸国记·中国》，见《中外关系史译丛》第四辑，上海译文出版社，1988年。

423. 博克舍编著：《十六世纪中国南部行记》，何高济译，中华书局，1990年。

424. （美）牟复礼（Mote, Frederick W）、（英）崔瑞德（Twitchett, Denis）编：《剑桥中国明代史》，张书生等译，中国社会科学出版社，1992年。

425. 平托等著：《葡萄牙人在华见闻录》，王锁英译，海南出版社，1998年。

426. 门多萨：《中华大帝国史》，何高济译，中华书局，1998年。

427. 马森：《西方的中华帝国观1840—1876》，杨育山等译，实事出版社，1999年。

428. （德）瓦德西：《瓦德西拳乱笔记》，王光祈译，上海书店出版社，2000年。

429. （英）朴笛南姆威尔：《庚子使馆被围记》，陈冷汰、陈诒先译，中华书局，1917 年。

430. 诺曼：《龙旗下的臣民：近代中国社会与礼俗》，刘君等译，光明日报出版社，2000 年。

431. 澳门文化司编：《十六和十七世纪伊比利亚文学视野里的中国景观》，大象出版社，2003 年。

432. 安文思：《中国新史》，何高济、李申译，大象出版社，2004 年。

433. 斯当东：《英使谒见乾隆纪实》，叶笃义译，上海书店出版社，2005 年。

434. （日）佐藤三郎、井上一叶：《民国之精华》，北京写真通讯社，1916 年。

435. （日）多田贞一：《北京地名志》，新民印书馆，1944 年。

436. （日）服部宇之吉：《清末北京志资料》，张宗平译，北京燕山出版社，1994 年。

437. （日）小柳司气太：《白云观志》，东方文化学院东京研究所，1934 年。

438. （美）甘博：《北京社会调查》，中国书店，2010 年。

439. （美）德龄：《清宫夜谈录》，百新书店，1949 年。

九、学人著述

440. 梁启超：《中国古代学术流变研究十篇》，中华书局，1947 年。

441. 陈垣：《中国佛教史籍概论》，上海书店出版社，2005 年。

442. 陈垣：《释氏疑年录》，广陵书社，2008 年。

443. 陈垣：《南宋初河北新道教考》，中华书局，1989 年。

444. 汤用彤：《汉魏两晋南北朝佛教史》，武汉大学出版社，2008 年。

445. 汤用彤：《隋唐佛教史稿》，武汉大学出版社，2008 年。

446. 汤用彤：《魏晋玄学论稿》，人民出版社，1957 年。

447. 傅勤家：《道教史概论》，商务印书馆，1933 年。

448. 傅勤家：《中国道教史》，团结出版社，2005 年。

449. 陈国符：《道藏源流考》，中华书局，1949 年。

450. 许地山：《道教史》，北京大学出版社，2009 年。

451. 熊十力：《新唯识论》，商务印书馆，2010 年。

452. 谢国桢：《增订晚明史籍考》，上海古籍出版社，1981 年。

453. 戈公振：《中国报学史》，三联书店，1955 年。

454. 方汉奇：《报刊史话》，中华书局，1979 年。

455. 方汉奇：《中国近代报刊史》（上下册），山西人民出版社，1981 年。

456. 方汉奇主编：《中国新闻事业简史》，中国人民大学出版社，1983 年。

457. 方汉奇：《报史与报人》，新华出版社，1991 年。

458. 方汉奇：《新闻史上的奇情壮采》，华文出版社，2000 年。

459. 方汉奇主编：《中国新闻事业编年史》，福建人民出版社，2000 年。

460. 方汉奇主编：《中国新闻传播史》，中国人民大学出版社，2009 年。

461. 管翼贤：《北京报纸小史》，《新闻学集成》，中华新闻学院，1943 年。

462. 李喜所：《近代留学生与中外文化》，天津人民出版社，1992 年。

463. 瞿林东：《中国史学史纲》，北京出版社，1999 年。

464. 丁淦林：《中国新闻事业史》，北京高等教育出版社，2002 年。

465. 李剑农：《戊戌以后三十年中国政治史》（中华书局，1965 年）、《中国近百年政治史》（复旦大学出版社，2002 年）。

466. 周叔迦：《周叔迦佛学论著全集》，中华书局，2006 年。

467. 韩清净： 《瑜伽师地论科句披寻记》，高雄弥勒讲堂，2007 年。

468. 侯仁之、邓辉先：《北京城的起源与变迁》，北京燕山出版社，2007 年。

469. 邓之诚：《骨董琐记全编》，三联书店，1955 年。

470. 曹子西主编： 《北京史志文化备要》，中国文史出版社，2008 年。

471. 李淑兰：《北京史稿》，学苑出版社，1994 年。

472. 姜立勋、富丽等著：《北京的宗教》，天津古籍出版社，1995 年。

473. 冯秉文主编：《北京方志概述》，吉林地方志编委会，1985 年。

474. 王灿炽：《王灿炽史志论文集》，北京燕山出版社，1991 年。

475. 王灿炽：《燕都古籍考》，京华出版社，1995 年。

476. 阎崇年，《燕史集》，北京燕山出版社，1998 年。

477. 尹钧科等：《北京地名研究》，北京燕山出版社，2009 年。

478. 周传家、程炳达主编：《北京戏剧通史》，北京燕山出版社，2001 年。

479. 傅秋爽主编：《北京文学史》，人民出版社，2010 年。

480. 北京市社会科学研究所《北京史苑》编辑部编：《北京史苑》第三辑，北京出版社，1985 年。

481. 《印光法师文钞》，宗教文化出版社，2008—2009 年。

482. 黄裳：《天一阁被劫书目》，载《文献》1979 年第 2 辑。

483. 李文海：《戊戌维新运动时期的学会组织》，胡绳武主编：《戊戌维新运动史论》，湖南人民出版社，1983 年。

484. 王剑英：《萧洵〈故宫遗录〉考辨》，北京市社会科学院历史所编：《北京史研究》（一），北京燕山出版社，1986 年。

485. 刘精义、鲁琪：《明代妃嫔陵园及圹志》，载《故宫博物院院刊》1980 年第 2 期。

486. 蔡乐苏：《清末民初的一百七十余种白话报刊》，丁守和主编：《辛亥革命时期期刊介绍》，人民出版社，1982—1986 年。

487. 吴梦麟：《明〈张爵墓志〉考》，见北京市文物研究所编：《北京文物与考古（第二辑）》，北京燕山出版社，1991 年。

488. 包世轩：《门头沟考古一二则》，见北京市文物研究所编：《北京文物与考古（第二辑）》。

489. 王有泉：《明谭忠、谭瑛墓志考》，见北京市文物研究所编：《北京文物与考古（第三辑）》，北京燕山出版社，1992 年。

490. 王有泉：《明王邦吉墓志考》，见北京市文物研究所编：《北京文物与考古（第三辑）》。

491. 郭存仁：《明万贵墓清理简报》，见北京市文物研究所编：《北京文物与考古（第三辑）》。

492. 崔文印：《〈永乐大典〉概说》，《史学史研究》1995 年第 3 期。

493. 肖满省：《张慎言、王崇铭易学思想史料的新发现——汲古阁本〈九正易因〉之独特价值》，《运城学院学报》2009 年第 4 期第 27 卷。

494. 车萍萍：《北京历史文献的辑佚学研究》，首都师范大学，2007 年硕士论文。

495. 贺君：《沈德符与〈万历野获编〉》，内蒙古师范大学 2008 年硕士论文。

后　记

　　《北京著述史》是北京社会科学院重大课题"北京专史丛书"之一，由北京市社会科学院历史研究所科研人员承担撰写工作。经参加撰写工作的科研人员集体讨论，拟定了全书的内容与框架。全书共分为两编，第一编传统著述中，第一章先秦至隋唐五代北京地区的著述，由历史研究所赵雅丽副研究员撰写。第二章宋辽金时期北京地区的著述，第三章元代北京地区的著述，由王岗研究员撰写。第四章明代北京地区的著述，由章永俊副研究员、董焱助理研究员撰写。第五章清代北京地区的著述，由刘仲华副研究员、张艳丽副研究员撰写。第二编民国时期北京地区的著述中，第一章政治法律著述、第四章地方风俗著述、第九章报纸期刊的编辑出版，由赵雅丽副研究员撰写。第二章文化教育著述、第三章社会经济著述、第五章历史著述、第六章地理著述、第七章文学著述、第八章艺术著述、第十章其他著述的编纂与出版，由王建伟副研究员撰写。书中概述、结语部分由赵雅丽副研究员撰写。书稿中的宗教著述部分内容由郑永华副研究员撰写，西人著述部分由何岩巍助理研究员撰写。程尔奇助理研究员为部分书稿提供了相关资料。书稿最后由王岗和赵雅丽做了体例上的统一。

　　本书在撰写过程中，得到了北京社科院全体院领导以及科研处与历史所同人的大力支持。本书的编辑出版得到了人民出版社张秀平女士的大力支持，提供了很有见地的修改意见，在此一并深表谢意。

北京社科院历史研究所

2012 年 4 月 20 日

图书在版编目（CIP）数据

北京著述史 / 赵雅丽主编.
–北京：人民出版社，2012
（《北京专史集成》/ 王岗 主编）
ISBN 978-7-01-010661-8/
Ⅰ.①北… Ⅱ.①赵… Ⅲ.①图书史–北京市
Ⅳ.①G256.1
中国版本图书馆 CIP 数据核字（2012）第 018857 号

北京著述史

BEIJING ZHUSHUSHI

丛书主编：王　岗
本书主编：赵雅丽
出版策划：张秀平
责任编辑：张秀平
装帧设计：曹　春

人民出版社 出版发行
地　　址：北京朝阳门内大街 166 号
邮政编码：100706　www.peoplepress.net
经　　销：新华书店总店北京发行所经销
印 刷 厂：北京昌平百善印刷厂
出版日期：2012 年 7 月第 1 版　2012 年 7 月第 1 次印刷
开　　本：787 毫米×1092 毫米　1/16
印　　张：24.75
字　　数：510 千字
书　　号：ISBN 978-7-01-010661-8/
定　　价：75.00 元